O Resgate

Octávio Augusto

O Resgate

2ª Edição Atualizada

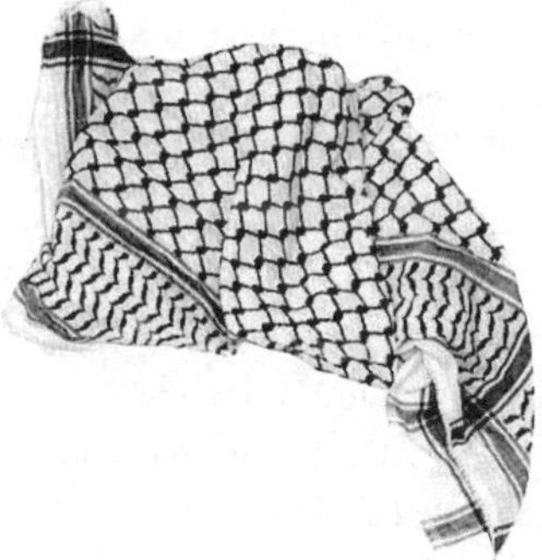

editora LACHÂTRE

Direitos cedidos pelo autor à
Editora Lachâtre Ltda.
Caixa Postal 401 CEP 12914-970
Tel / Fax: (011) 2473-0182
correio eletrônico: lachatre@lachatre.com.br
página na internet: http://www.lachatre.com.br

Capa:
Fernando Luiz Fabris

2ª edição – Novembro de 2011
Do 2.001 ao 7.000 exemplar

Gráfica Assahi

CIP-Brasil. Catalogação na fonte

Lopes, Octávio Augusto Martins, 1969-
O resgate / Octávio Augusto Martins Lopes. – 2ª edição – Bragança Paulista, SP: Lachâtre, 2011.
480 p.

1.Espiritismo. 2.Literatura espírita. 3.Romance. I.Título.

CDD 133.9 CDU 133.7

Impresso no Brasil
Presita en Brazilo

Em primeiro lugar, agradeço a Deus pela oportunidade e por todo auxílio que me deu para escrever este livro. A Ana, minha esposa, ao Francisco e ao João, meus filhos, a minha gratidão pelo amor que alimenta a minha alma. Aos meus pais, o meu agradecimento pelo exemplo de vida. Por fim, o meu agradecimento a duas pessoas muito importantes para mim, as quais já desencarnaram: Geraldo Cruz, pela amizade e por tudo que me ensinou sobre o espiritismo, e Célio Ysayama, meu primeiro editor, sem o qual, talvez, tivesse desistido de escrever romances

Capítulo 1

Uma gota de suor escorreu pela testa de João, vindo a cair em sua mão direita. Da janela, ele observava o lindo pôr do sol, que deixava o céu de Belo Horizonte com tonalidades diferentes de cores, indo do azul, passando pelo amarelo e terminando no vermelho.

O suor era causado pela tensão, haja vista que, no dia seguinte, sairia o resultado dos aprovados no concurso para o cargo dc promotor de justiça. Ser aprovado nesse concurso passou a ser o seu sonho depois que se formou no curso de direito. Até então, ele estava indeciso sobre qual profissão iria abraçar, mas como era apaixonado pela área de direitos humanos, enxergou no cargo de promotor de justiça o lugar ideal para se realizar profissionalmente.

Aos trinta e três anos de idade, fazia-lhe falta ter um emprego remunerado, a fim de cortar a dependência financeira dos pais. Era a terceira vez que ele tentava o concurso, sendo a primeira delas em que alcançava a terceira e última etapa.

De um total de três mil quatrocentos e trinta e seis candidatos inscritos no concurso, apenas sessenta e sete conseguiram chegar à última etapa, número inferior às oitenta vagas abertas para serem preenchidas. Apesar disso, eles precisavam acertar ao menos metade das questões em cada matéria para serem aprovados.

Nos últimos três anos, João dedicava-se em tempo integral aos estudos. Antes disso ele dividia o seu tempo entre os estudos e o emprego que tinha como advogado de uma ONG voltada à defesa dos direitos humanos. Parou de advogar para a referida ONG porque a remuneração não lhe atendia e, também, porque ele não estava concordando com a postura radical dos dirigentes, muito mais interessados em aparecer na mídia, para o fim de angariar dividendos políticos, do que em defender as vítimas das violações dos direitos humanos.

O primeiro contato que ele teve na área de direitos humanos foi como estagiário na Assembleia Legislativa, onde desenvolveu um estudo que foi premiado em nível nacional, o que lhe rendeu a contratação pelo deputado que presidia a comissão de direitos humanos. Na Assembleia, entre o estágio e o emprego, ele trabalhou durante oito anos. Depois, trabalhou dois anos para a referida ONG antes de se dedicar exclusivamente aos estudos para o concurso do Ministério Público.

A sua média de estudo chegava a beirar oitenta horas semanais, incluindo os sábados e domingos. Restava-lhe pouco tempo para o lazer, incluindo aí o namoro com Ana. Esta, por sua vez, já havia demonstrado a sua insatisfação com a pouca dedicação dele ao namoro, dando sinais de que a relação já não era tão sólida.

Para tentar superar a crise afetiva, eles marcaram uma viagem de quinze dias para a Europa. Começariam por Paris, onde ficariam cinco dias. Lá, alugariam um carro e partiriam para Barcelona, passando antes pelo vale do Loire, região vinícola de Bordeaux e Pirineus. Na capital da Catalunha permaneceriam outros três dias e pegariam um voo para Madrid, onde curtiriam os últimos três dias da viagem. A partida ocorreria em nove dias.

João estava tão envolvido com a expectativa do resultado do concurso que a viagem ficou em segundo plano naquela semana. Apesar disso, ele sabia que, se fosse aprovado, tinha tudo para ter a melhor viagem de sua vida, podendo ser comparada a uma lua de mel antecipada, já que a estabilidade financeira lhe permitiria fazer o pedido de casamento a Ana. De outra sorte, caso fosse reprovado, deveria aproveitar a viagem para descansar e tentar reaquecer o namoro, um tanto frio pelo pouco tempo em que ficavam juntos ultimamente.

Absorto nos pensamentos do resultado do concurso, João levou um susto com o toque do celular. Sorriu, ao ver no identificador de chamadas que era a sua amada.

– Oi, linda! Tudo bem?

– Tudo – respondeu Ana. – Estou pesquisando na internet sobre as principais atrações turísticas do nosso passeio. Estou ansiosa para embarcar.

Após breve pausa, Ana suspirou e perguntou:

– E você? Está conseguindo controlar a ansiedade?

Antes que ela acabasse de perguntar, ele respondeu de bate-pronto.

– Não. Não consigo pensar em mais nada que não seja o resultado do concurso. Às vezes, eu fico confiante, achando que passei, mas há momentos em que me pego triste, pensando que ainda não foi desta vez.

Ana, convicta de que ele passaria, tentou passar um pouco do seu otimismo para ele.

– Procure ter confiança. O pessimismo só vai lhe deixar pra baixo.

João coçou os olhos. Com a voz trêmula, prosseguiu:

– Sei que as provas foram corrigidas e não há mais nada a fazer, além de esperar a divulgação dos aprovados.

Ana percebeu que ele estava segurando para não chorar. Ela sabia que ele sentia-se pressionado para passar, uma vez que estava por conta apenas de estudar. Além disso, ela própria já havia cobrado dele uma definição em sua vida profissional, ao argumento de que ele não poderia ficar por conta dos estudos para o resto da vida. Afinal, ele já estava com trinta e três anos de idade.

Em seu íntimo, ela desejava namorar alguém que tivesse a vida profissional e financeira estabilizadas, sentimento esse que ficou mais intenso depois de ter completado trinta anos de idade.

Ana sentiu que, se João ficasse em casa, a ansiedade dele somente aumentaria, causando-lhe desconforto. Decidiu chamá-lo para sair.

– Vamos dar uma volta e conversar sobre o nosso passeio. Será bom para você relaxar um pouco. Que tal?

O convite foi muito bem recebido por João. De nada adiantava ficar trancado dentro do quarto esperando o tempo passar. Além disso, o belo pôr do sol era um estímulo a mais para um encontro romântico.

– Eu passo em sua casa dentro de uma hora – respondeu João. – Estou carente e com saudades, querendo e precisando muito do seu carinho.

Ela sorriu. Após, com a voz manhosa, prometeu:

– Eu vou fazer muito carinho em você. Vem rapidinho, está bem?

Ana desligou o telefone, separou o material pesquisado da viagem e foi se arrumar.

Enquanto tomava o seu banho demorado, pensava no tanto que a viagem seria boa, caso se confirmasse a sua expectativa de João passar no concurso. Ele poderia, inclusive, escolher um restaurante bem chique em Paris para lhe fazer o pedido de casamento, sonhava ela, jogando todas as suas fichas na aprovação dele no concurso do Ministério Público.

Em seu íntimo, Ana acreditava que João jamais seria reprovado logo na última etapa do concurso, a prova oral, onde os examinadores tinham o contato direto com os candidatos. Existiam dois motivos para ela ter esta convicção: o primeiro, pelo simples fato de que João estava muitíssimo bem preparado juridicamente. Tão preparado, que conseguiu chegar à terceira etapa do concurso, feito não alcançado pela maioria dos candidatos que fizeram a primeira etapa. O segundo motivo era por questão política, já que Aristides, o pai de João, era um juiz de direito muito conhecido no meio jurídico.

Por estes motivos, Ana estava radiante de alegria e escolheu uma roupa bem bonita para se encontrar com o namorado. Como estava ventando bastante, o que deixou a temperatura mais amena, ela colocou uma bota marrom, calça *jeans*, uma blusa e uma jaqueta. Depois, escolheu o perfume que João mais gostava e ficou esperando que ele telefonasse.

Com quinze minutos de atraso, ele chegou. Assim que ela entrou no carro, deu-lhe um abraço apertado e um cálido beijo.

– Quando ficamos três dias sem nos encontrar, como agora, eu fico morrendo de saudades – confessou Ana, falando baixinho ao ouvido dele. – Estou ansiosa por chegar a hora de termos a nossa casa para podermos nos encontrar todos os dias.

João sorriu, satisfeito com a declaração de amor recebida da mulher que amava. O brilho nos olhos dela ao fazer aquela declaração era um indício de que a fase fria do namoro poderia ter sido superada. Ele a encarou e segurou seu rosto com as duas mãos. Em seu olhar aflorava o sentimento de paixão. Ele aproveitou o momento para reafirmar o seu propósito.

– Ana, eu sinto muitas saudades suas e tudo o que mais quero é termos o nosso cantinho para nos amarmos muito. Assim que eu passar no concurso, e, se Deus quiser, será neste, nós vamos conversar sobre os preparativos para o nosso casamento.

A palavra casamento tinha o poder de fascinar Ana. Criada no seio de uma tradicional família, ela sempre sonhou em entrar vestida de noiva em uma igreja. Com o passar dos anos e algumas expectativas frustradas com os namorados anteriores, o desejo de se casar aumentou, sobretudo depois de assistir aos casamentos de algumas amigas. Após completar trinta anos de idade, então, casar-se virou quase uma obsessão. Ela sonhava em entrar vestida de branco na igreja toda decorada; depois, receber os cumprimentos dos convidados em um local de recepção bem chique, onde daria uma festa inesquecível; por fim, a lua de mel em um local paradisíaco.

Ao ouvir o namorado falar em preparativos para o casamento, ela suspirou, colocou a mão direita na altura do coração e confirmou:

– Isso é tudo o que eu quero.

João retribuiu com um carinho na face dela. Por alguns segundos ficaram se encarando, depois voltaram a se beijar. Dali, eles seguiram para uma pizzaria. Antes que se assentassem, o telefone celular de Ana tocou. Era Marília, uma de suas principais amigas.

– Oi, Ana, eu tenho uma boa notícia para você. Uma amiga da minha irmã trabalha no Ministério Público e disse que o procurador-geral de justiça se reuniu com os examinadores e mostrou a carência de promotores no Estado. Existem dezenas de comarcas sem promotores. Por isso, o procurador pediu para os examinadores não serem tão rigorosos na correção da prova, pois, do contrário, não haverá promotores para essas comarcas. Ele falou que todos os candidatos que chegaram à última etapa já demonstraram ter capacidade para exercer o cargo e, por isso, merecem ser aprovados, a menos que haja alguma contraindicação no exame psicotécnico ou alguma informação que comprometa o comportamento moral do candidato.

Ana vibrou com a notícia. Era mais um motivo para reforçar a sua certeza de que, em breve, o namorado tomaria posse no cargo de promotor de justiça.

– Marília, muito obrigada por esta notícia maravilhosa! Valeu demais, minha amiga! Eu estou com o João e vou falar para ele. Beijos.

Assim que desligou o telefone, Ana passou a informação para o namorado. O garçom, ao lado, já demonstrava sinais de impaciência, já que eles conversavam e não faziam o pedido.

João soltou um sorriso de esperança ao ouvir sobre as ponderações do procurador-geral de justiça junto aos examinadores. Era mais um motivo para ele acreditar em seu sucesso no concurso. Todavia, apesar de ter várias razões para ficar otimista, havia um motivo que o preocupava.

– Eu não tenho a sua certeza. Acho que fiz boas provas, com exceção de direito civil. Tenho certeza de que acertei mais da metade das questões, o suficiente para ser aprovado, mas saí da prova com a sensação de que o examinador estava de má vontade comigo. Ele me fez perguntas mais difíceis do que para os outros candidatos com os quais conversei após a prova. Em algumas questões que errei, ele fez questão de ressaltar que eu estava enganado. Em uma delas, eu fiquei muito chateado, porque tenho certeza de que estava certo. Sei lá, parecia que ele estava com raiva de mim, como se eu tivesse feito alguma coisa contra ele. Só que eu nunca o tinha visto antes dessas provas. Perguntei ao papai se o conhecia e ele respondeu que já ouviu falar dele, mas não tem contato, porque o examinador advoga na área de direito civil e o papai é juiz na área criminal.

Ana coçou a cabeça e franziu a testa, demonstrando compreender a dúvida do namorado.

– Eu conheço o Fábio. Ele é o examinador indicado pela Ordem dos Advogados do Brasil. É um bom advogado, mas tem fama de ser muito vaidoso, tanto física quanto intelectualmente. Semana que vem ele irá ao nosso escritório tentar um acordo. A nossa cliente está se separando do cliente dele, um empresário rico que está tentando dar o tombo na ex-mulher.

João sentiu o coração gelar. Tinha convicção de ter passado nas demais matérias. Sabia que o resultado de todos os anos de dedicação aos estudos estava nas mãos de um homem muito vaidoso, que podia reprová-lo por não ter ido com a cara dele. Sua fisionomia ficou tensa. Ana pareceu contaminada pela mesma preocupação. Por alguns instantes, ambos ficaram calados. O silêncio foi quebrado por uma pergunta dela.

– Você já decidiu o que fazer caso não passe no concurso?

Uma lágrima rolou pela face do namorado. Ele lançou um olhar perdido para ela antes de responder:

– Não sei qual o rumo darei à minha vida. Ser promotor de justiça é o meu sonho. Para tentar realizá-lo, devo continuar dedicando-me aos estudos. Por outro lado, sinto-me incomodado por ser sustentado pelos meus pais. Já está na hora de começar a produzir novamente e voltar a ganhar dinheiro.

– Sem dúvida – disse Ana, sem pestanejar. – Acho que você deve trabalhar em algum escritório de advocacia. Seu pai é muito influente e pode conseguir um bom escritório para você trabalhar. O fato de começar a trabalhar não impede que você continue tentando o concurso. Além do mais, a gente tem dois anos e meio de namoro e eu já estou com trinta anos de idade.

João fechou os olhos, chateado com a cobrança da namorada naquele momento de fragilidade sua. Todavia, não queria discutir, o que o levou a mudar de assunto

– Você me convidou para conversarmos sobre a nossa viagem, não foi? Mostre-me o material que você pesquisou na internet.

Ana ficou frustrada por ele ter saído pela tangente, não se posicionando sobre a ponderação dela, mas decidiu não insistir. Pegou as matérias de turismo que havia extraído da internet e começou a detalhar os programas.

Aos poucos, entraram no clima dos preparativos da viagem e abraçaram-se, esperançosos de que o passeio fosse uma lua de mel antecipada, ajudando-os a resgatar o encanto do namoro, perdido nas páginas dos livros de estudo.

Quando o garçom retornou, eles perceberam sua impaciência em servi-los e decidiram fazer o pedido de uma pizza napolitana.

Feita no forno a lenha, a pizza estava uma delícia, suculenta e crocante ao mesmo tempo. A massa era fina e o recheio só tinha produtos de primeira qualidade. Enquanto comiam, Ana sugeriu:

– Se você passar no concurso, e vai passar, que tal irmos para a Itália em nossa lua de mel? Se você topar, eu vou montar o roteiro mais romântico que existe. Iremos a Veneza, Verona, região da Toscana, Roma e Costa Amalfitana. Que tal? – perguntou, aproximando os seus lábios dos dele.

Lisonjeado com a demonstração de paixão dada pela namorada, João respondeu:

– Ao seu lado, qualquer lugar fica perfeito. É claro que eu topo passar a nossa lua de mel na Itália. Mas, primeiro, eu preciso ser aprovado no concurso.

Após o jantar, João deixou Ana em casa e foi embora. Já em sua cama, ficou virando de um lado para o outro e custou a pegar no sono. Em alguns momentos ele ficava confiante, imaginando-se em uma pequena cidade do interior, fazendo júris, participando de audiências, atendendo a população carente, visitando os presos e manifestando-se nos processos. Mas, às vezes, ficava pessimista e pensava no tanto que seria desgastante continuar estudando em ritmo acelerado, sem a garantia de passar no concurso e sem o retorno financeiro.

Capítulo 2

No dia seguinte, João acordou cedo, encontrando-se com os seus pais e a sua irmã na mesa onde era servido o café da manhã. Iolanda, sua mãe, percebendo a tensão do filho, tentou tranquilizá-lo.

– Você fez a sua parte. Na verdade, tudo que estava ao seu alcance foi feito. Horas e horas de estudo, madrugada adentro, inclusive aos finais de semana, sacrificando o namoro, o encontro com os amigos e o convívio familiar. Agora, resta esperar. Tudo na vida tem o momento certo. Se a sua hora de ingressar no Ministério Público tiver chegado, o seu nome estará na lista de aprovados. Do contrário, é porque você ainda não está devidamente preparado para assumir o cargo, ou porque o seu destino é outro.

João suspirou fundo e moveu a cabeça de um lado para o outro, demonstrando impaciência com a sua genitora. Ele fez questão de ponderar que ela estava enganada.

– Eu estou preparado para assumir o cargo. A média das minhas notas até a segunda etapa do concurso era de sete e meio, talvez uma das mais altas entre os candidatos que chegaram à terceira etapa.

Pelo tom de voz do filho, Iolanda percebeu que ele estava nervoso. Compreendeu que o momento requeria paciência de sua parte, pois o estresse vivido por João levava-o à beira de um ataque de nervos.

Aristides, o pai, nunca escondeu o seu desejo de que o filho escolhesse seguir a sua carreira a fim de se tornar juiz de direito. Por isso, evitava conversar sobre o concurso com ele. Todavia, sentiu que precisava lhe prestar apoio naquele momento.

– Nós estamos com você para o que der e vier. Temos condições de sustentá-lo enquanto você não recebe o seu próprio salário. Não se sinta pressionado a passar no concurso. Faça apenas a sua parte, como tem feito até agora.

João sorriu para o pai e fez sinal de tinindo. Até então, nenhum familiar o havia pressionado para resolver sua vida profissional. As únicas pressões que sentia eram exercidas pela namorada e por ele próprio.

Mateus, o sobrinho de três anos de idade, que também era afilhado dele, prestava atenção a tudo e decidiu se manifestar.

– Se você passar no concurso terá que se mudar para outra cidade, não é padrinho?

João acenou positivamente com a cabeça.

Abatido com a resposta, Mateus deixou os talheres caírem sobre o prato e desabafou, com extrema sinceridade.

– Se é assim, vou torcer pra você não passar.

O comentário gerou risadas em todos, mas deixou João preocupado, pois, como sua irmã não era uma mãe dedicada, e Ricardo, o pai de Mateus, morava em São Paulo, coube a João e aos avôs a tarefa de brincar e estudar com o pequeno, cativando-o de tal forma que uma separação entre eles, naquele momento, certamente seria a maior decepção na vida de Mateus.

O resultado do concurso sairia na internet, a partir das dez horas da manhã. Após o café, João pegou o *notebook* e saiu em direção ao Minas Tênis Clube, distante três quadras de sua casa, para praticar natação, visando controlar a ansiedade. A manhã estava ensolarada e o contato com a água era sempre muito prazeroso para ele, servindo como um relaxante natural.

Depois de uma hora de natação, João enxugou-se na toalha, ligou o *notebook*, acessou a internet e ficou à espera do resultado. Por alguns instantes, distraiu-se com um bem-te-vi que fazia o seu ninho junto ao galho de uma árvore frondosa. Quando voltou a atenção novamente para o computador, viu o título de uma notícia anunciando a lista de aprovados no concurso.

João sentiu um frio na barriga, misturado com ânsia de vômito. Era só teclar em cima do título para aparecer na tela os nomes dos aprovados. Fechou os olhos, elevou os seus pensamentos a Deus, pedindo força e sabedoria na hipótese do seu nome não figurar na lista.

João suspirou fundo e apertou a tecla. O computador levou alguns poucos segundos para processar o comando. Aquele tempo pareceu uma eternidade para ele. Em sua mente, veio a memória dos dias em que acordava às seis horas da manhã para estudar, indo até as nove horas da noite, com alguns intervalos para alimentação e descanso.

De repente, surgem os nomes dos aprovados por ordem de classificação. João foi lendo os nomes lentamente, um a um, na esperança de que o seu estivesse ali. Teve um sobressalto quando viu um João entre os aprovados, mas decepcionou-se ao ler o sobrenome Mendes ao invés de Steinber, o seu sobrenome.

À medida que a lista aproximava-se do fim, ele sentiu uma tremenda angústia, um vazio interior, onde qualquer grito não encontraria eco. Ao ler o nome do aprovado que ficou na trigésima-sexta e última posição, não encontrando o seu nome na lista, João abaixou a cabeça, escondendo a face, e começou a chorar compulsivamente.

João não percebia, naquele momento, que estava acompanhado pelo espírito de Bruno, morto em um acidente de carro ocorrido há quatro anos, e que se deliciava com o seu desespero. Enfim, parte de seus planos de vingança começavam a se concretizar. Dali, Bruno decidiu procurar por Aristides, pai de João, deixando este desolado, sentado em uma cadeira que estava próxima à piscina.

João sequer imaginava que uma pessoa morta pudesse fazer articulações em prejuízo de alguém encarnado.

Em sua mente ele havia falhado outra vez e a decepção era enorme. O seu projeto profissional de vida fora novamente adiado, por prazo indeterminado, pois não se sabia quando seria aberto novo edital de concurso para ingresso na carreira de promotor de justiça.

– Eu não aguento mais – bradou ele. – Meu Deus! Por que permitiste que eu chegasse tão perto, criando tamanha esperança em meu coração, para me proporcionar este final tão triste? O que tenho feito de errado? Onde o Senhor está quando passo dezesseis horas por dia estudando? É justo tanto esforço ficar em vão? Permita-me entender a Sua justiça! O Senhor faz isso comigo por não confiar que eu serei um promotor de justiça no sentido literal da expressão? Sou tão mau assim?

João chorava de soluçar, com a cabeça enfiada entre as mãos, e não percebia a presença, desta vez, do espírito de Orlando, seu mentor, a lhe consolar.

Sentindo que não conseguiria ajudar João diretamente, Orlando olhou ao redor à procura de alguém com discernimento espiritual suficiente para lhe proferir palavras de consolo. Foi quando viu, do outro lado da piscina, uma senhora já de idade com uma aura iluminada a demonstrar toda a sua riqueza espiritual.

Orlando aproximou-se daquela senhora e a intuiu a virar à direita, indo ao encontro de João. Ela assim o fez. Ao passar pelo rapaz, vendo o desespero daquele jovem, a mulher procurou ser solidária.

– Meu filho, está tudo bem com você? Há algo que eu possa fazer para ajudá-lo?

Envergonhado com o seu choro, João levantou a cabeça, tendo a vista embaçada pelas lágrimas. Olhou para aquela senhora com aparência bem idosa e agradeceu a atenção.

– Obrigado, mas a senhora não pode me ajudar. Estou triste porque fui reprovado em um concurso. Fique tranquila, a tristeza já vai passar – completou, torcendo para aquela mulher ir embora e deixá-lo à vontade para expressar a sua dor.

A senhora, de estatura baixa, cabelos lisos e curtos pintados de cinza, sorriu para ele de uma forma tão angelical que João sentiu a dor em sua alma ficar anestesiada por um momento. Depois, ela acariciou-lhe os cabelos fartos e lisos antes de lhe falar:

– Você já atravessou mais da metade do deserto em que se encontra. Logo, você verá um oásis, onde poderá refrescar a sua alma e matar a sua sede. A partir daí, você estará preparado para saborear todas as bênçãos que o Senhor derramará sobre você. E olha que são muitas bênçãos, porque você é um homem bom, temente a Deus e que está à procura da verdade, porque sabe que a verdade liberta não apenas a si próprio, mas ao próximo também. A sua missão será libertar o próximo de dores que atormentam o corpo e a alma. Este próximo pode não estar tão próximo, mas você será guiado até ele, ao encontro da sua missão.

Era a primeira vez que João via aquela senhora, mas sentiu uma vontade imensa de abraçá-la, já não desejando mais que ela fosse embora. Em sua vida, ninguém lhe havia transmitido tamanha paz. Os olhos dela brilhavam com uma intensidade tal que a vista dele ficava ainda mais embaçada. Movido por curiosidade, ele perguntou:

– Por que você está falando essas coisas? Você nem me conhece.

A senhora voltou a lhe sorrir antes de prosseguir.

– Tudo passa nesta vida, meu filho. O que fica são as lições que aprendemos com os nossos erros e acertos. Estas lições ficam gravadas no espírito, que é imortal. O seu tempo de sorrir chegará e você sentirá prazer ao ter a face tocada pela brisa matinal, enxergará a beleza deste dia de sol e do canto do bem-te-vi – disse ela, apontando para o pássaro que fazia o ninho no galho da árvore. – Neste momento de dor, o seu coração está sendo arado, preparado para receber as sementes de amor que Deus lançará. Quando essas sementes começarem a dar fruto, a sua visão espiritual desabrochará e você estará pronto para usufruir do banquete que Deus lhe preparará.

Por um motivo desconhecido, João teve a sensação de que aquela senhora sabia o que estava falando, como se estivesse profetizando. Isso fez com que ele se sentisse mais confortável em relação à reprovação no concurso.

– Foi Deus que enviou a senhora para me consolar. Muito obrigado pelas suas palavras de apoio.

Após agradecer a solidariedade recebida, João beijou as mãos da mulher, molhando-as com as suas lágrimas.

– Não seja por isso – tornou ela, antes de lhe afagar novamente os cabelos e virar-se para continuar a sua caminhada.

Antes que ela virasse à esquerda em direção à piscina olímpica do clube, ele perguntou:

– Qual o nome da senhora?

– Iracema – respondeu ela, voltando-se para ele.

João ficou observando ela se distanciar, até perdê-la de vista. Sentado na cadeira, à beira da piscina, ele permaneceu por mais dez minutos, sem coragem para dar a notícia aos familiares e à namorada.

Enquanto ele tentava digerir a frustração pela sua reprovação no concurso, seu pai chegava à casa de Márcio Avelar Xavini, ministro de um dos mais importantes tribunais do país, o qual estava de férias em Belo Horizonte.

Márcio Avelar Xavini recebeu Aristides com um sorriso falso nos lábios, o que foi devidamente captado pelo juiz. De imediato, o ministro tratou de propagar a sua influência no meio jurídico.

– É um prazer conhecê-lo pessoalmente, doutor Aristides Steinber. Ontem, eu jantei com os desembargadores Antenor Brito Antunes e Moacir Lisboa. Somos grandes amigos, desde a época de faculdade. Comentei do nosso encontro e eles lhe mandaram um abraço. Foram unânimes em elogiar o seu trabalho à frente da trigésima-sétima vara criminal de Belo Horizonte.

Aristides, com a experiência de cinquenta e seis anos de idade, dezesseis dos quais dedicados à magistratura, percebeu que o ministro procurou demonstrar influência junto ao tribunal ao falar de sua amizade com os desembargadores Antenor e Moacir.

– São dois excelentes desembargadores. Gosto muito de ambos – disse Aristides.

– Vamos nos assentar – tornou Márcio, enquanto caminhava em direção ao sofá da sala. – Eles me disseram que você está pleiteando a sua promoção para o tribunal.

– De fato, estou tentando ser promovido, mas está um pouco difícil, pois existem vários juízes mais antigos do que eu, todos excelentes profissionais que estão esperando a promoção há mais tempo.

O ministro Márcio, após encontrar a melhor posição para apoiar no sofá o seu corpo com excesso de peso, mirou nos olhos de Aristides, levantou o dedo indicador e prometeu:

– Se você me permitir, vou ajudá-lo em sua promoção. Além da amizade profunda com os desembargadores Antenor e Moacir, tenho outros bons contatos no tribunal. Não podemos menosprezar que um pedido meu, até pelo meu cargo, tem um peso diferenciado, não é mesmo?

A disposição do ministro em ajudá-lo a conseguir a promoção mexeu com os ânimos de Aristides. Um apoio daquele naipe poderia ser o fiel da balança pesando a seu favor na disputa pela promoção com os demais colegas magistrados. Ele logo cuidou de demonstrar a sua aceitação à ajuda do seu interlocutor.

– Ministro, mas é claro que eu aceito a sua ajuda! Como poderia descartá-la? Em breve, será aberto o edital de promoção e eu lhe ficarei muito grato se o senhor interceder a meu favor.

– Deixe comigo – tornou o ministro, espalmando as mãos. – Quando eu entro numa disputa é para ganhar. Foi assim que consegui ser nomeado ministro.

O ministro deu um sorriso maroto, depois raspou a garganta, levando a mão até a altura da boca.

– Que pigarro chato! Bem, vamos ao assunto que motivou o meu convite à sua vinda aqui hoje.

Aristides se ajeitou na cadeira, procurando uma melhor posição para ouvir o ministro, já desconfiando de que o pedido poderia deixá-lo em situação delicada.

– Foi preso em flagrante, por crime de roubo qualificado, há aproximadamente quinze dias, Tito Dutra. Ele já tem algumas condenações e gozava do benefício de livramento condicional quando foi preso nesse flagrante. Ele está preso no Cadeião, em uma cela com mais dez presos.

Aristides não teve dificuldade em ligar o nome Tito Dutra à pessoa que foi presa após assaltar um posto de gasolina. A denúncia do promotor de justiça havia sido distribuída para a sua vara criminal e ele já havia marcado o interrogatório de Tito.

– O Tito é filho de um compadre meu. Uma pessoa muito querida por quem eu tenho o maior apreço, mas que, infelizmente, está tendo muitos dissabores com o filho.

Aristides moveu a cabeça, demonstrando compreender a dor do pai do criminoso.

– Eu não o chamei aqui para pedir que você absolva o rapaz – tornou Márcio, visando acalmar o seu convidado. – Ele foi preso em flagrante e reconhecido por todas as testemunhas. Jamais faria um pedido ilegal para atender quem quer que fosse. Sei que ele será condenado.

Aristides suspirou, aliviado.

– O meu pedido é para que você transfira o Tito do Cadeião, que está com excesso de lotação, para a delegacia de polícia da rua Primeiro de Abril, que fica perto da casa dos pais dele, a fim de facilitar as visitas dos familiares.

Aristides franziu a testa. Atender aquele pedido poderia lhe causar severas críticas. Por isso, ele ponderou:

– Mas o distrito policial da rua Primeiro de Abril não tem carceragem, ministro. Não há sequer um único preso lá, mesmo porque não há espaço físico, muito menos estrutura de pessoal para abrigar preso.

Márcio voltou a sorrir, enquanto balançava a cabeça de um lado para o outro.

– Eu sei disso, doutor Aristides. Se lá fosse local destinado a recolher preso, não seria necessário um pedido meu para o senhor. Não é mesmo? – perguntou, sem esconder a ironia.

Aristides ficou desconcertado com a postura audaciosa do ministro. Contudo, o seu interesse político em conseguir o apoio dele na promoção para o tribunal freou uma resposta mais ríspida de sua parte. Ele apenas concordou com a ponderação do ministro.

– De fato, o senhor tem razão.

A resposta do juiz deu a Márcio Avelar a confiança de que o seu pedido seria atendido. Ele logo emendou:

– Meu caro, já está tudo conversado com o delegado-chefe daquela delegacia. Ele já disponibilizou um quarto para o Tito ficar. Por outro lado, o pai do Tito se comprometeu a construir um banheiro nos fundos da delegacia. Em três ou quatro dias o banheiro ficará pronto. O funcionário que ficar de plantão noturno e aos finais de semana será responsável pela custódia do Tito.

Márcio fez uma pequena pausa e encarou Aristides, com o intuito de intimidá-lo a concordar com o seu pedido. Por sua vez, Aristides raciocinou rapidamente que, se deferisse o pedido do ministro, certamente teria mais um estremecimento em sua relação com Thales, o íntegro juiz de direito da vara de execuções criminais que tinha a função de ser o corregedor de presídios da capital, o qual questionaria a permanência de um preso em local inapropriado, fora da carceragem.

Percebendo a situação de embaraço em que se encontrava o juiz, Márcio prosseguiu em sua abordagem.

– É muito simples. A lei não dispõe que o preso deve ficar, preferencialmente, perto da família? Pois, então! Os pais do Tito moram a cinquenta metros daquela delegacia. Caso o senhor autorize a transferência, não estará fazendo nada mais do que cumprir a lei, além de uma caridade ao meu compadre e à minha comadre, duas pessoas muito corretas, que não mereciam chegar à velhice passando por tanto sofrimento.

Aristides permaneceu em silêncio, pensando sobre qual resposta daria ao ministro. Sabia que negar-lhe o pedido implicaria em perder seu apoio para a promoção ao cargo de desembargador. Por outro lado, atender ao pedido implicaria em tomar uma decisão ilegal, já que todos os presos provisórios deveriam ficar em cadeia, e a delegacia localizada à rua Primeiro de Abril não tinha cadeia. Ademais, o preso em questão era reincidente e havia demonstrado toda a sua periculosidade ao voltar a praticar um crime de roubo a mão armada quando usufruía do benefício de livramento condicional.

Após alguns instantes de silêncio, o ministro voltou à carga.

– E então, meu caro? – perguntou, enquanto tirava, usando as próprias unhas, a sujeira que estava debaixo das unhas.

Aristides vacilou, sentindo-se acuado. De um lado, o pedido de um ministro, indubitavelmente um apoio de peso à sua promoção. Do outro lado, o cumprimento do dever profissional e o não estremecimento do relacionamento com Thales. Ele queria ter tempo para pensar, mas sabia que um pedido de tempo não agradaria ao ministro.

Entre os dois estava o espírito de Bruno, apenas observando a conversa. Cada vez que ficava na presença de Aristides, aumentava o ódio que Bruno alimentava do juiz de direito, o qual nada percebia sobre a presença constante de um de seus obsessores.

Aristides sabia que recaíam denúncias de corrupção sobre o delegado-chefe da mencionada delegacia, sendo que o mesmo era alvo de severas investigações por parte da Corregedoria de Polícia. Sabia, ainda, que a sua decisão seria duramente criticada pela polícia, pelos seus colegas de profissão e pelos promotores de justiça. Mas não podia perder a oportunidade de ter o ministro como seu aliado na luta por uma vaga de desembargador no tribunal. Após alguns segundos refletindo, finalmente respondeu ao ministro.

– Está tudo bem. Peça ao advogado do Tito para fazer o pedido. Eu vou autorizar a transferência dele para a delegacia da rua Primeiro de Abril.

Márcio coçou o bigode e deu um sorriso largo.

– Sabia que poderia contar com você. As referências que tive ao seu respeito foram excelentes. Vou telefonar para o meu compadre e dar a notícia para ele, hoje mesmo. Em breve, vou lhe manter a par do andamento da sua promoção. Fique tranquilo porque eu já tracei um plano de atuação com os desembargadores Antenor e Moacir. Não se esqueça de mandar o meu convite para a posse, viu?

Aristides sorriu, com a confiança renovada na promoção.

– Eu lhe serei muito grato pela sua ajuda, ministro. Fiquei até mais animado com a promoção. Sei que os juízes mais antigos do que eu ficarão revoltados comigo, mas apenas estou seguindo a regra do jogo em toda promoção por merecimento: vence aquele que consegue angariar maior apoio.

Bruno, que a tudo ouvia, balançava a cabeça de um lado para o outro, revoltado com mais essa atitude do juiz de direito.

"Canalha. Sempre colocando os interesses pessoais acima da justiça. Vá ao encontro do seu filho e veja a consequência da sua imoralidade", pensou Bruno.

Márcio levantou-se, indicando para o seu convidado fazer o mesmo.

– Preciso me apressar, porque viajarei hoje ainda e tenho algumas coisas a resolver aqui – justificou o ministro.

Aristides retornou feliz para a sua casa, certo de que havia conseguido angariar um importantíssimo aliado na sua luta para conseguir ser promovido ao cargo de desembargador. Estava tão envolvido mentalmente com a sua promoção que sequer lembrou-se de telefonar para o filho a fim de saber do resultado do concurso.

João entrou cabisbaixo em sua casa. Encontrou apenas Ireni, a empregada doméstica. Pela fisionomia dele, ela percebeu que ele não havia passado no concurso. Não encontrou palavras para confortá-lo, mas decidiu fazer o que estivesse ao seu alcance naquele momento para externar o seu carinho. Imediatamente, mesmo sem o consentimento de Iolanda, Ireni abriu o *freezer*, guardou novamente as coxas de frango que a patroa havia separado para o almoço e retirou a rabada para descongelar. Rabada era um dos pratos preferidos de João, o queridinho de Ireni naquela casa.

Já dentro de seu quarto, ele decidiu telefonar para os pais e dar a notícia. Antes, contudo, o seu celular tocou. Era Ana. Pela primeira vez, em dois anos e meio de namoro, ele precisou de coragem para atender a um telefonema dela. Certamente, ela havia conferido o resultado na internet.

– Ainda não foi desta vez, Ana.

Com a voz demonstrando desânimo, ela perguntou:

– Já estou sabendo. Em qual matéria você foi reprovado?

– Ainda não sei. Vou à Procuradoria-Geral de Justiça dar uma olhada. Assim que tiver notícias eu lhe aviso.

– Como você está se sentindo?

A resposta curta saiu em uma voz rouca, que denunciava o estado de espírito dele.

– Estou mau, desolado.

Ana não encontrou palavras para confortá-lo. Ela também estava frustrada, pois os seus planos de casamento foram adiados mais uma vez.

– Eu estou à disposição para o que você precisar. É só me telefonar. Dê uma ligada assim que tiver mais notícias.

Em seguida, eles desligaram o telefone com a promessa de se falarem mais tarde. João percebeu o desânimo da namorada e ficou pensativo. Assustou-se com o barulho da porta se abrindo. Era sua mãe.

– E aí? – perguntou ela.

Cabisbaixo, com os olhos marejados, João respondeu.

– Não deu. Sinto desapontá-la – completou, sem conseguir segurar as lágrimas que brotavam dos seus olhos.

Iolanda apressou-se em abraçá-lo, movida pelo sentimento maternal.

– Não fale assim, você não me desapontou. Estou orgulhoso do tanto que você se esforçou, conseguindo chegar à terceira etapa do concurso. Parabéns pela sua luta! Você está no caminho certo. Não deu agora, fica para a próxima.

O diálogo foi interrompido por novo barulho de batidas na porta. Desta feita, era Aristides. Assim que entrou, ele percebeu pelo semblante da esposa e do filho que este não havia passado no concurso. Por um lado, ficou sentido ao ver a tristeza do filho, mas por outro lado viu renovadas as esperanças de que o filho mudasse de ideia e tentasse o concurso da magistratura, cujo edital seria publicado até o final do ano.

– O seu destino é ser juiz de direito, assim como eu. Não fique triste, você demonstrou estar muitíssimo bem preparado. Precisa abrir a sua cabeça para fazer o concurso da magistratura no final do ano. Estou para ser promovido ao tribunal. Se tudo der certo, como desembargador eu terei muita influência para que você fique em uma comarca boa, aqui perto de Belo Horizonte, caso você passe no concurso. Pense a respeito disso, porque, como promotor de justiça, você será mandado para bem longe.

João limpou as lágrimas e acenou com a cabeça, concordando com seu genitor.

– Eu sei disso tudo, papai. Acredito que tenho vocação para o Ministério Público, mas eu sei que não posso descartar a Magistratura, até porque se trata de uma carreira tão bonita quanto a carreira do

Ministério Público. Por outro lado, já passou da hora de começar a ganhar dinheiro.

Seus pais voltaram a confortá-lo, abraçando-o, e saíram do quarto para deixá-lo à vontade. Ele entrou debaixo do chuveiro. A água quente misturava-se às lágrimas que ele já não tentava mais conter. Ficou embaixo do chuveiro por vinte minutos, até parar de chorar.

De sua casa, pegou o carro em direção à Procuradoria-Geral de Justiça. Lá chegando, seguiu para a sala destinada à comissão do concurso. Estava convicto de que havia sido reprovado apenas por Fábio, o examinador de direito civil.

Foi atendido por uma senhora de óculos, a qual demonstrou solidariedade naquele momento de tristeza.

– Você foi reprovado apenas em direito civil, por apenas meio ponto. Quanta maldade! Nas outras matérias você passou. E sequer preencheram as oitenta vagas. Apenas trinta e seis candidatos foram aprovados. Quanta falta de bom senso! As suas notas estão excelentes nas outras matérias e a sua média em direito civil, somando-se as notas das três etapas, é superior a sete. Ser reprovado por meio ponto, em apenas uma matéria, na última etapa do concurso, é uma tremenda injustiça. Não desanime moço, porque sua hora vai chegar. Você já está preparado.

João sentiu ódio por Fábio, tendo vontade de lhe dar uma surra. Ele tinha absoluta convicção de ter acertado mais de cinquenta por cento da prova. Esperava obter uma nota entre seis e sete, ficando com a certeza de que a nota quatro e meio, dada pelo examinador, não refletia a realidade das suas respostas. Carregava apenas uma dúvida: qual seria o motivo para Fábio ter demonstrado tanta má vontade com ele durante a última etapa? Nas duas primeiras etapas o examinador corrigia a prova sem conseguir identificar o candidato. Na terceira e última etapa, ao contrário, a identificação do candidato era obrigatória, pois a prova era oral. A reprovação no concurso ratificava a sensação de perseguição que ele teve assim que terminou a prova de direito civil.

João sentou-se em um sofá e ficou pensando o que poderia ter feito para angariar a antipatia de Fábio. O primeiro contato que tiveram foi apenas durante a prova oral, na última etapa, ocasião na qual o examinador, logo de cara, demonstrou uma insatisfação gratuita com ele.

João lembrou-se de ter ouvido falar que o exame psicotécnico a que os candidatos se submetem antes da última etapa poderia influenciar na reprovação, caso fossem detectados traços da personalidade que dificultassem ou inviabilizassem o exercício correto da profissão. Por isso, ele decidiu pedir para olhar o seu exame, pois poderia estar ali a explicação para o seu insucesso.

– Senhora, por gentileza, eu gostaria de ver o meu exame psicotécnico.

– Sinto muito, filho, mas não tenho autorização de mostrá-lo a nenhum candidato. Talvez, na próxima semana eles liberem o psicotécnico para os candidatos. Caso você queira pegá-lo, telefone primeiro para certificar se foi liberado.

Contra a sua vontade, João aceitou a sugestão da funcionária. Em seu íntimo, não descartava a hipótese de não ter se saído bem no referido exame. Para ele, seria melhor encontrar no exame psicotécnico a justificativa para a sua reprovação, pois assim ficaria sabendo o real motivo de seu insucesso.

CAPÍTULO 3

Após sair do prédio da Procuradoria-Geral de Justiça, enquanto caminhava em direção ao estacionamento onde havia deixado o seu carro, João decidiu telefonar para Ana. Precisava desabafar com alguém, falar da sua angústia e da raiva que estava sentindo do examinador de direito civil. O telefone tocou várias vezes até que ela atendesse.

– Tudo conforme eu já esperava. Fui reprovado pelo Fábio, por apenas meio ponto, você acredita?

Ana ficou muda por instantes. Não conseguia acreditar que o seu namorado havia chegado tão próximo da aprovação, sendo reprovado por míseros cinco décimos, o suficiente para obrigá-la a alterar os seus planos de vida.

– Eu não acredito. Ele teve a coragem de reprovar você por tão pouco? Tem alguma coisa de errado, afinal você teve notas boas com ele nas etapas anteriores.

– Na primeira etapa, por ser múltipla escolha, não há como um candidato ser prejudicado. Na segunda etapa, quem corrigiu a prova de direito civil foi o examinador suplente. Além disso, o examinador não consegue identificar o candidato da prova que está corrigindo. Eu sei que tem algo de errado nesta minha reprovação. Acho que pode ser o psicotécnico, mas eles só o vão liberar para consulta na próxima semana. Tenho certeza de que a minha nota não poderia ser inferior a seis pelas questões que acertei, mas não posso recorrer; afinal, a prova não foi gravada. Estou precisando conversar, será que poderíamos nos encontrar agora?

Ana olhou no relógio, eram três horas. O seu próximo compromisso seria uma reunião com um cliente às cinco.

– Tudo bem. Vou esperar você na sorveteria aqui perto.

Da janela do escritório que ocupava o décimo andar de um prédio moderno em um dos pontos mais valorizados da cidade, Ana podia observar o movimento das pessoas entrando e saindo da sorveteria. Sempre que ela ficava muito estressada com as cobranças do doutor Luiz, advogado chefe do escritório, ela descia para tomar um sorvete de menta com chocolate. Às vezes, ficava na sorveteria por uma hora, até tranquilizar-se novamente.

Ana chegou antes de João e pediu uma bola de sorvete de chocolate, para variar um pouco. Da sorveteria, que tinha paredes de vidro, observava as pessoas entrando e saindo do prédio em que trabalhava. Ela queria muito ver o namorado usando terno e gravata, trabalhando e ganhando dinheiro, como os homens que adentravam no prédio.

Aos trinta anos de idade, namorar um cara que não trabalhava, dedicando o seu tempo integralmente aos estudos, não era o que ela havia planejado para a sua vida. Quando mais nova, o seu desejo era o de se casar até os vinte e cinco anos de idade e ter dois filhos até os trinta.

A idade de trinta anos era um limite que ela havia se imposto para ganhar o último filho, pois idealizava fazer várias viagens internacionais com o marido, além de outros programas quando os filhos estivessem na escolinha.

Ela completou trinta anos, já estava caminhando para os trinta e um, e não havia realizado sequer o sonho do casamento. Com a reprovação de João no concurso, ela não conseguia nem visualizar uma data para o enlace.

Enquanto tomava o sorvete e pensava na sua situação afetiva, começou a se inquietar, concluindo que a sua vida estava tomando um rumo que não a agradava. Ela sabia que gostava do namorado e que ele gostava dela, mas isso não era o suficiente. Ana queria uma relação que oferecesse mais segurança, e isso ela só conseguiria quando estivesse com alguém que tivesse uma condição financeira estabilizada.

Ela confiava que João tinha total capacidade para se tornar um homem bem sucedido financeiramente, a ponto de oferecer a segurança que ela tanto almejava. Todavia, isso poderia levar tempo e ela não sabia se estava disposta a esperar sem a certeza do resultado.

Além disso, cada dia que passava era um dia a menos para ela realizar o sonho da maternidade, pois não queria engravidar após os trinta e oito anos de idade, receosa de ter uma gravidez de risco. Em sua mente, o tempo que ela tinha para engravidar já era curto.

Pensava em tudo isso, quando viu João atravessar a rua em direção à sorveteria. Ele estava bem vestido, com um terno cinza, gravata vermelha e camisa branca, mas ela não ficou entusiasmada com a sua chegada. Apesar de elegante, ele não escondia a apatia com a decepção do concurso.

Ele a abraçou carinhosamente, como de costume, mas sentiu que o abraço dela estava diferente, com menos intensidade, o que o deixou sentido, mas ele imaginou que a reação mais fria dela fosse fruto da decepção que ela também havia sentido.

– É duro, não é? O examinador foi muito cruel comigo, você não imagina o ódio que estou dele.

Ana suspirou e concordou com o namorado, sinalizando positivamente com a cabeça.

Assentaram-se e João pediu um sorvete de café. Começou a ficar incomodado com a forma como Ana o fitava, tendo a sensação de que ela não estava se sentindo muito confortável na sua companhia.

Ao lado de João, o espírito de Bruno concentrava o pensamento, buscando reforçar o sentimento de orgulho dele e visando estimular o desentendimento entre o casal.

Sem saber do trabalho vil e silencioso de seu obsessor, João tentou manter-se calmo. Pensou em perguntar o motivo do olhar frio e distante da namorada, mas preferiu evitar a discussão, pois não havia ido ali para isso. Ao contrário, buscava consolo.

– Você está muito abatido. O que pretende fazer agora?

João voltou a ficar insatisfeito, pois sabia que havia uma cobrança embutida na pergunta, já que a namorada queria ouvir que ele iria trabalhar em um grande escritório de advocacia, de um famoso advogado amigo de seu pai.

Novamente, com o intuito de ver o circo pegar fogo, Bruno tentou aguçar a contrariedade de João com a postura da namorada. Todavia, esforçando-se para não polemizar, João respondeu:

– Vou continuar estudando. Estou muito desanimado, mas tenho de vencer o desânimo e ir à luta. Talvez eu recomece os estudos após a nossa viagem. Acho que até lá não terei condições emocionais para estudar. Na verdade, eu fiquei muito mais chateado do que imaginava ficar caso não fosse aprovado.

Ana ficou observando o namorado por um tempo. Após alguns segundos, ela se manifestou:

– Abatido do jeito que você está, acho que poderíamos estudar a possibilidade de adiar a nossa viagem. É um custo muito alto para arcarmos se o seu astral não estiver legal. O que você acha?

João ficou contrariado com a proposta. Dessa vez, tendo Bruno a encorajá-lo, não conseguiu esconder a sua insatisfação.

– Eu telefonei pedindo o encontro porque esperava encontrar apoio da sua parte. Só que, desde o momento em que cheguei, percebi que você está me olhando de forma diferente. Até o seu abraço foi frio, como se estivesse abraçando uma pessoa qualquer. Agora, no momento que eu preciso me refazer, você faz essa proposta? Não pensa no tanto que essa viagem é importante para mim? Eu estou esgotado com o esforço feito para passar no concurso e preciso tirar uns dias de férias para me refazer. É difícil entender isso?

Ana desviou o olhar para a janela de vidro. A viagem seria completamente diferente se ele tivesse passado no concurso. Ela não havia se preparado psicologicamente para fazer a viagem após a notícia da reprovação. Não se sentia com forças o suficiente para ajudá-lo a superar o baque. Ela tentou justificar o seu posicionamento.

– João, eu só acho que você está muito abatido, sem condições psicológicas para uma viagem dessas e que podemos jogar dinheiro fora viajando agora. Nós iremos visitar lugares maravilhosos, mas, se você não estiver bem, não achará graça em nada. Por favor, pense nisso! Do que adianta estar em Paris, uma das cidades mais bonitas e românticas do mundo, se o astral não estiver bom? Poxa! É preciso que você olhe o meu lado também.

A mudança de planos da namorada soou como uma flechada no coração de João, tornando ainda mais baixa a sua autoestima. Até então, nas viagens que havia feito com as suas ex-namoradas, o mais longe que ele havia ido era para o litoral baiano, mesmo assim para ficar uma semana e na companhia de outros amigos. Daí a sua expectativa com a viagem marcada para a semana seguinte. Iriam para a Europa, sozinhos, passar quinze dias. Era um sonho para ele, independente do resultado do concurso.

As ponderações de Ana para não fazer a viagem mexeram com o seu orgulho, aguçado previamente por Bruno.

Influenciado mentalmente pelo espírito do obsessor, ele concluiu que era um excelente partido para qualquer moça da cidade. Portanto, não admitiria ser tratado com a frieza demonstrada pela namorada.

Durante o namoro, ele se manteve fiel por pura convicção, haja vista ter recebido inúmeros gracejos de mulheres atraentes. A sua beleza física era um comentário constante entre as moças. Portanto, ao ter o orgulho tocado pelo desinteresse da namorada com a viagem, ele sentiu-se humilhado, sobretudo por ter visualizado um exacerbado interesse financeiro de Ana no namoro, como se a sua situação financeira fosse mais importante do que as suas virtudes.

Com esses pensamentos borbulhando em sua mente e as vibrações maléficas do obsessor fazendo-o enxergar apenas os defeitos da namorada, ele retomou o diálogo.

– Olha, Ana, eu estou completamente desapontado com você. Mesmo que eu atente para o seu lado, como você pediu, não vejo motivo para deixarmos de fazer essa viagem.

João encarou Ana por alguns segundos, como se buscasse entender o que se passava na mente dela. Naquele momento, desacreditou no amor que ela poderia sentir por ele. Concluiu que a viagem só valeria a pena se ela lhe desse uma demonstração de amor. E a maior demonstração de amor que ela poderia lhe proporcionar seria viajar com ele, ajudando-o a descansar para retomar os estudos assim que retornassem. Assim, decidiu arriscar tudo para não permitir que as expectativas da viagem restassem frustradas.

– Sabe, acho que está faltando companheirismo da sua parte. E isso é grave. Pense melhor sobre o assunto, porque, se você desistir da viagem, será melhor nós terminarmos o namoro.

Bruno sorriu. Estava conseguindo o seu intento mais facilmente do que imaginava. Esperava encontrar mais resistência para derrubar o filho do juiz, tendo em vista o bom coração de João, que mantinha o seu mentor sempre em vigilância. Todavia, a ignorância de João em relação aos assuntos ligados ao mundo espiritual deixavam a sua guarda exposta. Nem mesmo a presença de Orlando, seu mentor, foi suficiente para arrefecer a sua ira.

Apesar de emitir vibrações de amor e calma para João, o mentor sempre respeitava o seu livre-arbítrio.

Ana fechou os olhos, assustada com as palavras de João. Voltou a abri-los e ficou encarando-o por um tempo, sem saber o que falar. Estava indecisa, pois não tinha um pingo de vontade de fazer a viagem, mas, por outro lado, achava precipitação terminar o relacionamento. Ela tentou mudá-lo de ideia.

– João, eu acho que não devemos tomar qualquer decisão de cabeça quente. Você está nervoso, eu também estou, pois foi um baque também para mim você não ter passado no concurso. Eu sei que errei ao criar a expectativa de que você iria passar e que nós iríamos nos casar em breve. Para mim, a chance de você ser reprovado era mínima, eu não contava com ela. É claro que estou abatida. Afinal, agora nós não temos nem previsão de casamento.

– Sem dúvida – disse ele. – Eu não vou ficar por conta de estudo para o resto da minha vida. Sei que vou passar, mas não sei quando será. Acho que devo insistir com os estudos por mais um ou dois anos.

Dois anos era muito tempo para Ana. Caso ele não passasse em um concurso, ainda levaria certo tempo para começar a ganhar dinheiro como advogado, o que também era incerto. Após breve reflexão, ela encontrou uma saída que pudesse contornar a situação.

–Vamos esperar passar esta fase de aborrecimento, depois nós decidimos o que fazer.

O espírito de Bruno emitiu vibrações fortíssimas de ódio, logo captadas por João em face de seu estado mental alterado.

– O que você quer dizer com "esperar passar esta fase de aborrecimento"?

Ana suspirou, criou coragem, e respondeu:

– Vamos dar um tempo. Será importante para ouvirmos os nossos corações e avaliarmos a nossa relação, os nossos projetos.

Dar um tempo em um namoro era algo que João não aprovava, mesmo em seus relacionamentos anteriores. Ainda sob a influência maléfica do espírito de Bruno, concluiu que dar um tempo era uma forma encontrada por alguém de colocar fim a uma relação quando não se sentia com coragem para dizer o que queria.

Assim, a proposta de Ana mexeu ainda mais com o seu orgulho já ferido. Se ele, como estudante, não servia para namorá-la, ela também não serviria para ser namorada dele. Com o ânimo exaltado, ele partiu para a ofensiva.

– Sinto muito, mas eu não preciso de tempo. Está muito difícil conciliar as nossas diferenças. Acho melhor cada qual seguir o seu caminho, antes que a gente perca o respeito um pelo outro.

Ana engoliu seco, assustada com o comportamento precipitado dele. Mais uma vez, ela tentou fazê-lo enxergar a situação de forma diferente.

– Não vamos tomar esta decisão agora, João – insistiu Ana.

– A decisão já está tomada – tornou ele, com a firmeza na voz demonstrando que não voltaria atrás.

Ana sentiu falta de ar e um nó na garganta. Estava muito chateada com a inflexibilidade demonstrada pelo namorado. Acreditava que tudo de bom que eles construíram juntos não combinava com uma decisão drástica de rompimento da relação, sem ao menos refletirem melhor sobre o assunto. Ao encará-lo por alguns segundos, ela constatou que ele não cederia. Então, já tocada pela raiva, esbravejou:

– Se você prefere terminar o namoro dessa forma, está tudo bem, eu não vou insistir mais. Talvez você tenha razão, um tempo agora dificilmente mudaria algo. Eu vou voltar para o escritório.

Ana levantou-se, pegou a bolsa sobre a mesa, encarou-o mais uma vez e se retirou.

À medida que ela se afastava, as lágrimas brotavam nos olhos de ambos. João acompanhou-a com o olhar triste até ela sumir de vista após entrar na portaria do prédio. Ele ainda tentou tomar o resto do sorvete, mas não desceu pela garganta. Bruno voltou a se sentir triunfante. A dor de João era motivo de regozijo para ele.

Desolado, João retornou à sua casa e foi direto para o quarto, a fim de não conversar com ninguém. Ao se lembrar dos bons momentos do namoro, voltou a chorar. Abriu as cortinas e a janela, permitindo a entrada do ar fresco.

Da altura do décimo-terceiro andar, viu os carros passando na rua, alguns casais caminhando de mãos dadas, outras pessoas passeando com os seus cachorros. Cada qual parecendo feliz, bem diferente do inferno astral que ele estava vivendo. Em um mesmo dia, levou três baques: a notícia de que havia sido reprovado no concurso, o cancelamento da viagem à Europa com a namorada e o término do namoro.

Olhou para o céu e teve o ímpeto de proferir impropérios contra o Criador. Ao invés disso, em voz baixa, quase sem som, após sentir o gosto salgado das lágrimas, ele desabafou:

– Por que tu me testas tanto, meu Deus? Dizem que o Senhor não manda o frio maior do que o cobertor, mas eu não aguento mais o gelo que se instalou em meu coração. Sinto-me humilhado por não conseguir passar no concurso e por não ter o amor da mulher que amo. O lado profissional e o afetivo são importantes na vida de uma pessoa – disse, entre soluços, como se quisesse fazer Deus entender que o seu pedido era justo.

Após tomar fôlego, prosseguiu:

– O que tenho feito para merecer tanta decepção? Do que me adianta ter uma família, se não tenho paz para conviver com eles? Do que adianta este lindo entardecer, se a dor do meu coração cega-me os olhos para toda e qualquer beleza? Onde está a Sua misericórdia?

João olhou para o celular ao seu lado, na esperança de que Deus tivesse se compadecido dele, interferindo para que Ana lhe telefonasse com o intuito de se reconciliar. Todavia, o celular não tocou. Olhou para o céu em busca de algum sinal, mas viu apenas alguns pássaros voando. Sentiu-se só, sem ninguém a recorrer. Ao imaginar as comemorações dos aprovados no concurso, a revolta em seu íntimo tornou-se ainda mais intensa.

Sem forças para tirar a roupa do corpo, João jogou-se sobre a cama, abraçando-se ao travesseiro. Ali, chorou por mais alguns minutos, até ter a sensação de que as lágrimas haviam secado. A imagem de Ana não lhe saía da cabeça. Teve vontade de telefonar, mas achou que ela era a culpada pelo término, devendo ser a responsável por qualquer tentativa de reconciliação.

Naquele momento, a ira contra Ana e a revolta contra Deus impediram-no de sentir os fluidos de paz e fé emitidos por Orlando, seu mentor.

Ele custou a dormir. Ficou imaginando se Ana estava sentindo a mesmo dor que ele. Por vezes, imaginava que estava, mas por outras concluía que ela já não o amava o suficiente e, por isso, não sofria tanto. Aos poucos, o sono veio e ele adormeceu.

Capítulo 4

A notícia do término do namoro deixou Iolanda preocupada com o filho. Decorridas três semanas, João mudou o seu comportamento, tornando-se arredio, de poucas palavras. Constantemente, ela percebia que o filho se trancava no quarto, onde passava horas fazendo sabe-se lá o quê.

Mateus, apesar da pouca idade, também percebeu a tristeza do tio-padrinho e ficou sentido. João já não conseguia sorrir com alegria para ele. Ele sabia que o tio não havia passado no concurso e que Ana não apareceria mais na casa dele; entretanto, aos seus olhos, isso não era motivo para tanta tristeza.

A cada manhã, Mateus acordava na expectativa de ver o tio melhor, mas decepcionava-se ao constatar que a sua expressão só piorava.

Aristides estava mais preocupado com a sua promoção do que com o bem-estar do filho. Para ele tudo poderia ser resolvido se João mudasse de ideia para tentar ser juiz de direito. Preparado como estava, certamente chegaria à prova oral. Aí, com o prestígio de ter um pai desembargador, se conseguisse de fato a promoção, dificilmente seria reprovado.

Diva foi a que menos se envolveu com a dor do irmão. Como ela já havia passado por uma separação conjugal traumática há pouco mais de um ano, acreditava que ele estava dramatizando muito o término do namoro.

Orlando, o mentor, tentava animar o estado de espírito de João através da emissão de fluidos magnéticos carregados dos sentimentos de fé, paciência, amor e alegria. Contudo, o desânimo de João, além de sua raiva de Ana e mesmo de Deus, impediam-no que sentisse aquelas vibrações benignas. Como Orlando tinha outras pessoas encarnadas a assistir, passou a priorizar o atendimento a elas, haja vista que estavam mais receptivas à sua ajuda.

Por outro lado, Bruno, o obsessor, percebendo que João estava sem forças para reagir, deixou-o de lado naqueles dias que sucederam ao término do namoro e voltou a vigiar os passos de Giovanni. Durante cinco dias, ele o seguiu à distância, para que sua presença não fosse percebida pelos demais obsessores de Giovanni, que não desgrudavam dele.

Em uma noite, Giovanni deu uma festa restrita a poucos amigos em sua casa. No cardápio, havia cocaína, droga sintética e larga variedade de bebidas alcoólicas. O anfitrião convidou cinco amigos e quinze garotas de programa, com idades entre quinze e dezoito anos.

Do quintal da mansão, ao lado da piscina, Bruno observava Giovanni e os convidados se esbaldando em orgia e uso de drogas, às gargalhadas. Ficou à distância, a fim de não ser descoberto pelos obsessores ali presentes.

Todos estavam nus e praticavam sexo grupal. Os espíritos obsessores de Giovanni e dos convidados se deleitavam com aquelas cenas. Havia uma legião de espíritos obsessores, os quais, quando das últimas reencarnações, aumentaram o vício em sexo, drogas e bebidas. Esses obsessores usavam as pessoas encarnadas com vícios iguais ou semelhantes aos deles para manter a sensação de prazer que tinham quando vivos.

O grau de maldade desses espíritos era muito superior a tudo que Bruno já ouvira falar.

À medida que Bruno via a felicidade de Giovanni, o ódio em seu coração disparava, ansioso por chegar a hora de sua vingança. Envolvido por esse sentimento, ele não percebeu a aproximação de um dos obsessores de Giovanni.

– O que você deseja aqui?

Bruno levou um susto com a voz tenebrosa daquele obsessor. Ao virar-se, teve pânico ao ver a aparência monstruosa dele. Sentiu náusea, ante o mau cheiro que ele exalava. Era a primeira vez que ele ficava tão perto de um espírito daquela estirpe.

Bruno afastou-se um pouco, com medo de ser capturado por aquele espírito ruim. Então, respondeu:

– Eu quero me vingar do Giovanni. Ele tirou a minha vida.

O obsessor ficou analisando-o, para pânico de Bruno, sem dar resposta. Com a maldade estampada no olhar, ele deu uma volta em torno de Bruno, que pensou em tentar fugir, só não o fazendo porque o medo o imobilizava, tal qual uma presa diante de seu predador.

Mais um pouco e o obsessor respondeu, para alívio de Bruno.

– Eu não lhe dou autorização para se vingar de Giovanni, ao menos por ora. Eu e meus companheiros ainda precisamos dele para saciar os nossos desejos. Quando nos cansarmos dele ou encontrarmos alguém que nos permita satisfazer prazeres ainda maiores, aí sim, nós nos afastaremos e você o terá à sua disposição para se vingar como bem quiser. Enquanto esse dia não chega, mantenha-se afastado dele e de nós. Agora, vá. Não quero ser perturbado por você de novo!

Bruno entendeu o recado. Sabia que deveria se afastar, sob pena daqueles obsessores lhe impingirem sofrimentos horríveis. Ele deu mais uma olhadela em Giovanni, alimentando ainda mais o seu ódio, e retirou-se. Decidiu mirar a sua ira nos outros membros da família de Aristides. Este seria a sua última vítima naquele lar, pois Bruno queria que ele presenciasse a dor da esposa e dos filhos.

João, por sua vez, não conseguia se concentrar nos estudos. Retornou à Procuradoria-Geral de Justiça para ver o resultado do seu exame psicotécnico. De uma forma geral, foi muito elogiado pelo psicólogo, o qual concluiu que ele estava preparado para exercer o cargo, devendo ficar atento apenas para que o excesso de orgulho não o levasse a ter dificuldade de enxergar e aceitar os erros.

Ele tentou retomar o ritmo de estudo anterior à reprovação no concurso. Todavia, sempre que começava a estudar, os seus pensamentos iam ao encontro de Ana, atrapalhando a sua concentração. Estaria ela sentindo a sua falta? Estaria sofrendo assim como ele? Já estaria de flerte com outro rapaz? As dúvidas corroíam a sua alma. Obviamente, tinha muita vontade de telefonar para ela, mas não queria dar o braço a torcer ao tomar a iniciativa. Acreditava que, se agisse dessa forma e eles se reconciliassem, provavelmente ele voltaria por baixo, em condição de inferioridade.

Concentrado nesses pensamentos, assustou-se quando ouviu alguém bater à porta do seu quarto.

– Quem é?

– Sou eu – respondeu Iolanda. – Podemos conversar um minutinho?

João abriu o livro que estivera fechado sobre a mesa para dar a impressão de que estava estudando, levantou-se e destrancou a porta, retornando para a sua cadeira. Iolanda ficava com o coração apertado ao ver o sofrimento do filho. Então, ela decidiu tentar ajudar.

– Desculpe-me incomodá-lo, mas, na condição de sua mãe, gostaria muito que tivéssemos uma conversa. Sei que você não gosta de se abrir comigo ou com o seu pai sobre a sua vida íntima, mas é tão difícil ver o filho sofrer e não fazer nada! Acho que tenho uma experiência de vida. Talvez possa ajudá-lo a enxergar as coisas sob outro ângulo.

De braços cruzados, João acenou positivamente com a cabeça. De fato, nunca quis que os pais soubessem de suas dificuldades amorosas, já que eles se preocupavam excessivamente com o seu bem-estar e poderiam acabar criando alguma animosidade com as suas namoradas. Por isso, sempre que precisava desabafar com alguém, procurava algum amigo. Contudo, a dedicação ao namoro e aos estudos fez com que se distanciasse dos amigos. Não bastasse, Miguel, o principal deles, estava morando na França, onde foi estudar culinária com o intuito de abrir um restaurante assim que retornasse ao Brasil.

Após refletir por um momento, ele respondeu:

– Está bem, vamos conversar sim.

Iolanda lhe sorriu, aliviada pela oportunidade de ajudar o filho.

– Posso lhe convidar para irmos a um restaurante, hoje?

Mais uma vez, João acenou positivamente.

– Está combinado – tornou Iolanda. – É bom chegarmos cedo para pegar uma mesa, pois o restaurante que escolhi fica muito cheio, sobretudo porque hoje é sexta-feira. Podemos sair de casa às nove horas?

João voltou a acenar positivamente.

Iolanda abraçou carinhosamente o filho e saiu do quarto, deixando-o novamente sozinho.

Logo em seguida, Mateus começou a gritar pela casa e João foi ao seu encontro. O menor implorava à mãe para brincar com ele.

– Eu não posso. Hoje, a mamãe vai sair e precisa se arrumar. Amanhã, eu prometo levá-lo à praça para você andar na sua motoca. Está combinado?

Mateus deitou-se no chão e começou a fazer birra, esperneando e chorando. Como sua mãe não lhe deu confiança, ele sentou-se no chão, colocou os cotovelos sobre as coxas, apoiando a cabeça com as mãos, e desabafou.

– Todo dia você tem uma desculpa para não brincar comigo. Ninguém gosta de mim. O meu pai faz a mesma coisa quando vou para São Paulo.

Antes que Diva tentasse contornar a situação, João aproximou-se, sem esconder o olhar de reprovação para a irmã, e pegou o sobrinho no colo.

– Eu vou brincar com você. O que nós vamos fazer?

– Legal! Vamos brincar de esconder.

Durante meia hora, João brincou com o pequeno, sempre deixando que ele o encontrasse rapidamente e levando mais tempo para descobrir o esconderijo do menor. Sentiu-se recompensado por cada sorriso que conseguiu arrancar de Mateus. À medida que brincava, pensava no tanto que seria bom quando tivesse seu próprio filho.

As brincadeiras só foram interrompidas, mesmo assim a contragosto de Mateus, quando Penha, a babá, aproximou-se, chamando Mateus para jantar.

João aproveitou para ter uma conversa com sua irmã. Ela estava secando os cabelos no banheiro quando ele a interrompeu, anunciando a sua chegada com três batidas na porta.

– Podemos conversar?

Fazendo cara de que não gostou de ser interrompida, ela respondeu:

– Só se for muito rápido, porque eu já estou atrasada.

João tinha quatro anos de idade a mais do que a irmã, mas achava-a tão imatura que a diferença de idade aparentava ser maior.

– Está muito errada a forma que você escolheu para se relacionar com o seu filho. Ele não pediu para vir ao mundo, não tem culpa do seu relacionamento com o Ricardo ter dado errado. Você nunca tem tempo pra ele, sempre colocando outros programas em primeiro lugar. Ele já está com três anos. Daqui a pouco a infância passa e ele não terá recordações suas como mãe dele.

Diva levantou a cabeça, olhando para o teto, e suspirou longamente, demonstrando impaciência com o assunto abordado pelo irmão.

– É fácil para você me julgar; afinal, você não trabalha e tem todo tempo do mundo para fazer o que quiser.

Batendo com a mão esquerda no peito, ela prosseguiu:

– Eu trabalho, o meu tempo livre é curto e não tenho como ficar à disposição do Mateus. Tenho minhas coisas para fazer, como ir à academia, ao salão de beleza, ao supermercado, drogaria e outros lugares para comprar um monte de coisas para mim e meu filho, além de vários outros afazeres.

Diva fez uma pausa, encarou o irmão e prosseguiu:

– Tem mais: o fato de ter tido um filho não pode acabar com a minha vida social, se não eu enlouqueço.

João deu uma risada debochada e perguntou:

– Você precisa ir à academia quatro ou cinco vezes por semana? Precisa passar quase três horas lá? Precisa sair quase todas as noites? Por acaso, vai ao supermercado ou drogaria em todas as semanas? A quem você quer enganar? Quem compra as coisas para o Mateus é a mamãe e você não entra em um supermercado há mais de ano. Você desvia a pensão que o Ricardo deposita para o Mateus comprando coisas para você, como roupas, joias, indo a bares e gastando na farra. O problema é que você quer levar uma vida de solteira, tal como as suas amigas, mas se esquece de que tem um filho para criar. Sempre tem um motivo para você não ficar com ele. Não percebe que o Mateus já sacou tudo?

Diva ficou quieta, encarando João com um olhar de pena. Em seguida, respondeu:

– Queridinho! Você não consegue resolver sequer os seus problemas. Preocupe-se mais com a sua vida e vê se me erra, está bem?

Percebendo que não adiantaria insistir no assunto e que os ânimos poderiam ficar acirrados, tendo em vista a provocação da irmã, João encerrou a conversa com um breve comentário.

– Quando você acordar para o que está fazendo será muito tarde. Antes do que você imagina, o Mateus é que irá desprezar a sua companhia.

Irritada, Diva abriu a boca para dar uma resposta mal criada ao irmão, não admitindo aquela ingerência em sua vida, mas ele se retirou antes disso, deixando-a revoltada. Sempre que isso acontecia, ela dava o troco na primeira oportunidade que aparecia.

CAPÍTULO 5

João e Iolanda chegaram ao restaurante às nove horas e conseguiram pegar a última mesa disponível na área de não fumantes. Pediram o *couvert* para beliscarem alguma coisa antes do jantar. João iniciou a conversa relatando a sua desavença com a irmã.

– Hoje eu tive uma discussão com a Diva. Acho inaceitável o que ela e o Ricardo estão fazendo com o Mateus. Eles ficam empurrando o menino um para o outro, como se o pobre coitado fosse um peso na vida deles. Depois que o Ricardo se mudou para São Paulo, a Diva tornou-se uma mãe ainda mais ausente. Parece-me que ela não aceita o fato de precisar ficar três finais de semana com o filho para o Ricardo ficar um. É notório que ela fica mais feliz quando o Mateus vai para São Paulo.

A opinião de João era comungada por Iolanda e Aristides. Entretanto, como pediram para ela voltar a morar com eles após a separação do marido, não tinham como exigir uma conduta diferente, sob pena de ela se mudar com o filho para outro apartamento.

– Não sei mais o que fazer com a sua irmã – lamentou Iolanda. – Ela está me dando muito trabalho lá na loja, os nossos pontos de vista são muito diferentes. Ela é muito tolerante com os erros das funcionárias, acredita em todas as desculpas que falam. Ela não tem malícia para lidar com funcionários e eu sou obrigada a desautorizá-la constantemente. E, o pior...

Iolanda franziu a testa e fez uma pausa, enquanto fitava o filho. O seu semblante tornou-se mais sério, deixando João preocupado com o que ela falaria.

– O que ela fez?

Iolanda tomou um gole de água mineral gasosa, voltou a fitar o filho e respondeu:

– Nós combinamos de fazer uma retirada de apenas três mil reais, cada uma, até terminarem as obras da segunda loja, em função dos muitos gastos que estamos tendo.

Iolanda abaixou a cabeça, apoiando-a com as mãos, como se estivesse com vergonha, e concluiu:

– Hoje, ela desviou mil reais do pagamento de despesas.

João ficou incrédulo com a notícia. Sempre condenou a irmã pela sua conduta moral, mas não imaginava que ela pudesse chegar ao ponto de furtar.

– Não é possível! A senhora tem certeza?

– Saquei cinco mil reais para pagar as despesas da obra e as contas da loja. Entreguei o dinheiro para a Diva fazer os pagamentos. Pouco depois, ela me procurou falando que eu havia lhe dado apenas quatro mil reais.

João segurou o queixo com a mão esquerda, apoiando o cotovelo sobre a mesa, como se não acreditasse na notícia.

– O papai já sabe disso?

– Não, mas eu não tenho como evitar contar este fato a ele. A minha dúvida é se eu conto agora ou espero passar a votação do tribunal para a promoção dele ao cargo de desembargador. Ele está muito nervoso com essa votação, mas muito confiante também, depois que o ministro Márcio Avelar entrou no páreo para apoiá-lo, telefonando para vários desembargadores, pedindo para votarem nele. Como você sabe, via de regra, eles votam no juiz que demonstra ter mais força política, ainda que outros juízes tenham um merecimento maior.

– Acho que a senhora deve esperar a votação da promoção. Não gosto dos critérios da promoção por merecimento. Acho que, por justiça, deveriam escolher sempre o juiz mais antigo.

– Você não pensa mesmo em se tornar um juiz de direito?

– Estou pensando em tentar o próximo concurso que aparecer.

Iolanda sorriu, pois desejava que o filho tentasse outros concursos, acreditando que poderia encontrar a sua vocação em outra profissão. Por isso, insistiu.

– A carreira de promotor de justiça é muito bonita, mas parece-me que muitas pessoas sem qualquer vocação desejam passar nesse concurso apenas por estar na moda, por dar *status* e pelo salário. Alguns anos atrás, pelos mesmos motivos, os jovens sonhavam em se tornar médicos. Muitos conseguiam, mas não se realizavam profissionalmente, tornando-se maus profissionais, pois não tinham a vocação para a medicina. O mesmo pode acontecer com várias das pessoas que estão se tornando promotores de justiça. Ingressam na carreira visando o salário, o *status* e o poder. Depois de certo tempo, a carreira vira um peso para eles, em função da insatisfação com o tipo de trabalho.

Após breve pausa, Iolanda perguntou:

– Você já parou para pensar se esse não é o seu caso?

O questionamento de sua mãe levou-o à reflexão. Ele gostava de desafios e o concurso do Ministério Público era um dos maiores desafios para os que tentavam passar em concursos. Era certo, também, que o *status* da função e o salário o atraíam. Por outro lado, João acreditava que as funções ministeriais nobilitavam aqueles que a exerciam e havia um vasto campo de atuação na área de direitos humanos que ele poderia explorar.

– Sinceramente, acho que não. Eu gosto das funções exercidas pelos promotores de justiça. Obviamente, a estabilidade e o salário contam pontos para a minha escolha.

Iolanda lhe sorriu com ternura e insistiu:

– Pense a respeito disso, meu filho, mas com a mente aberta. Existem outras carreiras jurídicas maravilhosas, como a da Defensoria Pública, por exemplo.

Após alguns instantes de silêncio, já que ambos saboreavam o excelente tira-gosto, Iolanda puxou conversa novamente, voltando ao assunto da filha.

– Quando eu vejo a sua irmã cometendo esses erros todos, sinto que tenho uma parcela de culpa muito grande. Ela tem certas atitudes que eu repudio, porque são coisas que eu nunca fiz. Mas há outras que são fruto de ensinamentos errados que lhe dei.

Iolanda balançou a cabeça, reprovando a si mesma, enquanto os seus olhos umedeciam.

– Desde quando ela era uma criança, eu a estimulava a fazer amizades com pessoas ricas. Achava que ela deveria conviver no meio deles para aprender a se comportar do mesmo modo, na esperança de que essa convivência a ajudasse a se casar com um bom partido, financeiramente falando. Sinceramente, eu ficava muito contente quando ela me apresentava alguma amiga ou algum amigo cujos pais eram ricos e conhecidos na sociedade. Aos poucos, ela foi assimilando os meus ensinamentos, até chegar à adolescência sabendo o que queria para sua vida. Como ela sempre chamou a atenção pela beleza, eu tinha certeza de que, depois dos meus ensinamentos, um bom casamento seria questão de tempo.

João ouvia sua mãe atentamente, concordando com tudo que ela falava. De fato, o seu jeito de ser parecia-se o mínimo com a irmã, o que era notório para os amigos mais próximos e parentes. Ao passo que ele era considerado o simpático e gente boa, ela era a esnobe e interesseira.

– Infelizmente, o tiro saiu pela culatra – prosseguiu Iolanda. – Bem que ela se casou com um rapaz rico, conforme eu havia planejado, mas que dava pouco valor à família. Para o Ricardo, ser bem sucedido profissional e financeiramente ocupava os três primeiros lugares de sua lista de prioridades. Depois, vinham os encontros com os amigos e, em último lugar, a família. Não tinha como dar certo, mesmo. Ela agiu corretamente ao pedir a separação. Do contrário, a infidelidade por parte dela seria uma questão de tempo.

João concordou e emendou com uma observação.

– Menos mal que ele não se furtou de arcar com a pensão. Já imaginou se ele criasse problemas? Pelos menos a senhora e o papai não precisam se preocupar com as despesas maiores do Mateus.

Iolanda franziu a testa, discordando do filho.

– O dinheiro dele não faz falta para o Mateus. O seu pai tem um bom salário e nós teremos uma ótima retirada na loja assim que inaugurarmos a filial. Seria preferível que o Ricardo não pagasse pensão e fosse um pai mais presente na vida do filho. Hoje em dia, é ilusão um pai pensar que a sua principal obrigação é cobrir os gastos materiais dos filhos. O pai moderno é participativo. Ele dá banho, limpa o bebê, troca frauda, dá comida, faz ninar, brinca com o filho e o corrige quando precisar.

Após ficar em silêncio por alguns segundos, Iolanda completou:

– Hoje, eu educaria minha filha totalmente diferente. Meu Deus! Como eu gostaria de ter a experiência de hoje na minha mocidade!

A sabedoria que adquirimos com os fatos vividos não tem preço. Quantas dores e infortúnios a sabedoria evita que tenhamos!

Iolanda sorriu e entrou no assunto dos problemas vividos pelo filho.

– Vejo você abatido e com motivos para tanto. Só que, daqui a alguns anos, quando você olhar para trás com a sabedoria trazida pela experiência, então você verá que poderia ter feito diferente. Concluirá que não precisava sofrer tudo o que sofreu por uma mulher e, talvez, perceberá que a sua vocação não era ser promotor de justiça, ou que era, mas que não passou agora por não ter chegado o seu momento. Você terá a convicção de que todo o acontecido teve um motivo. Aí sim, você saberá aferir melhor as coisas que realmente têm valor e lutará por elas.

João teve vontade de falar, mas sentiu um bloqueio em sua garganta. Por alguns instantes, refletiu sobre o conselho materno. Concluiu que sabedoria era algo mais difícil de obter do que cultura. Esta poderia ser adquirida nas escolas; já aquela vinha através dos ensinamentos trazidos pela vivência, sendo até mesmo comum encontrar pessoas incultas com espírito repleto de sabedoria e vice-versa.

Refletindo sobre isso, ele ponderou:

– A sabedoria não tem preço. Talvez, eu esteja precisando fazer algum tipo de leitura fora dos livros de direito para abrir a minha mente. Com tanto estudo, acredito que fiquei um pouco bitolado. Para ser sincero, estou confuso, sem saber se insisto no concurso ou se começo a advogar. Também não sei se devo procurar a Ana. Sinto muita falta dela, acho que fui um pouco duro no dia em que terminamos, mas fico com receio de procurá-la e acabar voltando por baixo no namoro.

João olhou para a sua mãe, à espera de que ela lhe desse uma luz sobre o caminho a seguir. A resposta não tardou a vir.

– Olha, filho, em uma situação dessas, eu prefiro não interferir na sua decisão. Espero que não me julgue omissa, não é isso. Conheço pais que interferiram muito nas escolhas afetivas e profissionais de seus filhos, terminando por prejudicá-los. Os pais não sabem tudo o que se passa em um namoro de um filho já maduro. Por isso, o risco de darem um palpite errado é grande. Da mesma forma, com relação às escolhas profissionais. Os pais podem querer que o filho seja doutor ou siga a mesma carreira deles em detrimento de outra profissão mais promissora, por pura ignorância. Há que se levar em conta, sobretudo, a vocação profissional de cada um. Como eu já lhe havia dito, ninguém consegue ser feliz trabalhando com algo de que não goste. É necessário pensar que passamos um terço de nossas vidas, depois de adultos, em nossos ambientes de trabalho.

Iolanda suspirou e concluiu:

– Somente iria influenciar na sua escolha se pensasse que a Ana era uma pessoa de má índole ou se acreditasse que a união de vocês seria tão conturbada que colocaria a integridade física de ambos sob risco. Como não é isso que penso, prefiro deixar que você consulte o seu coração. Da mesma forma, não me sinto preparada para influenciar na sua escolha profissional. Apenas, acho que você deveria tentar outras carreiras além da do Ministério Público, para não ficar tão restrito.

João sorriu, demonstrando agradecimento pelos conselhos maternos.

Decidiram pedir os pratos principais assim que eles viram o garçom servir, em uma mesa ao lado, camarão flambado, acompanhado de suflê de queijo e arroz, passado no caldo do próprio camarão.

Enquanto esperavam pela comida, não conversaram mais sobre os problemas familiares. Da mesa que estavam, através da janela, viram a lua cheia surgir por detrás de um prédio, iluminando a cidade.

Conversar sobre os problemas particulares deixou mais leve o espírito de ambos. Quando a comida chegou, saborearam até o último grão de arroz. Estava simplesmente deliciosa. Como estavam satisfeitos, não pediram sobremesa. Apenas um café expresso, acompanhado de uma pequena trufa.

Chegaram a casa já por volta da meia noite. Para o espanto deles, Mateus estava assistindo televisão com Penha, a babá. Ele estava com os olhos inchados e ainda marejados. Iolanda apressou-se em abraçá-lo.

– O que aconteceu, meu anjinho?

– Eu quero ir para a casa do meu pai – disse ele, em prantos.

Iolanda pegou-o em seu colo, tentando consolá-lo.

– O seu papai está morando na cidade de São Paulo. Neste final de semana, você ficará com a sua mamãe, mas em breve você ficará com o seu papai.

Mateus segurou o rosto de Iolanda com as duas mãos e perguntou:

– Cadê a minha mãe?

Iolanda fechou os olhos e teve vontade de socar a filha, tamanho era o descaso dela com Mateus.

– Daqui a pouco ela chega. Vamos para a cama, a vovó vai dormir com você.

– Eu não quero, eu quero a minha mãe – insistiu o menor.

Irritado, João pegou o celular e discou para a irmã. O telefone tocou até a ligação cair na caixa de mensagem.

– Ela não atendeu – lamentou, enquanto Mateus chorava de soluçar no colo da avó.

– Amanhã eu terei uma nova conversa com ela – tornou João, em voz baixa para que o menor não ouvisse. – Não dá para ficar do jeito que está.

Com muito custo, Iolanda convenceu o neto a voltar para o seu quarto. Foi preciso ela lhe prometer que leria livrinhos de estória. Aos poucos, à medida que ela lia, ele relaxou e adormeceu. Iolanda permaneceu no quarto dele, mas custou a pegar no sono, à espera da filha.

Diva havia visto a ligação do irmão, não a tendo atendido propositadamente, já imaginando que o filho havia acordado perguntando por ela.

Os primeiros raios solares já surgiam na cidade quando ela abriu a porta de casa. Ao ver a sua mãe em sua cama, deu um passo para trás, fechou a porta e decidiu dormir no sofá da sala; afinal, não estava disposta a ouvir sermão àquela hora.

Capítulo 6

João não conseguiu se concentrar nos estudos na parte da manhã. Estava ansioso por chegar a hora de ter uma conversa séria com a irmã, pois não aceitava que ela continuasse vivendo na casa de seus pais agindo a seu bel-prazer, sem dar satisfação a ninguém.

Assim que ouviu um ruído no quarto dela, ele bateu na porta e adentrou de uma vez, deixando Diva irritada.

Junto deles, estava o espírito de Bruno, emitindo vibrações para aguçar o desentendimento no seio daquele lar.

O espírito de Orlando, o mentor, também se fazia presente, depois de rarear as suas idas àquela casa, em face dos poucos frutos que seu trabalho estava produzindo e da necessidade de auxiliar outras pessoas.

Orlando percebia a presença de Bruno, mas esse, com a visão espiritual limitada por sentimentos malévolos, não podia notar a presença de Orlando, a não ser que este permitisse, o que não aconteceu ali.

Mais uma vez, em vão, Orlando tentava acalmar os ânimos de João.

– Você não pode entrar no meu quarto desse jeito, sem a minha permissão. Por pouco não me pega nua – bradou Diva.

Os olhos de João soltavam faísca, não tendo se importado com a reclamação dela. Antes de começar o conversa, João ficou por alguns segundos apenas encarando-a, fato suficiente para amedrontá-la.

– Você é uma irresponsável, que não tem compromisso com o próprio filho. Quando chegamos ontem, ele estava chorando, pedindo a sua presença. Será possível que você precisa sair tanto de casa, à noite? Será possível que não enxerga o tanto que ele sente sua falta? Ou será que enxerga, mas não está nem aí para os sentimentos dele? Vou lhe dar um aviso: ou você muda o seu comportamento, ou eu vou conversar com o papai e a mamãe para ingressarem com um processo na justiça para tirar de você a guarda do Mateus.

Antes que Diva respondesse as ameaças do irmão, Iolanda entrou no quarto, tendo ouvido parte da conversa. Irritada com o comportamento da filha, ela disparou:

– Está na hora de sermos mais duros com você, minha filha. Eu cansei de suas imaturidades. Enquanto a vítima de suas inconsequências era você mesma, eu tolerei, só que agora a vítima é uma criança indefesa. Eu vou conversar com o seu pai, porque não vou aceitar mais esse tipo de comportamento na minha casa. Ou você muda a sua atitude com o Mateus, ou você muda de casa, porque aqui você não vai continuar morando. Se você não quer ter responsabilidade com o seu filho, passe a guarda para mim, antes que eu entre na justiça para tirá-la de você.

As ameaças do irmão e de sua mãe deixaram Diva revoltada. Bruno se deleitava ao ver a ira que se irradiava de um lado a outro.

Enfrentar sua mãe em um processo judicial para defender a guarda de seu próprio filho era algo inaceitável para Diva. Ela levou um susto, ficando sem reação em um primeiro momento. Assim que se refez, ela mostrou as suas garras.

– Mamãe, eu só moro aqui porque vocês pediram, está lembrada? A pensão que o Ricardo deposita em minha conta é suficiente o bastante para eu alugar um apartamento pequeno e ir-me embora com o meu filho e a Penha. Por favor, no dia em que a minha presença aqui for indesejável, eu quero ser a primeira a ser avisada. Se quiserem entrar na justiça para tentar tirar a guarda de mim, fiquem à vontade, vocês nunca conseguirão. Sabem por quê? Eu não deixo faltar nada para ele. Prestem atenção no tanto que ele está forte. Olhem as roupas dele, é difícil ver uma criança melhor vestida. E mais... Ele sempre faz programas legais, passeia pelo bairro, vai à praça, ao clube e ao *shopping*.

– Pena que você raramente se faz presente nessas ocasiões – disparou João. – Se não fosse a boa vontade da Penha, do papai e da mamãe, o Mateus ficaria trancado dentro de casa. A impressão que tenho é a de que você se faz de boba. Nós não estamos falando da falta de coisas materiais, mas sim da ausência de afeto.

A postura corretiva do irmão deixou Diva ainda mais revoltada. Mentalmente, Bruno sugeriu que ela narrasse o episódio ocorrido na noite anterior.

Diva captou o pensamento de Bruno, sentindo prazer em comentar a cena ocorrida no bar.

– Se eu fosse você, ficaria menos preocupado com a minha vida e mais com a sua. Enquanto fica aí chorando pelos cantos da casa, a sua ex-namorada já está em outra e, pelo visto, muito feliz – disparou, com um sorriso malicioso no canto da boca.

João ficou boquiaberto, sem saber se acreditava na irmã, afinal, ela tinha motivos para inventar uma mentira somente para aborrecê-lo. Entretanto, a curiosidade levou-o a querer se inteirar do ocorrido. Com a garganta seca dificultando a sua fala, ele perguntou:

– O que você está sabendo da vida dela?

Ao ver a expressão de desapontamento do irmão, Diva sentiu pena dele, arrependendo-se do comentário feito. Pensou em dizer que havia dito aquilo só para provocá-lo, mas acabou falando a verdade.

– Eu a vi, ontem, com um rapaz, já no fim da noite, por volta das quatro horas da madrugada, quando fui comer um espaguete com as minhas amigas. Ela levou um susto, pois nos encontramos na fila de espera, na entrada do bar. Eu os cumprimentei e fui, inclusive, apresentada ao cara. O nome dele é Fábio, aparenta ter em torno de quarenta anos de idade e anda muitíssimo bem vestido.

O mundo de João veio abaixo, sentiu-se destruído, como se tivesse sido atingido por um *tsunami*.

Orlando esforçava-se para consolá-lo, mas a tristeza e a revolta eram tamanhas para João que ele sequer percebia aqueles fluidos magnéticos impregnados de amor.

– É sério o que você está falando?

A pergunta doída dele fez Diva esquecer a raiva que ela teve segundos antes. Sentiu-se culpada pela tristeza que o seu comentário causou em João.

Bruno, ao contrário, sentia extremo prazer ao ver aquela cena.

– Infelizmente, eu não estou mentindo. Como disse, ela ficou toda desconcertada assim que me viu. Um minuto depois, eu a ouvi comentar com o rapaz que não queria ficar esperando na fila. Eles se despediram e foram embora.

Um silêncio fúnebre invadiu o quarto, incompatível com a calorosa discussão ocorrida há pouco. Iolanda tentou consolar o filho, mas faltaram-lhe palavras para tanto. Fez menção de abraçá-lo, mas ele, rapidamente, virou-se, abriu a porta e caminhou até o seu quarto.

Até mesmo Iolanda esqueceu de terminar a conversa com Diva e foi atrás do filho. Ele estava debruçado sobre o travesseiro quando ela chegou. Carinhosamente, sentou-se na cama e acariciou os cabelos volumosos dele, enquanto orava, pedindo a Deus palavras sábias para consolá-lo.

A sua oração e o amor pelo filho, resultando na imensa vontade de ajudá-lo, fizeram com que ela conseguisse captar as vibrações de Orlando. Intuída por ele, ela proferiu os seus conselhos.

– Ontem, você disse que estava confuso, não sabendo se deveria procurar ou não a Ana. Eu não quis dar opinião e tive a percepção de ter lhe frustrado com a minha postura. Talvez, você tenha tido a resposta que almejava. Ao menos por ora, não a procure. Posso imaginar a dor que está alojada em seu coração, gostaria de ter o poder de afastá-la para bem longe, mas sei que isso é impossível para mim. Sei, também, que essa dor vai passar e, então, você será um homem melhor. Se você tiver a intenção de procurá-la mais na frente, espere a mágoa diminuir, para que vocês possam ter uma conversa civilizada. Procure ter resignação. Assim, você terá melhores condições de escolher o seu caminho. A mesma porta que se fecha pode voltar a abrir. Do contrário, outras portas se abrirão. Você jamais estará desamparado. Nenhum ser humano, por pior que seja a sua situação, fica desamparado, pois somos todos filhos de Deus.

Iolanda fez uma pausa enquanto acariciava os cabelos do filho. Depois, finalizou:

– Vou deixar você sozinho, mas saiba que estou à sua disposição para a hora que você precisar. Não se sinta na obrigação de almoçar conosco. Caso prefira, pode ficar em seu quarto. Eu vou pedir a todos para que não o incomodem.

Iolanda beijou a face do filho e saiu, deixando-o com uma dor amarga na garganta.

Em vão, João tentou segurar as lágrimas, ainda que ele acreditasse que Ana não era digna de sequer uma das gotas que rolavam.

Sem dúvida, aquela era a maior decepção afetiva de sua vida, maior até do que a descoberta da traição por parte de Silvia, a menina com quem namorou durante os tempos de faculdade, pela qual foi apaixonado. É que desta feita ele tinha planos palpáveis de casamento, bastando para tanto ter passado no concurso. Todavia, por ironia do destino, a mulher que pretendia ter como esposa estava saindo, provavelmente, com o seu algoz no concurso, aquele que ceifou a realização dos seus sonhos. Nada tirava da cabeça de João que o Fábio mencionado por Diva era o advogado escolhido pela Ordem dos Advogados do Brasil para ser o examinador de direito civil do concurso de promotor de justiça.

Intuído por Orlando, João pensou em buscar apoio espiritual através da oração. Elevou o seu pensamento a Deus, mas sentiu raiva do Criador, uma raiva misturada com descrença. Em sua mente, Deus o traiu ao permitir que ele experimentasse tamanho dissabor; afinal, não vislumbrava qualquer erro por ele cometido que justificasse a dor que atormentava o seu espírito.

Influenciado por Bruno, teve o ímpeto de amaldiçoar o Criador, mas calou-se, pois as palavras ditas por sua mãe fortaleciam levemente o seu espírito, o suficiente para brecar o ímpeto malévolo.

Voltou a sentir um nó na garganta ao imaginar que naquele momento Ana poderia estar em algum restaurante almoçando em companhia de Fábio. Teve tanto ódio dela que resolveu desligar o celular, a fim de que ela não o encontrasse, caso resolvesse explicar o ocorrido na noite anterior.

No interior do seu quarto, ele permaneceu durante toda tarde, sem que ninguém o incomodasse, a pedido de Iolanda. Não teve vontade de comer nem beber nada.

Às dezoito horas, Orlando intuiu o lavador de carro da rua a ligar o rádio. Começou a tocar a Ave Maria. A melodia fez com que o espírito de João ficasse mais leve, encontrando conforto para a sua dor. Foi o suficiente para que as vibrações de Orlando fossem captadas por João.

Com a imagem da Mãe Santíssima em sua mente, João imaginou todo o sofrimento que ela teve, não apenas durante o calvário de Jesus, mas a começar pela fuga para o Egito, passando pelo abandono precoce do lar pelo Filho, a fim de se dedicar à sua missão.

Inquestionavelmente, o sofrimento dele era um grão de areia no meio do deserto se comparado com o sofrimento dela e ao próprio sofrimento do Cristo. Ele começou a concluir que a dor maior de Cristo não foi a dor física das chibatadas em suas costas, ou mesmo da coroa de espinho cravada em sua cabeça, ou, ainda, dos pregos sendo fincados em seus punhos. A maior dor vivida pelo Cristo foi a da incompreensão, tamanha era a disparidade de Sua evolução espiritual comparada a de todos os seres viventes.

Quando fazia um paralelo de seu sofrimento com os sofrimentos de Maria e de Jesus, ele imaginou que ambos, pelo caráter humano, eram mais capazes de compreendê-lo do que o próprio Deus, que naquele momento era algo distante para ele. Imediatamente, João fechou os olhos, imaginou Jesus e Maria ali no quarto, bem à sua frente, e começou a falar, expondo a sua dor, pedindo força para superar aquele momento e orientação sobre qual caminho deveria seguir. A sua dor era tamanha que ele não conseguia colocar o raciocínio em ordem. Decidiu fechar os olhos e fixar na mente as imagens de Jesus e Maria. Pouco a pouco, ele sentiu o sono chegar e adormeceu.

Capítulo 7

Iolanda aproveitou a ausência da filha para falar com o marido sobre a discussão que ela havia tido com Diva pela manhã. Aristides estava no quarto assistindo ao noticiário quando ela adentrou e pediu para ele desligar a televisão a fim de terem uma conversa.

A princípio, Aristides levou um susto, já que há muito a esposa não o procurava para uma conversa reservada.

– Podemos esperar o jornal terminar?

Ante a resposta negativa da esposa, ele concluiu que o assunto deveria ter certa urgência, provavelmente ligado à tristeza do filho, e desligou a televisão.

– Eu estou muito decepcionado com a Ana, não imaginava que ela seria capaz de fazer o que fez – desabafou Aristides. – Temos que encontrar uma forma de ajudar o João.

– Sem dúvida, mas não é sobre isso que quero conversar. Precisamos tomar uma atitude para que a Diva seja uma mãe mais dedicada.

Aristides coçou a cabeça, demonstrando certa impaciência com o assunto.

– Infelizmente, não há mais nada a fazer além do que já fazemos. Nós não temos como obrigá-la a amar o filho e a ser companheira dele. Temos que aceitar o fato de que ela foi mãe ainda muito imatura. Talvez esta situação mude no futuro. Enquanto isso, nós proveremos o Mateus de amor e carinho, mesmo porque não podemos esperar nada do Ricardo, além do pagamento da pensão.

Iolanda sabia que teria uma difícil missão em convencer o marido de seu ponto de vista, mas decidiu ir em frente.

– Ontem à noite, quando chegamos do restaurante, encontramos o Mateus chorando. Primeiro, ele perguntou pela mãe e depois nos disse que queria se encontrar com o pai. A Diva está saindo à noite com muita frequência e ele está se sentindo abandonado por ela. Precisamos pressioná-la a mudar, porque as consequências para o Mateus já estão sendo terríveis. Se esta situação persistir, trará reflexos muito negativos quando ele crescer. Temos que evitar isso.

Aristides reclinou-se e apoiou os cotovelos na cadeira, pois tinha a convicção de que sua esposa estava correta, mas não sabia o que fazer para mudar a situação.

– O que você sugere que façamos?

Iolanda deu um longo suspiro, criando coragem para falar, pois sabia que o marido poderia recriminar a postura dela diante da filha naquela manhã.

– Hoje eu tive uma conversa com ela. Não suporto mais que esta situação continue ocorrendo na minha cara, na minha casa e, pior, diante da nossa complacência. Por isso, eu disse a ela que, se não mudasse o seu comportamento em relação ao filho, que poderia procurar outro lugar para morar. Disse, também, que, se ela não quer ter com o filho os cuidados maternos necessários, que deveria passar a guarda para nós, antes que entrássemos na justiça para tirá-la dela.

O espírito de Bruno, mais uma vez presente naquele lar, tentando cumprir o seu objetivo de desestabilizar totalmente o ambiente, isso antes de tomar medidas ainda mais drásticas, regozijou-se diante da ira de Aristides, que arregalou os olhos e inclinou o corpo para frente, sem acreditar que a esposa pudesse ter feito aquelas ameaças à filha antes de consultá-lo. Sentiu o sangue ferver e precisou conter-se para não gritar com ela.

– Como é que é? Você a ameaçou expulsá-la de nossa casa?

Os olhos dele eram como se fossem duas metralhadoras apontadas para a mulher. Naquele momento, ela teve a sensação de que estava contra a parede, em vias de ser fuzilada. O frio que sentiu descer pela espinha fez com que se arrependesse de ter procurado o marido para aquela conversa, mas não havia como voltar atrás. Com a voz gaguejante, respondeu:

– Eu cheguei ao meu limite. Não dou conta de continuar convivendo sob o mesmo teto com a Diva, caso ela não mude o seu comportamento em relação ao Mateus. Não quero para o meu neto o futuro que vejo nos jovens de hoje. Preste atenção nas dificuldades que os nossos vizinhos do andar de baixo estão tendo com os filhos. Depois que os meninos entraram na adolescência, eles passaram a usar drogas, dormem fora de casa sem avisar aos pais, deixando-os apavorados, sem saber onde e na companhia de quem estão os filhos. Também, não levam os estudos a sério e já chegaram ao cúmulo de tentar estuprar a faxineira do prédio. Nós somos testemunhas de que os pais deles nunca foram presentes em suas vidas. Hoje, estão colhendo os frutos amargos da ausência deles durante a infância e adolescência dos filhos.

Aristides sabia que aquele era um exemplo típico de dois filhos que foram criados por babá, sem a presença por perto dos pais, os quais, quando não estavam trabalhando, dedicavam o tempo livre a programas sem os filhos. Esse era um fato público e notório para os funcionários e vizinhos do prédio.

O exemplo citado por Iolanda conseguiu arrefecer os ânimos de Aristides, que mudou o tom de voz.

– Iolanda, eu concordo com o seu ponto de vista. Mas acho que o carinho que eu e você damos ao Mateus pode anular os estragos provocados pelo descaso dos pais com ele. Não sei se compensa comprarmos uma briga agora com a Diva. Temos de pensar que, se ela for embora daqui, será ainda pior para o Mateus.

Iolanda era ciente de que tanto ela quanto o marido sentiriam bastante caso a filha e o neto se mudassem de casa. Todavia, ela acreditava que deveria correr esse risco para forçar a filha a assumir as obrigações de mãe.

– Ari, o nosso carinho é muito importante para o Mateus, mas não substitui o amor de pai e mãe. É diferente quando a criança perde os pais, sendo criada pelos avôs. No nosso caso, o Mateus tem pai e mãe. Ele quer ser amado por eles, não adianta querermos substituí-los, porque não vamos conseguir nunca. As funções dos pais e dos avôs são diferentes.

Iolanda ficou quieta, esperando por nova manifestação do marido. Ele coçou a cabeça, suspirou, mas permaneceu calado, olhando para o chão.

Bruno sugeriu, em pensamento, que ela relatasse o sumiço do dinheiro na loja. A vibração do obsessor encontrou ressonância no espírito de Iolanda, já repleto de desavenças com a filha. Ela criou coragem e prosseguiu:

– As minhas restrições às atitudes da Diva não se resumem ao comportamento dela com o filho. Ontem, aconteceu um fato extremamente desagradável na loja.

Aristides levantou a cabeça e franziu a testa, preocupado com o que a filha teria feito de errado no ambiente de trabalho.

– O que ela fez?

– Eu entreguei cinco mil reais para ela fazer o pagamento de despesas. Havia cinco montinhos de mil reais, cada um amarrado por uma borrachinha. Ela pegou o dinheiro e subiu para o escritório. Alguns minutos depois, ela me procurou falando que estavam faltando mil reais, salientando que eu havia lhe entregado apenas quatro pacotinhos de mil reais.

Aristides levou um baque com a informação. Indignado, perguntou:

– Você tem certeza disso? Você está me dizendo que ela desviou mil reais da loja?

Iolanda sinalizou positivamente.

– Esta é uma acusação gravíssima. Você pode ter contado errado o dinheiro, isso acontece – tornou ele, não querendo acreditar que a filha pudesse ter feito tal coisa.

– Mas eu tenho certeza – insistiu Iolanda.

– Então, não nos resta alternativa. Vamos conversar com ela sobre todos os assuntos que estão nos aborrecendo. Essa conversa será hoje.

Enfim, Iolanda havia conseguido o apoio do marido. A sua expectativa era a de que com esse apoio poderia fazer a filha mudar de comportamento.

Decidiram não dormir enquanto a filha não chegasse. Ao contrário das outras vezes, em que ficava irritada com as noitadas da filha, dessa vez Iolanda permaneceu tranquila, mesmo porque, quanto mais tarde Diva chegasse, mais argumento daria para ela e o marido chamarem a sua atenção.

À medida que os minutos passavam, acabaram sendo vencidos pelo sono e cochilaram sentados nas cadeiras em frente à televisão do quarto.

Já passavam das duas horas da manhã quando Diva chegou. Ao fechar a porta que separava a sala dos quartos, ela a bateu com força, acordando seus pais.

Ainda grogue, com os olhos vermelhos de sono, Aristides se levantou e caminhou em direção à filha, um tanto cambaleante.

– Eu e sua mãe precisamos ter uma conversa séria com você. Por favor, venha até a sala.

Diva lançou um olhar surpreso para o pai, pois há muito não tinham uma conversa séria. Quando sua mãe passou, elas cruzaram o olhar por uma fração de segundos, o suficiente para Diva concluir que ela havia feito comentários ruins a seu respeito.

Diva acompanhou os pais, sentando-se em uma cadeira de frente ao sofá onde eles sentaram. Sentiu um calafrio quando seu pai a encarou. Pôde perceber que ele estava muito chateado e que, portanto, ela ouviria pesadas acusações. Aristides começou o diálogo.

– Imagino que você já saiba sobre qual assunto iremos conversar.

Diva olhou para a sua mãe, com ódio, pois sabia que ela havia feito a cabeça de seu pai no que dizia respeito ao seu relacionamento com o filho.

– A mamãe deve ter comentado com o senhor sobre a conversa que nós tivemos a respeito do Mateus. É sobre isso que vamos conversar?

– Este é apenas um dos assuntos. Vou começar por ordem de gravidade.

Diva voltou a se assustar. Em uma fração de segundos, tentou imaginar o que poderia ter feito de tão errado, mas não encontrou nada.

– O que foi que eu fiz?

Iolanda, que até então estava calada, decidiu intervir.

– Você desviou mil reais do dinheiro que lhe dei para fazer os pagamentos da loja. Tenho certeza de que lhe entreguei cinco mil reais e não quatro mil reais, como você disse. Isso, eu não admito.

Diva levou um baque ao ouvir aquela acusação. Antes que se refizesse, sua mãe prosseguiu:

– Se a quantia que nós estamos retirando na loja é pequena, você deveria ter me falado, poderíamos estudar a possibilidade de aumentar a nossa retirada. Jamais você deveria ter feito o que fez. Agora eu perdi a confiança em você.

Diva mordeu os lábios, enquanto balançava a cabeça de um lado para o outro, incrédula com a acusação.

Bruno emitia vibrações de revolta em sua direção. De repente, Diva começou a chorar compulsivamente. Quando diminuiu a intensidade do choro, dirigindo-se à mãe, perguntou:

– Por que a senhora faz isso comigo? Por que me odeia tanto? Eu não peguei esse dinheiro! Pelo amor de Deus, acredite em mim!

– O dinheiro não pode ter sumido, evaporado de uma hora para outra – insistiu Iolanda. – Eu lhe entreguei cinco mil reais. O que você fez com um pacotinho de mil reais?

Diva teve a sensação de que sua pressão estava baixando rapidamente. Sentiu náusea e fez vômito.

– Calma, minha filha! Não precisa ficar desesperada. O importante é que você reconheça o erro – aconselhou o pai.

– O que eu preciso fazer para que vocês acreditem em mim?

A expressão de Diva era de desespero. Aristides, com a experiência de ter interrogado centenas de réus em sua vida profissional, teve a impressão de que ela poderia estar falando a verdade e buscou se inteirar mais sobre os fatos.

– O que você fez entre o tempo de pegar o dinheiro e descobrir que estavam faltando mil reais?

– Nada, papai. Eu peguei o dinheiro, subi para o escritório e quando eu me sentei para separar o dinheiro de cada pagamento, eu dei conta de que a mamãe só havia me dado quatro mil reais. Eu desci e disse isso para ela.

– Então, não há a possibilidade de alguma funcionária ter pegado o dinheiro? – tornou Aristides.

– Não – respondeu Diva. – O dinheiro não saiu da minha mão depois que ela me entregou. Eu estou falando a verdade: ela só me deu quatro mil reais, tenho certeza absoluta disso.

Aristides ficou dividido, pois sabia que a esposa jamais faria uma acusação falsa tão grave contra a própria filha, por maiores que fossem os desentendimentos entre as duas. Por outro lado, a filha lhe parecia sincera. A sua expressão de desespero não tinha nada de fingimento. Voltando-se para Iolanda, ele perguntou:

– Você tem certeza de ter entregado cinco mil reais para a Diva?

– Tenho certeza, eu não estou inventando nada. Fui ao banco, peguei o dinheiro, coloquei-o no bolso interno da minha bolsa e o entreguei para ela assim que cheguei à loja.

Percebendo que não conseguiria chegar à verdade, incorrendo no risco de fazer uma acusação falsa a uma das duas, Aristides encontrou uma saída para o caso.

– As duas erraram. Não se entrega um dinheiro para quem quer que seja sem pedir à pessoa para conferir se o valor está correto. Portanto, você errou Iolanda.

Antes que a esposa se voltasse contra ele, Aristides prosseguiu:

– Filha, você errou tanto quanto a sua mãe. Deveria ter conferido o dinheiro assim que o recebeu. Não poderia ter deixado para depois. Se tivesse agido assim, não teria ocorrido esta situação constrangedora.

Iolanda ficou desapontada com o marido e tentou intervir.

– Eu não pedi para ela conferir o dinheiro em função da confiança que depositava nela.

– E eu não conferi o dinheiro pelo mesmo motivo – bradou Diva.

– Assunto encerrado – disse Aristides. – Vamos tratar agora do relacionamento da Diva com o Mateus.

– Não há a necessidade, papai. Eu sei o que vocês pensam ao meu respeito. Nós temos um conflito de gerações que só vai piorar se eu continuar morando com vocês. Já estava pensando em me mudar daqui com o meu filho. Inclusive, já fui olhar um apartamento que está para alugar no quarteirão debaixo. Fiquei de dar a resposta ao corretor até segunda-feira. Trata-se de um apartamento pequeno, mas com a vantagem de estar todo mobiliado, pronto para ser ocupado.

Aristides ficou atordoado com a notícia e tentou demover a filha do seu intento.

– Não há necessidade alguma de você sair daqui. Por que trocar um apartamento de trezentos metros por outro pequeno? O Mateus não terá espaço para correr e brincar como aqui. Nós queremos apenas que você dedique um pouco mais de atenção para ele. Será possível que não temos o direito de dar uma opinião em sua vida?

Bruno ria do desespero do juiz de direito, certo de que ele era merecedor daquele momento de discórdia no lar.

Diva pensou, antes de responder. Queria dar uma resposta convincente a fim de que seu pai não insistisse no assunto.

– Podem sim, papai. Não é este o principal motivo para eu procurar o meu canto. Na verdade, sinto que preciso sair para evitar entrar ainda mais em choque com a mamãe. Cada dia que passa a nossa relação piora. Essa acusação que ela me fez foi a gota d'água e, ao mesmo tempo, o sinal que eu precisava para tomar a decisão de sair de casa. Vai ser bom para nós duas – concluiu.

Antes que Aristides tentasse convencer a filha do contrário, Iolanda emendou:

– Talvez ela tenha razão. É importante para nós duas que ela tenha a sua própria casa. O nosso relacionamento pode ficar menos desgastante e melhorar. Caso a gente chegue à conclusão de que a decisão foi equivocada, ela pode voltar a morar aqui.

Pela primeira vez nos últimos tempos, mãe e filha estavam falando a mesma língua. Tanto em casa quanto no trabalho seus posicionamentos eram muito divergentes.

Aristides fitou a esposa, depois a filha e sentiu que ambas queriam aquela decisão. Os seus olhos estavam cobertos de lágrimas. A tristeza pela saída de casa da filha e do neto, naquelas circunstâncias, estava estampada em sua fisionomia. Após breve reflexão, concluiu que não deveria insistir para mudarem de ideia.

– Está bem. Você é maior e vacinada. A minha vontade é que continue morando aqui em casa, mas fico com receio de insistir nesse sentido e piorar o relacionamento seu com sua mãe. Quero apenas que me prometam empenhar o máximo de esforço possível para conviverem melhor uma com a outra.

Ambas prometeram fazer cada qual a sua parte para que tivessem um bom relacionamento. Em seguida, Diva foi para a cozinha preparar um sanduíche, enquanto seus pais voltaram para o quarto.

À medida que comia, pensava na mudança que viria em sua vida e ficou insegura de ter tomado a decisão correta. Certamente, precisaria ter mais responsabilidade, tanto nos cuidados com o filho, quanto com as coisas de casa, já que, até ali, os seus pais e seu irmão supriam muitos dos seus deveres, deixando-a mais livre para o lazer.

Por sua vez, Iolanda e o marido deitaram-se na cama, mas não conseguiram dormir. Começaram a pensar em como ficaria o apartamento sem as presenças da filha, do neto e da babá. Certamente, ficaria mais tranquilo, mais sossegado e, também, mais triste. Sentiriam muito a falta, sobretudo do pequeno Mateus. Sem ânimo para darem sequência à conversa, cada qual se virou para o lado de fora da cama.

Capítulo 8

João dormiu um sono profundo por doze horas, sem acordar uma vez sequer, o que não se dava há muito tempo. Ao se levantar, lembrou-se de sua ira contra Deus na noite anterior e ficou envergonhado, reconhecendo que a explosão daquele sentimento foi causada por pura falta de fé. A imagem de Adão no paraíso veio à sua mente. Enxergou-se na situação de Adão quando este descobriu que estava nu, após comer o fruto proibido. Era assim que ele estava se sentindo: nu, diante de Deus.

Ele ainda não sabia da conversa da irmã com os pais. Decidiu aproveitar a linda manhã ensolarada do domingo para caminhar pelo bairro e pensar no que fazer a respeito da descoberta do encontro de Ana com Fábio.

Saiu de casa bem cedo. As ruas vazias propiciavam um bom momento para reflexão. À medida que caminhava, começou a se convencer de que deveria telefonar para Ana e tirar a limpo as informações dadas por Diva. Sabia que poderia ouvir confissões que o magoariam ainda mais, mas a dúvida da incerteza dos fatos precisava ser sanada, sobretudo se o Fábio mencionado por Diva era o mesmo que havia lhe reprovado no concurso.

Ele sabia que a ex-namorada não tinha o hábito de acordar tarde, mesmo aos domingos. Ao regressar para casa, João entrou apenas para pegar a chave do carro e saiu novamente. Iria estacionar o carro ali por perto e telefonar, a fim de que ninguém da família ouvisse. Dependendo do desenrolar da conversa, iria propor um encontro. Quando o relógio marcou nove horas, ele telefonou. O telefone tocou algumas vezes, levando-o a acreditar que ela não atenderia. Quando ia desligar, ouviu a voz dela.

– Oi, João, tudo bem?

Quantas saudades ele sentiu ao ouvir a voz de Ana. Desejou que estivesse tudo bem entre eles para dizer que a amava e combinar de almoçarem juntos. Mas a realidade era outra e exigia uma postura condizente com os fatos. Ele decidiu ser o mais sincero possível.

– Eu não estou bem e imagino que você saiba disso.

Ana já esperava por aquele telefonema e havia planejado convidá-lo para uma conversa pessoalmente, a fim de não deixar nenhum mal entendido.

– De fato, nós precisamos conversar. Acho que a conversa que precisamos ter não pode ser por telefone. Seria possível nos encontrarmos na praça aqui perto da minha casa, dentro de trinta minutos?

– Tudo bem – respondeu ele.

João desligou o telefone e rumou o carro para a praça, localizada no bairro Cidade Jardim. A praça tinha uma linda arborização, *playground* para as crianças brincarem e bancos confortáveis para as pessoas assentarem. As ruas ao redor da praça, igualmente, eram arborizadas, dando o nome ao bairro. Bem próximo dali, a uns cem metros de distância, ficava um museu, onde estava a primeira casa construída da cidade.

A praça era um local propício para uma conversa que envolvia assunto tão melindroso. Bem em frente, havia uma igreja, onde João poderia buscar conforto espiritual caso sentisse necessidade.

Quando viu Ana atravessar a rua, vindo em sua direção, ele sentiu um frio na barriga. Ela usava óculos escuros, calça jeans e uma blusa colorida. Havia cortado os cabelos negros, deixando-os repicados na altura dos ombros, realçando ainda mais a beleza de seu rosto.

Ele levantou-se para cumprimentá-la, recebendo um abraço frio, bem diferente do carinho que ela demonstrava por ele até pouco tempo atrás.

Ana parecia estar nervosa, suas mãos estavam geladas e a respiração um tanto quanto ofegante, como se tivesse praticado exercícios físicos. Ela sentou-se, deu um longo suspiro, encarou o ex-namorado e começou a se explicar.

– Eu nunca imaginei em me sentir tão constrangida na sua presença.

Ana abaixou a cabeça, dando um tempo para procurar as palavras certas, de forma a magoar o mínimo possível uma pessoa que ela havia amado tanto, amor esse que ela mesma não sabia se havia acabado.

– Depois que nós terminamos o namoro, cada um ficou livre para viver a sua vida como melhor entendesse, já que não havia mais compromisso entre a gente. Apesar disso, eu planejava ficar um tempo sem sair com nenhum homem, apenas curtindo a família e os amigos, mesmo porque o nosso envolvimento foi muito intenso e eu precisava me desapegar de você antes de sair com outro cara.

João ouvia atentamente os floreios de Ana, já ciente de que ela estava procurando justificar uma atitude que para ele não tinha justificativa. A decepção era tanta que ele sequer teve o ímpeto de interromper o discurso dela para expressar a dor que estava sentindo.

– Mas, por vezes, o destino nos prega uma peça – prosseguiu. – Eu já havia lhe falado que teria uma reunião em nosso escritório com o Fábio para tentarmos um acordo em uma ação de separação judicial movida pela nossa cliente contra o cliente do escritório dele.

Ana voltou a abaixar a cabeça, sentindo-se sem forças para prosseguir. A sua vontade era sair correndo, mas ela sabia que jamais teria condições de olhar nos olhos de João novamente, ou de qualquer pessoa ligada a ele, se tomasse tal atitude. Daí, ela criou coragem e seguiu em frente.

– Éramos quatro advogados reunidos, mas nós dois acabamos tendo uma aproximação maior e, depois de algumas horas negociando, chegamos a um acordo que atendesse aos interesses das duas partes.

João decidiu interromper Ana, mas o fez de uma forma serena.

– Você teve uma aproximação maior com ele, mesmo sabendo que ele havia me reprovado no concurso sem justa causa?

Ana respondeu com firmeza, demonstrando já imaginar que o ex-namorado faria esta pergunta

– Eu estava em uma reunião profissional. Os interesses da minha cliente sobrepunham-se aos meus interesses pessoais. O nosso contato ali foi estritamente profissional.

Pela primeira vez, João demonstrou impaciência com a resposta dada.

– Profissional? Ah... Então, vocês decidiram sair para comemorar o acordo celebrado. Foi isso que aconteceu?

Ana fechou os olhos e balançou a cabeça de um lado para o outro, triste pelo juízo que ele estava fazendo dela.

– Não foi isso que aconteceu. Nós sequer combinamos de sair. O que se deu foi uma nova coincidência. Na sexta-feira seguinte eu fui à festa de aniversário de uma moça chamada Isabela, amiga da Luíza, que me convidou porque estava sem companhia, já que o namorado dela estava viajando. Eu acabei reencontrando o Fábio nesta festa, pois ele é amigo da aniversariante.

João começou a piscar os olhos, involuntariamente, movido pela emoção. Suas mãos começaram a ficar molhadas de suor.

– Por que vocês saíram da festa para comer espaguete, em um restaurante, às quatro horas da manhã? O pouco contato que tiveram foi suficiente para tanta intimidade?

Ana notou que não adiantaria tentar esconder o seu entusiasmo com Fábio. Seria melhor a sinceridade, assim não correria o risco de João ficar sabendo de mais nada através de terceiros.

– Ele me convidou para comermos espaguete e eu aceitei, afinal, não tinha compromisso com ninguém. Não se esqueça de que foi você quem terminou o nosso namoro. E aceitei o convite porque o achei um cara interessante, não vou esconder. Não sei qual foi o motivo que o levou a reprová-lo no concurso. Aliás, ele não sabe que eu namorei um cara que só não ingressou no Ministério Público por conta dele.

Ana baixou a cabeça, fez um círculo com o tênis na areia espalhada pelo chão e concluiu, sem levantar a cabeça, apenas observando uma formiga carregar uma folha.

– Sei que ele pode ter sido injusto, mas qual de nós nunca errou?

Para João, foi um duro golpe de absorver ouvir da boca da mulher pela qual sofria de amor que ela havia saído com o seu algoz e, pior, por considerá-lo uma pessoa "interessante". Por alguns momentos, ele desviou o olhar dela e observou um beija-flor aproximar-se do jardim colorido de flores. Primeiro, o pequeno pássaro aproximou-se de uma flor amarela, de onde sugou o néctar que o alimentava. Em seguida, foi para uma branca, repetindo o gesto anterior.

João estava indeciso se deveria continuar a conversa, que certamente o levaria a sentir mais mágoas, ou se levantaria para ir embora.

Após breve reflexão, concluiu que deveria esgotar o assunto com Ana. Do contrário, certamente teria o ímpeto de ligar para ela outras vezes, o que não seria bom para ambos, já que a relação nunca se resolveria.

– Caso eu tivesse passado no concurso, ainda assim você o acharia um "cara interessante"?

Ana não esperava por esta pergunta. Em seu íntimo, ela sabia que amava João, só tendo ocorrido o término do namoro pela falta de perspectiva de casar-se em curto espaço de tempo. Caso ele fosse aprovado no concurso, o coração dela não teria espaço para outro homem. Era o que ela sentia, mas não havia como confessar isso a ele, sob pena de ser taxada de interesseira e fútil, entre outros adjetivos mais pesados.

– Eu não tenho como responder a essa pergunta – despistou. – O "se" não existe. Se o Al Gore tivesse ganhado as eleições do Bush será que teria ocorrido o atentado às torres gêmeas? Teria ocorrido a guerra do Iraque? Ninguém sabe responder, pois são apenas hipóteses. Eu, também, não sei lhe dizer se teria achado o Fábio um cara interessante caso estivéssemos namorando. Mas, certamente, não teria havido a coincidência de encontrá-lo na festa de aniversário, pois sequer eu teria ido lá.

A resposta de Ana levou João a refletir. De fato, ele havia lido que Al Gore tinha ganhado as eleições, sendo derrotado no tribunal por uma decisão política. Ele demonstrava estar mais compromissado com as relações exteriores do que Bush, o que poderia ter evitado as milhares de mortes com a queda das torres gêmeas e a guerra no Oriente Médio.

Da mesma forma, caso ele fosse aprovado no concurso, ao invés de ser reprovado por um triz, ele poderia estar ali naquela mesma praça aos beijos e abraços com Ana, fazendo planos de casamento, em total felicidade, ao invés da humilhação que estava sentindo.

A reflexão levou-o à conclusão de que pequenos detalhes podem mudar o rumo da história para uma pessoa, ou para milhões. Por isso, o ser humano deve prestar mais atenção nos pequenos detalhes, sabendo que um deles pode fazer a diferença para a própria felicidade e a das pessoas que o cercam.

Ana quebrou o silêncio, fazendo um pedido.

– Por tudo de bom que nós vivemos, eu espero que você compreenda o meu lado e não guarde mágoas de mim. Estou apenas buscando ser feliz, o que é um direito de todas as pessoas.

João deu um sorriso debochado, enquanto balançava a cabeça de um lado para outro, em total desaprovação ao pedido recebido.

– Você fala como se estivesse namorando e apaixonada por um cara que conheceu recentemente. É isso que está ocorrendo?

Ana ficou encarando João por um tempo, sem esconder o constrangimento estampado em sua fisionomia. Engoliu em seco, vacilou sobre a resposta que daria, mas decidiu falar a verdade mais uma vez.

– Eu não posso dizer que estou namorando. Nós estamos saindo, mas não há um compromisso sério.

João pensou que não iria chorar, afinal, apesar de magoado, sentia-se seguro. Ele admitia a possibilidade de receber aquela resposta, mas confiava na frieza que demonstrava até então. Por isso, ficou surpreso quando as lágrimas rolaram pela sua face, o que gerou uma revolta contra ele mesmo, por pensar que estava demonstrando fraqueza em um momento que deveria ser forte.

Bruno sequer precisou emitir vibrações para colocá-los um contra o outro. Ele ficou quieto, apenas observando a conversa dos dois. Lembrou-se de Viviane, com a qual namorou por cinco anos, tendo noivado e marcado casamento, que não se realizou em função da tragédia que lhe tirou a vida.

Orlando, por outro lado, trabalhava para acalmar seu protegido.

O choro do ex-namorado deixou Ana ainda mais constrangida, sem saber o que fazer naquele momento. Teve vontade de sair correndo e nunca mais encontrá-lo, mas sabia que Belo Horizonte não era uma cidade tão grande, sendo comum acontecerem os encontros casuais com conhecidos, já que as pessoas da mesma classe social frequentavam lugares comuns.

– É muito ruim ver você chorando por minha causa – disse ela, após colocar a mão no ombro dele.

João afastou-se o suficiente para tirar a mão dela de seu ombro, limpou as lágrimas e voltou a fitá-la para explicar o motivo do seu choro.

– Eu não estou chorando por sua causa. Estou chorando por estar inconformado comigo mesmo, pelo fato de ter perdido tanto tempo ao seu lado, não tendo enxergado antes a pessoa que você é. Dizem que o amor deixa-nos cegos. Talvez, seja isso que tenha acontecido.

Ana pensou em se defender da acusação tácita de mau caráter, mas concluiu que, quanto mais falasse, maior seria a indignação de João. Por isso, permaneceu de cabeça baixa, esperando novas agressões verbais.

Após um tempo de silêncio, ela ouviu ele se levantar e começar a caminhar. Apenas ficou o observando, com a vista embaçada pelas lágrimas. Sentiu uma dor no peito, uma vontade de gritar, correr até ele e abraçá-lo, mas sentiu-se impotente para qualquer atitude.

O silêncio dele e a sua saída repentina, sem sequer um adeus, foi muito mais dolorido para ela do que se ele lhe tivesse dito impropérios.

Com a rapidez de um raio, veio-lhe à mente o pensamento de que não havia nada de errado na sua vontade de encontrar um homem que lhe viabilizasse realizar o sonho do casamento. Todavia, o caminho que ela escolheu para alcançar este objetivo era questionável, o que a deixou incomodada.

À medida que caminhava, João deixava as lágrimas caírem, tomando o único cuidado de não olhar para trás. Não queria saber se Ana continuava sentada ou se havia ido embora. A partir daquele momento, ele estava decidido a buscar forças para seguir em frente, evitando qualquer tipo de contato com a ex-namorada e com pessoas ou lugares que poderiam trazer a lembrança dela.

Pensou no beija-flor que havia visto no jardim, indo de uma flor para outra. Caso ele se ativesse em apenas uma flor, não enxergaria as outras e, certamente, não teria alimento para se manter. João sabia que Ana não era a única mulher do mundo com a qual poderia viver um relacionamento afetivo. Entretanto, para viver em toda a sua plenitude um novo relacionamento com outra mulher, deveria primeiro curar a ferida deixada pela decepção sofrida. Ele sabia que o tratamento para essa ferida não tinha prazo para terminar, podendo levar dias, meses ou anos, mas dependeria muito da relação que estava disposto a manter com Deus. Naquele momento, fé, paciência e atitude eram as palavras chaves. Do seu lado, trabalhando para ele, estavam o seu mentor e o decorrer do tempo, que não parava hora nenhuma, levando o ser humano ao esquecimento das mágoas e dores do passado, ainda que lentamente.

Ao chegar em casa, João foi informado pela mãe sobre a conversa com Diva na noite anterior. O impacto da notícia foi amortecido pela dor que ele já estava sentindo. A impressão que tinha era a de que não cabia mais dor em seu peito. Por isso, ficou menos chateado do que normalmente ficaria ao tomar conhecimento da saída de casa da irmã e do sobrinho-afilhado.

Pela primeira vez, Bruno concluiu que já o havia prejudicado bastante. Estava decidido a voltar a sua ira contra os demais membros da família.

Capítulo 9

Na semana seguinte, Diva assinou o contrato de aluguel e mudou-se com o filho e a babá para o apartamento que ficava a uns duzentos metros de distância da casa de seus pais.

A pequena distância entre os dois apartamentos tornou a mudança menos sofrida por todos, mas ajudou João a pensar menos na ex-namorada e mais na irmã e no sobrinho, percebendo a importância de se aproximar dela, estreitando a amizade entre eles. Só assim seria capaz de ajudá-la a rever seus conceitos, evitando que as más companhias influenciassem-na tanto.

João encontrava-se dentro de seu quarto, já no final da tarde, em um momento de descanso dos estudos, pensando na irmã e no sobrinho, quando sua mãe bateu na porta e entrou, carregando a fisionomia extremamente preocupada.

– O que ocorreu? – perguntou ele, já prevendo mais notícias desagradáveis.

Iolanda sentou-se na cama, ao lado dele, pegou em sua mão direita e fechou os olhos, abrindo-os, em seguida, encarando-o com um olhar que implorava ajuda.

– O que aconteceu? – tornou ele, já preocupado com o que poderia ter acontecido.

Iolanda ficou em dúvida sobre falar ou não o que lhe afligia. Após breve reflexão, optou por omitir o fato.

– Não foi nada, filho. Você já tem problemas demais, não vou lhe aborrecer com os meus problemas.

Percebendo que algo de grave acontecera, ele insistiu:

– Mamãe, por favor, não esconda nada de mim. O que aconteceu?

Iolanda balançou a cabeça de um lado para o outro, apertou a mão dele e respondeu:

– Problemas no trabalho. Esquece, não tem nada a ver com você.

Em seguida, ela se retirou sem deixar chance para ele se manifestar, deixando-o preocupado com a sua postura.

Já em seu quarto, Iolanda sentou-se na cadeira que ficava ao lado da cabeceira e ficou olhando para a bolsa que se encontrava em seu colo, sem acreditar no que descobrira.

Criou coragem e voltou a abrir a bolsa. Na repartição maior, papéis sem a menor importância misturados com algumas bugigangas levaram-na a cometer um grande equívoco. Cuidadosamente, Iolanda tirou os papéis e as bugigangas, um a um, da bolsa. No fundo, bem escondidinho, estava o pacote contendo dez notas de cem reais.

Iolanda sentiu os lábios tremerem e começou a chorar, sendo observada por Bruno, o qual havia arquitetado a acusação falsa dela contra a própria filha.

Assim que Iolanda guardou o dinheiro em um bolso interno da bolsa, ele percebeu que um dos pacotes havia caído do lado de fora. A partir de então, ele só precisou intuí-la a não vasculhar a bolsa atrás do pacote de mil reais, além de estimulá-la a acreditar que a filha havia furtado o dinheiro.

O choro de Iolanda fez com que ele sentisse prazer, pois sabia que aquele fato traria tremendo desgosto a Aristides. Seria um motivo a mais para ele semear ainda mais discórdia naquele lar.

Quando o seu marido chegou, já no início da noite, Iolanda ficou insegura sobre contar a ele o mal entendido. Estava envergonhada por ter feito uma acusação falsa tão grave contra a própria filha.

Após o lanche, ele sentou-se na cadeira em frente à televisão do seu quarto para ver o jornal. Iolanda aproximou-se e sentou-se na cama ao lado dele, permanecendo calada, sem coragem para falar do seu erro.

Com mais de trinta anos de casados, Aristides percebeu que ela queria lhe falar algo. Ele pegou o controle remoto, tirou o som da televisão e perguntou:

– O que está afligindo você? Acho que a conheço o suficiente para saber que você quer me dizer algo.

Iolanda baixou a cabeça e a movimentou de trás para frente, concordando com a observação dele.

– De fato, eu preciso conversar com você.

Ela, então, levantou a cabeça e fitou o marido, como se tivesse implorando pela compreensão dele. Em seguida, pegou a bolsa e a abriu, mostrando ao marido a bagunça que estava em seu interior.

Aristides fitou-a com expressão de desentendido e perguntou:

– Por que você está me mostrando esta bolsa? Não estou entendendo aonde você quer chegar.

Iolanda fechou os olhos, suspirou fundo e respondeu:

– Eu acusei falsamente a nossa filha.

Aristides ficou estático, boquiaberto, sem acreditar no que acabara de ouvir. Percebendo a incredulidade do marido, Iolanda prosseguiu:

– Não foi intencionalmente, mas tive culpa e estou completamente abatida – completou Iolanda, ao passo que voltava a chorar.

Vendo o desespero da esposa, Aristides logo concluiu que ela não havia agido com maldade, mas, certamente, havia se precipitado na acusação, o que o levou a pedir explicações.

– O que a levou a cometer esse equívoco?

Iolanda suspirou, controlou o choro e narrou os fatos.

– Veja a desorganização que está a minha bolsa. Coloquei o dinheiro neste bolso daqui. Abri o zíper e guardei o dinheiro. Não percebi que um dos pacotes de mil reais havia caído do lado de fora. Para o meu azar, foi parar embaixo dessa papelada. Quando a Diva falou que eu só havia lhe entregado quatro mil reais, abri a bolsa e verifiquei apenas o bolso onde eu havia posto o dinheiro. Ainda pensei em remexer nessa papelada em busca do dinheiro, mas acabei desistindo, achando que não haveria chance de ter caído aí.

Bruno comemorou, pois havia intercedido diretamente para que ela não procurasse o dinheiro embaixo dos papéis.

Aristides balançou a cabeça de um lado para o outro. Depois, esfregou as mãos no rosto, em sinal de desaprovação total à conduta da mulher.

– Eu não acredito que você foi capaz de ser tão injusta com a nossa filha. Pior... Ainda me fez acreditar que ela estava errada.

Iolanda tinha um olhar perdido para o marido, mostrando bem o vazio que se fez em sua alma.

– Você foi tão displicente que passa a impressão de ter agido de má fé, só para prejudicar a pobre coitada da Diva – completou.

– Não fale assim, por favor! – implorou Iolanda. – Já não basta a dor que estou sentindo pelo meu erro? Tudo o que preciso agora é do seu apoio.

Influenciado por Bruno, Aristides deu uma risada sarcástica antes de emitir nova opinião.

– Por favor, não me peça para alimentar as suas loucuras. Você faz o que fez e não quer ser criticada? Será possível que não percebeu ter colocado eu e o João contra a Diva, com essa sua atitude destemperada?

Iolanda tornou a baixar a cabeça, evitando o olhar de desprezo do seu marido. Mais um pouco e ele perguntou:

– Quando você irá pedir desculpas a ela?

O relacionamento entre ambas permanecia frio. Iolanda receou piorá-lo com a confissão do seu erro. Após refletir, respondeu:

– Eu preciso de um tempo para tentar melhorar o nosso relacionamento. Vou me aproximar dela nos próximos dias para quebrar o gelo. Assim que eu sentir que ela está em condições de me perdoar, eu contarei toda a verdade.

Apesar de não ter gostado da resposta da mulher, Aristides decidiu apoiá-la.

– Está bem, mas não demore. Do contrário, eu vou falar para ela o que aconteceu e vou colocar a minha opinião. Certamente, você não ficará satisfeita.

Iolanda percebeu que não havia como angariar o apoio do marido naquele momento. Afinal, ele estava muito chateado com ela, sobretudo por ter sido levado a erro em relação ao comportamento da própria filha. Resignada com a falta de apoio, ela fez um último pedido.

– Tudo bem. Peço-lhe que não conte nada ao João. Assim que eu conversar com Diva, eu mesma conto tudo a ele.

Aristides a encarou novamente com desprezo, levantou-se e caminhou em direção à sala, deixando-a sozinha no quarto. Apenas Orlando, o amigo espiritual, tentou transmitir a ela vibrações de paz.

Há algum tempo, os mentores do casal não compareciam àquele lar, pois sua influência positiva era neutralizada pelo apego dos dois às coisas materiais e à falta de fé. Respeitava-se o livre-arbítrio dos encarnados. O auxílio divino compareceria apenas quando eles dirigissem os seus pensamentos ao Criador. “Buscai e achareis; batei a porta e ela vos será aberta; pedi e recebereis”, era a lição que o Cristo já havia ensinado há dois milênios. Na mesma esteira de raciocínio agiam os mentores de Diva.

Naquela família, além de Mateus, por sua natural falta de maldade, apenas João, por seu bom coração e os seus pensamentos voltados a Deus, mantinha vínculo maior com seu mentor.

Capítulo 10

Na mesma semana em que Diva saiu de casa, João recebeu uma notícia que encheu o seu espírito de ânimo: já havia sido publicado o edital de concurso para ingresso na carreira do Ministério Público, o que se justificava pelo não preenchimento de todas as vagas do concurso em que ele fora reprovado.

Sabendo que as provas não demorariam a ocorrer, ele passou a estudar com outro ânimo. Depois da decepção que lhe trouxe tanta dor em sua vida afetiva, ele queria provar para si mesmo que poderia ser bem sucedido na área profissional. Por isso, estava disposto a aumentar ainda mais a carga horária de estudos.

Enquanto ele se dedicava aos estudos, Ana e Fábio começaram a se entrosar. No princípio, ela teve dificuldade em aceitar namorar um cara separado judicialmente, treze anos mais velho, afinal ela havia se acostumado com João, apenas três anos mais velho.

A diferença de idade entre Ana e Fábio não era tão visível em função das cirurgias plásticas e tratamentos estéticos a que ele se submetia. Apesar da boa aparência física, Fábio sempre achava que poderia ficar mais rejuvenescido e, para isso, visitava com frequência as clínicas de cirurgia plástica.

Ana ainda não havia comentado com seus pais sobre o seu novo namoro. Antônio e Lúcia eram professores universitários da faculdade de economia e estavam fazendo curso de aperfeiçoamento em Londres. Ana sempre conversava com eles através da internet. Ao relatar o término do namoro com João, ambos ficaram muito sentidos, pois o tinham como filho. Por isso, Ana omitiu a informação de seu namoro com Fábio.

Por outro lado, Fábio começou a se entusiasmar com o namoro e decidiu convidar Ana para conhecer a sua mãe. Marcaram um jantar na casa de Eleonora para promover o encontro. Ela morava em um pequeno apartamento de um prédio muito antigo, em estado de conservação bastante ruim.

A aposentadoria de um salário mínimo e meio como professora aposentada dava para comprar remédios e fazer as compras de supermercado. Viúva há trinta e cinco anos, ela precisou complementar o salário de professora da rede pública de ensino, dando aulas particulares e trabalhando como manicure, aos sábados, no salão que ficava próximo à sua casa.

Ana estava ansiosa pelo encontro que teria com Eleonora. No trajeto para a casa dela, a ansiedade aumentou. Para controlar, ela puxou assunto.

– O doutor Luiz não acreditou quando eu disse a ele que você tem quarenta e três anos de idade. Aliás, você pode falar que tem trinta e três. Ninguém vai duvidar.

Fábio sorriu, envaidecido com o elogio. Depois, confessou o seu segredo.

– Sou fã de cirurgia plástica e tratamentos estéticos.

A informação não foi surpresa para Ana. Ela já imaginava que ele tivesse passado por alguma intervenção cirúrgica para ter um aspecto tão jovem da face.

Em seguida, ele completou:

– Não tenho vergonha alguma de comentar. Já fiz implante capilar, lipoaspiração, botox e laser. Agora, estou querendo dar uma renovada e tornar a fazer plástica. O problema é que eu fui a dois cirurgiões e ambos não querem fazer a cirurgia por considerar que não há indicação para tanto. Vieram com uma balela, falando que eu estou bem e não preciso da cirurgia. Um deles teve a ousadia de falar que eu me olhava no espelho e não via a realidade, mas sim uma parte que me incomodava, e acabava dando mais valor a essa parte.

Ana observou a face dele e perguntou:

– O que você quer fazer para melhorar a aparência?

– Eu vou fazer lipoaspiração para a papada, *lifting* para tratar a flacidez, tirar as rugas e estes sulcos entre a boca e o nariz e, por fim, cirurgia das pálpebras.

Ana começou a rir, pois, tal como os médicos que ele havia consultado, não enxergou qualquer necessidade na realização dos referidos procedimentos cirúrgicos.

– Para que isso? A sua papada é quase imperceptível, quase todas as pessoas têm um pouquinho de papada após os trinta anos. A sua face está bem cuidada, não vejo flacidez e você tem pouquíssimas rugas. Também não estou vendo o tal sulco. Acho que você vai jogar dinheiro fora.

Fábio ficou satisfeito com os elogios, mas, em seu íntimo, acreditava que os procedimentos mencionados o deixariam ainda com a aparência mais jovem, o que seria importante para o namoro, pois Ana chamava a atenção das pessoas pela sua beleza física. Ela fazia sucesso entre os homens. Tinha cabelos compridos, olhos puxados, cor de mel, e lábios carnudos, bem desenhados.

Para Fábio, a plástica o tornaria mais bonito, com a alto-estima elevada o suficiente para namorar uma moça tão linda sem ficar inseguro. Por isso, ele justificou:

– Apesar de você não enxergar a necessidade das plásticas, eu irei a uma consulta com outro cirurgião amanhã. Estou incomodado com a minha aparência e quero resolver isso o mais rápido possível.

Como estavam namorando há pouco tempo, Ana não se sentiu íntima para insistir no assunto.

Quando Fábio estacionou o carro, ela logo se dirigiu à portaria do prédio à sua frente, recém-construído, muito bonito, imaginando ser ali a moradia da mãe do namorado.

– Não é este edifício. Mamãe mora ali, do outro lado da rua – disse ele, pegando-a pela mão.

Quando viu o edifício para o qual caminhavam, Ana ficou surpresa, pois não imaginava que a mãe de Fábio morasse em um prédio tão velho e tão mal cuidado.

Subiram os três andares de escada, já que não havia elevador, pois o prédio tinha apenas quatro andares. Ana procurou esquecer a decepção tida com o prédio e concentrou-se no encontro. Naturalmente, ela queria causar boa impressão à sogra, o que poderia ser benéfico para os encontros futuros e, por consequência, para o seu namoro. Por isso, levou um buquê de flores.

Quando Eleonora abriu a porta, Ana percebeu tratar-se de uma pessoa bem simples e muito simpática. Eleonora abraçou e beijou o filho, depois sorriu para Ana, abraçou-a e comentou:

– Eu estava curiosa em conhecê-la. Fábio fez os melhores comentários ao seu respeito. Tudo bem, minha filha?

A forma carinhosa como foi recebida deixou Ana mais tranquila. Ela retribuiu o sorriso e entregou as flores para Eleonora.

– Quanta gentileza da sua parte! Você tem muito bom gosto para escolher flores. Muito obrigada. Bom... Entre e fique à vontade, sinta-se na sua casa.

Ao entrar, Ana viu uma infiltração descascando a pintura da parede da sala, deixando manchas pretas no local. Ao caminhar para o sofá, desequilibrou-se ao pisar com o sapato de salto alto em um buraco no piso irregular, tendo em vista que faltavam alguns tacos de madeira.

– Ai! – gritou, apoiando-se no sofá para não cair.

– Machucou? – perguntou Eleonora, ao mesmo tempo demonstrando preocupação e vergonha pelo estado de conservação da sua casa.

– Está tudo bem, torci o pé, mas acho que não foi nada grave – respondeu Ana, tentando disfarçar a dor que sentia.

– Outro dia, eu também pisei em falso e levei um tombo. Veja o hematoma no meu cotovelo – tornou Eleonora, exibindo a ferida para o filho e Ana.

– A senhora precisa ter mais cuidado, mamãe. A queda de uma pessoa que passou dos setenta anos pode ter consequências graves – alertou Fábio.

– Eu sei. Filho, sem querer ser inconveniente, quando você acredita que terá condições de fazer uma reforma neste apartamento para mim? Os tacos estão soltando, as paredes estão com infiltração, os cupins estão atacando os móveis, a pia da cozinha entope sempre, porque os canos já estão velhos demais, e a bancada do banheiro está ameaçando cair. Isso, sem falar na parte elétrica, que está me deixando preocupadíssima, porque é muito antiga e mal feita.

Fábio ficou enraivecido com os comentários de sua mãe, pois poderiam levar Ana a imaginar que ele era um mau filho. Ele pensou em dar uma resposta mal criada, mas desistiu pelo único motivo de que não queria estragar a noite com a namorada. Antes de responder à pergunta da sua mãe, ele fez questão de mencionar os gastos que tinha com ela.

– Mamãe, só com as diárias da dona Neuza eu gasto setecentos reais. Agora, soma os gastos que eu faço para a senhora com o condomínio, as contas de luz, telefone, televisão a cabo, água, plano de saúde, táxi, vestuário e outros.

Eleonora baixou a cabeça, envergonhada, pois o comentário do filho dava a entender que ela era um peso em sua vida. Para feri-la ainda mais, ele completou:

– Eu acho que, antes de a senhora me cobrar para reformar o apartamento, deveria fazer o cálculo dessas minhas despesas. Certamente, são superiores a três mil reais por mês.

Eleonora abaixou a cabeça, um tanto quanto envergonhada pela sua dependência financeira do filho e preocupada em Ana pensar que ela era uma mãe ingrata.

Fábio notou o constrangimento de sua mãe. Ainda assim, com o intuito de ela não lhe fazer mais aquele tipo de cobrança, finalizou.

– Assim que eu tiver condições, farei a reforma. Por favor, não toque mais nesse assunto.

Ana ficou chocada com a insensibilidade demonstrada por Fábio, humilhando sua mãe na frente dela, exatamente no dia que se conheceram. Constrangida, também, diante daquela situação, ela teve vontade de sair.

Eleonora, por sua vez, percebendo o mal estar gerado justo no dia em que conhecia Ana, decidiu se desculpar, achando que havia dado causa a tudo aquilo.

– Desculpe-me, meu filho. Eu não deveria ter tocado no assunto. O momento é inoportuno, você tem razão. Por favor, podem se assentar, eu vou à cozinha pegar uns quibes que a Neuza fritou.

Eleonora colocou o buquê de flores no aparador e foi à cozinha. Ela já havia deixado os outros petiscos sobre a mesa de centro da sala. Os pratos principais escolhidos por ela eram estrogonofe de filé, peixe ao molho de tomate com queijo, arroz e batata palha. Todos já estavam prontos, bastando esquentar dez minutos antes de servir.

Apesar do constrangimento causado pelo assunto da reforma do apartamento, o ambiente ficou descontraído quando começaram a comer, pois, de fato, tudo estava muito saboroso, levando Ana e Fábio a fazerem muitos elogios às habilidades culinárias de Eleonora.

Ana ficou impressionada com a cultura geral demonstrada por ela.

– Parece que a senhora gosta de ler muito, não é? Tem um bom conhecimento de todos os assuntos que conversamos.

Eleonora ficou envaidecida com os elogios, sobretudo porque sabia ser merecedora deles. Ela limpou os lábios com o guardanapo branco, ajeitando-os, em seguida, sobre o seu colo, antes de responder:

– Sempre fui estudiosa, pois fazia questão de ser uma professora exemplar e querida pelos meus alunos. Por isso, eu conseguia dar tantas aulas particulares. Também fui severa com o Fábio, exigindo que estudasse bastante. Não fosse assim, ele não seria tão bem sucedido profissionalmente.

Fábio balançou a cabeça, concordando com sua mãe. Apesar de não ser muito afeito aos estudos nos seus tempos de infância e adolescência, ele sempre estudou muito, pois, se não tirasse boas notas, ficava de castigo, sem poder brincar com as outras crianças da rua. Era a forma que Eleonora encontrava para obrigá-lo a estudar, sobretudo quando ficava ausente de casa em função do trabalho.

Com remorso por ter sido indelicado com sua mãe, dirigindo-se a Ana, ele narrou um pouco das dificuldades enfrentadas no passado.

– Eu devo muito à minha mãe por ter chegado aonde cheguei. Como ela era professora de escola pública, sabia do descaso do governo com a educação, fato que causava a falta de compromisso dos professores com o ensino. Por isso, ela não mediu sacrifício em me colocar em um colégio particular. Com a boa base do colégio, eu consegui passar no vestibular de direito da federal e não precisei pagar mais pelos estudos.

Ana olhou para Eleonora e viu que ela estava emocionada de rememorar a sua luta. Criar um filho, sozinha, sem a ajuda financeira e moral de um homem, não deve ter sido nada fácil para aquela senhora alta e magra, com a face enrugada pela ação do tempo.

– Realmente, foi uma luta, mas eu adorava dar aulas. Sempre gostei de trabalhar com crianças. O meu sonho hoje é ter um neto. Quem sabe você convencerá o Fábio a ter um filho?

Ana sorriu para Fábio, um tanto quanto sem graça, pois ainda não haviam tocado nesse assunto e ela não sabia o que responder.

– Esta possibilidade não existe, mamãe. Ter filho custa muita dedicação. Ainda assim, costumam ser muito ingratos com os pais quando crescem. Vou gastar o meu dinheiro e o meu tempo com algo que seja realmente prazeroso para mim.

Ana ficou boquiaberta, pois não imaginava que Fábio tivesse tanta aversão a ter filho, que era o maior sonho da vida dela. Sem saber o que falar, ela ficou muda, torcendo para que um dos dois mudasse de assunto.

Percebendo a situação embaraçosa da sua visita, Eleonora cuidou de mudar o rumo da conversa.

– Encomendei uma torta de chocolate deliciosa para comermos de sobremesa. Um momento, pois vou buscá-la na geladeira.

Em seguida, levantou-se e caminhou em direção à cozinha. Novamente, Ana não deixou de elogiar a sobremesa servida por Eleonora.

– A senhora tem muito bom gosto culinário. Parabéns!

A boa educação de Ana logo cativou a mãe de Fábio. Alguns minutos após comerem a sobremesa, eles foram embora. No trajeto para casa, incomodada com o estado de conservação do apartamento e a pouca disposição do namorado em reformar o imóvel, ela decidiu tocar no assunto.

– Se eu fosse você não esperaria para reformar o apartamento da sua mãe. Ela pode sofrer uma queda, tropeçando nos tacos soltos, ou mesmo ter um choque ou sofrer queimadura pelas condições ruins das instalações elétricas. Por que você não contrata um arquiteto para fazer um projeto de reforma?

Fábio não gostou da ingerência de Ana em assunto que envolvia ele e sua mãe, mas procurou esconder o seu descontentamento, respondendo com naturalidade à pergunta.

– A minha mãe é um pouco espaçosa. Hoje, ela reclama que o apartamento está precisando de uma reforma. Amanhã, ela vai me pedir para trocar a cama, depois ela vai falar que está precisando comprar uma televisão nova. Não posso atendê-la em tudo que ela pede. O meu gasto com as despesas mensais dela já é alto. Além disso, agora eu estou um pouco apertado de dinheiro, pois estou pagando sete mil reais por mês só de prestação da compra deste carro. Há, ainda, o apartamento que comprei e será entregue dentro de seis meses. Já paguei um milhão de reais, mas ainda tenho uma dívida de um milhão e quinhentos mil reais, que deverei quitar no ato de entrega das chaves. Isso, sem contar que gosto de ter uma boa reserva no banco, pois a gente nunca sabe o que pode ocorrer no dia de amanhã.

As justificativas apresentadas, ao invés de convencerem Ana, deixaram-na ainda mais decepcionada, o que ela não conseguiu esconder.

– Sinceramente, acho que sua mãe merece não apenas a reforma do apartamento, como também a troca dos móveis e eletrodomésticos, que estão muito velhos e feios. Uma pessoa que batalhou tanto, que se sacrificou tanto pensando apenas em você merece um cuidado especial da sua parte. Não acho certo você comprar um carro que custa trezentos mil reais e deixar de gastar entre quarenta ou cinquenta mil reais para dar um conforto maior à sua mãe. Também, acho que não existe necessidade em gastar dinheiro com cirurgia plástica.

Desta vez, Fábio não conseguiu disfarçar o seu descontentamento com as ponderações de Ana. A conversa tomou um rumo que o irritou profundamente.

– Não me leve a mal, mas eu gasto o dinheiro que ganho com o suor do meu trabalho da forma como achar melhor. Sem querer ser deselegante, isso é problema meu.

Ana ficou chocada com a resposta curta e grossa dada pelo namorado. Ao intervir para que ele atendesse ao pedido de Eleonora, ela não imaginou que geraria tamanho mal-estar entre eles. O susto com a reação de Fábio fez com que sua garganta ficasse seca. A sua voz saiu com dificuldade.

– Desculpe-me, eu só quis alertá-lo para não cometer um erro. Mas, você está certo, eu não tenho que me intrometer em assunto seu com a sua mãe.

– Melhor assim – tornou Fábio. – Acho que um namoro tem mais chances de dar certo se um não interferir na relação do outro com a família.

Ana calou-se, não por concordar com Fábio, mas para não gerar mais atritos. Nos minutos que se seguiram, até chegar à sua casa, ela lembrou-se de João, pois com ele tinha a liberdade de dar e receber palpite nos assuntos que envolviam familiares e em outros assuntos que não envolviam o namoro. Por algumas vezes, a interferência de um na vida do outro foi importantíssima para evitar atrito com os pais ou irmãos.

Ao chegarem, antes de descer do carro, Ana voltou a pedir desculpas e entrou na portaria do prédio que morava. Ambos estavam frios na despedida, ainda sob o impacto do desentendimento ocorrido momentos antes.

Já em seu quarto, Ana voltou a pensar em João e teve saudades dos carinhos que ele lhe fazia. Lembrou-se dos bons momentos que viveram juntos, desde o início do namoro. Com a cabeça recostada no travesseiro e os braços abraçados a outro travesseiro, sentiu uma lágrima cair.

Até então, ela havia omitido para Fábio o fato de que o seu ex-namorado havia sido reprovado por ele na última etapa do concurso de promotor de justiça. Ela tinha receio da reação de Fábio se soubesse de tal fato, pois, em seu íntimo, acreditava que João havia obtido nota suficiente para passar no concurso, sendo reprovado por Fábio por algum motivo ainda desconhecido.

Na semana anterior, em um de seus encontros com Fábio, quando surgiu o assunto de ex-namorados, ela comentou, superficialmente, que o último namorado estava estudando para concurso público, omitindo o fato de ter sido reprovado por ele.

Ana sabia que um dia esse assunto viria à tona e começou a pensar na hipótese de revelar a verdade para Fábio o mais rápido possível, com medo de que ele tivesse uma reação indesejada caso viesse a descobri-la quando o relacionamento ficasse mais firme.

Capítulo 11

Aristides estava trabalhando no fórum, em seu gabinete, quando a sua secretária o interrompeu:

– Doutor, telefone para o senhor. O desembargador Antenor Brito Nunes está na linha.

Ele estava cabisbaixo, estudando um processo, mas já aguardava pelo telefonema do desembargador Brito Nunes. Este e o desembargador Moacir Lisboa, a pedido do ministro Márcio Avelar, ficaram de interceder junto aos demais desembargadores da corte para votarem em Aristides no edital de promoção para o cargo de desembargador.

Aristides suspirou fundo e sorriu para a secretária, confiante de que ouviria boa notícia acerca de sua promoção, já que a corte se reuniria em breve para escolher o novo desembargador.

– Boa tarde, prezado desembargador! Tudo bem com o senhor?

– Pelo tom animado de sua voz percebo que ainda não se inteirou dos fatos – respondeu Brito Nunes.

– O que houve? – tornou Aristides, surpreso com as palavras do desembargador.

– Abra a internet e veja a notícia principal de todos os sites de informação.

Aristides sentiu o coração disparar, intuindo que algo de grave havia acontecido.

– O ministro Márcio Avelar acabou de ser preso pela polícia federal – prosseguiu Brito Nunes. – Ele estava sendo investigado por participar de um esquema milionário de venda de acórdãos. A polícia interceptou conversas telefônicas e gravou vídeos que comprovam recebimento de propina para decidir favoravelmente a grandes empresas em causas milionárias. Constatou-se que ele vendia suas decisões por valores que giravam entre três e dez milhões de reais.

Aristides ficou boquiaberto. Sentiu uma fraqueza nas pernas e sentou-se para evitar a queda. Do outro lado da linha, Brito Nunes aguardou pela manifestação do juiz. Ante o silêncio prolongado, ele continuou:

– Infelizmente, não teremos como votar em você. Todos os juízes que concorrem à promoção sabem que você está sendo apadrinhado pelo ministro Márcio Avelar. Promover você implicaria em desmoralização da corte. Além disso, já estávamos enfrentando resistência de alguns desembargadores, os quais não estavam aceitando promover você em detrimento de juízes mais antigos, que estão aguardando a promoção há mais tempo.

– Compreendo – disse Aristides, levando a mão direita à cabeça, demonstrando sua frustração.

Tentando consolá-lo, Brito Nunes prosseguiu:

– Não desanime, a sua promoção não tardará. No próximo ano nós instalaremos nova câmara criminal, permitindo a promoção de mais juízes. Teremos, ainda, mais sete aposentadorias de desembargadores, abrindo novas vagas. Provavelmente, você será promovido em uma dessas vagas. Tenha paciência.

– Claro, desembargador! Afinal, um ano passa rápido, não é mesmo? De qualquer forma, eu fico muito agradecido ao senhor pelo apoio que me deu.

– Não por isso – tornou Brito Nunes, antes de desligar o telefone.

Aristides permaneceu em estado de choque por mais alguns minutos. Fechou os olhos e a imagem do ministro Márcio Avelar veio forte em sua mente. Aristides não conseguia acreditar que aquele cidadão, com ares de extrema arrogância, exercendo um dos cargos mais importantes do país, pudesse estar preso, recaindo sobre ele acusações gravíssimas.

Quando a ficha caiu, Aristides sentiu vergonha, afinal, todos os juízes da capital sabiam que ele havia acionado o referido ministro para ajudá-lo em sua promoção. E mais... Os juízes também sabiam que a moeda de troca para Aristides obter o apoio do ministro havia sido uma decisão ilegal de Aristides, determinando a transferência de um preso de alta periculosidade para um distrito policial onde sequer havia carceragem.

A transferência do preso Tito Dutra gerou, inclusive, um tremendo mal-estar entre Aristides e Antônio, o juiz que cooperava com ele em sua vara criminal.

Antônio ficou revoltado com aquela atitude e levou o fato ao conhecimento dos outros juízes.

Além de Antônio, Thales, o juiz da execução criminal, também ficou revoltado com a decisão do colega, pois Thales era o juiz corregedor de presídio e cabia a ele a responsabilidade de fiscalizar todos os presos.

Um grupo de três juízes foi conversar com Aristides, com o intuito de fazê-lo voltar com o preso para o Cadeião, mas a conversa restou infrutífera. Os juízes saíram do encontro convencidos de que Aristides havia tomado mais uma decisão política, visando atender seus próprios interesses, o que denegriu ainda mais a sua imagem perante os magistrados da cidade. Assim, Aristides aguardava ansiosamente que a sua medida, por causar estremecimento com os seus colegas juízes, por outro lado pudesse lhe compensar com a promoção.

Após o expediente, quando chegou à sua casa, Aristides comentou com a esposa e o filho a notícia da prisão do ministro. Como não poderia deixar de ser, ambos ficaram horrorizados. João, imediatamente, fez o seu comentário.

– É muito triste uma pessoa que exerce um cargo tão importante se prestar a uma atitude dessas. A corrupção no Poder Judiciário, sobretudo em tribunais, deixa-me incrédulo em relação ao futuro do país. O Judiciário é a última esperança do cidadão. Quando o Executivo e o Legislativo dão mostras de total incapacidade de combater a corrupção, a única esperança da sociedade passa a ser o Judiciário. Mas, se a corrupção bate às portas do Judiciário e um imbecil a faz entrar, como fez esse ministro, o que resta para o cidadão comum, que não tem poder para se defender da corrupção?

Vendo o desalento do filho, Iolanda tentou mostrar outra face da situação comentada.

– Isso que você falou é correto. Entretanto, há um lado positivo que é a prisão de uma pessoa muito poderosa. Isso não ocorria no Brasil alguns anos atrás. Talvez seja um sinal de que as coisas estejam mudando. E continuarão mudando para melhor, porque pessoas como você estão ingressando em todos os setores dos serviços públicos.

– O problema, mamãe, é que um fato como esse expõe toda uma instituição. Os juízes, em sua esmagadora maioria, são pessoas de uma integridade ímpar, preparados para exercer o cargo tanto tecnica quanto moralmente. Mas os justos pagam pelos pecadores. Uma notícia dessas enfraquece uma instituição que tem de ser forte. E isso interessa aos corruptos. Eles não querem Judiciário e Ministério Público fortes. A eles interessa amordaçar essas instituições.

Aristides ouvia atentamente o filho, tentando esconder a vergonha que sentia, pois, em sua consciência, sabia que não exercia o seu ofício com a dignidade que o cargo requeria.

João aproveitou o breve instante de silêncio para se despedir dos pais, já que havia combinado de sair com a sua irmã e estava atrasado para pegá-la no apartamento novo.

Atendendo a um pedido dela, foram a um bar recém-inaugurado. João pediu um refrigerante. Diva tentou convencê-lo a dividir uma garrafa de espumante. Mesmo diante da negativa do irmão, ela decidiu pedir uma garrafa, o que o deixou preocupado, mas ele não fez qualquer observação, pois não queria bancar o chato.

João estava feliz com a oportunidade de sair com a irmã para um bate-papo. Os dois, sozinhos em uma mesa de bar, isso não acontecia havia muito tempo.

O ambiente estava gostoso e a conversa seguiu descontraída até o momento em que Diva pediu uma segunda garrafa de espumante, deixando João preocupado com o excesso de bebida alcoólica da irmã.

– Não faça isso, Diva. Você tem o Mateus para olhar – ponderou.

Ela sorriu de forma debochada e retrucou.

– Ele já está dormindo. Amanhã, quando ele acordar, eu já estarei refeita.

João decidiu não insistir na ideia de demovê-la da intenção de tomar outra garrafa de espumante. Todavia, ficou ainda mais preocupado.

– Você está chateado comigo porque eu decidi beber mais um pouco de espumante?

– Não.

– Então, por que você está com esta cara séria?

– Estou pensando na Ana. Ainda sinto muito a falta dela. Procuro não demonstrar isso para ninguém, acho que por orgulho, mas estou passando por uma fase difícil. É duro saber que ela está saindo ou namorando um cara que me perseguiu no concurso.

Com a amizade mais intensa entre eles nos últimos dias, Diva ficou sentida ao ver a tristeza do irmão. Olhou ao seu redor e viu que várias moças bonitas ocupavam as mesas, sendo que algumas estavam desacompanhadas de companhia masculina.

– Esqueça a Ana, ela faz parte do passado e quem gosta de passado é museu. Olhe para a sua frente e veja o tanto de mulheres bonitas, loucas de vontade de encontrar um cara legal. Se eu der a sorte de encontrar um homem como você, não penso duas vezes para namorar sério.

João sorriu para a irmã, contente pela força que ela procurou lhe dar. Havia muito tempo que eles não se abriam um com o outro. Ele olhou para o lado e viu algumas mesas rodeadas de moças bonitas, fato que o levou a comentar:

– Você tem razão. Aos meus olhos elas são lindas, mas o meu coração ainda não enxergou a beleza delas. Na verdade, o meu coração está míope quando o assunto é mulher. Preciso tratar dele. Só depois irei me abrir para novo relacionamento. O que não será fácil é encontrar uma mulher legal que aceite namorar um cara que não tem tanta disponibilidade de tempo para o namoro. O ideal seria namorar uma moça que também estivesse se preparando para concurso. Assim, um entenderia o outro quando dissesse que não poderia parar de estudar para namorar.

Diva tomou uma taça de espumante em menos de dois minutos, deixando João espantado com a rapidez como ingeria a bebida. Ele queria muito continuar conversando com a irmã, mas ficou com receio de que o assunto se estendesse e que ela pedisse mais bebida. Por isso, aproveitou o fato do garçom servir os pratos para encerrar a conversa e comer em silêncio. Assim que terminaram, ele pediu a conta, deixando-a contrariada. Percebendo isso, ele justificou:

– Eu preciso acordar bem cedo amanhã para estudar. Está vendo como não é fácil namorar uma pessoa que está se preparando para concurso? O tempo de lazer é curto.

Diva fez cara de dengo e com a voz manhosa tentou convencer o irmão a ficar mais um pouco.

– Espere, ao menos, eu tomar mais uma taça de espumante. Dá dó deixar sobrar esse restinho na garrafa.

João balançou a cabeça de um lado para o outro, contrariado, enquanto ela servia o espumante, rodeada de espíritos obsessores, que frequentavam os bares em busca de pessoas com vício em álcool. Assim, sentiam sensações semelhantes aos que bebiam, alimentando o vício que os acompanhava por ocasião de suas reencarnações.

Um dos espíritos obsessores que estavam ao lado dela, com forte inclinação para o mal, haja vista que sentia prazer só de ver o sofrimento alheio, decidiu aproveitar o estado de embriaguez dela para prejudicá-la. Sem que eles percebessem, esse espírito entrou no carro com eles.

Diva começou a cochilar. Do bar ao seu apartamento levaram pouco mais de cinco minutos.

– Eu vou subir com você.

– Não precisa se preocupar, eu estou bem – tornou ela, com a língua embolando já denunciando o estado de embriaguez.

Como o carro estava parado na frente da portaria, João não insistiu em levá-la até o apartamento. Ficou apenas observando ela entrar no prédio, andando quase que em ziguezague, sem suspeitar que um espírito maligno a seguia, já bolando a maldade que faria.

Diva esqueceu-se de chupar a bala de hortelã para o filho não sentir o bafo da bebida. Lembrou-se apenas de tirar as sandálias para não fazer barulho.

Imaginando que teria sede no decorrer da madrugada, encheu dois copos de água e levou-os para o seu quarto. No momento em que passava em frente ao quarto de Mateus, o espírito que a acompanhava, num processo de autêntico vampirismo, roubou-lhe pouco da energia que lhe restava, fazendo com que Diva sentisse uma fraqueza fortíssima. Em consequência, um dos copos escorregou pelos seus dedos, vindo a se quebrar.

– Droga!

Assustado com o barulho da quebra do copo e o grito da mãe, Mateus acordou. Virou-se de lado e viu sua mãe agachando-se para pegar algum objeto no chão. Levantou-se e caminhou em sua direção, para a alegria do obsessor. Quando se aproximou dela, ao pisar com o pé direito no chão, sentiu uma fincada doída e gritou:

– Ai, ai, ai, ai, meu pé!

Diva olhou para o pé do filho e viu o sangue escorrer, ficando nervosa com a situação, já que estava cansada e embriagada para lidar com curativo. Transtornada, além de exposta às sugestões maléficas do espírito que a acompanhava, já que a embriaguez impossibilitava-a de discernir entre o certo e o errado, ela descontou a sua ira no pequeno Mateus.

– Volte já para trás, menino! Quem mandou você vir até aqui? Não está vendo que o chão está cheio de cacos de vidro?

Com a vista embaçada, efeito do sono e do álcool, Diva empurrou alguns cacos para o canto da parede e caminhou em direção ao filho, que a essas alturas chorava alto, incessantemente, tanto pela dor da ferida e preocupação com o sangue que saía, quanto pela bronca recebida.

Sugestionada pelo obsessor, Diva pegou-o pelo braço, segurando com força excessiva, deixando o local bem vermelho, e ordenou:

– Pare de chorar! Você vai acabar acordando o prédio inteiro.

Em seguida, colocou-o no chão, de forma brusca, bem ao lado do móvel onde ficavam o algodão, curativo, gazes e remédios.

Irritado com a mãe, Mateus começou a chorar ainda mais alto e a rolar pelo chão, em uma birra teatral, na direção onde estavam os cacos de vidro. A essas alturas o obsessor gargalhava de rir.

Pressentindo que o filho iria se cortar ainda mais, ela deu um pulo, pegando-o pelas pernas e puxando-o em sua direção, novamente usando força excessiva.

Como ele estava ao lado da cama, assim que ela o puxou, sua testa chocou-se contra o pé da cama, fazendo com que ele desse um grito de dor ainda mais alto.

Já descontrolada, ainda sob a influência do obsessor, Diva começou a bater na face do filho, ordenando que se calasse. Todavia, quanto mais ela batia, mais ele chorava e se debatia em seus braços. Já cansada, ela se levantou com dificuldade, trazendo-o consigo em seus braços. Assim que ficou de pé, jogou-o na cama, fechou a mão e deu um soco na cabeça dele.

– Ai, ai, ai! Para de me bater, mamãe!

Quando se preparava para dar outro golpe, foi impedida por Penha, que segurou a sua mão, afastando-a do filho. Em seguida, a babá pegou Mateus no colo, abraçando-o com ternura, enquanto Diva, descabelada e espumando pela boca, agachou-se, recostando-se no móvel.

A intercessão de Penha deixou o obsessor irado. Ele tentou se voltar contra ela, mas uma luz intensa se expandia de seu corpo, fruto da fé que movia a sua oração naquele momento, impedia que ele se aproximasse. Por fim, incomodado pela presença daquela luz, não lhe restou alternativa, a não ser deixar aquele apartamento.

Mateus chorava, soluçava e expelia secreção pelo nariz. Ao recostar a cabeça no ombro de Penha, manchou a camisa dela com o sangue que saía de sua boca, que ficou ferida pela agressão de sua mãe.

Ao perceber as feridas, Penha deitou-o cuidadosamente na cama. Virou-se para trás e viu a patroa de cabeça baixa, ofegante. Naquele instante, Penha ficou contrariada e decidiu chamar a atenção de Diva, como se fosse mãe dela.

– Como você teve a coragem de bater, dessa forma, em uma criança de três anos? Olha só para o menino! Está sangrando e em estado de choque. Você precisa se internar em uma clínica para se livrar da bebida antes que ela acabe com você.

As palavras de Penha pesaram na consciência de Diva. De repente, ela sentiu uma emoção fortíssima e começou a chorar intensamente, tão forte que vomitou.

Assustado, Mateus levantou-se da cama para ver o que estava se passando com sua mãe. Ao vê-la com a face inchada, de tanta força que fazia para vomitar, ele pensou que ela estava morrendo. Levantou-se da cama e pulou no colo dela, antes que Penha tentasse impedi-lo.

– Por favor, não morre não, mamãe! Desculpa, desculpa!

O abraço carinhoso do filho e as suas palavras de amor, ao invés de acalmarem a mãe, afloraram ainda mais o seu estado emocional, desta vez para trazer à tona o sentimento de remorso. Diva sentiu uma dor no peito, uma força terrível sufocando-a por dentro. Com isso, ela custou para conseguir puxar o ar novamente dos pulmões. Abraçada ao filho, ela chorava desesperadamente, sem conseguir entender como havia sido capaz de agir com tamanha brutalidade.

Os seus olhos expressavam o horror que sentia dela própria. A sua percepção ali era a de que não merecia viver. Para sua sorte, não tinha arma de fogo em casa.

Em sua confusão mental, buscava entender qual motivo a teria levado a ser tão cruel contra o próprio filho. Abraçada a ele, as suas lágrimas misturavam-se às dele e ao sangue que escorria da sua boca.

– Eu amo você, mamãe!

Novamente, Diva sentiu como se uma lança atravessasse o seu coração. O arrependimento estampado em seus olhos comoveu Penha.

– Perdoe-me, filho! Eu prometo que jamais farei isso de novo. Perdoe-me, perdoe-me!

– Tudo bem, eu perdoo sim, mas para de chorar.

– Está bem, eu vou parar e cuidar das suas feridas – disse ela, enquanto abraçava o filho com intensidade e carinho.

Mateus, de tão atordoado com o estado emocional da mãe, esqueceu-se das feridas. Tinha um corte no pé direito, causado por caco de vidro, um corte na boca, fruto da agressão de sua mãe, e um galo na testa, resultado do choque de sua cabeça com o pé da cama.

Diva levantou-se, com ele em seu colo, colocou-o cuidadosamente na cama e pegou uma toalha para limpar o sangue. Penha permaneceu ao seu lado, entregando-lhe a gaze, as pomadas e curativos.

Em seguida, Penha varreu os cacos de vidro e pegou as roupas e lençóis sujos de sangue, colocando-os na máquina de lavar.

Diva, após fazer os curativos no filho, levou-o para dormir na cama dela. Voltou a ficar emocionada quando ele lhe pediu com a voz bem baixinha e doce.

– Mamãe, eu quero segurar a sua mão. Assim, sei que você vai dormir bem juntinho de mim.

Ela entrelaçou seus dedos aos dedos dele e ficou abraçada com ele por alguns minutos, até ouvir um ronco baixinho. Minutos após, ouviu o barulho da máquina de lavar e foi à área de serviço, atrás de Penha, a fim de agradecê-la por ter evitado uma agressão pior. Ao se aproximar, lamentou, com a voz cortada pelo choro.

– Eu não sei o que aconteceu comigo para agir daquela forma. É difícil de acreditar que bati tanto no meu filho. Obrigada por não me deixar espancá-lo ainda mais.

Penha aproximou-se da patroa, segurou as mãos dela e abraçou-a afetuosamente, deixando que ela chorasse à vontade, enquanto acariciava seus cabelos. Assim que Diva ficou mais tranquila, Penha conversou com ela.

– Está na hora de você amadurecer. A vida não se resume às suas festas. Você tem a responsabilidade de criar e educar um filho, mas nunca se preocupou com isso. O seu lazer, as suas farras sempre vieram em primeiro lugar. Os seus pais e o seu irmão estão cobertos de razão ao ficarem aborrecidos com a pouca atenção que você dedica ao seu filho.

Diva afastou a face do peito de Penha, olhou para o alto, como se buscasse a Deus, e voltou a chorar copiosamente.

– Procure manter a calma, Diva. Desesperar, agora, não vai adiantar nada. Agradeça a Deus o fato de você ter o Mateus ao seu lado, pois assim você terá a oportunidade de se redimir dos erros passados, tornando-se uma boa mãe. Nunca é tarde para recomeçar, mudar de vida. Você é nova, tem tempo para aprender muito ainda sobre a vida, mas não deixe nada para depois. Comece agora a ser uma pessoa melhor, não apenas como mãe, mas como filha, irmã, amiga, dona de casa, empresária...

Penha fez uma pausa, encarou Diva, com um sorriso arteiro nos lábios, e prosseguiu:

– E, também, como patroa – completou, soltando uma gargalhada.

Diva relaxou com a brincadeira e riu, ainda que timidamente.

– Nesses quase três anos que nos conhecemos, eu pude perceber que você é uma boa pessoa, mas não tem personalidade suficiente para assumir os seus pensamentos, ficando aberta às opiniões de pessoas fúteis. Desculpe-me falar, mas você tem umas amizades que não têm nada na cabeça. Procure se entrosar com pessoas melhores, que têm mais respeito pela vida.

As palavras de Penha soavam como um bálsamo para Diva, confortando-a da dor causada pela sua atitude tempestuosa. Ela parou de chorar e a sua respiração desacelerou, voltando ao normal. Olhando para Penha com admiração, ela comentou:

– Eu gosto tanto das nossas conversas! Você me passa uma energia tão boa! Sabe de uma coisa: você tem razão quando diz que não ando com boas companhias. Francamente, não confio em nenhuma das pessoas com quem costumo sair e a impressão que tenho é a de que um quer furar o olho do outro.

Penha franziu a testa, demonstrando não entender o posicionamento da patroa, e perguntou:

– Por que você continua saindo com eles?

Diva pensou alguns segundos antes de responder, buscando uma razão para ter escolhido um caminho errado.

– Eu sempre quis ser uma garota popular para ser aceita na turma. Para uma pessoa fazer parte da turma dos bacanas, muitas vezes precisa fazer coisas que não faria normalmente, como beber, transar com os bonitões, fumar e até usar droga. Se não agir assim, acaba sendo excluída da turma. Como eu sou uma menina bonita, sabia que, se eu conseguisse me encaixar na turma dos garotos populares, certamente conseguiria namorar um bom partido, causando inveja nas outras meninas. Aí, eu poderia até me casar com um deles, o que era o sonho de todas as garotas.

Aproveitando a pausa feita por Diva, Penha interveio, sabendo que ela estava pensando no ex-marido.

– Você conseguiu o que queria, casando-se com um cara rico, bonito e bem entrosado na sociedade, só que não conseguiu ser feliz, porque você não o amava o suficiente. Amava mais o que ele poderia proporcionar para você em termos de *status* e de conforto material. Isso é muito pouco para sustentar uma relação. Você se preocupou em demonstrar ser uma moça bem sucedida para a sociedade, mas não se preocupou em ouvir o que o seu coração desejava para ficar feliz.

Diva ouvia a tudo atentamente, tendo discordado das ponderações de Penha.

– Você se engana quando diz que eu não amava o Ricardo. É certo que as primeiras coisas que me atraíram nele foram sua beleza física e o *status* de executivo de uma multinacional. Mas, com a convivência, eu passei a amá-lo. Tanto, que eu não aceitava a pouca atenção que ele me dava. A realização profissional para ele sempre foi mais importante do que a afetiva. Isso ele nunca me escondeu; só que eu tinha esperança de reverter esse quadro. Doce ilusão... Ele nunca teve tempo para mim, menos ainda para o Mateus. Eu ficava revoltada e cheguei a pensar em traí-lo para chamar sua atenção.

A mente de Diva voltou ao tempo do casamento, desfeito há pouco mais de um ano. Fez uma pausa na conversa enquanto se lembrava dos momentos vividos ao lado do ex-marido. Considerava-o muito frio, incapaz de aprofundar dentro de um relacionamento para vivê-lo com intensidade.

– Graças a Deus, eu não o traí. Acho que ficaria com a consciência muito pesada, sobretudo porque já tínhamos o Mateus. Tive um momento de lucidez ao pedir a separação. Se continuássemos juntos, as mágoas que causaríamos um ao outro seriam terríveis.

Diva deu um longo suspiro, demonstrando cansaço, tanto pelo adiantado das horas, quanto pelo desgaste emocional vivenciado naquela noite.

– Acho que vou dormir. Até amanhã. Mais uma vez, muito obrigada por tudo.

Penha ainda tinha um assunto a tratar com ela e não queria deixar para o dia seguinte.

– Espere – disse, sinalizando com as mãos para Diva não se retirar. – Você só agiu daquela forma porque estava sob o efeito de bebida. Jamais teria agredido o seu filho, com tanta raiva, se estivesse em seu estado normal. Quando cheguei ao quarto, a impressão que tive foi a de que você estava possuída. Cuidado com a bebida, você pode acabar estragando a sua vida.

Depois do ocorrido, Diva sequer tentou contra-argumentar. Em seu íntimo, ela sabia que Penha estava com a razão.

– Obrigada por mais esse toque. Eu vou pensar a respeito disso.

– Conte comigo para o que precisar – tornou Penha. – Boa noite, durma abraçadinha com o Mateus.

– É o que farei. Boa noite, Penha.

Diva caminhou para o seu quarto. Mateus dormia um sono profundo. Ela levantou o lençol e o cobertor, deitando-se ali, abraçada ao filho. Apesar de cansada, custou a pegar no sono. Queria ficar acordada para curtir a agradável sensação de acariciar os cabelos lisos e fartos dele, colocar a mão em seu peito para perceber o seu coração palpitando, ouvir o seu ronco baixinho e sentir o calor de sua respiração.

الثقة

Capítulo 12

Às dez horas da manhã, Fábio chegou à clínica para a consulta com o cirurgião plástico. Tratava-se de uma casa antiga, mas, aparentemente, bem conservada. Enquanto aguardava a sua vez de ser atendido, folheou uma revista que fazia fofocas sobre as celebridades. Foi o suficiente para reforçar a sua convicção de que estava no caminho certo ao decidir pela cirurgia, pois viu fotografias de vários famosos exibindo um rosto lindo e um corpo exuberante, apesar de já contarem com idade avançada.

Fábio estava entretido com a reportagem sobre o casamento de uma celebridade, quando Regina, a secretária do médico, o interrompeu:

– Senhor, acompanhe-me por gentileza.

Fábio levantou-se e seguiu a secretária até a sala. Era a primeira vez que ele ia à clínica do doutor Willian, o qual havia sido indicado para ele por um cliente do seu escritório.

– Bom dia! Em que posso ajudá-lo?

– Doutor, eu quero tirar a papada, fazer *lifting* na face e melhorar a aparência das minhas pálpebras. Já fui a dois cirurgiões, mas eles não quiseram fazer as cirurgias, dizendo que não há indicação para tanto. Talvez, eu não tenha sido claro com eles da minha insatisfação com a minha aparência.

À primeira vista, Willian também não enxergou a necessidade dos procedimentos mencionados pelo seu paciente, mas para ele o mais importante era que o paciente saísse feliz de seu consultório. Especificamente naquele caso, Fábio já havia lhe falado de sua insatisfação com os cirurgiões que não quiseram fazer a cirurgia. Portanto, para manter o cliente, ele deveria ter outra postura.

– Eu concordo com você. Acho que posso melhorar a imagem do seu rosto, deixando-o mais jovem e atraente com os procedimentos que você mencionou.

Willian levantou-se da cadeira e caminhou até Fábio, a fim de examiná-lo mais de perto. Pegou o seu rosto, analisou-o detalhadamente e concluiu:

– Nós podemos eliminar por completo esta papada, a sua aparência irá melhorar sensivelmente. As pálpebras, também, estão escuras e enrugadas. Claro que a cirurgia vai deixá-las com outro aspecto! Estes sulcos em sua face são característicos das pessoas que se aproximam dos quarenta anos de idade e a tendência é só acentuar com o passar do tempo. Vamos tirá-los e deixar você com cara de menino – finalizou Willian, dando um tapinha nas costas do paciente, antes de retornar para a sua cadeira.

Era tudo o que Fábio esperava escutar de um cirurgião plástico. Suspirou aliviado, por ter encontrado um médico com uma postura diferente dos outros dois que ele havia procurado.

Depois, perguntou:

– E quanto me custará fazer estes procedimentos?

Willian não tinha nenhuma cirurgia agendada para os próximos dias. A queda drástica no movimento de pacientes o assustava. Por isso, não poderia cobrar muito caro. Pensou em um preço que estimulasse o paciente a se decidir pela realização da cirurgia no dia seguinte.

– Quinze mil reais – respondeu ele, olhando fixamente nos olhos de Fábio, a fim de captar a sua reação, de forma a dar um desconto se percebesse qualquer dúvida nele.

Fábio esboçou um leve sorriso, muito satisfeito com o preço, já que, se os outros cirurgiões se decidissem pela cirurgia, não sairia por menos de vinte e cinco mil reais, conforme lhe informaram.

– Está bom. Que dia podemos fazer a cirurgia?

– Caso você queira, amanhã mesmo, no lugar de um paciente que precisou viajar em caráter de urgência e, por isso, desmarcou a cirurgia que havia agendado.

– Amanhã? – perguntou Fábio, assustado com a proximidade da cirurgia. – Mas, e os exames de risco cirúrgico?

Willian tinha os cotovelos sobre a mesa e as mãos apoiando o rosto. Ele fechou ligeiramente os olhos, movimentou a cabeça de um lado para o outro, voltou a fitar Fábio e respondeu.

– Não há necessidade, a não ser que você tenha histórico de problemas de saúde.

– Não que eu saiba – respondeu Fábio.

– Então, marcarei a cirurgia para amanhã. Tudo bem?

Fábio respondeu, sinalizando positivamente com o polegar.

– Ah... Estava me esquecendo – tornou Willian. – O pagamento é feito antecipadamente.

Fábio tirou uma folha de cheque da carteira e a preencheu no valor cobrado pelo médico, o qual lhe entregou uma folha com algumas recomendações a seguir naquela noite. Em seguida, despediram-se e Fábio telefonou para Ana a fim de avisá-la da sua decisão.

A princípio, depois do mal-estar causado entre eles após o jantar na casa de Eleonora, ela não queria dar mais opinião sobre a cirurgia plástica que ele pretendia fazer. Todavia, a decisão repentina em fazer a cirurgia no dia seguinte à consulta com o médico deixou-a demasiadamente assustada, levando-a a questionar a decisão do namorado.

– Não seria melhor pegar uma quarta opinião com outro cirurgião? Será que você não está se precipitando?

– Em hipótese alguma. Não vejo chegar a hora de fazer a cirurgia. Vou aproveitar que estou sem audiência marcada na próxima semana, o que é muito raro em meu escritório. Afinal, não quero deixar o meu sócio acumulado de serviço. Não posso abusar da boa vontade do Vagner.

Ana voltou a se lembrar da discussão que tiveram após o jantar na casa da mãe dele e decidiu não insisitr. Mas, em seu íntimo, continuava achando completamente descabida a sua insatisfação com o aspecto do rosto.

No pouco tempo de namoro, ela havia constatado que o excesso de vaidade, tanto física quanto intelectual, era a marca registrada de Fábio. Os cuidados que ele tinha com o corpo superavam em muito os da maioria das mulheres que ela conhecia. Ele dava notícia dos melhores cremes, xampus e perfumes que apareciam no mercado. De fato, era bem diferente de João. Este era completamente largado em relação a roupas de grifes e produtos de beleza. Como ela não havia esquecido o ex-namorado, sempre fazia um paralelo entre o comportamento de um e de outro.

Por sua vez, João também pensava com frequência nela. Não raro, com muita mágoa. Ele estava pensando justamente em Ana, sem conseguir se concentrar na leitura do livro de direito penal, quando Diva bateu na porta do seu quarto.

– Pode entrar.

Assim que ela abriu a porta, ele percebeu que a irmã carregava uma expressão triste. Logo imaginou que poderia ter relação com o excesso de bebida da noite anterior. Preocupado, ele logo perguntou:

– O que houve?

Diva sentou-se na cama, em frente à cadeira onde ele estava sentado. Fixou os olhos nos olhos dele e respondeu:

– Ontem, depois que você me deixou em casa, eu deixei um copo cair, quebrando-o. O Mateus acordou e pisou em um caco, cortando os pés, deixando-me extremamente irritada. Depois, ele começou a chorar muito alto, aumentando a minha irritação. Como ele tentou caminhar até o local onde estavam os cacos, eu acabei perdendo a cabeça e batendo nele. Dei um tapa com a mão fechada no alto da cabeça dele e bati no rosto, também. Só o galo que está na testa dele não foi proposital. Ao puxá-lo para não pisar nos cacos, acabei acertando a cabeça dele no pé da cama.

Diva ficou emocionada ao se lembrar da violência praticada contra o próprio filho e chorou. Depois abraçou-se ao irmão e desabafou.

– Foi horrível, estou me sentindo péssima pelo que fiz.

Antes que João dissesse algo, ela concluiu:

– Até parece que você estava com pressentimento de que algo de ruim poderia acontecer comigo, porque você insistiu para eu parar de beber.

João acariciou os cabelos dela e refletiu à procura das palavras certas para dizer à irmã. Não queria magoá-la, mas, de igual forma, não podia deixar de recriminar a postura dela, sentindo-se na obrigação de estimulá-la a mudar de vida.

– De fato, eu estava incomodado não apenas com a quantidade de espumante que você estava bebendo, mas também com a velocidade em que você tomava a bebida. Tive uma impressão ruim de que você estava possuída. É como se aquela pessoa que estava bebendo não fosse você. Nunca havia visto você bebendo com tanta voracidade. Foi muito estranho.

Diva ficou impressionada, pois ao chegar à sua casa teve sensação semelhante, razão que a levou a interrompê-lo.

– No momento em que batia no meu filho, eu senti algo estranho, difícil de explicar. Talvez, uma energia ruim, que estava ao meu lado, estimulando-me a espancá-lo, como se tivesse prazer em ver aquela cena. Não fosse a intervenção da Penha e eu teria feito ainda pior. Quando dei por mim, senti-me fraca, sem forças, como se fosse desmaiar. Em seguida, em minha consciência veio à tona o que acabara de fazer e tive vontade de dar cabo de minha própria vida. Tive a sensação de ter sido tão cruel com o Mateus que não me julguei merecedora de continuar vivendo. Nunca, em toda minha vida, senti-me tão indigna.

A palavra 'indigna' pronunciada pela irmã trouxe a lembrança de um fato bíblico para João, que ele havia aprendido na escola, por ocasião das aulas de religião. Pensando que poderia ser útil para confortá-la, ele fez questão de mencioná-lo.

– A gente precisa ter muita fé. Na verdade, precisamos exercitar a fé diariamente. Recentemente, eu também me senti indigno. Foi quando você me falou ter visto Ana com um homem chamado Fábio. Logo, eu imaginei que era o cidadão que havia me reprovado no concurso, como de fato, posteriormente, ela própria confirmou que era. Eu já estava muito chateado por não ter passado no concurso e pelo término do namoro. Dois sonhos desfeitos à beira da realização. Nadei, nadei, nadei e morri na praia. Foi assim que me senti. Revoltado, tive raiva de Deus e cheguei ao cúmulo de insultá-lo, mentalmente. No dia seguinte, eu me senti indigno, assim como você. Pedi-Lhe perdão pelas minhas ofensas e pus-me a pensar na razão para ter agido daquela forma. Não encontrei uma resposta. Agora, após você fazer o seu relato, eu acho que consegui obter a resposta.

Diva ouvia as palavras de João, atentamente, curiosa para saber qual seria o desfecho de suas conclusões.

– Se formos olhar os nossos pecados, todos seríamos indignos perante Deus. Uns mais, outros menos, mas todos nós seríamos indignos, pois somos pecadores. Há um trecho bíblico que retrata bem isso. É aquele em que um homem aproxima-se de Jesus, pedindo para curar o seu servo, que está gravemente doente em sua casa. Quando Jesus se oferece para ir até lá curá-lo, o homem o interrompe, dizendo: "Senhor, eu não sou digno de que entreis em minha morada, mas dizei uma só palavra e o meu servo será curado".

Diva moveu a cabeça, sinalizando que se lembrava desse fato. Ambos estudaram na mesma escola. Percebendo que a irmã prestava bastante atenção em suas palavras, João prosseguiu:

– O homem sabia que era pecador, mas a sua fé salvou o servo dele. A meu ver, quando ele diz: "eu não sou digno de que entreis em minha morada", na verdade demonstra arrependimento pelos erros. Este é o primeiro passo que devemos dar: arrepender-nos de nossos erros. O segundo é o exercício da fé, que o personagem bíblico demonstrou ao dizer: "dizei uma só palavra e o meu servo será salvo". Com a fé, nós estreitamos o nosso relacionamento com Deus. Estreitar o relacionamento com Deus implica em conhecer melhor Suas vontades em nossas vidas. Assim, fica mais fácil tomar as decisões corretas e encontrar a felicidade.

Diva abaixou a cabeça e refletiu sobre as ponderações do irmão. Voltou a fitá-lo e comentou:

– Na verdade, acho que é muito difícil aceitarmos a vontade de Deus. Nós achamos que sabemos o que é o melhor para as nossas vidas e insistimos em lutar por aquilo que acreditamos, mesmo diante de todas as evidências de que podemos acabar nos dando mal.

João voltou a encarar a irmã e perguntou:

– Você percebeu que só bateu tanto no próprio filho porque estava sob o efeito do álcool?

Diva ficou quieta. O silêncio dela ante a pergunta dele era um bom sinal. Ao menos, ela não rechaçou o argumento dele, o que o levou a ter ânimo para prosseguir.

– Acho que seria bom se você parasse de beber, ao menos por um tempo. Há pessoas que não sabem beber. Sempre perdem o controle e fazem besteira.

João fitou a irmã, aguardando que ela se manifestasse. Todavia, diante de seu silêncio, ele perguntou:

– Não será esse o seu caso?

Diva moveu a cabeça de um lado para o outro, discordando do irmão.

– Eu não sou alcoólatra. Sei me comportar muito bem depois de uns copos. Ontem, não sei por qual motivo, havia algo de errado comigo. Talvez, eu precise apenas tomar mais cuidado para não me exceder tanto, como ocorreu ontem.

João decidiu não insistir no assunto. Considerou ter sido um avanço o fato de ela ter aceitado que precisava diminuir o consumo de bebida.

– Venha fazer um lanche comigo – disse, puxando a irmã pelo braço. – Que tal comermos pão com linguiça? O Rêmulo e a Fatinha deram para a mamãe aquela linguiça maravilhosa, lá da cidade de Cássia.

Diva lambeu os lábios e respondeu:

– Eu adoro aquela linguiça! Vamos lá, porque eu estou com muita fome.

Levantaram e se dirigiram para a cozinha. João esquentou a linguiça no forno elétrico. Continuaram conversando, mas não tocaram mais no assunto de bebida.

Capítulo 13

Ana ainda estava preocupada com a cirurgia a que o namorado iria se submeter no dia seguinte, quando Fábio novamente telefonou, demonstrando uma felicidade na voz que, até então, ela não conhecia.

– Olá! Tudo bem? Gostaria muito de me encontrar com você hoje à noite.

– Nossa! Parece que você está muito feliz. O que houve?

Cheio de orgulho, ele estufou o peito para narrar mais uma proeza na vida profissional.

– Quero comemorar a vitória em uma ação de indenização que ingressei na justiça em favor de uma tia. A decisão transitou em julgado hoje.

– Parabéns pela vitória! O valor da condenação foi alto?

Fábio encheu a boca para responder, pois sabia que impressionaria a namorada.

– Cinco milhões de reais, mais a sucumbência de vinte por cento que ganhei. Nada mal, não é mesmo?

Ana ficou impressionada com o valor da indenização. Os seus olhos brilharam quando pensou que o namorado embolsaria um milhão de reais em uma única causa.

– Nossa! Que dinheirão, hein! – comentou Ana, pensando em quantos anos deveria trabalhar, com seu salário de três mil reais, para ganhar aquele valor.

Fábio sorriu, pois percebeu que ela, de fato, havia ficado impressionada com os valores.

– Vamos sair que eu lhe conto tudo pessoalmente. Caso não se importe, gostaria de convidar a minha tia que ganhou a indenização para comemorar conosco.

– Por mim, não tem problema algum em sairmos com ela – tornou Ana.

Antes de se despedirem, combinaram de se encontrar no restaurante, já que Fábio teria de buscar a sua tia em casa.

Ana apressou-se para não chegar atrasada ao encontro. Estava muito curiosa para saber os detalhes da ação de indenização. Enquanto dirigia, pensava nas cifras mencionadas por Fábio. Certamente, ele deveria ter outras causas grandes.

A partir desse raciocínio, ela começou a cogitar a possibilidade de trabalhar com ele, caso o namoro deles desse certo. Poderia ser uma parceria perfeita, pois ela era muito competente e o serviço no escritório dele estava aumentando bastante, fruto do sucesso profissional que ele e Vagner, o sócio, vinham obtendo nos últimos dois anos. Ele já havia, inclusive, comentado que não estava gostando do serviço de um advogado que eles haviam contratado para ajudá-los.

Em poucos minutos, Ana foi se convencendo de que poderia ter encontrado um rumo certo para a sua vida. Caso viesse a trabalhar com ele, o convívio maior poderia fazer com que o amasse. Até então, o interesse dela por ele resumia-se a uma admiração profissional somente. Nada mais.

Ela chegou primeiro que ele ao restaurante, que estava lotado. Na área reservada a não fumantes havia apenas uma mesa desocupada, com o inconveniente de ficar próxima ao banheiro feminino. Diante da falta de opção, ela sentou-se na referida mesa. Pediu um suco e ficou esperando, ansiosa para ele chegar com a tia.

Antes que ela acabasse de tomar o suco, eles chegaram. Ana levantou-se para cumprimentá-los. A tia de Fábio aparentava ter a idade de Eleonora, irmã dela.

– Ana, esta é a minha tia Neide, de quem lhe falei.

Ana abraçou Neide e cumprimentou-a efusivamente pela vitória na ação de indenização.

– Já fiquei sabendo da sua vitória, dona Neide. Que maravilha, hein! Meus parabéns!

A reação fria de Neide surpreendeu Ana, deixando-a, até certo ponto, constrangida por ter sido tão fervorosa ao parabenizá-la.

– Obrigada, mas esse dinheiro não trará a minha alegria de volta. Eu daria o que ganhei e tudo o que tivesse para ter o meu filho comigo.

Neide estava visivelmente emocionada. As mãos trêmulas poderiam ser fruto dessa emoção ou do mal de Parkinson.

– Ela perdeu o filho em um acidente de carro – tornou Fábio, enquanto puxava a cadeira para a tia sentar-se. – Era filho único. O Bruno era um rapaz brilhante, com um futuro promissor, que teve a vida ceifada aos vinte e oito anos pela irresponsabilidade de um milionário. Aliás, esse é um dos motivos para o valor da indenização ter sido alto.

– Acidente de carro – perguntou Ana?

– Sim. O Bruno morreu naquele acidente famoso, em que o cidadão Giovanni Bastos Camargo, dirigindo um BMW em alta velocidade, furou o sinal vermelho e atingiu um carro que estava cruzando a avenida. Lembra-se? O fato ocorreu há quatro anos, mas só agora houve o trânsito em julgado da decisão na ação de indenização.

Ana lembrava-se perfeitamente do acidente, pois havia sido noticiado na imprensa de todo país.

– Eu acompanhei pela televisão. Foi um acidente horrível.

Os lábios de Neide começaram a tremer quando ela segurou o choro para relembrar o acidente.

– Pedaços do corpo dele foram encontrados há mais de cem metros do local do acidente. A cabeça e os braços foram decepados com a violência do impacto. Aliás, a cabeça ficou completamente disforme. Uma cena horrível – lamentou Neide, enquanto enxugava uma lágrima.

– A perícia calculou que o motorista estava dirigindo há mais de cento e oitenta quilômetros por hora – completou Fábio.

Ana fechou os olhos e teve horror em imaginar a dor daquela senhora ao ver o estado em que o filho ficou após o acidente.

– Esse Giovanni foi condenado criminalmente?

A pergunta de Ana fez aflorar o ódio nas fisionomias de Fábio e de Neide. Até a respiração deles ficou diferente, mais intensa, após sua pergunta. Fábio antecipou-se para responder.

– Como eu não advogo na área criminal, indiquei um advogado para acompanhar o processo. O promotor de justiça quis levar o caso para o tribunal do júri, por entender que o réu havia agido com dolo eventual, assumindo o risco de produzir o resultado morte com a sua conduta totalmente imprudente. A pena mínima seria de doze anos, em regime fechado, se a tese dele fosse aceita. O juiz acompanhou o raciocínio do promotor e pronunciou o réu, a fim de que ele fosse levado a julgamento perante os jurados. Só que o advogado dele recorreu e o tribunal mudou a sentença, falando que não havia dolo eventual, mas sim culpa. Daí, o julgamento seria perante o juiz comum e a pena mínima seria de quatro anos. Um absurdo, tendo em vista que o réu já tinha um histórico policial por causar acidentes automobilísticos.

– E qual foi a condenação imposta pelo juiz criminal?

Os olhos de Fábio e de Neide até faiscavam, tamanho o ódio que nutriam pelo juiz criminal. Ao lado deles, sem que desconfiassem, estava o espírito de Bruno. Fábio respondeu, sem esconder a sua revolta.

– Se eu lhe disser que ele foi condenado, não cumpriu nem um dia sequer da pena e já teve a pena declarada extinta, você é capaz de acreditar?

Ana franziu a testa, demonstrando a sua incredulidade.

– Como assim? Apesar de não advogar na área criminal, pelo que me lembro do meu tempo de faculdade, uma pena só pode ser declarada extinta se houver o cumprimento ou se ocorrer uma causa extintiva da punibilidade, como a morte ou a prescrição, por exemplo.

– A teoria é essa – tornou Fábio. – Só que, na prática, dependendo da sensibilidade do juiz, a história é outra – completou, enquanto deslizava o polegar entre os outros dedos, dando a entender que o juiz havia recebido propina.

Espantada com a acusação de Fábio, Ana começou a desconfiar que o juiz mencionado pudesse ser Aristides, pai de João. Ela ficou receosa de perguntar o nome do juiz. Mas procurou se inteirar sobre o erro dele.

– Afinal, o que o juiz fez para beneficiar o réu?

Fábio tomou um gole de água, suspirou e respondeu:

– Tenho um grande amigo que é escrevente na vara que o processo correu. Ele suspeita que o juiz tenha recebido propina ou qualquer outro tipo de vantagem, porque ele condenou o réu a quatro anos de pena privativa de liberdade, em regime aberto, e concedeu a prisão domiciliar na própria sentença, alegando falta de vaga na casa do albergado. Ele nunca havia concedido esse benefício anteriormente. Sempre que condenava alguém, a única coisa que ele fazia era encaminhar o processo para a vara de execuções penais. O juiz de lá é que decidia se dava ou não a prisão domiciliar. O meu amigo escrevente aumentou a suspeita de que houve corrupção porque, depois desse caso, o juiz não concedeu outra prisão domiciliar. Não bastasse, esse meu amigo disse que o advogado do Giovanni frequentou com assiduidade o gabinete do juiz na época do processo. Ele tinha tratamento diferenciado em relação aos demais advogados.

"Giovanni logo começou a cumprir a prisão domiciliar, tendo como única obrigação dormir em casa, o que ele faria de qualquer jeito, independente da sentença. O promotor de justiça recorreu e o tribunal cassou a prisão domiciliar, isso um ano e pouco depois, quando o Giovanni já estava em gozo de livramento condicional, porque já havia cumprido mais de um terço da pena. Assim, o recurso não teve efeito prático, pois o Giovanni não ficou preso um único dia. Logo depois ele recebeu indulto, que nada mais é do que o perdão da pena".

A curiosidade aumentou, ela criou coragem e perguntou:

– Qual o nome do juiz?

Antes que Fábio abrisse a boca, Neide respondeu, como se já estivesse esperando pela pergunta.

– Aristides Steiner.

Ana, apesar de saber da possibilidade de eles estarem falando do pai de João, ficou boquiaberta ao ouvir o nome de Aristides. O seu coração disparou, pois ela logo começou a ligar os fatos. Certamente, Fábio sabia a filiação de João ao reprová-lo no concurso.

– Nunca irei me esquecer desse nome – prosseguiu Neide, sem fazer questão de esconder o rancor que trazia na voz. – Eu tenho certeza de que ele recebeu propina para permitir que o assassino do meu filho não cumprisse pena. Segundo o advogado que contratei, não há explicação lógica para o que ele fez. Nada repararia a dor que senti com a perda do meu único filho. Mas, se o assassino cumprisse pena pelo crime praticado, traria um consolo para mim, ainda que fosse pena de prestação de serviços à comunidade, como o advogado disse que seria. Agora, ficar sem cumprir pena depois do que ele fez... Ah! Isso me deixou muito revoltada e descrente da justiça brasileira.

Fábio retomou a fala, demonstrando solidariedade à tia no rancor que ela externou do juiz de direito.

– De fato, não há explicação lógica para o que ele fez. Ele tinha duas alternativas: a primeira seria condenar o Giovanni a quatro anos e substituir a pena privativa de liberdade por prestação de serviços à comunidade e prestação pecuniária em favor da tia Neide, caso ele quisesse ser mais benevolente com o Giovanni. E ele tinha elementos para isso, já que o Giovanni era primário. A segunda alternativa, caso ele quisesse ser mais rigoroso com o réu, seria condená-lo a quatro anos de pena privativa de liberdade, não substituir a pena por prestação de serviços e prestação pecuniária, e encaminhar o processo para a vara de execuções criminais, a fim de que o juiz de lá decidisse se iria conceder ou não a prisão domiciliar para o Giovanni. O problema é que ele sabia que o doutor Thales, juiz da vara de execuções penais, é um homem corretíssimo e não deixaria impune um crime dessa gravidade, sobretudo porque praticado por uma pessoa que teve a oportunidade de receber instrução nos melhores estabelecimentos de ensino do mundo, o que torna o caso ainda mais grave.

"O que o doutor Aristides fez foi um absurdo, porque deixou de substituir a pena de prisão por pena alternativa, demonstrando que seria rigoroso com o réu, mas o mandou cumprir a pena na sua própria casa, que foi infinitamente melhor para o réu do que se tivesse de prestar serviços à comunidade por quatro anos e pagar um determinado valor de prestação pecuniária à minha tia".

Atenta à conversa, Neide completou:

–Sei que é feio o que vou falar, mas a verdade é que tenho tanto ódio desse juiz, sem nunca tê-lo visto pessoalmente, como do rapaz que matou o meu filho. Uma pessoa que exerce um cargo de juiz de direito tem que ser imparcial. A decisão foi tão absurda que somente o recebimento de propina explica o comportamento dele. Do contrário, como o Fábio falou, o juiz teria concedido a prisão domiciliar em outros casos, mas ele não voltou a dar essa regalia a nenhum outro preso.

"Quando fiquei sabendo da pena imposta ao mau caráter do Giovanni, veio-me à mente os pedaços do corpo do meu filho espalhados pelo asfalto. Junto de cada parte do corpo dele ali espalhado estava um pedaço do meu coração. Só quem passou por situação semelhante é capaz de dimensionar a dor que eu senti."

Olhando fixamente para Ana, Neide concluiu:

– Depois de vivenciar essa dor, você não imagina o quanto é ruim vivenciar outro tipo de dor: a dor que a impunidade causa a uma mãe de uma vítima de homicídio. Você não faz ideia. A vontade que tive foi a de fazer justiça com as próprias mãos. Infelizmente, tive vontade de matar o Giovanni e o tal do doutor Aristides. Não o fiz, mas rezo a Deus para que eles paguem por seus erros.

Fábio deu um riso sarcástico, segurou a mão de Neide e tornou:

– Fique tranquila, tia! Ele já começou a pagar pelo que fez.

Neide aprumou o corpo e perguntou:

– Como você sabe? O que aconteceu com ele?

Sentindo-se desconfortável por comentar sua vingança perto da namorada, Fábio despistou.

– Eu me expressei mal. O que quero dizer é que ele vai pagar pelo que fez. Afinal, agindo dessa forma, uma hora ele encontra um para prejudicá-lo.

Ana sentiu enjoo, ficou fraca e teve a sensação de que iria desmaiar. Estava convicta de ter encontrado a causa da reprovação de João no concurso. O ódio estampado na expressão do rosto de Neide, ao falar de Aristides, e a ironia contida nas palavras de Fábio indicavam que ele havia tomado a dor dela, vingando-se do juiz através do mal que fez ao filho.

As suas mãos, trêmulas, deixaram derramar água quando ela pegou o copo para tomar um gole. Com receio de que eles percebessem a alteração de seu estado emocional, Ana deu uma desculpa para ausentar-se momentaneamente da mesa.

– Eu preciso ir ao banheiro.

Após Ana entrar no banheiro, bem ao lado da mesa, Fábio comentou:

– Vou lhe contar um segredo, mas é para ficar entre nós dois apenas. A senhora promete não contar para ninguém?

Ante a resposta positiva da tia, ele tornou:

– Se servir para consolá-la, eu reprovei o filho desse juiz na última etapa do concurso de promotor de justiça. O moleque estava muito bem preparado. Ficaria em primeiro lugar no concurso se eu lhe desse a nota que ele merecia. A senhora não imagina o prazer que senti. Ele chegou todo educado para fazer a prova, sem saber que já estava previamente reprovado.

Os olhos de Neide brilharam de satisfação ao tomar conhecimento de que o sobrinho havia semeado dor na família do juiz.

– É verdade? Obrigada, Fábio! Esse juiz não podia ficar impune. Mas, eu ainda quero que ele pague muito mais pelo que fez.

Ao lado deles, o espírito de Bruno ficou feliz ao ver a alegria da mãe com a notícia da vingança. Com isso, ele havia conseguido realizar parte de seu intento, pois conhecia a mãe o suficiente para saber que ela, assim como ele, teria certo alívio com o mal causado ao juiz. Mas Bruno também continuava querendo mais. Ele ainda estava arquitetando causar sérios transtornos à família de Aristides e, assim que possível, derrubar Giovanni. Para isso, esperaria que se afastasse a falange de espíritos obsessores que acompanhava Giovanni.

Dentro do banheiro, Ana ouviu o comentário de Fábio, tendo escutado com nitidez, através do basculante, a última frase dita por Neide: "Obrigada, meu filho! Esse juiz não podia ficar impune pelo que fez".

Ana teve vontade de telefonar para João e pedir para buscá-la. Chegou a pegar no telefone para discar o seu número, mas desistiu, sabendo que ele jamais viria. Começou a chorar, sem saber o que fazer, pois se sentia sem condições emocionais de ficar na presença de Fábio e de sua tia.

Voltou a sentir um calafrio no corpo inteiro e teve medo, sem saber que aquela sensação era causada pelas vibrações maléficas de Bruno, que, nessa altura, estava ao seu lado.

Ana viu-se sozinha no banheiro, mas com a sensação de que alguém a vigiava. O silêncio foi quebrado por um barulho na porta, levando-a dar um pulo para trás, tamanho o susto.

A senhora que entrava também levou um susto com o pulo dela.

– Desculpe-me, estava distraída e levei um susto com o barulho da porta – justificou Ana.

Em seguida, ela telefonou para Aline, uma amiga.

– Por favor, preciso que você me telefone daqui a três minutos e peça para conversar comigo urgentemente. Depois eu lhe explico tudo.

Ana voltou para a mesa. Para a sua sorte, o assunto era outro.

– Amanhã, eu farei a cirurgia. Consegui um preço muito bom de um médico indicado por um cliente.

Olhando para Ana, Fábio completou:

– Namorar mulher bonita é bom, mas tem os seus ônus. É preciso fazer de tudo pra ficar bonito também, senão vem um garanhão e rouba ela da gente.

Ana forçou um sorriso.

– Ela é realmente muito bonita – concordou Neide. – Na minha juventude eu também era linda. Aliás, até pouco tempo atrás eu era linda. Essas rugas são herança da morte do Bruno. Aos sessenta e dois anos de idade, eu aparento ter mais de setenta.

Em pensamento, Ana concordou com Neide.

O telefone tocou. Era Aline, conforme combinado minutos atrás.

– Calma, Aline! Estou indo para aí agora.

Voltando-se para Fábio, ela justificou.

– Trata-se de uma amiga que não vejo há muito tempo. Ela teve uma briga com o noivo e está desesperada, querendo conversar comigo. Desculpem-me, mas tenho que ir.

Fábio balançou a cabeça de um lado para o outro, lamentando o ocorrido.

– É uma pena, mas, se você precisa tanto ir, tudo bem. Espero a sua visita, amanhã, na clínica.

Ele retirou a carteira do bolso e completou:

Aqui está o cartão, com o endereço certinho. A cirurgia deve terminar por volta das onze horas.

– Eu vou visitá-lo – prometeu ela, já sabendo que não cumpriria o prometido.

Fábio levantou-se e beijou a namorada. Ela se despediu de Neide e saiu. Quando passou pela porta do restaurante, cuspiu e limpou a boca, com nojo do beijo de Fábio.

Ao chegar em casa, entrou para o seu quarto e debruçou-se sobre a cama, pondo-se a chorar copiosamente. O seu peito parecia que explodiria, tamanha era a dor da saudade de João.

Não fosse a crueldade de Fábio, ela e João estariam nos preparativos para o casamento. Sentiu-se culpada por envolver-se afetivamente com a pessoa que havia prejudicado tanto o seu ex-namorado e ela mesma, por consequência.

Começou a ter ódio de Fábio. Depois, percebeu que não queria para ela o mesmo sentimento que o motivou a ser tão cruel. Teve pânico de agir da mesma forma que ele. Ajoelhou-se junto à cama e começou a rezar.

– Deus, perdoe-me. Estou confusa, mostre-me como agir. Não permita que o meu coração seja morada do ódio e do rancor. Tire esses sentimentos de mim.

Ana quis continuar rezando, mas não sabia o que dizer. Deitou-se novamente na cama e voltou a pensar em João. Decidiu que o procuraria para lhe contar o verdadeiro motivo de sua reprovação no concurso do Ministério Público.

A imagem do ex-namorado não saía da sua mente. Sentiu orgulho dele, pois Fábio mesmo afirmou que João seria o primeiro colocado no concurso, caso lhe desse a nota merecida. Sentiu, ainda, arrependimento, por ter dado causa ao término do namoro, recusando-se a fazer a viagem para a Europa, além das várias cobranças de uma definição na vida profissional de João.

De repente, Ana passou a ficar muito ansiosa. Lembrou-se da sensação terrível que teve no restaurante e voltou a ter medo. Começou a intuir que o calafrio sentido, primeiro, na mesa do restaurante e, depois, no banheiro, poderia estar ligado à presença de Bruno no local.

Ana fechou os olhos e, em pensamento, pediu a Deus para ajudar Bruno. Depois, decidiu que terminaria o relacionamento com Fábio assim que ele saísse da clínica de cirurgia plástica.

CAPÍTULO 14

Fábio chegou à clínica às sete horas da manhã. Regina, a secretária do doutor Willian, recebeu-o para os procedimentos preliminares.

– Bom dia, senhor Fábio! O doutor Willian telefonou avisando que já está a caminho. Para adiantar, gostaria que o senhor preenchesse esta ficha.

A secretária entregou-lhe a ficha, na qual ele afirmava gozar de plena saúde, não sendo alérgico e não fazendo uso de nenhum medicamento controlado, além de estar em jejum. Por fim, no espaço destinado a deixar o nome de uma pessoa para contato, em caso de necessidade após a cirurgia, colocou o nome de Ana, sem suspeitar das intenções dela em terminar o namoro.

Meia hora depois, Regina encaminhou-o à sala de cirurgia. Ele deitou-se e ficou à espera do cirurgião. Estava tranquilo, com a mente voltada para o valor da indenização fixada para a sua tia. Pensava, ainda, no valor da bolada que receberia.

Com o dinheiro, pensou em adiantar as prestações do apartamento que havia comprado. Foi quando ele ouviu a voz do doutor Willian.

– Bom dia! Animado para a cirurgia?

Fábio olhou para o médico e sorriu, fazendo gesto de tinindo.

– Eu vou anestesiá-lo e você deverá acordar por volta do meio dia. Provavelmente, hoje mesmo você irá para a sua casa.

Fábio ficou surpreso com a informação de que o próprio cirurgião iria anestesiá-lo.

– O senhor não tem um anestesista na sua equipe?

Willian deu um leve tapa no ombro do paciente, tentando acalmá-lo.

– Não se preocupe, o procedimento é muito simples e eu tenho prática em anestesiar os meus clientes.

Fábio ficou boquiaberto, preocupado com a ausência de anestesista durante a cirurgia. Percebendo a preocupação dele, Willian insistiu:

– Relaxa, doutor Fábio! Você está em boas mãos.

Em seguida, o médico voltou-se para Regina e começaram a preparar os equipamentos.

Apesar de ter ficado preocupado, Fábio decidiu confiar no médico e fazer a cirurgia, que logo teve início. Tudo corria perfeitamente dentro da normalidade, até que Fábio começou a apresentar complicações anestesiológicas. As batidas de seu coração foram se desacelerando, trazendo grande preocupação a Willian.

Até então, ele não havia enfrentado problema semelhante. Ficou sem saber como agir para reverter o quadro, tendo em vista que não tinha conhecimento técnico para tanto.

Em seguida, a preocupação de Willian se transformou em pânico, quando o paciente desmaiou, fruto de intoxicação pelos anestésicos.

Imediatamente, Willian pegou o telefone e ligou para um amigo anestesista, na esperança de que pudesse ajudá-lo a sair daquela enrascada. Para seu azar, o celular estava desligado.

– E agora, doutor? – perguntou Regina, desesperada, com medo de que o paciente morresse na mesa de cirurgia.

Willian suava tanto que sua roupa estava completamente empapada.

– Ligue para o SAMU e peça uma ambulância para vir aqui urgentemente levar o rapaz para o hospital de pronto-socorro.

A voz trêmula e a resposta dada foram suficientes para Regina concluir que a situação era mais grave do que ela imaginava.

Imediatamente, ela retirou-se para a recepção e telefonou, pedindo a ambulância. Quando retornou à sala, Willian já não estava mais lá.

– Doutor Willian, doutor Willian, onde o senhor está? Eu já pedi a ambulância.

Regina esperou pela resposta do médico, em vão. Desesperada, sussurrou:

– Onde ele se meteu? Será que foi embora? Meu Deus, não permita que esse homem morra aqui.

Regina começou a rezar, sendo interrompida pelo barulho de choro do médico, o qual havia ido para o banheiro.

– Meu Deus! E agora?

Willian não sabia o que fazer. Seu coração estava disparado. Começou a suar frio. Teve vontade de fugir, mas sabia que deveria ficar ali para receber os paramédicos e prestar as informações necessárias.

Em menos dez minutos a ambulância chegou e os paramédicos adentraram rapidamente na clínica.

– Onde está o paciente?

– Por aqui, rápido.

– O que aconteceu?

Willian, gaguejando, resumiu os fatos.

Os paramédicos ficaram boquiabertos, sem acreditar no que estavam ouvindo.

– Onde está o alvará sanitário?

– Não tem nada disso aqui não, moço – respondeu Regina, lançando um olhar de fúria para Willian, por tê-la metido naquela enrascada.

Sem tempo para mais delongas, os paramédicos colocaram Fábio no interior da ambulância e o levaram às pressas para o Hospital de Pronto-Socorro.

Regina estava com as pernas trêmulas. Resolveu procurar Willian para lhe comunicar que não voltaria a trabalhar ali, mas surpreendeu-se com o barulho do carro dele saindo da garagem sem lhe dar oportunidade para conversar.

Antes de ir embora, ainda lembrou-se de comunicar o ocorrido para a pessoa indicada por Fábio na ficha que ele preencheu antes da cirurgia. Com a voz trêmula, externando o desespero que sentia, Regina comunicou o incidente gravíssimo.

– Dona Ana, meu nome é Regina, sou funcionária da clínica onde o Fábio veio fazer a cirurgia.

Pelo tom de voz, Ana percebeu que havia acontecido algo de errado.

– O que aconteceu com o Fábio?

– Não sei explicar direito. Ele começou a passar mal e seus batimentos cardíacos foram caindo, até ele desmaiar.

Ana ficou estática, sem acreditar, pensando tratar-se de um trote. Apesar de ter decidido terminar o namoro na primeira oportunidade em que se encontrassem, sentiu-se mal, pensando que o homem que ela estava namorando poderia estar morto naquela hora.

– Eu chamei a ambulância. Ele está sendo levado neste momento para o Hospital de Pronto-Socorro. Desculpe-me incomodá-la, mas ele deixou o telefone da senhora para avisar sobre qualquer eventualidade que ocorresse.

Ana teve o pressentimento de que fosse desmaiar e apoiou-se na mesa, sentando-se, em seguida.

– Obrigada por me avisar. Eu vou agora mesmo para o hospital. A mãe dele já foi avisada?

– Não, senhora. Ele não deixou o telefone de contato dela.

Apesar de terem se encontrado apenas uma vez, Ana teve uma excelente impressão de Eleonora. Sentiu-se na obrigação moral de dar a notícia a ela. Pensou na melhor forma de tocar no assunto, pois sabia que Eleonora tomava medicamentos controlados e poderia ter um descontrole emocional quando soubesse que o filho estava a caminho do hospital.

Ana pegou a lista telefônica e logo encontrou o telefone da mãe de Fábio. Imediatamente, discou o seu número.

– Eleonora, quem está falando é Ana, namorada do Fábio.

– Que prazer ouvir a sua voz! Está tudo bem?

Ana gelou, com medo de falar sobre o estado de saúde de Fábio. Todavia, sabia que não tinha como evitar o assunto. Respirou fundo, tomou coragem e falou:

– Aconteceu um problema com o Fábio na clínica onde ele foi fazer a cirurgia.

Eleonora sentiu as pernas bambearem, pois teve o pressentimento de que Ana iria lhe contar sobre a morte do seu filho.

– Meu Deus! O que ocorreu com ele? Onde está o meu filho?

O desespero estava estampado na sua voz.

– Procure ficar tranquila, porque ele já está a caminho do Hospital de Pronto-Socorro. Parece-me que ele desmaiou durante a cirurgia. A secretária do médico não soube me dar maiores detalhes.

Ana ouviu o choro de Eleonora e se arrependeu por ter lhe telefonado, com medo de que ela viesse a passar mal.

– Eu estou indo ao hospital. A senhora gostaria que eu passasse aí para pegá-la?

Por alguns segundos, Ana continuou ouvindo apenas o choro desesperado de Eleonora. Depois, ouviu a resposta, em uma voz fraca, cortada por soluços.

– Quero sim. Eu vou trocar a roupa. Em dois minutos estarei pronta.

Com os nervos à flor da pele, Ana decidiu ir de táxi, por receio de causar uma batida de carro, caso fosse dirigindo.

Quando o táxi chegou, Eleonora já a esperava na calçada. Ela abriu a porta e deu um abraço forte em Ana.

– Eu já avisei várias vezes para ele tomar cuidado com essas cirurgias plásticas, mas ele não me ouve. Melhorar a aparência física virou uma fixação para ele.

Ana ouviu o desabafo de Eleonora com um aperto no coração.

– Vamos ter fé. Ainda não sabemos qual o grau de gravidade do caso, mas os profissionais do pronto-socorro são excelentes e farão o que estiver ao alcance deles.

Eleonora concordou, movendo a cabeça.

Assim que chegaram ao hospital, foram ao balcão de informações.

– Aguardem um momento, por favor. Ainda não nos foi passado nada sobre a situação do Fábio – respondeu-lhes uma moça magra e alta.

Ana e Eleonora sentaram-se em um banco de plástico no corredor. Ali, elas viram pacientes gemendo de dor sobre as macas que ficavam no próprio corredor. Alguns apresentavam feridas por algum tipo de instrumento cortante, fazendo com que o sangue pingasse no chão.

Naquele momento, Ana viu que o seu sofrimento por ter dado causa ao término do namoro com João era muito pequeno em vista do sofrimento dos pacientes à espera de atendimento e do sofrimento de Eleonora, que aguardava com ansiedade notícias sobre o estado de saúde do filho.

Depois de alguns minutos sem qualquer notícia, retornaram ao balcão de informação.

– Por favor, eu preciso saber como está passando um homem chamado Fábio Oliveira, que deu entrada de ambulância há pouco – implorou Eleonora.

– Eu já deixei o recado no setor. Assim que houver qualquer informação, a senhora ficará sabendo.

Ana lembrou-se da conversa com Fábio, após o jantar na casa da mãe dele. Naquele dia, ela o aconselhou a fazer a reforma no apartamento da mãe, ao que ele negou, alegando aperto financeiro.

"Se ele tivesse optado por fazer a reforma pedida pela mãe, ao invés da cirurgia plástica, certamente não estaria vivendo esse drama", pensou.

Depois de quase duas horas de espera, um médico alto, loiro, com cabelos cacheados, aparentando um anjo, aproximou-se das duas.

– Boa tarde, meu nome é André. Sou da equipe que está cuidando do Fábio. Qual o parentesco que vocês têm com ele?

– Eu sou a mãe dele – antecipou-se Eleonora.

A fisionomia séria do médico, bastante jovem por sinal, era um indicativo da gravidade do estado de saúde de Fábio, levando Eleonora ao desespero.

– Calma! O caso é grave, mas ele está vivo.

– O que aconteceu? – tornou Eleonora.

– Ele teve uma intoxicação causada por anestésicos. Nós o induzimos ao coma, porque há suspeita de lesão cerebral. Tal medida é necessária, pois o coma protege o cérebro, diminuindo o consumo de oxigênio. O pouco consumo de oxigênio diminui a necessidade de fluxo sanguíneo no cérebro.

Ao ouvir que o filho estava em coma, Eleonora ficou ainda mais desesperada e voltou a chorar compulsivamente. Entre um soluço e outro, com dificuldade para falar, ela perguntou:

– Ele corre risco de vida?

– Sim. O caso é grave, mas está sob controle. Vamos ver como ele reagirá ao tratamento. De qualquer forma, devo alertá-las que, na hipótese de o Fábio sobreviver, que é a nossa expectativa, pode ser que ele apresente algumas sequelas.

– Santo Deus, salve o meu filho! – implorou Eleonora.

– Há previsão de quanto tempo ele permanecerá em coma? – perguntou Ana, já que Eleonora soluçava incessantemente.

– Vai depender de como o seu organismo vai reagir daqui pra frente. Agora, eu preciso retornar ao trabalho. Qualquer novidade, vocês serão informadas.

– Será possível vê-lo hoje? – tornou Eleonora.

– Amanhã. Sugiro que vocês vão para casa descansar e entrem em contato com o hospital à noite para obter notícias. Caso queiram, podem deixar o telefone de contato no hospital. Se houver novidade, vocês serão informadas.

Eleonora lembrou-se de que Fábio gastava um bom dinheiro para manter um dos melhores convênios médicos do mercado. Apesar de se sentir constrangida, ela não hesitou em perguntar:

– Obrigada pela dedicação do senhor e de toda a equipe para salvar a vida do meu filho. De qualquer forma, eu gostaria de salientar que ele tem convênio médico. O senhor acha aconselhável ele ser transferido para algum hospital da rede particular mais aparelhado do que aqui?

– De forma alguma. O Hospital de Pronto-Socorro é referência estadual nos casos de intoxicação. Ao menos por ora, aqui é o melhor lugar que pode haver para ele.

A informação do jovem médico trouxe alívio para Eleonora. Em seguida, ele se despediu e elas permaneceram no hospital ainda por mais uma hora. Tendo em vista a falta de novidade, Ana chamou Eleonora para ir embora. Apesar de relutar, a mãe de Fábio cedeu aos argumentos de sua acompanhante.

Antes de sair, contudo, Eleonora telefonou para Neide, sua irmã, a fim de relatar o acontecido. A mãe de Bruno ficou chocada com o acontecido, pois gostava muito do sobrinho e passou a admirá-lo ainda mais depois que ele conseguiu vencer a causa na justiça que lhe iria dar uma indenização milionária.

Tendo em vista o acontecido, Neide a convidou para dormir em sua casa naquela noite. Assim, poderiam se confortar mutuamente.

Ana colocou Eleonora em um táxi e pegou outro em direção à sua casa. Assim que chegou, ela sentiu necessidade de tomar um banho demorado, já que considerava muito insalubre o ambiente hospitalar. Após, sentou-se no sofá e pôs-se a pensar sobre os fatos que aconteceram em sua vida após João ter sido reprovado no concurso. Concluiu que escolheu um caminho errado ao começar a namorar o carrasco do homem que amava, mas, dentro desse caminho errado, encontrou uma oportunidade de fazer o bem, auxiliando Eleonora em um momento difícil.

O desafio de Ana, a partir dali, seria encontrar a melhor forma de romper o namoro com Fábio, caso ele sobrevivesse, sem deixá-lo magoado. Ela sabia que seria uma missão árdua, pois, certamente, ele sairia do hospital abatido psicologicamente, o que poderia ser agravado na hipótese de ficar com sequelas.

Vencida essa etapa, ela estava decidida a partir para a etapa seguinte, muito mais difícil por sinal: reconquistar João.

Enquanto os pensamentos de Ana iam e vinham, Eleonora e Neide alternavam-se entre conversar e rezar pela vida de Fábio, enquanto observavam a forte chuva que caía lá fora. Eleonora, como era de se esperar, estava muitíssimo abatida. Se o filho morresse, só lhe restaria a irmã como última parenta viva. Certamente, ele lhe faria falta, inclusive no que diz respeito à questão financeira. Neide pareceu adivinhar os pensamentos da irmã.

– Vamos ter fé que o Fábio consiga sair dessa. De tudo, se o pior acontecer, estarei ao seu lado para o que precisar, inclusive para ajudá-la com as despesas de casa. Afinal, em breve, o dinheiro da indenização será depositado em minha conta.

Eleonora tentou esboçar um sorriso de agradecimento, em vão. Um silêncio fúnebre instalou-se, até ser cortado por um comentário de Eleonora.

– Eu fiquei feliz por você quando soube da indenização que receberia. Espero que esse dinheiro possa ajudá-la a ser mais feliz e se tornar uma pessoa melhor.

Neide estranhou o comentário da irmã e perguntou:

– Por que você diz isso?

Com o olhar desolado, parecendo perdido no tempo, Eleonora respondeu à pergunta da irmã mais nova.

– Porque o dinheiro não fez bem ao meu filho. Ele mudou o comportamento depois que começou a melhorar de vida, só que foi para pior. À medida que a conta bancária dele ficava mais gorda, a sensibilidade ficava mais magra. Ele se tornou escravo do dinheiro e de tudo o que o dinheiro pode oferecer. Não havia a menor necessidade de fazer essa cirurgia agora. Mas, ele nunca está satisfeito consigo próprio ou com aquilo que tem. Quer sempre melhorar a aparência física, trocar de carro, comprar roupas e apetrechos para o apartamento. Tenho esperança de que ele possa melhorar a sua conduta depois dessa tragédia, caso Deus permita que ele sobreviva. É fato que as pessoas passam a ver a vida com outra ótica depois de escapar da morte.

Segurando a mão da irmã mais velha, Neide sugeriu:

– Vamos dormir, amanhã será um dia pesado.

Eleonora concordou, afinal, se houvesse qualquer mudança no quadro de saúde do seu filho, certamente alguém do hospital entraria em contato com ela através do celular, conforme prometido.

Ela foi para o quarto e deitou-se, mas custou a pegar no sono. De quando em quando, olhava para o celular, torcendo para que não tocasse. Algo lhe dizia que, se Fábio conseguisse superar as primeiras horas do coma, ele teria mais chances de sobreviver. O dia já começava a raiar quando ela foi vencida pelo cansaço.

Capítulo 15

Nos dois dias seguintes, Fábio foi mantido em coma induzido. Eleonora e Neide permaneceram a maior parte do tempo no hospital. Ana, ao contrário, não retornou ao Hospital de Pronto-Socorro para visitar Fábio, mas telefonou algumas vezes para Eleonora, obtendo notícia do quadro de saúde dele. Sempre que telefonava, Ana dava a desculpa de compromissos profissionais para não comparecer ao hospital, acrescentando que sentia náuseas sempre que frequentava ambiente hospitalar.

Ao recobrar a consciência, Fábio foi informado pelo doutor Flávio, um dos médicos que acompanhou o seu caso, de tudo que lhe havia acontecido durante a cirurgia plástica e o tratamento no hospital.

– Você tem que dar graças a Deus por estar vivo – concluiu o médico. – É comum pessoas morrerem durante uma cirurgia plástica realizada por profissional inescrupuloso.

– Eu tive uma boa referência do doutor Willian – justificou Fábio. – Ele me foi recomendado por um cliente da minha inteira confiança.

Flávio sinalizou negativamente com a cabeça, discordando do paciente.

– O doutor Willian é conhecido no meio médico por cobrar barato e fazer serviço de péssima qualidade. Responde a processos administrativos no Conselho Regional de Medicina e, inclusive, a processos criminais na justiça. O senhor, na condição de advogado, deveria ter pesquisado melhor os antecedentes dele.

Fábio ficou sem resposta, pois não procurou maiores informações sobre a conduta profissional do doutor Willian por ter achado o preço cobrado atraente e por confiar nas informações do seu cliente.

Ante o silêncio do paciente, Flávio prosseguiu:

– Ficaram algumas sequelas em seu rosto. Sugiro que você seja mais criterioso ao escolher um cirurgião para consertar os erros deixados pelo doutor Willian.

Fábio chegou a perder o fôlego quando o médico lhe avisou das sequelas no rosto. Ele pediu ajuda ao enfermeiro que estava ao lado para levá-lo ao banheiro.

Os outros pacientes que estavam no quarto apenas observavam a conversa dele com o médico.

Assim que se viu no espelho, Fábio levou um choque. Permaneceu estático, por alguns segundos, sem acreditar que aquela imagem à sua frente era a do seu rosto. Sentiu vergonha e teve vontade de se esconder, para que ninguém o visse daquele jeito.

A sua face estava necrosada, na região onde foi feito o *lifting*, formando enormes feridas. Mais repugnante, ainda, era o enorme ectrópio causado pela retirada excessiva de pele na pálpebra inferior. Como resultado, o seu globo ocular estava quase todo exposto.

Os lábios de Fábio começaram a tremer, enquanto ele tentava segurar o choro.

– Virei um monstro. O que esse médico fez comigo?

– Calma! Tem como melhorar bastante essa aparência. Você passará colírio e pomada oftálmica nos olhos seis vezes por dia, para não perder a vista, e fará curativos oclusivos nas feridas da bochecha duas vezes por dia. Assim que sair do hospital, procure um bom cirurgião plástico.

Depois de se ver no espelho, a intenção de Fábio era a de sair dali direto para a mesa de cirurgia. Queria voltar a ser bonito o mais rápido possível. A pergunta que fez ao médico demonstrava a sua aflição e ansiedade ante aquele quadro de feiura extrema causada pelo erro médico.

– Eu vou receber alta hoje mesmo, doutor?

A pergunta de Fábio assemelhava-se mais a um pedido desesperado para sair do hospital.

– Não. Acredito que você deve ficar em observação por mais dois dias.

A resposta potencializou a angústia de Fábio. Ele sabia que sofreria demasiadamente enquanto não se submetesse à cirurgia plástica corretiva.

Pouco depois, aumentou a sua angústia com a chegada ao hospital de Eleonora e Ana. Assim que as viu, Fábio teve vergonha por estar com o rosto desfigurado. Em um ato de impulso, ele virou a face na tentativa de esconder as feridas.

Eleonora e Ana já haviam sido alertadas pela equipe médica sobre as consequências da cirurgia mal sucedida. Ainda assim, ficaram chocadas ao vê-lo. Esforçando-se por demonstrar naturalidade, elas se aproximaram dele.

– Filho, graças a Deus você está vivo. Que bênção poder lhe abraçar novamente!

Fábio começou a chorar. A sua vergonha não era causada apenas pela aparência repugnante de sua face, mas, também, por ter concluído que o excesso de vaidade o havia conduzido àquela situação, já tendo sido alertado pelas duas sobre a total desnecessidade da realização da cirurgia plástica. Não bastasse, a sua vergonha era reforçada pela sua ingenuidade de não se informar melhor sobre a conduta profissional do cirurgião escolhido.

Sem alternativa, Fábio virou-se para as duas assim que sua mãe tocou seu ombro. Primeiro, fixou o olhar em Ana. Nesse instante, percebeu que ela engoliu a seco. Ambos estavam desconcertados, sem palavras. Ela esboçou um sorriso tímido. Ele esforçou-se para segurar o choro.

Coube a Eleonora quebrar o clima fúnebre.

– Filho, em breve você estará apto a fazer a cirurgia corretiva e tudo voltará ao normal.

Ele lançou um olhar humilde para sua mãe, como não fazia há muito, e desabafou:

– Nunca vou me perdoar por este vacilo, ainda que o resultado da nova plástica seja satisfatório.

Voltando a sua atenção para a namorada, agora com um olhar de clemência, ele prosseguiu:

– O que eu mais quero é você ao meu lado, só que tenho vergonha da minha aparência. Por favor, tenha paciência comigo! Assim que possível, farei a cirurgia corretiva e a gente volta à vida normal.

Até lá, prefiro evitar encontrá-la. Hoje mesmo eu serei transferido para um hospital particular e já me sentirei melhor. Vamos conversar todos os dias, mas por telefone.

Independente do resultado da cirurgia a que ele se submeteria, ela sabia que não queria continuar o namoro. Entretanto, tendo em vista a baixa autoestima dele, esperaria uma ocasião propícia para abordar o assunto.

– Sem problemas. Se você prefere assim, por mim tudo bem.

Fábio esboçou um sorriso, aliviado pela compreensão de Ana.

Pouco depois, o telefone de Ana tocou. Era do escritório de advocacia. Ela precisava retornar ao trabalho para reunir-se com um cliente. Sentiu-se aliviada. Para ela, mais repugnante do que o rosto disforme dele era o comportamento amoral que ele demonstrou ao reprovar João no concurso.

Eleonora permaneceu com ele. Seguiram juntos, na mesma ambulância, para o hospital particular.

Capítulo 16

Durante os outros dois dias em que Fábio permaneceu no hospital particular, ele e Ana conversaram apenas por telefone. As expectativas de ambos permaneciam bem diferentes em relação ao namoro. Ela estava ansiosa para ter a conversa logo e resolver de vez a situação, pondo um ponto final ao relacionamento. Estava disposta a procurar João, pedindo-o para voltar o namoro, assim que conversasse com Fábio. Sabia que, provavelmente, encontraria resistência por parte do ex-namorado, pois o encontraria ainda com o orgulho ferido, mas estava decidida a lutar pelo seu objetivo.

Fábio estava tão ansioso para fazer a cirurgia corretiva que pediu a Vagner, seu sócio, e à sua mãe para descobrirem qual era o melhor cirurgião plástico de Belo Horizonte. Por sorte, ambos tiveram a mesma informação: o doutor Roberto, o que facilitou a escolha dele.

Ainda no hospital, Fábio telefonou para o cirurgião e marcou a consulta para a mesma semana.

Por sua vez, João pensava bastante em Ana. Lutava para esquecê-la e concentrar-se nos estudos, mas as lembranças dos bons tempos de namoro e do fim do relacionamento, seguido pela decepção de saber que ela estava namorando o seu desafeto, perseguiam os seus pensamentos.

Ele passou a carregar muitas mágoas dela em seu coração e sabia que seria mais difícil esquecê-la se não dissolvesse a mágoa. Por sorte, passou a ser mais amigo de Diva após esta sair de casa. João fez questão de ocupar um espaço na vida dela que antes pertencia às más companhias, de forma a evitar que ela sofresse influências ruins.

Assim, combinaram de ir ao cinema. Após o almoço em família, saíram em direção ao *shopping*. Como chegaram com quinze minutos de antecedência, Diva pediu ao irmão para acompanhá-la à joalheria localizada no andar de baixo, haja vista ter recebido um encarte comunicando que a referida loja entraria em promoção naquela semana.

Enquanto Diva conversava com uma vendedora sobre um brinco de que havia gostado, João decidiu ir à lanchonete comprar refrigerante.

Quando ele saiu da joalheria, sem querer, esbarrou em um homem. Ao se virar para pedir desculpas, ele ouviu o sujeito esbravejar:

– Ô rapaz, olha pra frente quando estiver andando.

João ficou desconcertado com a atitude agressiva daquele homem, não lhe dando oportunidade sequer de se desculpar. Mesmo assim, ele levantou as mãos, pedindo calma ao moço, e saiu contrariado.

Até o espírito de Bruno, que acompanhava o rapaz, ficou revoltado com a atitude ríspida dele. Há uma explicação: o homem em quem João esbarrou era Giovanni Bastos Camargo, exatamente quem havia causado o acidente automobilístico que havia tirado a vida de Bruno.

Naquele momento de visita ao *shopping*, Giovanni não estava acompanhado dos obsessores que o levavam às últimas consequências nos vícios de droga, bebida e sexo, abrindo caminho para Bruno executar sua tão almejada vingança.

Pouco depois, os clientes e funcionários da joalheria foram surpreendidos por três homens muitíssimo bem vestidos, que anunciaram o assalto assim que entraram na loja.

Diva teve a sensação de que iria desmaiar. Olhou para trás, para verificar a possibilidade de empreender fuga, mas percebeu que seria arriscadíssimo, já que um dos assaltantes estava ao lado da porta.

Com extrema rapidez, os assaltantes recolheram as joias mais caras, demonstrando que eram profissionais naquele ofício. Quando saíam da joalheria, o segurança, que a tudo acompanhava do lado de fora, efetuou um disparo, alvejando um dos bandidos na região abdominal. Imediatamente, os demais revidaram e acertaram um tiro no ombro do segurança.

Clientes e funcionários entraram em pânico. Alguns ficaram no meio do tiroteio e jogaram-se ao chão, tentando escapar da situação de perigo.

O segurança conseguiu esconder-se atrás de uma pilastra. Um dos bandidos foi socorrer o seu companheiro ferido, enquanto o outro decidiu fazer algum refém.

A primeira pessoa que ele viu foi Diva. Caminhou em sua direção e a pegou violentamente pelo pescoço.

– Pelo amor de Deus, não faça isso comigo! – implorou ela, aos prantos, completamente desesperada.

Bruno, vendo aquela cena, não teve dúvida de que havia chegado a sua hora de vingar-se. Emitindo vibrações fortíssimas em direção ao bandido, sugestionou que ele a largasse e pegasse Giovanni como refém.

Dito e feito. O bandido olhou para Giovanni, que estava a três passos dele, e teve uma tremenda antipatia, pois o jeito de se vestir, de pentear o cabelo e de se expressar demonstrava tratar-se de um típico *playboy*.

Imediatamente, largou Diva e pegou Giovanni pela gola da camisa, encostando o cano do revólver na sua nuca. Em seguida, arrastou-o para fora da loja, tomando o rumo da saída mais próxima, para onde já se dirigiam os outros dois bandidos, sendo que um deles amparava o que havia sido ferido.

Um policial à paisana, que passava por ali, tendo acompanhado o desenrolar dos fatos, esperou o momento oportuno, mirou a cabeça do bandido que trazia Giovanni pela gola da camisa e efetuou o disparo. Certeiro. O tiro atravessou a testa do bandido, que tombou morto.

Instantaneamente, o seu companheiro que carregava o ferido virou-se para trás já efetuando disparos. Para deleite de Bruno, um desses disparos acertou em cheio o coração de Giovanni, o qual tentou levar a mão ao peito, mas não resistiu e caiu.

Ele estava ofegante. Ainda consciente, Giovanni desesperou-se ante a possibilidade de perder a vida ali. Não podia aceitar a morte tão prematura, na flor da idade, quando a vida lhe sorria, trazendo-lhe todos os objetos de seus desejos: mulheres bonitas, carros de luxo, viagens internacionais, relacionamentos com pessoas da alta sociedade e os prazeres oferecidos pelas drogas e bebidas.

Ele tentava ficar com os olhos abertos, tentava respirar, mas, rapidamente, sentiu as forças físicas lhe escaparem por entre os dedos.

Bruno aproximou-se e ficou observando o desespero do homem que lhe havia tirado a vida. Em questão de segundos, os laços que prendiam o espírito de Giovanni ao seu corpo físico foram sendo desfeitos.

Consciente de que acabara de fazer a passagem para o plano espiritual, Giovanni exprimiu um misto de revolta e desespero. Gritava de horror, não percebendo, à sua volta, que alguns obsessores se aglomeravam para atordoá-lo ainda mais, vítimas que foram da maldade e insensibilidade dele, nesta e em outras vidas. Estavam sedentos de vingança.

João, ao ouvir a gritaria, correu para o interior da joalheria e encontrou a irmã em estado de choque. Abraçou-a fortemente, enquanto ouvia os comentários das pessoas ao redor sobre o acontecido.

A imagem de dois corpos mortos no chão, além do segurança ferido e o piso de granito inundado de sangue, causou ânsia de vômito neles.

– Venha, vamos sair daqui – disse ele, puxando a irmã pelo braço, enquanto tapava a visão dela com a outra mão, para que não visse aquela cena horripilante.

Bruno deixou que os outros obsessores cuidassem de Giovanni e acompanhou os filhos de Aristides até um banco de madeira no andar superior.

Observando o choro compulsivo de Diva, ele atentou para o fato de que era a primeira vez que os acompanhava sem lhes desejar o mal. Ao contrário, teve o ímpeto de consolar Diva.

Ao perceber a chegada dos policiais, João levantou-se, trazendo Diva consigo, puxando-a pela mão. Em seguida, sugeriu:

– Acho melhor irmos embora. Eles vão colher nomes de testemunhas. Vamos ficar fora disso. Os próprios funcionários da loja poderão prestar depoimento.

Já em casa, relataram todo o ocorrido para os pais. Diva, ainda estava em estado de choque. Entre soluços, ela tentou explicar como havia se safado.

– Quando ele me puxou pelo pescoço, encostando a arma na minha cabeça, o único pensamento que me veio à mente foi que eu não poderia morrer, pois tinha um filho para criar. Entrei em pânico. Aí, sem mais nem menos, ele me largou e pegou o outro cara. Era pra eu ter morrido no lugar dele. Eu poderia estar morta agora.

Ela abraçou a mãe, em busca de consolo. Iolanda, por sua vez, imaginou a dor que seria perder a filha. Quanto mais pelo motivo de que ambas não se davam bem. Para agravar, havia ainda o fato de ter feito falsa acusação à filha, no que diz respeito ao furto de mil reais.

Iolanda chorou, abraçada à filha, e agradeceu a Deus por ter poupado a vida dela. Aí, sentiu que era o momento de pedir desculpas pela falsa acusação. Segurando firmemente as mãos de Diva, ela suspirou e começou:

– Filha, eu cometi um erro terrível com você.

As duas ficaram se encarando. Diva parecia adivinhar o assunto a ser abordado pela sua genitora.

– Eu encontrei o dinheiro.

Iolanda abaixou a cabeça, envergonhada, e prosseguiu:

– Estava no fundo da minha bolsa, embaixo de um bolo de papéis inúteis. Exatamente um maço com mil reais. Eu pensei que havia guardado os cinco maços de mil reais no bolso interno da bolsa. Infelizmente, um dos maços caiu do lado de fora desse bolso.

Diva sentiu um peso sair de suas costas. Diante do arrependimento demonstrado por sua mãe, bem como diante do agradecimento a Deus por ter poupado sua vida, não havia espaço para rancor em seu coração. Ela abraçou carinhosamente Iolanda, com a mesma ternura de sua época de infância, e tratou de consolá-la.

– Mãe, tudo isso está acontecendo para nos aproximar novamente. Deus está fazendo com que enxerguemos os nossos erros para tirarmos a máscara da prepotência, a fim de que possamos, com humildade, reconhecer as nossas limitações e estender a mão uma para a outra.

Emocionada, Iolanda voltou a abraçar a filha, grata a Deus por ter obtido o perdão dela e pela oportunidade de sentir o calor do seu corpo e o prazer de acariciá-la, após a tragédia que por pouco não a vitimou.

Após o abraço terno, Diva achou necessário fazer uma advertência à sua mãe, com cuidado para não magoá-la

– Mamãe, eu acho que a senhora deve pensar duas vezes antes de fazer qualquer acusação contra quem quer que seja. Essa não é a primeira vez que a senhora faz uma acusação falsa a uma pessoa. Eu já perdi uma amizade por conta disso. Lembra-se da Andreia? A senhora cismou que ela usava drogas e passou a destratá-la dentro da nossa casa. Ela nunca usou qualquer tipo de droga.

A afirmação da filha foi uma surpresa para Iolanda. Ela sempre foi convicta de que Andreia fazia uso frequente de droga. Logo, ela procurou justificar a sua conduta.

– Mas ela falava muitas gírias, vestia-se com umas roupas esquisitas, tinha tatuagens e usava *piercings*.

– E daí?

Iolanda abaixou a cabeça, pois não estava em condições de defender o seu ponto de vista.

– Não é só – tornou Diva. – Lembra-se da Ruth?

Iolanda sentiu a face corar.

– A senhora a despediu, acusando-a de ter roubado uma corrente de ouro. Até hoje eu me lembro do dia que ela foi embora. Saiu de casa chorando, humilhada pela senhora. Alguns meses depois, a corrente apareceu no fundo do seu armário.

Diva fez uma pausa e encarou a mãe. Para ela, o mais importante é que estava viva. Depois do aperto que passou, não queria ocupar o seu coração com mágoas.

Após essa breve reflexão, ela prosseguiu:

– Eu desculpo você por ter me julgado mal, mas lhe peço que tenha mais cuidado antes de fazer qualquer acusação contra quem quer que seja.

Iolanda fechou os olhos, envergonhada, querendo enfiar a cabeça em um buraco.

A atenção das duas, de Aristides e de João voltou-se para a televisão quando ouviram o repórter anunciar a tragédia ocorrida no *shopping*.

As imagens de vitrines quebradas, do sangue no piso e dos cidadãos atônitos eram mostradas enquanto o repórter explicava o ocorrido.

– Um policial à paisana conseguiu prender dois dos assaltantes, um deles, baleado na altura do abdômen, está sendo operado neste momento. O outro assaltante, de nome Tito Dutra, morreu no local. Também, morreu no local um cliente da joalheria, de nome Giovanni Bastos Camargo. Segundo informações que obtivemos, o assaltante

Tito registra outras condenações, sendo criminoso de altíssima periculosidade. Inclusive, praticou assalto recentemente e estava preso em um local inapropriado: uma delegacia situada na rua Primeiro de Abril, que não dispõe de carceragem. Segundo um policial, que não quis se identificar, o crime praticado hoje é indício de que ele não permanecia na delegacia, gozando de regalias indevidas. A corregedoria de polícia vai instaurar um inquérito policial para apurar essas irregularidades e também como ele foi parar na referida delegacia.

Aristides sentiu o coração gelar quando ouviu os nomes de Tito Dutra e Giovanni Bastos Camargo. Foi com a autorização dele, atendendo a um pedido do ministro Márcio Avelar Xavini, preso por corrupção posteriormente, que Tito havia sido transferido para o local inadequado. Igualmente, por decisão dele, concedeu a prisão domiciliar a Giovanni depois que este lhe entregou uma mala com um milhão de dólares.

Agora, uma tragédia unia dois dos beneficiados pelas decisões inescrupulosas do juiz. Por um fio, um deles não tirou a vida de sua própria filha.

Atônito, Aristides precisou se esforçar para puxar o ar que lhe permitisse respirar. Por sorte, seus familiares não sabiam de nenhum dos dois casos. Ao relatar o apoio obtido do ministro Márcio Avelar Xavini para a sua promoção, omitiu qual havia sido a moeda de troca.

A imoralidade que o moveu a proferir aquela decisão acabou custando a vida de duas pessoas: a do próprio Tito e a de Giovanni.

Agora, poderia precisar dar explicações à sua corregedoria, já que o crime não teria ocorrido se Tito permanecesse preso no Cadeião, sem usufruir de regalias indevidas. Para agravar a situação, certamente o caso teria enorme repercussão na imprensa, haja vista a brutalidade dos crimes, bem como porque diversas pessoas correram risco de serem mortas no fogo cruzado e, ainda, porque Giovanni pertencia a abastada família da capital mineira. Seu pai era empresário muito bem sucedido e tinha acesso a importantes políticos do Estado.

Capítulo 17

Jorge e Luíza, os pais de Giovanni, estavam inconsoláveis no velório do filho. Como era de se esperar, vários políticos e pessoas da alta sociedade compareceram ao cemitério para prestar solidariedade aos familiares.

Giovanni era filho único e o pai pensava em prepará-lo para assumir os negócios da família. O uso frequente de droga e a consequente dependência química por parte de Giovanni acabaram prejudicando os planos de Jorge. Entretanto, depois de várias tentativas dos pais, Giovanni havia aceitado internar-se em uma clínica para livrar-se da dependência. A internação teria se dado dentro de dez dias, não fosse sua trágica morte.

Vários amigos que foram consolar Jorge e Luíza externaram a revolta com o juiz que havia permitido a permanência de um bandido perigoso fora da cela.

Este fato aumentava a dor de Jorge e Luíza, pois já haviam se beneficiado do comportamento profissional ilegal do referido magistrado. Afinal, pagaram propina ao mesmo para conceder a prisão domiciliar ao filho, evitando a sua prisão.

O espírito de Giovanni, que se encontrava presente no próprio velório, não queria aceitar a morte. Em vão, tentava se comunicar com os pais e amigos. A cercá-lo, estavam os obsessores, inclusive Bruno. Pessoas já falecidas que foram prejudicadas por ele naquela e em outras vidas, além de outras que carregavam vícios semelhantes aos seus.

Enquanto isso, Ana dirigia-se ao apartamento de Fábio com o intuito de pôr fim ao relacionamento.

O encontro foi pedido por ela, a contragosto dele, o qual ainda não queria que ela o visse antes de submeter-se a nova plástica, que foi marcada para a semana seguinte, após ele ir ao consultório do doutor Roberto, o cirurgião plástico.

A insistência dela em marcar o encontro levou-o a suspeitar que ela estivesse determinada a terminar o namoro.

A frieza demonstrada por ela na chegada reforçou ainda mais essa suspeita.

– Você parece estar incomodada. É pela minha aparência, tem outro motivo, ou eu estou enganado?

Ana estava com dificuldade em fixar o olhar nele, tanto pela aparência ruim do rosto de Fábio, quanto pelo assunto a ser abordado. Em seu coração, ela nutria uma mistura de sentimentos antagônicos em relação a ele: revolta pela injustiça cometida com João e pena, seja pela situação em que se encontrava, seja pela sua pobreza de espírito.

Ela sabia que deveria sair dali com a situação definida. Portanto, quanto menos tempo ali permanecesse melhor seria. Decidiu ir logo ao cerne da questão.

– Na verdade, eu estou muito incomodada com você desde o dia em que saímos para comemorar a vitória da sua tia Neide na ação de indenização.

Fábio não suspeitava de nada de errado que pudesse ter acontecido naquela noite.

– O que eu fiz? – perguntou ele, surpreso com as palavras dela.

Ana apertava os dedos das mãos, tamanho era o nervosismo que sentia. Sua vontade era a de colocar toda a sua raiva logo para fora, falando tudo que ela havia descoberto. Por isso, não perdeu tempo e de pronto respondeu à indagação dele.

– Naquela noite você não fez nada de errado. Mas, quando fui ao banheiro, que ficava próximo da mesa onde estávamos sentados, com uma janela acima da nossa mesa, ouvi você comentar com a sua tia que havia reprovado no concurso do Ministério Público o filho do juiz que havia colocado na rua o rapaz responsável pelo acidente que matou o seu primo, isso com o único propósito de vingar-se.

Fábio suspirou fundo, sem esconder o incômodo que ficou com o que acabara de ouvir. Aproveitou a ligeira pausa feita por Ana para tentar encontrar uma justificativa para a vingança perpetrada. Em vão. Então, decidiu comentar sobre a tragédia que havia vitimado Giovanni.

– O rapaz que matou o meu primo foi morto ontem, no tiroteio ocorrido no *shopping*. A justiça veio de outra forma.

Ana ficou impressionada com o ódio que saltou dos olhos de Fábio. Este, fixando o olhar nela, na tentativa de intimidá-la, perguntou:

– Você nunca praticou qualquer ato de vingança?

A pergunta dele era uma demonstração de que achava natural a sua atitude e não tinha o mínimo de arrependimento por ter prejudicado tanto uma pessoa. Aliás, duas.

– Eu já agi de forma vingativa. Eu era imatura e hoje tenho vergonha por isso. Assim mesmo, nunca causei mal tão grande a quem quer que seja.

Com a rapidez de raciocínio de um bom advogado, ele retrucou:

– É difícil quantificar o mal que fazemos a alguém. Cada um sabe de suas dores. A nossa dor é sempre maior do que a do próximo. Você pode pensar que fez um mal pequenino a uma pessoa, mas, no coração dela, aquilo pode ter sido a pior coisa do mundo. Por isso, acho que está equivocada quando fala que o mal que eu fiz ao filho do juiz foi maior do que o mal que você fez às pessoas das quais se vingou. E mais... Será que você tinha um motivo justo para se vingar?

– Existe motivo justo para se vingar? – devolveu Ana, agora olhando fixamente a face disforme dele.

Fábio deu um sorriso sarcástico. Depois, ironicamente, ficou movendo a cabeça de um lado para o outro. Então, respondeu:

– Pelo visto, você acredita que toda vingança é altamente condenável. Por isso, está achando um horror o que eu fiz. Não sabia que você era tão puritana. Essa característica não combina com a profissão que escolheu.

Ana teve o ímpeto de avançar nele. Decidiu atalhar a conversa, para ir logo embora, e falou a verdade completa.

– Eu era namorada do João. Iríamos marcar casamento assim que ele fosse aprovado no concurso. A reprovação dele foi um baque muito grande para nós e acabou desestabilizando o nosso namoro.

Fábio ficou boquiaberto com a notícia que acabara de ouvir. Jamais imaginava que a sua namorada havia feito plano de casamento com o rapaz que ele odiava, ainda que sem motivo para tanto. Voltou a suspirar fundo. Um silêncio prolongado invadiu a sala. Ambos se olhavam sem conseguir encontrar as palavras certas para falar.

Após se refazer da surpresa, mas sem esconder o desapontamento, ele perguntou:

– Por que você não me disse isso antes?

A resposta foi curta e grossa, refletindo a raiva sentida por Ana.

– Estava esperando o momento oportuno. Caso a sua cirurgia tivesse sido bem sucedida, eu teria lhe contado tudo naquele dia mesmo.

– Durante quanto tempo vocês namoraram?

– Dois anos e seis meses – respondeu Ana.

Fábio sentiu-se traído por ela não tê-lo informado antes de fato tão importante na vida deles. A sensação de que jamais conseguiria ser amado por Ana da forma como João havia sido, e isso estava evidente no olhar dela, corroía-lhe por dentro. Mas ele queria confirmar essa impressão e não deixou de fazer as perguntas para obter as respostas que esclarecessem as coisas para ele.

– Você gostava dele?

– Muito. Você não imagina o quanto. Aliás, eu não deixei de gostar dele.

Foi o bastante para Ana atingir o orgulho dele, deixando-o com o coração ferido e cheio de ódio.

"Quer dizer que ela estava saindo comigo, fazendo-me crer que estava gostando de mim, mas, na verdade, ela pensava era nele", raciocinou, para, em seguida, atacá-la.

– Você é asquerosa. Eu a levei para jantar na casa da minha mãe, para deixar bem claro qual era o meu propósito para nós. Você me iludiu, fazendo-me crer que estava a fim de mim. Falsa, é isso que você é. E, ainda por cima, vem querer me dar lição de moral por eu ter agido com vingança. Aliás, o simples fato de você ter aceitado sair comigo, logo depois que reprovei o seu ex-namorado, demonstra o quão baixa você é. Sorte a dele não ter se casado com você. Aliás, sorte a minha também que o nosso namoro está terminando aqui. Ao menos, perdi menos tempo do que o seu ex-namorado.

Depois de tudo, Ana não estava disposta a ouvir desaforos de Fábio. Imediatamente, pegou a bolsa que estava sobre a mesa de centro e levantou-se. Em seguida, sem dizer uma única palavra ou ao menos olhar nos olhos dele, virou as costas e saiu.

O silêncio dela à sua agressão deixou-o transtornado de ódio. Nos minutos seguintes, ele sentiu uma explosão de ciúmes, não conseguindo aceitar que ela pudesse ter gostado mais de um rapaz que sequer trabalhava do que dele, com seu reconhecido sucesso profissional.

No caminho para casa, Ana sentiu-se mais leve, como se tivesse tirado um peso das suas costas. Sentia-se em paz pelo simples fato de não ter mais qualquer vínculo com ele.

Capítulo 18

Nos dias seguintes ao tiroteio ocorrido no *shopping*, a imprensa descobriu que havia sido Aristides o juiz responsável pela transferência de Tito do Cadeião para a delegacia sem carceragem da rua Primeiro de Abril. Como não poderia deixar de ser, acabou vindo à tona a decisão polêmica de Aristides ao conceder a prisão domiciliar a Giovanni, a outra vítima fatal da tragédia.

Um batalhão de repórteres ficou de plantão na porta do gabinete do juiz. Alertado pelo seu assessor, ele pediu um mês de férias e não deu entrevista. Através da assessoria de comunicação do Tribunal de Justiça, Aristides emitiu o seguinte comunicado:

"A transferência de Tito Dutra para a delegacia da rua Primeiro de Abril teve a finalidade de abrir uma vaga no Cadeião, que se encontra com problema de superlotação e, ao mesmo tempo, viabilizar a visita de seus familiares, que moram próximo à referida delegacia. Tal medida somente foi tomada após a autoridade policial garantir a este magistrado que seriam tomadas todas as medidas necessárias para evitar fuga do preso."

Os repórteres ridicularizaram as justificativas do juiz. De igual forma, os seus colegas magistrados. A Corregedoria de Justiça instaurou procedimento administrativo para apurar falta funcional do magistrado, o que ele já esperava. Apesar de ter se preparado emocionalmente para figurar como investigado na corregedoria, Aristides sentiu um baque quando o corregedor baixou o ato determinando a investigação da conduta profissional dele.

A divulgação dos fatos na imprensa deixou Aristides em maus lençóis, também, junto aos seus familiares, vizinhos e amigos. Os familiares e amigos mais próximos prestaram apoio a ele apenas em função dos laços afetivos que os uniam, mas não se convenceram da lisura de suas decisões.

Envergonhado, Aristides decidiu evitar sair à rua naqueles primeiros dias. Como sua imagem foi muito exposta na mídia, receava ouvir impropérios. De igual forma, evitava atender a chamadas telefônicas. Abriu uma única exceção quando ouviu o recado de Jorge, pai de Giovanni, na secretária eletrônica.

Aristides decidiu retornar a ligação, preocupado com o que Jorge poderia estar tramando contra ele.

– Telefonei porque gostaria de marcar um encontro com você – disse Jorge.

Aristides ficou pensativo, procurando a melhor resposta, que veio sem maiores delongas.

– Estou evitando sair à rua. Vamos deixar para outra oportunidade.

Irritado com a resposta, ansioso por ter uma conversa particular com Aristides, o pai de Giovanni decidiu partir para a ameaça.

– Se você não vier ao meu encontro, tenha certeza de que irei à sua corregedoria falar toda a verdade sobre o dinheiro que lhe dei para conceder a prisão domiciliar ao meu filho. Estou pouco me importando se responderei a processo por isso, pois a minha vida já não tem mais sentido mesmo.

O tom grave da voz de seu interlocutor mostrou a Aristides que ele não estava de brincadeira. Certamente, o depoimento de Jorge na corregedoria poderia custar-lhe, inclusive, o emprego, o que o levou a ceder.

– Está bem. Vamos nos encontrar em um local discreto.

Aristides trocou de roupa e partiu em direção à praça da Liberdade, local indicado por Jorge, haja vista que, no meio da tarde, pouquíssimas pessoas se aventuravam a caminhar por entre as palmeiras da mais bela praça da capital mineira.

Aristides sentou-se em um banco no meio da praça, de frente ao coreto, e ficou observando os pombos se alimentarem de restos de alimentos. Pouco depois, Jorge chegou e sentou-se ao seu lado, após cumprimentá-lo.

Aristides esperou que ele tomasse a iniciativa da conversa. Jorge tinha as pálpebras roxas e inchadas, enquanto os olhos estavam umedecidos de lágrimas, denunciando o momento de dor que abatia sobre o seu espírito.

O silêncio que se fez nos minutos seguintes foi o bastante para que ambos ouvissem a voz da consciência ditar palavras duras para cada um, fazendo com que se enxergassem como verdadeiramente eram e não como se mostravam para a sociedade.

Incomodado com aquilo, Aristides tratou de iniciar o diálogo.

– Imagino a dor que você está sentindo. Antes de pegar o seu filho de refém, o assaltante havia pegado a minha filha. Por obra do acaso, ele a trocou pelo Giovanni antes de sair da joalheria. Eu poderia, perfeitamente, estar no seu lugar.

Pela primeira vez naquele encontro, Jorge virou-se para Aristides e olhou em seus olhos antes de se pronunciar.

– Após a morte do Giovanni, tenho refletido bastante sobre o rumo que dei à minha vida. Quanto mais reflito, mais concluo que tive uma parcela de culpa grande na morte dele.

Jorge fez uma pausa, sem tirar os olhos dos olhos de Aristides, e perguntou:

– Você já havia se vendido antes ou eu fui o primeiro a comprar uma decisão sua?

Aristides não conseguiu sustentar o olhar e abaixou a cabeça, desconcertado com aquela pergunta.

– Foi a primeira e única vez – respondeu, em voz baixa.

Jorge deu um sorriso irônico antes de alfinetá-lo.

– Pode até ter sido a primeira vez, mas não a única. Nada justifica você ter transferido aquele preso do Cadeião para a delegacia da rua Primeiro de Abril, a não ser o recebimento de propina.

Depois de ter se vendido para Jorge, seria difícil para Aristides conseguir provar que não havia recebido propina no caso da transferência de Tito. Ciente disso, ainda assim ele tentou convencer Jorge de que não havia sido beneficiado financeiramente para transferir o preso.

– Eu não recebi dinheiro nenhum pela transferência. Apenas atendi a um pedido de um amigo que conhecia os pais do rapaz.

Jorge encarou Aristides com total desprezo antes de se posicionar.

– Eu não acredito, mas isso não faz a menor importância agora. Nada trará a vida do meu filho de volta.

Após mais um silêncio prolongado, Jorge prosseguiu:

– Sabe como eu me sinto?

Aristides deu de ombros.

– Sinto-me como um pedófilo que compra a virgindade de uma criança e depois a vê vendendo o corpo para outros clientes. Se eu fui o primeiro a lhe corromper, como você alega, é assim que me sinto. Por isso, tenho culpa direta na morte do meu filho. Afinal, se eu não tivesse comprado a liberdade dele, talvez você não vendesse a transferência do Tito e o meu filho estaria vivo agora.

Aristides decidiu permanecer em silêncio, sem contestar aquelas afirmações, para que a conversa durasse o mínimo de tempo. A presença de Jorge ao seu lado estava sendo um verdadeiro martírio para ele.

Insatisfeito com a conduta passiva de Aristides ante os seus ataques, Jorge voltou à carga.

– Parece-me que nós temos nesse caso uma lei de causa e efeito. Eu ajudei a dar causa a um juiz corrupto, o qual, em uma de suas decisões venais, deu causa à morte do meu único filho.

Ora acompanhando os passos de Aristides, ora se juntando a outros obsessores para azucrinar a vida de Giovanni, recém desencarnado, Bruno, naquele momento, estava presenciando a conversa de Aristides e Jorge. Tinha ares de vitória. Sentia um imenso prazer em vê-los naquela situação.

Jorge colocou a mão sobre o ombro de Aristides, fitando-o com um olhar fúnebre, e disse:

– Eu estou me vendo obrigado a rever os meus conceitos e lhe peço que faça o mesmo. A nobreza do seu cargo não permite a mesquinhez do seu comportamento. A justiça justa, por mais dura que possa ser, não dói nada a mais do que a pessoa é capaz de suportar. A justiça injusta dói na alma e tira a última esperança do cidadão. Hoje, eu sei que suportaria a dor de ver o meu filho preso, pagando pelo erro de ter tirado a vida de um jovem.

Após breve pausa, Jorge concluiu:

– Mas é muito duro saber que ele está morto porque a "justiça injusta" pôs na rua indevidamente o homem que o matou.

Jorge apertou suavemente a mão no ombro de Aristides e levantou-se. Deu alguns passos, parou e virou-se, dizendo:

– Fique tranquilo, eu não vou à Corregedoria de Justiça falar sobre a corrupção.

Em seguida, Jorge seguiu sua caminhada, sendo observado por Aristides. Quando já estava a uns quinze metros de distância, Aristides gritou:

– Jorge, espere!

Aristides levantou-se e foi ao encontro dele.

– Preciso que você me acompanhe. Em dez minutos trago-lhe de volta aqui. Por favor, entre no meu carro.

Jorge estranhou a atitude do juiz, o qual parecia estar meio descontrolado.

– Para onde vamos?

– Confie em mim. Em dez minutos eu lhe trago aqui – tornou Aristides.

Jorge concordou, mesmo que desconfiado das intenções de seu interlocutor. Caminharam até o carro de Aristides. Este pegou o rumo de sua casa. Após abrir o portão da garagem, Aristides estacionou o carro em sua vaga e pediu a Jorge que esperasse no interior do veículo. Em seguida, deu três passos até o armário fixado na parede, em frente ao veículo. Ali ficavam os seus livros e somente ele tinha a chave, ao argumento de que não aceitaria que remexessem os livros.

Aristides, primeiro, certificou-se de que não havia ninguém por perto. Depois, abriu o armário, empurrou alguns livros para o lado e pegou uma pasta que estava na parte de trás. Voltou os livros para o lugar, fechou o armário e entrou novamente no carro.

Ao ver a pasta nas mãos do juiz, Jorge deduziu o motivo de ele tê-lo levado até ali.

– Tome – disse Aristides, colocando a pasta no colo de Jorge.

– Não posso. Eu lhe dei esse dinheiro em troca de um favor. O dinheiro é seu.

– Por favor – insistiu Aristides. – Eu não gastei um dólar sequer. Esse dinheiro é maldito e está me trazendo infelicidade. Use-o para ajudar a pagar a indenização da mãe do Bruno. Eu vi na internet que já transitou em julgado a decisão condenando o Giovanni a indenizá-la pela morte do filho.

Jorge refletiu sobre a proposta de Aristides. Ele sabia que o filho havia sido condenado a pagar a indenização a Neide. Com a morte de Giovanni, tendo em vista que os bens em nome deste eram insuficientes para pagar a indenização, Neide dependeria da boa vontade do próprio Jorge para receber o valor determinado pela justiça.

– Está bem. Eu vou aceitar. Não vou deixar o nome do meu filho sujo. Agora, eu sou capaz de dimensionar a dor que a mãe daquele rapaz sentiu quando o meu filho deu causa à morte dele. O mínimo que posso fazer é não deixá-la desamparada financeiramente.

Aristides sentiu-se aliviado com a aceitação da oferta. Bruno, por sua vez, que acompanhava aquela cena, ficou surpreso com a atitude dos dois. Após a sua morte, era a primeira vez que ele enxergava neles um comportamento verdadeiramente digno. Isso fez com que o ódio instalado em seu coração em face dos dois ficasse menos intenso.

Dali, Aristides retornou à praça da Liberdade, deixando Jorge ao lado da porta do seu carro.

Capítulo 19

Fábio submeteu-se com sucesso à cirurgia corretiva, o que lhe deixou feliz com o resultado, mesmo sabendo que ficariam algumas marcas em seu rosto, consequência da cirurgia anterior.

Recluso em sua casa, os seus pensamentos voltavam-se ora para Ana, ora para o estilo de vida que havia escolhido antes da mal sucedida cirurgia.

João, por sua vez, teve uma decepção fortíssima com os fatos envolvendo a vida profissional do pai. Por outro lado, o susto que ele levou com o tiroteio no *shopping* e o sufoco passado por sua irmã, feita refém por alguns segundos, fizeram com que ele tivesse um derrame no olho esquerdo.

Certo dia, ele refletia sobre a situação do seu pai perante a Corregedoria de Justiça, preocupado que estava com a punição que poderia ser aplicada a ele. João estava temendo, inclusive, a exoneração do serviço público. Imerso nessa preocupação, ele ouviu o telefone tocar. Ao olhar o visor, sentiu o coração disparar. Era Ana. Ele deixou o aparelho tocar algumas vezes, suspirou e atendeu a chamada.

Após os cumprimentos tradicionais, ela foi logo ao assunto.

– Eu preciso falar com você. Gostaria de poder encontrá-lo.

Ela havia se preparado para ouvir uma resposta negativa dele, mas esperava que João lhe desse a oportunidade de conversar para falar a verdade sobre o que descobrira acerca do real motivo para ele ter sido reprovado no concurso do Ministério Público.

Ele, por sua vez, sentiu o coração ficar ainda mais acelerado quando ela disse que queria encontrá-lo. Ele imaginou que a intenção dela era a de lhe dar apoio em face dos problemas vividos pelo pai, que ganharam grande repercussão na mídia.

– Posso saber o que você deseja conversar comigo?

– Eu prefiro conversar pessoalmente – tornou ela. – Se você tiver disponibilidade, gostaria de encontrá-lo daqui a trinta minutos na pizzaria que costumávamos frequentar.

– Está bem. Estarei lá.

Imediatamente, João entrou no banho. Queria se mostrar bonito, cheiroso e bem arrumado para a ex-namorada. Escolheu uma roupa que ela gostava de vê-lo vestir e partiu. Durante o trajeto, por mais que tentasse, ele não conseguia controlar a ansiedade pela expectativa do encontro.

Ambos foram pontuais e chegaram juntos ao local indicado. Escolheram uma mesa de canto, longe dos demais clientes, pois queriam privacidade.

Assim como ele, ela também se produziu bastante para o encontro, colocando um vestido que deixava à mostra toda a sua sensualidade. Durante o período de namoro, sempre que colocava aquele vestido, ele a elogiava.

Logo que se sentaram, Ana perguntou:

– O que aconteceu com o seu olho?

– Um derrame. Irei ao oftalmologista amanhã.

Quando o garçom se aproximou, pediram *bruschetta* e água gasosa. Em seguida, Ana deu um longo suspiro, olhou nos olhos dele e iniciou o diálogo.

– Primeiramente, eu quero me solidarizar com você pelos aborrecimentos que seu pai tem passado. Imagino que tem sido difícil para todos vocês.

– Obrigado. De fato, estamos enfrentando uma barra. Todos nós ficamos decepcionados com o papai e ele está muito sentido com tudo isso.

Não precisava João dizer de seu abatimento. Estava estampado em sua face.

Ela estava ansiosa para lhe dizer o que havia descoberto sobre a sua reprovação no concurso e sobre o término do namoro com Fábio. Por isso, sem floreios, ela foi logo ao assunto.

– Eu o convidei para falar sobre a gente.

João tomou um gole d'água. Depois, ficou observando o borbulhar no copo. Tornou a fitá-la e pressentiu que ela havia se arrependido do namoro com Fábio.

– Esteja à vontade – disse ele.

Ana jogou os cabelos para trás, mordeu os lábios, olhou para o alto, como se buscasse inspiração, e começou:

– É difícil fazer uma análise minuciosa sobre tudo o que aconteceu conosco. Por isso, vou tentar mencionar apenas os fatos principais.

João estava ávido por ouvir o que tinha ocorrido na vida dela após o término do namoro.

– Eu errei ao pressionar você para conseguir a estabilidade profissional e financeira. Deveria ter lhe apoiado mais em sua decisão de continuar estudando para concurso público. Ainda não estou convicta de ter errado ao desistir da viagem à Europa, mas, ainda que tenha errado, acho que você foi radical ao condicionar o namoro à nossa viagem. Eu me senti carente e acabei me envolvendo com o primeiro homem que se aproximou de mim. Infelizmente, esse homem foi o Fábio, por duas coincidências. Primeiro, a reunião em nosso escritório com ele e o cliente dele. Depois, o encontro casual em uma festa. Sei que errei, mesmo porque eu gostava de você quando aceitei sair com ele.

João sorriu, ironicamente, mas decidiu ficar calado, convicto de que o seu silêncio seria mais cruel para ela.

Ana percebeu a ironia e decidiu ser ainda mais cuidadosa com as palavras.

– Eu decidi não falar para ele que nós havíamos namorado. Entretanto, alguns dias atrás, em um restaurante, ele estava falando sobre uma ação de indenização que havia ganhado para uma tia, que havia perdido o filho único em um acidente de carro. Foi aí que eu descobri o real motivo para ele reprovar você no concurso.

João engasgou com a água, vindo molhar a toalha sobre a mesa e a roupa dela.

– Desculpe-me pela bagunça.

Eles se encararam por alguns segundos. Depois, ele perguntou:

– Por que ele me reprovou?

– Para vingar-se de seu pai – tornou Ana.

João ficou sem entender, pois não sabia qual era a relação existente entre Fábio e Aristides.

– O rapaz que causou a morte do primo do Fábio foi condenado pelo seu pai a quatro anos de prisão. Só que o seu pai concedeu a prisão domiciliar a ele, evitando, assim, que ele fosse preso.

Após breve pausa, onde ela fez questão de encará-lo, concluiu:

– Por uma terrível coincidência, o rapaz do qual estou falando é Giovanni Bastos Camargo, que foi morto no *shopping*. Como foi noticiado, ele é riquíssimo e a família tem muita influência política.

Ana fez uma pausa, em dúvida sobre falar ou não da desconfiança de Fábio sobre ter ocorrido corrupção. Afinal, tal revelação poderia deixar João ainda mais decepcionado com o pai. Após curta reflexão, ela decidiu não omitir nada.

– É chato o que eu vou lhe falar, mas quero que você saiba de tudo para ter melhores condições de dimensionar o que aconteceu.

João passou a mão no rosto, desconcertado com a situação, já imaginando que ouviria mais um fato ruim relativo à atuação profissional de seu pai.

– O Fábio desconfia que o seu pai possa ter recebido propina para favorecer o tal Giovanni. Foi a primeira vez que ele concedeu a domiciliar. Depois, não voltou a concedê-la novamente. Há, ainda, o fato de que o advogado do Giovanni frequentou bastante o gabinete dele na época do processo. Ele tinha tratamento diferenciado em relação aos demais advogados, segundo confidenciou um escrevente amigo do Fábio. Daí, o ódio que o Fábio ficou do seu pai, por ele ter deixado impune o cara que matou o primo dele. O Fábio e o primo que morreu são filhos únicos e se relacionavam como se fossem irmãos. Quando ele viu que você era filho do doutor Aristides, não pensou duas vezes para se vingar. Por isso ele o reprovou.

O olhar de João, diante da revelação de Ana, revelou desolamento. Ele sentiu as pálpebras pesadas, forçando-o a quase fechar os olhos.

Percebendo o estado de espírito dele, Ana moveu a sua mão em direção à dele e começou a acariciá-la. Manteve o seu olhar nas mãos dele, evitando encará-lo. Permaneceram em silêncio por um tempo, até que ele se manifestou.

– Eu estava certo quando afirmei que havia acertado mais da metade das questões, mas que estava com receio de ser reprovado em direito civil pela má vontade que o examinador demonstrou comigo. Sabia que havia algo de errado, mas não imaginava o que era. Como são as coisas: por justiça, eu deveria ter sido aprovado no concurso. Certamente, nós teríamos feito a viagem à Europa, teríamos marcado casamento e, provavelmente, estaríamos juntos. Por outro lado, eu teria realizado o meu sonho profissional.

Após mais um instante de silêncio, João completou:

– Era tudo o que eu almejava para mim.

Os olhos de João estavam carregados de lágrimas. Ana apertou com força as mãos dele. Ela também estava emocionada. Mais um pouco e ele perguntou:

– Por que você decidiu me contar a verdade? Vocês não estão mais juntos?

Ana acariciou a mão de João e buscou as palavras certas para se expressar.

– Eu decidi terminar com ele logo que ouvi a conversa sobre o motivo para lhe reprovar. Decidi que terminaria no dia seguinte, após ele submeter-se a uma cirurgia plástica. Só que a cirurgia foi mal sucedida, ele quase morreu. Ficou com o rosto desfigurado.

Após refletir sobre o que acabara de escutar, João confessou.

– Deus me perdoe, mas estou achando bom ele passar por esse infortúnio. Sei que não devo cultivar esse sentimento, mas é difícil controlá-lo.

Ana compreendia o ódio de João, mas sabia que ele tinha um coração bom. Então, tentou tirar esse sentimento dele.

– Você não precisa ter ódio do Fábio. Ele é um infeliz, vingativo, extremamente vaidoso e ingrato com a própria mãe. Ele deixou de reformar o apartamento dela para gastar o dinheiro na cirurgia plástica. Deu no que deu.

João fitou Ana. Estava em dúvida se faria a pergunta cuja resposta poderia deixá-lo para baixo. Decidiu arriscar.

– Você gostou dele?

Ana teve o ímpeto de dizer não, de forma curta e grossa, mas, se estava conseguindo mantê-lo interessado nas suas explicações, sendo sincera até ali, decidiu manter a sinceridade, acreditando que poderia colher a compreensão dele. Sem olhar em seus olhos, ela respondeu:

– Quando eu o conheci, confesso que o achei um cara interessante, apesar de ainda gostar de você. Afinal, ele tem boa aparência física, é inteligente e bem sucedido profissionalmente. Alie-se a esses fatores a carência que eu estava sentindo pelo término do nosso namoro. Por tudo isso, cheguei a ficar empolgada.

Ana levantou o olhar e o fixou nos olhos de João, ocasião em que constatou o tanto que ele havia ficado ferido. Encarando-o, ela concluiu:

– A partir do momento em que passei a conhecê-lo melhor, senti muitas saudades suas. Era impossível não fazer comparação. Aí é que eu vi o que eu estava perdendo não tendo você ao meu lado. Quando nós namorávamos, eu sabia que o amava, mas não sabia a intensidade desse amor. Hoje, parece-me que esses fatos todos abriram a visão do meu coração. Hoje, eu consigo dimensionar o tanto que você é importante para mim e o tanto que desejo a sua presença ao meu lado.

A declaração de amor da mulher que ele amava foi o bastante para João desabar em um choro incontido.

Ana, ao vê-lo chorar, teve vontade de embalá-lo em seu colo e acariciá-lo, tal como uma mãe faz a um filho, mas com o amor de uma mulher por um homem.

Ela puxou sua cadeira para mais perto da cadeira dele e o abraçou, beijando-o na face, por onde corriam as lágrimas.

Naquele momento, ele esqueceu todos os seus tormentos. Da preocupação com a situação profissional do pai, da frustração por não ter passado no concurso, do ódio por Fábio e do ciúme por Ana. Sentiu um fogo apaziguador incendiar o seu peito, deixando o seu corpo arrepiado. Sem que programasse, João virou o rosto e deu um beijo cálido na boca de Ana, sendo prontamente correspondido.

Por mais de um minuto seus lábios se tocaram apaixonadamente. De repente, João lembrou-se das suas angústias e afastou o seu corpo, interrompendo os beijos e abraços.

– O que foi? – perguntou ela, desolada.

– Não sei o que estou fazendo. Eu não tenho a menor condição de ficar com você. Tenho muita mágoa sua por tudo isso. Não sei se conseguiria lhe perdoar.

Uma ducha de água fria sobre o corpo. Foi assim que Ana se sentiu. Mesmo assim, ela procurou mostrar-se confiante em conseguir o seu intento.

– Você irá me perdoar se o seu amor por mim for sincero, o que eu acredito. Verá que eu não errei sozinha e que você também tem responsabilidade pelo término do nosso namoro. Eu gostaria que você refletisse sobre as minhas ponderações.

João acenou positivamente com a cabeça.

– Eu vou refletir e vou lhe dar a minha resposta. Só lhe peço que não me apresse, porque a minha mente já está confusa demais pelos problemas vividos.

João decidiu narrar o episódio do assalto à joalheria. Em seguida, concluiu:

– É incrível. De certa forma, o Giovanni, que foi o pivô para eu ter sido reprovado no concurso, salvou a vida da minha irmã, porque, se ele não estivesse ali, talvez o assaltante a tivesse mantido como refém e ela morreria no lugar dele. Estranho, não?

– Sem dúvida.

Em seguida, comeram a *bruschetta* e se despediram. Desta feita, o abraço foi bem mais caloroso do que o do momento da chegada ao restaurante.

– Eu vou pensar a respeito do que conversamos – prometeu João.

Chegando à sua casa, João decidiu que falaria para os pais sobre o motivo de sua reprovação no concurso. Reuniu-os na sala, explicou que estava vindo de um encontro com Ana e iniciou a narrativa:

– Como vocês sabem, a Ana teve um caso com o Fábio, o examinador de direito civil que me reprovou. Ele não sabia que ela havia sido minha namorada e acabou falando que me reprovou por vingança, simplesmente porque o papai concedeu a prisão domiciliar ao rapaz que matou o primo dele em um acidente de carro. Esse rapaz é o Giovanni Bastos Camargo, que morreu aquele dia no *shopping*.

Aristides sentiu o coração disparar e teve ligeira falta de ar. Era o que lhe faltava. Depois de tudo que estava vivendo, ainda descobrir que havia dado causa à reprovação do filho no concurso.

– O Fábio o odeia. Ficou sabendo que aquela foi a única vez que o senhor concedeu a prisão domiciliar a um réu. Algum funcionário da vara confirmou a ele que o senhor dava tratamento diferenciado ao advogado do Giovanni. A forma que ele encontrou de vingar-se do senhor, por ter deixado impune o assassino do primo dele, foi me reprovando no concurso.

Aristides experimentava o maior inferno astral de sua vida.

– A sensação que tenho é a de que tudo está desabando ao meu redor – lamentou, tendo a cabeça baixa, mãos sobre o joelho e olhos voltados para o chão.

Em seguida, Aristides levantou-se e caminhou em direção ao seu quarto, deixando esposa e filho atônitos na sala.

Iolanda ficou ainda mais preocupada com o estado de espírito de Aristides. Ela temia que ele entrasse em depressão e se afundasse no meio de sua angústia. Dirigindo-se a João, ela pediu:

– Por favor, não toque mais nesse assunto e não o comente com sua irmã. Seu pai não vai suportar. Ele está chegando ao limite dele. Agora é hora de o apoiarmos.

João aceitou a proposição de sua mãe. Levantou-se e foi para o quarto refletir sobre a conversa com Ana.

Bruno acompanhou a conversa e seguiu Aristides até o quarto. Sentiu dó dele, vendo-o ali desolado, após ter a atitude nobre de devolver os dólares para Jorge, aconselhando este a pagar a indenização para a mãe do próprio Bruno.

Por outro lado, Orlando transmitia fluidos magnéticos para clarear a mente de João, ajudando-o a resignar-se com os dissabores ocorridos recentemente e, ao mesmo tempo, dando uma luz sobre qual caminho deveria seguir dali em diante.

Capítulo 20

Alguns dias depois do encontro com Ana, João foi ao oftalmologista para cuidar do derrame no olho esquerdo, que deixou uma mancha de sangue em volta do globo ocular. O médico pingou um colírio que deixou turva a sua visão, com a finalidade de diagnosticar o problema. Ao final, constatado que não havia lesão grave, o doutor receitou o tratamento.

Após sair do consultório, João entrou no elevador, onde havia apenas uma senhora, a qual aparentava ter setenta e poucos anos de idade. Ela deu um sorriso carinhoso para ele. Em seguida, fez-lhe um pedido.

– Por gentileza, avise-me quando chegarmos ao andar da portaria de saída.

– Claro!

Mais um pouco e novo pedido.

– Seria possível o senhor me acompanhar até o ponto do táxi aqui em frente? Sinto-me insegura para atravessar a rua, pois os meus joelhos não estão muito firmes.

João teve compaixão daquela senhora, ante a fragilidade física dela e o sorriso cativante que lhe deu.

– Para onde a senhora está indo?

– Estou indo para a casa do meu filho, no bairro de Lourdes. Ele estava a caminho para me buscar, mas ficou preso em um engarrafamento monstruoso. Achei melhor não esperá-lo, é tão fácil pegar um táxi aqui.

João sentiu vontade de ajudá-la e resolveu fazer mais ainda do que ela havia lhe pedido.

– Eu estou indo para o bairro de Lourdes também. Vou dar uma carona para a senhora. Eu pinguei um remédio nos olhos e minha vista está embaçada, mas estou em condições de dirigir.

A mulher voltou a sorrir.

– Obrigada, meu filho! Você me parece ser uma pessoa boa, por isso eu vou aceitar, mesmo sabendo que você está com um problema na vista. Qual o seu nome?

– João. E o seu?

– Maria.

Ao sair do elevador, João segurou Maria pelo braço, levando-a com cuidado, para não tropeçar, até o carro.

Na conversa que tiveram durante o caminho, João descobriu que Maria morava no interior, mas estava passando uns dias na casa de José, o filho, e de Vida, a nora, aproveitando a oportunidade para rever Clara, a neta que morava em Nova Iorque, mas estava de férias no Brasil.

Maria, por sua vez, ficou sabendo que ele estava estudando para concurso e prometeu:

– Eu sou muito amiga de Deus. Em tudo, ele me ouve. Sempre que eu peço algo e não recebo, Ele logo me mostra o motivo para não me conceder o que eu pedi. Então, eu vejo que foi o melhor para mim. É uma coisa parecida com a situação da sua vista neste momento. Quando peço algo que não recebo, é porque a minha visão espiritual está embaçada, como a sua vista está agora. Depois que a visão espiritual fica boa, então eu compreendo o porquê de não ter recebido o que pedi. A partir de hoje, você ganhou mais uma pessoa para rezar por você. Só que eu não vou pedir a Deus para você passar no concurso de promotor de justiça. Vou pedir a Ele para encaminhar a sua vida profissional de acordo com o que for o melhor para você. Se for como promotor, logo você passará, mas se o melhor para você for seguir outro caminho, você logo descobrirá.

Chegando ao prédio onde morava José, o filho de Maria, João ficou conhecendo Clara, a neta, que passeava com uma cadela da raça *poodle*, apelidada carinhosamente de Chiquinha.

– Ela trabalha na sede da ONU, em Nova Iorque – disse Maria, cheia de orgulho. – Hoje, nós estamos tranquilos com a segurança dela, mas, quando ela morou na África, em áreas de conflitos, nós ficávamos muito preocupados.

Clara sorriu e abraçou a avó.

– Não se preocupe vovó, eu sei me proteger. Além do mais, o Marco sempre está ao meu lado, onde quer que eu esteja.

Clara estava casada com Marco havia dois anos. Eles se conheceram em Roma, terra natal dele. Ele prestava consultoria a empresas sobre problemas ligados ao meio ambiente. Assim, trabalhava em casa.

– Você teve muita sorte em encontrar um moço bom, apaixonado por você – tornou Maria.

Voltando-se para João, Maria agradeceu a carona.

– Hoje em dia, é raro um rapaz bonito como você ser cavalheiro com uma velhinha, como eu. Muito obrigado pela sua gentileza em me oferecer carona.

– Não por isso. Foi um prazer ter a companhia da senhora nesses minutos.

Em seguida, João despediu-se de Clara.

– Tenho uma prima que mora em Nova Iorque. Fui lá duas vezes e fiquei hospedado na casa dela, no Queens. Adoro aquela cidade. Você tem muita sorte em morar lá.

Clara enxergou naquelas palavras uma oportunidade de retribuir o carinho que João havia tido com sua avó.

– Obrigado pelo seu carinho com a vovó. Espero poder retribuir. Vou deixar o meu cartão, com os meus contatos, telefones e *e-mail*. Quando for visitar a sua prima, avise-me. Eu e Marco teremos prazer em sair com você.

João pegou o cartão e o guardou na carteira, disposto a telefonar para Clara quando fosse a Nova Iorque, pois ficou com a sensação de que ela era uma pessoa muito boa. Além disso, ela poderia lhe ser útil sobre dicas de lugares a ir naquela cidade, já que Rita, a sua prima, era mais caseira.

Após se despedir, João dirigiu mais quatro quarteirões e chegou à sua casa. Da janela do seu quarto, ficou observando o vaivém de pessoas nas dependências do Minas Tênis Clube, que ficava há pouco mais de duzentos metros de distância.

João, influenciado pelo bate-papo com Maria, lembrou-se da senhora que conversou com ele, após vê-lo desolado, chorando por não ter passado no concurso. Tentou se lembrar do nome daquela senhora. A presença dela e as suas palavras de apoio, em um momento de extrema angústia, tiveram o efeito de abrandar a dor que sentia. Após alguns minutos, lembrou-se: o nome dela era Iracema. Ficou muito feliz ao lembrar-se dela.

"Estranho, eu sentir essa alegria só de pensar em uma senhora que eu vi uma vez na vida, por apenas um minuto", pensou.

Ele fechou os olhos e a imagem do rosto dela veio nítida em sua mente, sorrindo para ele.

João ficou tão emocionado com aquele sorriso que decidiu ir ao clube na manhã seguinte para tentar encontrá-la.

"Ela tem algo importante a me dizer", pensou.

Capítulo 21

No dia seguinte, João acordou ao som dos pássaros cantando nos galhos das árvores. Olhou para o relógio e viu que eram sete e meia da manhã. Lembrou-se de ir ao Minas Tênis Clube, na esperança de encontrar Iracema.

Levantou-se, tomou o café e rumou para o clube. Lá chegando, sentou-se em uma cadeira à beira da piscina, em um ponto que batia sol, e ficou esperando.

Depois de trinta minutos, como não a viu, decidiu pular na piscina e nadar. Foi quando observou, na piscina ao lado, uma senhora caminhando de uma ponta a outra. De costas, era parecidíssima com Iracema. João sorriu, ante a possibilidade de ser aquela senhora que andava dentro da piscina a mesma que ele estava procurando.

Ele caminhou em direção à piscina onde ela se encontrava, contornando-a para vê-la de frente. Para sua alegria, era ela. Ele pulou na água e caminhou na direção dela, chamando-a quando estava a dois metros de distância.

Ela virou-se e sorriu. Ficou olhando para João, na tentativa de se lembrar de onde o conhecia, mas a sua memória não a ajudou.

– Desculpe-me, a sua fisionomia me é familiar, mas não me lembro de onde nos conhecemos.

O simples fato de estar ao lado daquela senhora trouxe paz de espírito a João, talvez por ele se lembrar da sensação que teve após as palavras de conforto dela no primeiro encontro.

– Nós nos encontramos aqui mesmo. Eu estava sentado em uma cadeira do outro lado, chorando por ter sido reprovado no concurso para o cargo de promotor de justiça, quando você se aproximou e me consolou. Lembra-se?

Ela colocou a mão na testa, sorrindo, antes de responder:

– Claro! Esqueci-me do seu nome.

– O meu nome é João.

– Olá, João! Como tem passado?

João abaixou a cabeça, depois, ergueu-a novamente e fitou Iracema antes de responder.

– Eu estou passando por uma fase muito difícil da minha vida, em todos os sentidos. Ontem, eu pensei tanto na senhora! Lembrei-me do tanto que me ajudou naquele dia com as suas palavras sábias. Tive vontade de encontrá-la novamente, na expectativa de pegar alguns conselhos. Por isso, vim aqui hoje. Para minha sorte, consegui encontrá-la.

Iracema lhe sorriu, feliz por ter conseguido ajudar um jovem em um momento difícil de sua vida.

– É muito gratificante saber que eu lhe ajudei naquele dia. Não sei se tenho condições de ajudá-lo novamente, mas será um prazer escutá-lo e tentar aconselhá-lo.

– Podemos conversar agora? – perguntou João, ansioso por ouvir os conselhos dela.

Iracema olhou redor da piscina e viu que o clube já estava ficando cheio.

– Aqui não é o local propício. O ideal seria irmos para um lugar mais tranquilo.

Ela colocou a mão no queixo, pensando onde poderia conversar com aquele jovem. Depois de alguns segundos, concluiu.

– Você me parece ser uma pessoa muito boa e acho que Deus quer que eu converse com você, porque eu iria viajar para São Paulo hoje mesmo e sequer viria ao clube. Façamos o seguinte: vamos à minha casa. Moro em um apartamento aqui pertinho, com um quintal cheio de árvores nos fundos, onde os pássaros fazem os seus ninhos. Parece um pequeno bosque, um local ideal para conversarmos.

João ficou animado com o convite dela, como se estivesse em vias de encontrar um alguém muito querido.

– Ótimo. Vamos lá.

Ele saiu da piscina e deu a mão a Iracema para ajudá-la a subir os degraus da escada.

– Obrigada, mas não precisa me ajudar. Eu gosto de me exercitar.

Com firmeza nas pernas, ela subiu os degraus, com cuidado para não cair.

– Os exercícios físicos, a alimentação saudável e boas noites de sono ajudam-me a manter a forma. Agora, mais importante do que tudo isso é cultivar o amor no coração, não dando espaço para o rancor. Quantos anos você acha que tenho?

João teve a impressão de que aquelas palavras já eram os primeiros conselhos que ela lhe daria. Ele ficou em dúvida sobre qual resposta dar. A seu ver, ela aparentava ter entre sessenta e cinco anos e setenta de idade, mas ficou com receio dela ser mais nova e decidiu falar uma idade menor.

– Acho que você tem sessenta anos de idade.

Iracema deu uma gargalhada e colocou as duas mãos no rosto, balançando-o de um lado para o outro, como se não acreditasse na honestidade da resposta.

– João, eu tenho oitenta e oito de idade!

– Oitenta e oito? – perguntou João, sem acreditar. – Nossa! Quero que você me conte o seu segredo.

Ela gargalhou e perguntou:

– Estou uma velha em forma, não é mesmo?

– Com certeza!

João ficou impressionado, pois ela estava muitíssimo bem conservada, levando-se em consideração a idade mencionada.

Ao caminharem para a casa dela, lentamente, passaram a ser acompanhados pelo espírito de Bruno. Antes de chegarem, uma surpresa: Iracema morava no prédio vizinho de muro ao prédio onde João morava.

– Eu moro nesse prédio ao lado. Não é muita coincidência? – perguntou João.

– Coincidências não existem – ponderou Iracema.

Em seguida, ela cumprimentou o porteiro e abriu a porta do apartamento. João ficou surpreso, pois se tratava de um *loft* moderníssimo, bastante espaçoso.

O piso da sala era em mármore branco e não havia paredes dividindo os ambientes. A cozinha, a copa e o jardim de inverno eram integrados à sala. Uma escada circular levava aos quartos, no andar de cima. Ao fundo, ainda no andar de baixo, havia um espaço imenso, com televisão LCD de cinquenta polegadas, poltronas em frente à televisão e, mais atrás, uma imensa banheira de hidromassagem e uma ducha, tudo cercado por vidro, que não permitia a quem estava do lado de fora enxergar nada do lado de dentro. Por fim, após este espaço, havia o mencionado bosque no quintal.

– Nunca imaginei que neste prédio houvesse um apartamento tão amplo e bonito.

– Moro sozinha aqui, desde que o Sebastião, meu finado esposo, faleceu. Já pensei em me mudar para um lugar menor, mas eu sou apaixonada por este quintal, onde eu passo a maior parte do tempo, lendo, bordando, ou escrevendo.

Iracema ficou observando a admiração de João pelo seu apartamento. Depois, lhe perguntou:

– Você aceita um chá?

João respondeu afirmativamente com o polegar. Iracema abriu o armário da cozinha e pegou uma caixinha de chá, no sabor de maçã-vermelha.

Do lado de fora do apartamento, Bruno tentava entrar a todo custo, mas era impedido por uma barreira invisível. Tentou entrar no apartamento por todos os lados, mas não conseguiu.

"Estranho. Por que não consigo entrar?", pensou. A sua contrariedade ficou ainda maior depois que viu Iracema e João caminharem para o quintal, sentando-se em duas cadeiras que estavam sob o pé de jabuticaba, sendo assistidos por alguns espíritos.

Entretido com aquela cena, ele não percebeu a aproximação de um espírito de luz.

– Posso lhe ajudar? – perguntou-lhe o espírito que se aproximava.

Bruno olhou para ele e teve a sua visão ofuscada pela luz que envolvia o estranho.

– Quero ir até ali – respondeu, apontando para João e Iracema.

O espírito sinalizou que não seria possível.

– Você não conseguirá. Este lar é todo protegido espiritualmente. A bondade daquela senhora e a ligação que ela cultiva com os bons espíritos criaram uma barreira aqui, impedindo a entrada dos espíritos com intenções ruins.

Bruno contestou, ansioso que estava por adentrar naquele recinto.

– Mas daqui eu vejo a presença de espíritos sem luz lá dentro.

– Sim. Eles só conseguiram entrar porque estão com o firme propósito de aprender as lições espirituais, pois estão em processo de regeneração. O espírito ali que mudar o seu propósito será automaticamente expulso, já que a sua energia será incompatível com o local.

Bruno fitou o espírito de luz. Por alguns momentos, ambos ficaram em silêncio, apenas se olhando.

– Qual o seu nome? – perguntou Bruno.

– Vinícius. E o seu?

– Bruno.

Após novo momento de silêncio, Bruno voltou à carga.

– Por favor, permita-me entrar.

Vinícius sorriu carinhosamente para ele e respondeu.

– Se eu tivesse esse poder, eu permitiria a sua entrada, mas não tenho. Existe uma lei da física aqui. Somente os espíritos com bons intuitos conseguem entrar. Lamento não poder ajudá-lo.

Bruno convenceu-se de que ele estava falando a verdade e decidiu não insistir. Olhou para Vinícius com um olhar resignado. Teve vontade de lhe pedir ajuda, mas ficou envergonhado e apenas agradeceu.

– Obrigado pelas informações. Eu vou embora.

– Foi um prazer conhecê-lo – disse Vinícius.

Bruno lhe sorriu. Um sorriso doce, sem maldade.

– Para mim também foi um prazer.

Em seguida, Bruno começou a se retirar, desolado.

Quando estava a alguns metros de distância, Vinícius o gritou:

– Tente novamente! Parece-me que houve uma mudança na sua energia.

Bruno ficou excitado ante a possibilidade de conseguir entrar ali. Para sua surpresa, conseguiu entrar normalmente, sem esbarrar no muro invisível que impedia a sua entrada. Ele olhou para trás e despediu-se de Vinícius, dirigindo-se para junto dos outros espíritos que ali se encontravam com o intuito de obter informações sobre o funcionamento das leis espirituais.

No quintal, embaixo do pé de jabuticaba, João admirava os pés de amora, manga, laranja e limão, além de um belíssimo jardim.

– Este é o local ideal para conversarmos. Pode começar – disse Iracema.

João tomou um gole do chá, cujo aroma estava delicioso. Pensou rapidamente em que ponto poderia iniciar a conversa. Decidiu falar primeiro sobre o seu relacionamento com Ana e da sua mágoa por ela ter namorado a pessoa que o reprovou no concurso. Depois, falaria do assalto, da sua decepção com a atuação profissional do pai, do motivo que levou Fábio a reprová-lo, da injustiça cometida pela mãe contra a irmã e dos problemas com bebida alcoólica enfrentados por Diva, bem como da pouca atenção que ela dispensava a Mateus, causando revolta em todos da família. João queria aproveitar a presença daquela sábia senhora para desabafar. Falar de tudo que o incomodava.

Aqueles poucos minutos ao lado dela reforçaram a sua convicção da noite anterior: a de que ela era a pessoa certa para tal fim.

João encarou-a no fundo dos olhos e começou o seu desabafo. À medida que falava, ela fazia pequenas anotações em um bloquinho que trazia junto ao colo. Em momento algum o interrompeu. Deixou que ele falasse tudo que desejasse durante pouco mais de uma hora. Nesse intervalo, poucas vezes mudou a sua expressão, deixando João sem saber o que ela estava pensando.

Quando, enfim, ele terminou de falar, ela ajeitou seu corpo na cadeira, sorriu-lhe com doçura e perguntou:

– João, além de você e eu, quem mais está aqui?

Ele olhou para o lado, buscando encontrar alguém, mas viu apenas um sabiá e um canarinho nas árvores do quintal.

– Só vejo pássaros, além de nós dois.

Iracema encarou João, fez uma pausa, depois prosseguiu.

– Aqui, como em qualquer outro lugar, os espíritos estão a nos acompanhar, tanto os bons, para os quais damos o nome de mentores, quanto os maus, que denominados de obsessores quando agem para nos prejudicar.

João ficou em silêncio. Era a primeira vez que ouvia alguém lhe falar sobre mentores e obsessores.

– O mundo é muito mais do que aquilo que enxergamos – completou Iracema. – Dependendo das nossas ações e dos nossos pensamentos, ligamo-nos aos mentores ou aos obsessores. Os mentores são espíritos bons, que querem o nosso bem em função de afinidades que têm conosco. Comumente, eles tiveram convivência conosco em vidas passadas, ou mesmo no plano espiritual, entre uma reencarnação e outra. Já os obsessores, podem ser espíritos que prejudicamos em vidas passadas, ou mesmo nesta vida, desde que já tenham desencarnado. Eles não conseguem perdoar o mau que acaso tenhamos lhes feito e procuram a vingança. São obsessores, também, espíritos que não prejudicamos em vidas passadas, mas que possuíram, enquanto encarnados, vícios semelhantes aos nossos.

Iracema fez uma pausa e perguntou:

– Você está acompanhando o meu raciocínio?

João aquiesceu, levantando o polegar.

– Para exemplificar, vamos citar o exemplo da sua irmã, que enfrenta ou enfrentou problemas com excesso de bebida alcoólica. Em todo ambiente onde se consome bebida alcoólica, existem espíritos que, quando encarnados, tiveram o vício da bebida. Após a morte do corpo físico, o vício estava tão impregnado no perispírito deles que continuaram sentindo falta de ingerir bebida alcoólica. Esses espíritos não conseguem se desprender das coisas ligadas à matéria e, mesmo após a morte, eles frequentam ambientes físicos onde há consumo de bebida. Como não possuem mais o corpo físico, eles utilizam os encarnados viciados acoplando-se a eles em simbioses energéticas, onde absorvem parcialmente as emanações etéreas e astrais do vício degradante executado pelo encarnado.

"Eles ficam ao lado das pessoas que bebem, tentando sentir a sensação de quando bebiam. Irradiam vibrações para que essas pessoas não parem de beber. Obviamente, para que isso ocorra, eles precisam encontrar uma similaridade vibracional de quem bebe. São espíritos que vibram em frequência parecida. Muitas vezes, os obsessores tornam árdua a tarefa de uma pessoa largar algum tipo de vício. A mesma regra se aplica aos vícios ligados à sexualidade, drogas, comida etc. As vibrações são as energias que emanamos a todo instante".

João gesticulou com a mão, indicando para Iracema não prosseguir, pois queria lhe fazer uma pergunta.

– Você disse que o vício fica impregnado no perispírito. O que é isso?

– Boa pergunta, filho! De forma grosseira, a fim de que você possa ter uma compreensão melhor, podemos definir o perispírito como o corpo sutil do espírito, onde ficam registrados os sentimentos, emoções, aprendizados, vícios e qualidades que um espírito adquire em suas diversas reencarnações. Por isso, quando uma pessoa morre, a única coisa que ela leva consigo é a sua individualidade; o que ela tem de bom e de ruim a acompanha no plano espiritual e nas futuras reencarnações. Cada reencarnação é uma bênção de Deus e devemos aproveitar para corrigirmos os nossos erros e vícios, tornando-nos pessoas melhores. Não foi isso que o Cristo nos pediu? "Sejam santos, assim como eu fui", disse o Mestre. Nenhum ser humano consegue atingir essa meta em apenas uma encarnação. Você já percebeu que algumas criancinhas, desde muito cedo, apresentam tendência para o mau, enquanto outras são inclinadas para o bem? Até em casos de gêmeos vemos esse fato. Por que será? Se partirmos do pressuposto de que Deus é bom e justo, somente através da reencarnação conseguiremos uma explicação convincente para isso.

João estava fascinado com as explicações de Iracema, através das quais começava a compreender o que, de fato, estava se passando com ele e seus familiares.

– Estamos falando do problema enfrentado pela sua irmã com o vício do álcool. Acredito que ela deve refletir um pouco mais sobre a vida que estava levando depois do aperto que passou durante o assalto à joalheria. É o que, normalmente, ocorre com todas as pessoas que escapam da morte por um milagre. Com certeza, ela irá rever muitos conceitos. Obviamente, vocês poderão ajudá-la nesse processo. O hábito da oração dentro de um lar é fundamental para se manter a paz e afastar os maus espíritos. A oração dentro de um lar levanta muralhas para que nenhum obsessor entre naquela casa. A partir do momento em que as pessoas assimilam os ensinamentos de Jesus e passam a agir conforme esses ensinamentos, as vibrações delas mudam e os obsessores, vibrando em outra sintonia, não as encontram para prejudicá-las. É fundamental, também, para que a sua irmã largue a bebida, que ela não ande na companhia de pessoas que tenham o mesmo vício. Cabe aos familiares ocupar o lugar das más companhias.

Iracema voltou a tomar um gole de chá, fazendo uma pequena pausa para passar a falar de Aristides.

– Com relação ao seu pai, está muito claro a presença de um espírito obsessor tentando prejudicá-lo a todo custo. Não descarto a possibilidade de se tratar do rapaz que foi morto no acidente, primo do examinador que reprovou você.

Bruno, surpreendentemente para ele mesmo, não ficou chateado por ela estar falando dele. A sua vontade de ouvi-la estava acima de qualquer aborrecimento que as palavras dela pudessem lhe causar.

– Há espíritos que não aceitam o fato de terem morrido. Realmente acreditam que estão vivos, tentam se comunicar com as pessoas e levam um tempo para constatar que desencarnaram. Se a morte lhes foi causada por alguém, passam a perseguir aquele alguém. Querem vingança e se utilizam de pessoas que vibram na mesma sintonia que eles para conseguir o seu intento. Provavelmente, o Fábio tem uma vibração semelhante à do primo morto. Esse primo esperou que a justiça fosse feita e o motorista imprudente cumprisse uma pena proporcional ao crime. Como o seu pai deixou o crime impune ao decidir que o assassino apenas dormisse na própria casa, a vítima do acidente se revoltou e procurou uma forma de se vingar do seu pai. Acabou sobrando para você, meu filho. A vítima influenciou o primo para reprovar você, vingando se, assim, do responsável por deixar impune o assassino dela, no caso, o seu pai.

João inclinou o seu corpo e balançou a cabeça de um lado para o outro, dando a entender que não concordava com as ponderações de Iracema.

– Desculpe-me, mas se partirmos do pressuposto de que Deus é bom e justo, conforme você mesma falou, seria uma injustiça eu pagar pelos erros de meu pai.

Iracema deu um largo sorriso, feliz por constatar que João estava prestando bastante atenção na sua explanação.

– Boa observação, mas desprovida de razão. Eu vou lhe explicar. Todos os fios de cabelo da nossa cabeça estão contados e nenhum deles cai sem que Deus dê o seu consentimento. Portanto, filho, se fosse da vontade d'Ele que você passasse no concurso, nem o Fábio, nem ninguém impediria isso. Pode ter certeza que, no dia da prova, o Fábio passaria mal e seria substituído por outro examinador, ou outra coisa do gênero. O certo é que você passaria. Se você foi reprovado, significa que Deus tem planos maiores para a sua vida, que não incluiriam a aprovação naquele momento. Quem sabe, no próximo concurso? Ou, quem sabe, outra carreira?

Iracema sorriu afavelmente para o jovem e prosseguiu:

– Jesus disse que o escândalo é necessário, mas ai daquele por quem vier o escândalo. Significa que o Fábio vai acertar as contas com Deus por ter lhe feito mal. A toda ação corresponde uma reação. É assim que funciona: colhemos o que plantamos. Se se plantar dor, colhe-se dor.

"O primo do Fábio pode ter se tornado obsessor por não entender que deveria morrer naquele dia e hora, da forma como morreu. Se fosse da vontade de Deus que ele não morresse, ele não estaria no local do acidente, na hora do acidente. Portanto, ele não morreu antes da hora. Aplica-se ao rapaz que causou o acidente a mesma regra que se aplica ao Fábio. Lembra-se? O escândalo é necessário, mas ai daquele por quem vier o escândalo. O rapaz que dirigiu de forma totalmente imprudente, causando uma morte, criou para si a obrigação de reparar o erro e, não raramente, essa obrigação é cumprida com muita dor. Sem querer aprofundar muito, veja a morte precoce que ele teve".

"Novamente, faço menção à família. Muitas vezes, quando um ente querido morre, os familiares sofrem tanto e ficam tão ligados à pessoa morta, que atrapalham o processo de evolução dela no plano espiritual. É fundamental que os familiares tenham resignação com os fatos que levaram um ente querido para o além".

Ao ouvir esta parte, os pensamentos de Bruno voaram em direção à sua mãe, cuja revolta pela morte dele jamais diminuiu.

Iracema segurou as mãos de João e concluiu:

– O Fábio não foi o responsável pela sua reprovação no concurso. Você não foi injustiçado por ele. Tire do seu coração e da sua mente qualquer mágoa que esteja alimentando dele. O escândalo é necessário, mas ai daquele que o praticar. Deus, em Sua infinita sabedoria, mostrará ao Fábio o erro cometido e a forma de se redimir. Se você alimentar o ódio, certamente será alvo de obsessão e praticará o "escândalo", ou seja, o erro. Isso, ao invés de levá-lo adiante, travará a sua vida. Você deve fazer o contrário, rezando por Fábio e pelo primo dele. A oração é fonte de luz e onde há luz não existe treva. É essa luz que o primo do Fábio precisa para seguir a sua jornada.

As palavras de Iracema começaram a encontrar campo fértil nos sentimentos de Bruno.

Por sua vez, João estava com o olhar compenetrado. Não estava sendo fácil para ele assimilar os ensinamentos daquela senhora. Eram muitas informações que estava recebendo de uma só vez.

– Você gostaria de fazer outra pergunta?

João sinalizou que não, com as mãos. Então Iracema começou a falar sobre Aristides.

– É natural que o seu pai esteja colhendo tantas tempestades dentro do lar. Você já imaginou quantas pessoas ele prejudicou no exercício da função de juiz de direito? Jesus nos ensinou que será cobrado mais de quem receber mais. Deus confiou ao seu pai uma função muito nobre, para que ele distribuísse a justiça aos seus cocidadãos. Logo, ele deve prestar contas a Deus do trabalho que desempenha. Quando Deus nos confia uma missão, devemos nos esforçar para cumpri-la. Do contrário, a nossa vida não vai para frente. Ao menos, em termos de paz e felicidade interior.

João sequer piscava os olhos, tamanha a sua concentração nos ensinamentos de Iracema. Um mundo novo começava a se descortinar para ele. Dúvidas, até então sem solução, começavam a ser sanadas, mostrando-lhe que o aprendizado sobre as leis de Deus poderia lhe ser útil para guiar os seus passos dali para frente. Satisfeito com as lições ensinadas por Iracema, ele lhe pediu para entrar no assunto que mais lhe interessava.

– E quanto ao meu relacionamento com a Ana?

Essa era a pergunta que ele desejava fazer desde o momento em que chegou. Para sua decepção, a resposta não lhe ajudou a tirar as dúvidas.

– Eu não posso falar se você deve ou não voltar o namoro. Você deve consultar o seu coração. O único conselho que lhe dou é que não aceite quebrar a ética da sua conduta por qualquer mulher. Não faça como Adão, que comeu o fruto proibido por causa do amor por uma mulher. Isso nunca funciona. A sua consciência está em primeiro plano. A mulher que você escolher para ser a sua esposa deve ter pensamentos semelhantes aos seus em termos de conduta moral. Caso a Ana se enquadre nesse perfil, não vejo mal algum a que vocês fiquem juntos. Mas você precisa consultar o seu coração para saber se a perdoou e se realmente a ama.

Frustrado por ela não tê-lo aconselhado a voltar ou não voltar o namoro, João olhou as horas e viu que já passava das treze horas.

Precisava retornar à sua casa, para o almoço, e se obrigava ainda a estudar um pouco naquele dia.

– Muito obrigado pelos seus conselhos. Não sei como agradecê-la. Se você me permitir, eu voltarei aqui para conversarmos novamente.

– Fique à vontade, meu filho. Sempre que quiser, você pode tocar o interfone; afinal, para uma senhora da minha idade é sempre muito agradável conviver com jovens questionadores como você. Saiba que conversas como a que acabamos de ter são muito enriquecedoras para mim também, pois elas forçam-me a usar o raciocínio.

Em seguida, João levantou-se, sendo seguido por Iracema, que o acompanhou até a porta de saída.

Bruno e os outros espíritos que assistiram à conversa retiraram-se também.

Pela primeira vez, Bruno começou a rever os seus conceitos, pois ficou impressionado com a sabedoria e raciocínio lógico demonstrados por aquela senhora tão simpática. Sobretudo, muitos espíritos encarnados desconheciam aquelas leis.

As palavras de Iracema não saíam da mente de Bruno, sobretudo o ensinamento de que Deus, em seu infinito poder, poderia ter impedido que ele morresse ou que João fosse reprovado no concurso. Se não impediu, significa que os fatos ocorreram da forma como deveriam ocorrer. A sua ansiedade por novos aprendizados era tamanha que ele quis voltar lá e pedir para conversar com ela, mas imaginou que não conseguiria se comunicar.

Ao imaginar que poderia ter escolhido o caminho errado para seguir sua jornada após sua morte física, ele sentiu terrível angústia, já que o tempo perdido não voltava atrás. E lá se iam quatro anos onde a sua obsessão era a vingança, primeiro de Giovanni, depois de Aristides.

Refletindo sobre tudo que ouvira, sentiu-se culpado pela depressão vivida pela mãe, que não conseguiu aceitar a morte do filho e se remoía de revolta diariamente. De igual forma, concluiu ter prejudicado Fábio ao usá-lo como instrumento de seu plano de vingança. Bruno sentiu mal-estar ao concluir que havia contribuído para travar as vidas das duas pessoas que ele mais amava.

Em meio a esses pensamentos, Bruno decidiu visitar a mãe. Foi encontrá-la na casa de Fábio, na companhia de Eleonora, fazendo-lhe visita.

– A cirurgia corretiva ficou ótima. Em breve, você estará arrebatando corações novamente – comentou Neide.

– Tia, eu acredito que ficarão algumas marcas, mas eu fiquei muito satisfeito com o trabalho do doutor Roberto. Confesso para a senhora, entretanto, que não estou preocupado em arrebatar os corações das moças. Mais importante agora é eu aproveitar o tempo para refletir sobre tudo por que passei. Eu poderia ter morrido. Se estou vivo, acho que Deus tem um plano para a minha vida. Então, é hora de pensar nos meus erros.

Há muito Eleonora não via o filho com uma postura tão humilde. O comentário dele encheu o coração dela de alegria, esperançosa que ficou de que ele pudesse mudar sua conduta dali para frente. Por isso, perguntou:

– Você já chegou a alguma conclusão?

– Já sim, mamãe. A primeira conclusão a que cheguei foi do quanto eu fui tolo ao reprovar o filho do juiz no concurso do Ministério Público.

Neide ficou enfurecida com o arrependimento do sobrinho. Ela estava convicta de que ele havia agido corretamente, pois, de alguma forma, o juiz deveria pagar por não aplicar a justiça ao assassino de seu filho.

Fábio percebeu o desapontamento de sua tia e cuidou de explicar o seu ponto de vista.

– Eu quis causar ao juiz um pouco da dor que nós sentimos por ele ter beneficiado ilegalmente o assassino do Bruno. Bobagem minha. Aconteceu ao Giovanni algo muito pior do que ficar preso: morreu na flor da juventude, inesperadamente, cheio de saúde e com muito dinheiro para gastar.

– Mas você não tem do que se arrepender – interrompeu Neide. – Afinal, aquele juiz merecia coisa pior do que ver o filho adiar um sonho.

– O juiz também está passando por maus momentos. A senhora não tem acompanhado o noticiário? O que eu fiz ao filho dele é fichinha perto do tormento que virou a vida dele.

Eleonora tinha pena da irmã, por não conseguir se libertar do ódio que a matava um pouquinho em cada dia. Ela percebeu que precisava interceder em favor do ponto de vista externado por Fábio, com a esperança de que Neide pudesse reavaliar os seus conceitos.

– Nada passa impune à justiça de Deus – comentou Eleonora. – Ele dá a cada qual o que lhe pertence, de bom ou de ruim. Por isso, meu filho, você está certo ao enxergar que não deveria ter se vingado do juiz.

Com o olhar perdido para os prédios que eram vistos através da janela da sala, Fábio emendou:

– O pior é saber que uma pessoa boa, que conquistou o meu coração, está com um conceito tão ruim de mim. A Ana nunca mais irá olhar na minha cara. Se eu tivesse aprovado o João, provavelmente ela teria se casado com ele e isso me pouparia da dor que estou passando. Por outro lado, se ela não se casasse com ele e viéssemos a namorar, ela não teria terminado comigo e estaríamos juntos hoje.

Atento à conversa, Bruno percebeu como duas irmãs poderiam ser tão diferentes. Enquanto Eleonora mostrava ter um espírito elevado, sua mãe mais se assemelhava a uma máquina de produzir ódio e baixas vibrações. Naquele momento, veio-lhe o remorso, pois sabia que estava alimentando aquele quadro vil na mente de sua genitora.

Bruno começou a enxergar que precisaria fazer um trabalho para ajudá-la dali em diante, mas, para isso, primeiro ele precisaria se ajudar. Decidiu frequentar outras vezes a casa de Iracema, em busca de luz.

Capítulo 22

João passou na casa de Diva para visitar o sobrinho e aproveitou para comentar com a irmã sobre a conversa que tivera com Iracema, especialmente sobre o que aprendera acerca do vício do álcool.

Após ouvir atenciosamente as palavras do irmão, Diva se manifestou.

– Já estou mudando muitas coisas em minha vida. Uma delas é a minha relação com o álcool. Outra mudança será a minha relação com o Mateus. A partir dc agora, vou assumir integralmente os deveres da maternidade, não como um fardo em minha vida, mas como uma bênção recebida de Deus. Cada minuto ao lado dele será muito especial.

João pensou em Ana. Após o último encontro na pizzaria não se falaram mais. Ela, conforme combinado, esperaria pelo telefonema dele, mas João ainda não se sentia preparado para ter uma nova conversa com a ex-namorada. A mágoa em seu coração ainda era muito forte. Conseguir superar a barreira da mágoa era uma incógnita para ele. Decidiu pedir opinião à irmã.

– Eu me encontrei com a Ana. Ela terminou o namoro com o Fábio e quer voltar comigo, mas eu não sei o que fazer. Eu gosto dela, mas tenho muitas mágoas pelo que ela fez.

João esperou pelo comentário da irmã, mas Diva não quis opinar antes de meditar um pouco sobre a situação. Ante o silêncio dela, ele perguntou:

– Qual é o seu ponto de vista?

Diva permaneceu quieta, pensando na resposta ideal. Olhou-o nos olhos e respondeu:

– O meu ponto de vista é que a nossa passagem aqui na Terra é muito efêmera para perdermos o nosso tempo alimentando mágoas das pessoas. Devemos procurar nos cercar de companhias que nos estimulem a sermos melhores enquanto seres humanos. Se você acha que a companhia da Ana estimula você a ser uma pessoa melhor e se você a ama, acho que deve reatar o namoro. Do contrário, se a companhia dela alimenta sentimentos ruins em você, mesmo que você a ame, então, acredito que o melhor é cada qual seguir o seu caminho.

A resposta da irmã também não o ajudou a tomar uma decisão, pois antes do término do namoro a companhia de Ana estimulava-o a tentar ser uma pessoa melhor. Todavia, após a separação era comum ele se pegar pensando em vingança.

João voltou a ter vontade de se encontrar com Iracema. Queria ouvir mais conselhos sábios dela para dar o rumo certo à sua vida.

Quem também se esforçava por encontrar o caminho certo a seguir era Fábio.

Sua mãe, novamente, foi visitá-lo, desta feita sem a companhia de Neide.

Como não fazia há muito tempo, Fábio segurou carinhosamente a mão dela, até que uma gota de sua lágrima caísse sobre a veia estufada da mão de Eleonora. Ele raspou a garganta e desabafou.

– Dizem que na vida a gente aprende através do amor ou através da dor. Infelizmente, eu estou aprendendo através da dor. Menos mal porque, ao menos, eu estou aprendendo, não é? Pior é quem passa por uma vida inteira sem aprender.

"Eu deixei de reformar o apartamento onde a senhora morava para fazer uma 'reforma' no meu rosto. O problema é que o apartamento da senhora precisava de uma reforma, e eu sabia disso. Já o meu rosto, apenas eu enxergava a necessidade de reformá-lo. Os médicos, a Ana, a senhora, os meus amigos, enfim, ninguém entendia a minha insatisfação com a minha aparência.

"A verdade é que eu tinha dinheiro aplicado o suficiente para reformar aquele apartamento, mas achava que já gastava muito dinheiro com a senhora."

Fábio voltou a fazer silêncio, enquanto demonstrava estar introspectivo. Eleonora, por sua vez, sentiu que as suas orações a Deus estavam sendo atendidas. Mais um pouco e ele retomou a fala.

– No meu tempo de criança e adolescente deixei de fazer algumas coisas que desejava por falta de dinheiro. Apesar disso, sei que todo o dinheiro que a senhora ganhava era revertido no meu bem-estar e na minha educação. Sei que a senhora abriu mão de muita coisa em sua vida por minha causa.

"Quando eu comecei a ganhar dinheiro, a minha única preocupação era ajuntar uma quantia determinada para comprar algum sonho de consumo. Assim foi com as roupas de grifes famosas, o carro importado e o apartamento em região nobre. Depois, veio a necessidade de ter outro carro importado. Depois, a troca do apartamento por esse que ficará pronto em seis meses. Descobri que a minha vida está sendo ajuntar dinheiro para comprar algo para mim. Este foi um dos motivos alegados pela Cláudia para a separação. Ela falava que somente as coisas que eu gostava tinham valor. Eu sempre encontrava um motivo para não ajudá-la a comprar o que ela desejava".

"Talvez, eu esteja até conseguindo o meu objetivo de engordar a conta bancária. Mas, a julgar pelo andar da carruagem, eu não terei com quem gastar o dinheiro guardado. Do que adianta as notas guardadas no banco? Elas não têm sentimento, eu não consigo me relacionar com elas. Elas são importantes na medida que são um meio para eu conhecer as pessoas e me relacionar com elas. Agora, se eu mesmo bloqueio o relacionamento com as pessoas por julgar as notas mais importantes, aí elas perdem o valor."

"Digo isso porque essa minha conduta está me saindo muito caro. Eu gastei dinheiro para fazer uma cirurgia que quase me tirou a vida e me deixou com o rosto deformado. Agora, gastei mais trinta e cinco mil reais para deixar o rosto um pouco pior do que estava antes da primeira cirurgia".

Eleonora ficou espantada com o preço mencionado.

– Trinta e cinco mil reais?

Fábio suspirou e prosseguiu.

– Foi caro, mas o procedimento realizado exige muito conhecimento e perícia do cirurgião. Afinal, ele tirou pele atrás da orelha para colocar nas pálpebras e fez enxerto nas bochechas com pele da virilha. Ele já adiantou que o local enxertado ficará mais escuro, mas está tudo bem.

Fábio soltou um riso sem graça e concluiu:

– Em direito há uma ditado que diz: "quem paga mal, paga duas vezes". Acho que posso fazer uma analogia desse ditado com os fatos ocorridos comigo para afirmar: "quem emprega mal o dinheiro, pagará pelo mau uso".

Após mais um curto silêncio, ele olhou nos olhos da mãe, colocou a mão no próprio peito e confessou:

– Isso tudo está mexendo tanto aqui dentro de mim! Dizem que Dubai é o lugar onde há o maior número de construções no planeta. Sinto que o meu coração está feito Dubai, cheio de obras e reformas, mudando tudo. Nada ficará como antes.

Eleonora enxugou a lágrima com a própria manga da camisa, já que estava sem um lenço. Após, colocou o seu pensamento.

– É muito difícil para uma mãe ver a dor de um filho, como estou vendo a sua dor neste momento. Mas, ao mesmo tempo, é bom ver o filho retomar o caminho certo na vida, tal qual o filho pródigo da parábola dita por Jesus.

"Outras oportunidades de felicidade ao lado de uma mulher aparecerão em sua vida, mas é importante que você se prepare espiritualmente para recebê-las, pois, do contrário, da mesma forma que as oportunidades chegarão, elas irão embora".

Fábio pensou em Ana e ficou triste pela perda de uma namorada que cativou tanto o seu coração em tão pouco tempo de convivência. Ele voltou a desabafar.

– Eu me preparei tanto para ser um bom advogado. Dediquei tanto tempo e esforço para obter o reconhecimento profissional, sabendo que o retorno financeiro seria consequência. Hoje, eu vejo que parte desse tempo eu deveria ter dedicado ao meu aperfeiçoamento moral. Hoje, ainda jovem, eu já tenho um patrimônio maior do que imaginei alcançar em toda a minha vida, mas sinto um imenso vazio interior. Não tenho uma companheira e não dei valor à pessoa mais importante para mim.

Eleonora esperou que ele mencionasse o nome de Ana. Ela ficou emocionada ao ouvir o filho concluir.

– A senhora é a pessoa mais importante da minha vida. A partir de hoje, nós iremos morar juntos. Primeiro, eu vou aprender como se trata a própria mãe. Após, tenho certeza de que estarei em condições de tratar bem a mulher que eu amar. Nenhum homem pode tratar bem a mulher se ele não conseguir tratar bem a própria mãe.

Percebendo a forte emoção de sua mãe, Fábio apressou-se em abraçá-la.

– Está tudo bem, mamãe. Contenha a emoção, porque o seu coração não é mais o de uma jovem.

Com os lábios tremendo de emoção e lágrimas rolando pela face, Eleonora extravasou seu sentimento.

– Que alegria! Deus trouxe de volta para mim o meu Fabinho. Eu sabia que chegaria o dia em que você voltaria a ser amável comigo e com o próximo. Esse dia chegou. Bendito seja o Senhor! – exclamou Eleonora, enquanto levantava as mãos para o alto.

A conversa foi interrompida por Judite, que fazia os serviços domésticos naquela casa.

– A mesa está servida. Aproveitem que o café e o pão de queijo estão quentinhos.

Fábio abraçou-se à sua mãe e ajudou-a a se levantar. Lentamente, caminharam para a cozinha, onde estava posta a mesa. A conversa havia trazido paz de espírito para ambos. O cheiro gostoso do aroma do café e do pão de queijo aguçou a fome, fazendo com que comessem mais do que o recomendável.

Após o café, Eleonora foi embora e Fábio entrou para o quarto, pondo-se a pensar em Ana.

Bruno apareceu no quarto e ficou triste por ver o primo dileto naquela situação. Sentindo-se responsável pela tristeza dele, Bruno começou a pensar em uma forma para ajudá-lo a encontrar a paz.

A mudança do comportamento de Bruno devia-se muito à influência de Iracema, não apenas pelos conselhos que deu a João na sua presença, mas às orações que estava fazendo por ele, além do seu esforço para tirar o ódio do seu coração e ampliar o seu entendimento sobre o infeliz fato que lhe tirou a vida.

Longe dali, na casa de João, graças a sua mudança de sintonia, Orlando, o seu mentor, retornava para trazer paz de espírito a ele, após um período de ausência.

A saudade de Ana aumentava a cada dia. João achou melhor telefonar para ela e combinar novo encontro. Queria testar como o seu coração se comportaria novamente na presença dela. Assim, teria melhores condições para decidir o seu futuro

Ana transbordou de alegria assim que viu o nome de João no visor do celular. Ela estava a ponto de explodir de ansiedade, em face da ausência de notícias dele.

– Você sumiu! – disse ela. – Eu quis ligar, mas fiquei receosa de você pensar que eu pudesse estar lhe pressionando a tomar uma decisão.

– Com tantos problemas, eu achei melhor dar uma esfriada na cabeça para lhe procurar – justificou João. – Você pode se encontrar comigo agora?

O convite do encontro era tudo que Ana desejava.

– Claro! Eu não tenho compromisso. Você me busca aqui em casa?

– Passo aí em uma hora – tornou João.

Em seguida, desligaram o telefone e foram se arrumar para o encontro. Desta feita, escolheram uma cafeteria que ficava perto das casas dos dois.

Com a pontualidade de sempre, João telefonou pedindo para ela descer, avisando que já se encontrava em frente à portaria.

Pouco depois, Ana surgiu pela portaria do prédio. Quando a viu, usando uma blusa branca, decotada nas costas, e calça *jeans* realçando o belo formato de seu corpo, João teve vontade de abraçá-la e cobri-la de beijos.

Assim que Ana entrou no carro, o perfume deixou-o ainda mais motivado a fazer a reconciliação.

Ela sorriu meigamente para ele. Foi o suficiente para ele esquecer o que havia ocorrido de ruim entre eles. Automaticamente, sem pensar, ele beijou-lhe a boca, para doce surpresa dela.

Os dois sentiram o coração pulsar mais forte, esperançosos de que os momentos difíceis da separação poderiam ter ficado para trás. A julgar pela paixão ardente dos beijos e carinhos, o recomeço parecia ser promissor.

Ali permaneceram por alguns minutos, entre beijos, abraços, pedidos de desculpas e promessas de um novo recomeço. Depois, partiram para a cafeteria.

Lá chegando, João narrou para Ana tudo o que conversara com Iracema, despertando na namorada uma enorme curiosidade por conhecê-la.

– Amanhã eu irei procurá-la para nova conversa. Vou contar a ela a novidade da nossa reconciliação – disse ele, com a felicidade estampada na face.

Olhando fixamente nos olhos dele, ela afirmou:

– A partir de agora, nada irá nos separar. O nosso amor sairá fortalecido depois desse baque.

Ele sorriu, beijou a mão dela e depois acariciou seus cabelos, esforçando-se para não chorar, tamanha era a emoção.

Ao fim da noite, ambos foram dormir com o coração repleto de gratidão a Deus por ter lhes proporcionado nova oportunidade de serem felizes juntos.

Capítulo 23

Alguns dias após reatar o namoro com Ana, João percebeu que o seu rendimento nos estudos havia melhorado acentuadamente. Sentia-se com ânimo recobrado para enfrentar o concurso que se avizinhava. De bom humor com a vida ele telefonou para Iracema com o intuito de marcar um encontro e contar a novidade da sua reconciliação com Ana.

Atendendo a sugestão dela, foi marcado o encontro para o dia seguinte, às sete da noite, já que ela cultivava o hábito de ler a *Bíblia* e orar naquele horário.

Iracema queria incentivá-lo a cultivar o mesmo hábito. Em tempos passados, ela recebia amigos que participavam com ela do estudo bíblico. Entretanto, a pouca persistência dos mesmos em continuar comparecendo às reuniões após a superação dos problemas pessoais fez com que ela mudasse os planos, passando a fazer o estudo solitariamente.

Por sua vez, Bruno se inteirou da reconciliação entre João e Ana, mas não teve o menor ímpeto de atrapalhar o relacionamento dos dois. A sua preocupação em se ajudar, além de ajudar sua mãe e seu primo, passou a ser prioridade para ele.

As palavras de Iracema acabaram encontrando terra fértil no coração de Bruno. Ele decidiu retornar à casa dela no horário em que ela receberia João, na expectativa de aprender lições valiosas. Voltou a encontrar-se com Vinícius, o principal mentor de Iracema, que o reconheceu e fez questão de saudá-lo.

– Olá, que bom vê-lo aqui novamente!

Bruno sorriu, pois sentiu sinceridade naquela saudação. Por algum motivo desconhecido, sabia que poderia confiar em Vinícius.

– Eu gostei muito do que aprendi aqui naquele dia e decidi retornar.

Feliz com a presença dele, Vinícius comentou:

– Nota-se que você está melhor. Ao menos, não traz o semblante carregado de ódio, como da outra vez. Tenho certeza de que você não terá a menor dificuldade em entrar no lar de Iracema.

Bruno baixou a cabeça, envergonhado. Vinícius percebeu o constrangimento dele e procurou incentivá-lo, já que a sua intenção não havia sido a de deixá-lo constrangido com aquele comentário.

– Não se preocupe, pois cada um tem o seu tempo para aprender o caminho certo a seguir. Vejo que está bem intencionado. Isso já é uma batalha vencida. Agora, para vencer a guerra você precisará superar batalhas mais difíceis. Só depende de você, porque essas batalhas você travará consigo próprio.

Bruno levantou a cabeça e encarou Vinícius, para, em seguida, comentar:

– Algo me diz que você sabe muito sobre a minha vida. Para ser franco, acho que você sabia que eu viria aqui naquele dia.

Vinícius sorriu e acenou com a cabeça, confirmando que Bruno estava correto em sua suspeita.

– De fato, você não precisa me falar nada do seu passado. Sei de tudo o que lhe aconteceu e já o estava esperando há um tempo.

Pela primeira vez nos últimos quatro anos, Bruno teve a agradável sensação de que estava iniciando-se ali uma amizade.

– Sempre que um espírito vem à casa de Iracema em busca de socorro espiritual eu sou informado das dificuldades daquele espírito a fim de auxiliar no processo de cura. Sem que você percebesse, alguns amigos benfeitores estavam intuindo você a vir aqui.

Bruno teve a curiosidade aguçada.

– Quem lhe dá as informações sobre os espíritos que buscam ajuda aqui?

– Um espírito que tem ligações com aquele que busca ajuda. Antes que você me pergunte, adianto-lhe que, no seu caso, fiquei a par da sua situação por um espírito que teve muitas afinidades com você em vidas passadas. Ele tentou lhe ajudar, mas você estava muito resistente a qualquer tipo de ajuda, completamente obcecado com os pensamentos de vingança. Por isso que os espíritos benfeitores passaram a usar a tática de lhe intuir a procurar ajuda, ao invés de conversarem explicitamente com você.

Bruno lembrou-se de alguns espíritos que tentaram lhe socorrer após a sua morte. Por um bom tempo insistiram em lhe mostrar o caminho que deveria seguir, mas acabaram se afastando, diante de sua irredutibilidade em aceitar opiniões de terceiros.

– De fato, algumas pessoas tentaram me dissuadir do meu plano de vingança, mas eu estava muito revoltado para concordar com elas.

Vinícius sabia das dificuldades que enfrentaria, mas estava confiante de que o convenceria a mudar o rumo de sua vida dali em diante.

– Gostaria de saber se você sentiu-se melhor com o abatimento de João por não ter passado no concurso, ou com o término do namoro entre ele e Ana, ou, ainda, com o inferno astral de Aristides e a morte de Giovanni.

Bruno refletiu. Ele mesmo não sabia com certeza a resposta àquela pergunta.

– Senti prazer por influenciar o meu primo a reprovar João no concurso. Queria que Aristides visse a dor do filho e que essa dor o levasse à revolta. Mas ele estava mais preocupado com a promoção dele do que com o futuro do filho. Da mesma forma, senti-me vitorioso quando João e Ana terminaram o namoro. Passei à euforia quando ela começou a namorar o Fábio. Sem dúvida, uma vingança perfeita. Quanto ao desmascaramento de Aristides, vindo à tona as suspeitas de corrupção, você há de concordar que isso foi muito bom para a sociedade, que não merece um juiz que se vende. Ele jamais poderia ser promovido em detrimento de juízes que trabalham com afinco e fazem cumprir as leis contra qualquer um, independente da classe social. Agora, ele precisa pagar por tudo que fez.

Bruno deu um tempo e Vinícius percebeu sua expressão alterar-se, tornando visível o ódio em face de Giovanni. Mais um pouco e ele voltou à carga.

– Eu tinha uma vida pela frente quando ele causou aquele acidente. Eu amava a minha noiva, ela também me amava e nós tínhamos planos de construir uma família com dois ou três filhos. Eu sonhava em brincar com os meus filhos pelos jardins de uma casa grande, que eu também sonhava em comprar. A promoção na empresa, que foi fruto de muita dedicação, fez o meu salário subir muito. Eu tinha tudo para poder dar bastante conforto à minha família.

Vinícius o ouvia atentamente, enquanto lhe mandava fluidos com propriedades para acalmar e trazer resignação ao espírito.

– De uma hora para outra os meus sonhos foram ceifados. Todo o meu esforço para obter a promoção e ganhar um salário melhor de nada adiantou. Todo investimento feito no namoro de nada adiantou. O Giovanni arrancou-me do carinho e do amor da minha mãe, da minha noiva e dos meus amigos, pondo um ponto final a todas as expectativas que eu tinha de uma vida longa e feliz. Eu nunca imaginei que fosse morrer tão novo e de forma tão violenta.

Bruno começou a chorar e recebeu um abraço confortante de Vinícius, o qual não cessava de irradiar fluidos de cura.

– Eu não consigo entender e muito menos aceitar que uma pessoa dirija um carro da forma como ele estava dirigindo, como se fosse um louco. Ele sabia da enorme probabilidade de causar um acidente e matar uma pessoa. Mesmo assim não se preocupou com as consequências que esse ato traria. Qual o valor que ele dava a uma vida humana? Nenhum.

Bruno encarou Vinícius e concluiu:

– Ele sequer demonstrou arrependimento pelo que fez. Nunca se preocupou em se inteirar da situação em que havia deixado a minha mãe e a minha noiva. A sua única preocupação era encontrar uma forma de não cumprir a pena. Ele deu uma festa para alguns amigos mais próximos, regada a bebidas, drogas e prostitutas, com o fim de comemorar a decisão do Aristides. Ele merece passar pelas dores que o atormentam.

Vinícius estava acostumado àquele tipo de lamúria. Uma de suas funções no plano espiritual era exatamente a de ganhar a confiança do espírito que padecia de sofrimento e convencê-lo a submeter-se ao tratamento necessário para curar os males espirituais enraizados no perispírito, fazendo o devido encaminhamento para tanto.

Demonstrando entender as razões do ódio de seu interlocutor, Vinícius iniciou as suas explanações.

– Você desencarnou há quatro anos. Levou um bom período para aceitar a morte do seu corpo físico. Recusou os socorros que lhe foram enviados. Depois, ocupou-se em buscar a vingança e não poupou, inclusive, pessoas que não tinham nada a ver com sua dor, isso para atingir aqueles que você considerava responsáveis pela sua infelicidade. Afinal, os filhos e a esposa de Aristides não tinham nada a ver com os erros dele e não causaram qualquer prejuízo a você. Eu lhe pergunto: valeu a pena empenhar tanto tempo e esforço para prejudicar alguém? E a sua vida? O seu corpo físico morreu, mas você está vivo e deveria seguir sua jornada. Infelizmente, ficou acorrentado ao ódio e escravo do desejo de vingança. Sofreu muito, bem mais do que a dor causada aos seus desafetos. Aliás, independente do seu comportamento, as pessoas que violaram os seus deveres iriam responder, mais cedo ou mais tarde, por seus atos. Só que cabe apenas a Deus decidir o que cada um deve passar para alcançar um nível de compreensão que altere a forma de agir da pessoa. Nunca a dor vem para punir, mas sempre para viabilizar a cura espiritual.

Bruno ouvia atentamente as explanações de Vinícius, apesar de demonstrar resistência em admitir que poderia ter escolhido o caminho errado ao traçar o objetivo de se vingar de seus desafetos.

– Após a sua morte, várias pessoas desencarnaram com os mesmos sintomas de ódio impregnados no perispírito, mas foram convencidos a se tratar e hoje estão curados, em paz, alguns fazendo serviços edificantes no próprio plano espiritual, enquanto outros optaram por nova reencarnação e já retornaram ao corpo físico.

Bruno surpreendeu-se com aquela informação. Ele ainda estava incrédulo quanto à possibilidade de um espírito reencarnar.

– Você está afirmando que pessoas que morreram depois de mim já voltaram a viver na Terra novamente?

– Sim. Certamente, esse também será o seu destino. Agora, o tempo que levará para ocorrer dependerá muito do seu comportamento. Posso lhe adiantar que tal não se dará enquanto você não se tratar e curar o ódio que carrega.

Bruno tornou a ficar pensativo. Em sua mente, veio a imagem do desolamento vivido pela mãe e pelo primo.

– Talvez, você tenha razão. Afinal, acho que o ódio que venho carregando prejudicou muito a minha mãe. Até hoje ela não aceita a minha morte e sofre todos os dias. Por outro lado, as pessoas que me prejudicaram já estão pagando e não há necessidade de fazer mais nada.

Nesse momento, perceberam João se aproximando para tocar o interfone no apartamento de Iracema. Em seguida, ela abriu a porta, trocaram um abraço afável e se dirigiram para o quintal, que ficava nos fundos.

– Vamos acompanhar a reunião – sugeriu Vinícius, na expectativa de que Bruno pudesse ouvir coisas que o fizessem entender o valor do perdão.

Uma brisa agradável, após a chuva, trouxe o aroma das plantas, perfumando o ambiente. Era nítido o contentamento de João com a volta do namoro.

Enquanto Iracema preparava chá de erva cidreira, Bruno fixava sua atenção na fisionomia de João, tendo a oportunidade de constatar que ele tinha bons princípios, sendo uma pessoa valorosa.

Vinícius cutucou Bruno, mostrando-lhe que vários espíritos já se faziam presentes para aprender as lições que Iracema ensinaria a João, pois eles também aproveitariam os ensinamentos para aplicá-los em suas vidas. Já outros, ali estavam para ajudar na tarefa de Iracema, e nessa função ora intuíam-na a fazer a abordagem correta, ora orientavam os espíritos que estavam em busca de auxílio, ora relatavam as suas experiências de vida, fato que era captado por ela através de sua mediunidade aflorada.

Iracema trouxe duas xícaras de chá e sentou-se ao lado de João. Seu primeiro comentário foi sobre a aparente felicidade dele.

– Se eu não estiver enganada, você está bem mais feliz do que das outras vezes que nos vimos. Deixe-me tentar adivinhar o que andou lhe acontecendo.

Ela olhou-o nos olhos, sorriu e comentou:

– Acho que essa alegria está ligada à área da sua afetividade. O seu olhar é o de um homem apaixonado prontamente correspondido em sua paixão. Estou certa?

João sorriu timidamente. Fixou o olhar nos olhos dela e confirmou:

– Eu estou feliz. Conversei com a Ana e decidi aceitar o pedido dela para fazermos nova tentativa de namoro. Acho que foi o melhor caminho. Vou lutar para não deixar que as mágoas passadas prejudiquem o nosso relacionamento. Vim aqui para agradecê-la por seus conselhos, aproveitar para desfrutar da sua companhia e colher mais um pouco de sua sabedoria.

Iracema ficou lisonjeada pelo elogio recebido.

– Na idade que estou é muito bom saber que posso ser útil a alguém.

Após um breve silêncio, Iracema fez uma linda oração espontânea, deixando João arrepiado diante de tamanha sensibilidade. Em seguida, fez-se novo silêncio. João a observava atentamente, na expectativa de receber novos conselhos. Ela deu um longo suspiro e prosseguiu:

– Filho, semanalmente, eu me reúno com alguns amigos e fazemos uma reunião em nosso centro com o objetivo de receber orientações de nossos mentores e também de auxiliar espíritos que se apresentem em situação difícil no mundo espiritual.

Iracema fez uma interrupção natural para abrir um envelope que havia deixado estrategicamente à mão e prosseguiu.

– Ontem, nessa reunião, nós tivemos a visita de uma entidade amiga que desejou nos relatar, através da psicografia, a experiência dela em uma das reencarnações.

– Psicografia assim como as do Chico Xavier? – interrompeu João, mostrando-se curioso por conhecer um relato recebido de maneira nada usual para ele.

Iracema sorriu antes de responder:

– Sim. A psicografia é um fenômeno bastante comum nas reuniões espíritas. Creio que o amigo que nos relatou a sua experiência e se identificou como Rubens se dirigia a você. Gostaria de ler para você o texto que ele nos deixou.

Retirando do envelope algumas folhas escritas à lápis, Iracema iniciou a leitura:

"Em uma de minhas reencarnações, nasci na cidade de Brugges, na Bélgica, no ano de 1545. Durante a minha juventude, decidi tornar-me mercenário, sendo contratado para lutar em guerras. A última batalha de que participei ocorreu no Marrocos, no dia 04 de agosto de 1578, e ficou conhecida como 'A Batalha dos Três Reis'.

"Tudo começou com a morte do sultão de Marrocos, Abdallah al-Ghalib. Seu filho mais velho, Abu Abdallah Mohammeda II, conhecido como Mulei Mohammed, o sucedeu, tendo governado de 1576 a 1578.

"Após assumir o trono, um de seus irmãos foi assassinado e o outro irmão, Mulay em Naser, que era governador de Tadla, foi preso. O seu tio paterno, Abu Marwan Abd al-Malik, também conhecido como Mulei Moluco, havia fugido para a Argélia, onde organizou o próprio exército, recebendo grande apoio de soldados otomanos.

"Mulei Moluco derrotou seu sobrinho em três batalhas. Em consequência, Mulei Mohammed refugiou-se em Portugal, onde pediu o apoio de dom Sebastião para retomar o poder em seu país.

"Dom Sebastião era filho do infante dom João, o qual morreu antes do nascimento do filho. Posteriormente, em 1557, com a morte de seu avô João III, dom Sebastião herdou o trono. Ele tinha apenas três anos de idade.

"Educado por jesuítas, dom Sebastião acabou se transformando num fanático religioso. Assim, quando Mulei Mohammed pediu-lhe ajuda, sendo informado que Mulei Moluco contava com o apoio fortíssimo dos otomanos, adeptos do islamismo, dom Sebastião abraçou a causa e decidiu apoiar Mulei Mohammed, tendo obtido a promessa de receber a cidade de Arzila, que fica no litoral norte de Marrocos.

"Para dom Sebastião, fortemente influenciado pelos jesuítas, a guerra seria antes uma guerra dos cristãos contra os mulçumanos do que uma guerra para levar ao trono novamente o Mulei Mohammed.

"Dom Sebastião vislumbrou outro motivo para ir à guerra, além do religioso: imaginou que poderia aproveitar aquela oportunidade para reviver glórias do passado e para beneficiar-se do comércio naquela região, rica em ouro, gado, trigo e açúcar.

"No dia 25 de junho de 1578 partimos de Lisboa. O exército expedicionário contava com dezessete mil pessoas, aproximadamente. Passamos por Tanger e seguimos para Arzila. De lá, cometemos um grande erro, ao seguirmos por terra para Larache, quando poderíamos ter seguido de navio, que seria bem menos desgastante, além de possibilitar a oportunidade de reabastecimento de alimentos e água.

"De Larache, seguimos para Álcacer-Quibir, sendo este o nosso segundo grande erro, pois mais prudente e recomendado seria esperar o ataque de Mulei Moluco próximos aos nossos navios, que já haviam sido utilizados em outras batalhas vitoriosas.

"No dia 04 de agosto do longínquo ano de 1578, encontramos o exército de Mulei Moluco. Debaixo de um calor infernal, após uma batalha de quatro horas, que manchou de sangue as areias desérticas do norte da África, os exércitos de dom Sebastião e Mulei Mohammed foram derrotados, com saldo de quase nove mil mortes e dezesseis mil prisioneiros.

"Antes da derrota, alguns conselheiros viram que seria impossível sair vitorioso naquela batalha e sugeriram a dom Sebastião que se rendesse, mas ele recusou a ideia ao lembrar-se das orientações recebidas pelos jesuítas.

"Os três reis morreram. Dom Sebastião morreu em combate. Mulei Moluco morreu em virtude de seu quadro debilitado de saúde, não tendo suportado o esforço feito na batalha, enquanto Mulei Mohammed morreu afogado em um rio ao tentar empreender fuga.

"Os que escaparam da morte foram feitos prisioneiros, sendo este o meu caso. Fiquei em uma prisão, em Al-Kars al-Kebir. Como eu não pertencia à nobreza portuguesa, não pagaram o meu resgate.

"O calor insuportável, a falta de espaço no cárcere superlotado, a falta de alimentos e de água, a insalubridade do ambiente... Tudo isso revoltou os prisioneiros, que decidiram sortear alguns para morrer, a fim de esvaziar as celas e chamar a atenção das autoridades para resolver o problema. Eu fui assassinado por outros prisioneiros dentro do cárcere, enquanto dormia.

"As lembranças da guerra e da prisão continuaram aterrorizando a minha mente anos após eu reingressar no mundo espiritual. Um banho de sangue que causou estragos por décadas nas vidas de milhares de espíritos.

"Trata-se da maior derrota de Portugal em uma batalha, levando Luís Vaz de Camões a fazer o seguinte comentário, em uma carta endereçada a d. Francisco de Almeida: 'Enfim, acabarei a vida e verão todos que fui tão afeiçoado à minha pátria que não só me contentei de morrer nela, mas com ela'.

"A experiência na batalha de Álcacer-Quibir levou-me a desejar ajudar as pessoas vítimas da guerra. Nessa função, recebi e ajudei a cuidar de inúmeros espíritos mortos em batalhas de guerra. Confesso que a guerra mais fratricida a que assisti do plano espiritual foi a Primeira Guerra Mundial. A guerra das trincheiras levou os combatentes a se enfrentarem no corpo a corpo, onde o horror de matar e morrer faz-se muito maior. Inúmeros foram os casos de combatentes que tiraram a vida de um ou de mais semelhantes antes de serem mortos.

"Do plano espiritual assisti a outra humilhante derrota de Portugal em uma guerra, dela participando várias pessoas às quais eu estava ligado por fortes vínculos afetivos, já que eu havia reencarnado em Portugal no ano de 1860, tendo falecido em 1903.

"Ficou conhecida como a batalha de La Lys, na divisa da Bélgica com a França, tendo ocorrido na madrugada do dia 9 de abril de 1918.

"Eram quatro e quinze da manhã quando a artilharia alemã começou a cair sobre as trincheiras. E com ela vieram o gás asfixiante, fosgênio e mostarda. Rapidamente, as redes de arames farpados foram destruídas e as comunicações telegráficas e telefônicas cortadas. Os mortos caíam por todos os lados. Às sete horas da manhã, a fumaça misturava-se ao nevoeiro e a infantaria alemã aproveitou-se da má visibilidade para avançar sobre as trincheiras de frente. Várias companhias portuguesas fugiram. Alguns procuraram se esconder nas posições de retaguarda, enquanto outros procuraram abrigos nos povoados aos arredores. Outros, por sua vez, permaneceram em suas posições, armados, esperando os alemães para a luta corpo a corpo, imaginando que os soldados britânicos chegariam em breve para auxiliá-los, afinal estava programado que renderiam as posições portuguesas naquela manhã.

"Ledo engano. Os alemães se aproveitaram de um hiato entre brigadas de nacionalidades diferentes, que não se comunicavam entre si, para armar o ataque.

"Ao final daquela batalha, os portugueses contabilizaram quatrocentas mortes e seis mil e quinhentos prisioneiros. Os alemães conseguiram avançar oito quilômetros de profundidade por vinte e três quilômetros de largura.

"No plano espiritual, recebi e ajudei portugueses mortos naquela batalha, dedicando atenção maior àqueles com que eu guardava afinidades, em função da minha reencarnação recente naquele país."

Iracema estava satisfeita por ver a atenção de João em suas palavras. Ela fez uma pausa, antes de concluir a leitura:

"Agora, estamos muito preocupados com o desenrolar dos fatos no mundo. Espíritos malignos estão encontrando terreno fértil nas mentes de importantes líderes mundiais, instigando-os a dar causa a novas guerras. Devemos orar muito por essas autoridades, para que preservem a paz mundial. Sempre que for possível, vocês devem fazer manifestações em favor da paz. Uma manifestação simples e que gera efeitos benéficos nesse sentido é a concentração de pessoas ao redor do mundo, em dias e horários específicos, para vibrarem, simultaneamente, pela paz, emitindo pensamentos de luz e amor às principais autoridades responsáveis pela manutenção da paz no planeta.

"Ass.: Rubens"

Finda a leitura, intuída pelo espírito do autor daquele texto, que naquele momento se apresentava ao seu lado, Iracema recolocou as folhas no envelope, calou-se por alguns segundos, para finalmente falar:

– João, percebo que você teve participação decisiva na batalha de Álcacer-Quibir. Acho que nada irá lhe acrescentar saber detalhes do que você fez. O importante a saber é que, nesta atual encarnação, você assumiu o compromisso de se empenhar pela paz sempre que tiver uma oportunidade para isso.

João ficou surpreso com o que acabava de ouvir, sem saber se deveria acreditar naquelas palavras. E se tivesse, de fato, participado da batalha? Teria cometido atos de barbárie contra o inimigo? Sentiu um calafrio só de imaginar que poderia ter tirado a vida de algumas pessoas em uma luta sangrenta, onde os contendores se enfrentaram no corpo a corpo. Por outro lado, não vislumbrava como poderia ser útil para lutar pela paz.

Iracema percebeu o desconforto dele após ela reproduzir as palavras intuídas por Rubens e procurou orientá-lo.

– João, não se preocupe com o mal que você pode ter feito em vidas passadas. Nós nos esquecemos de tudo o que fizemos em vidas anteriores exatamente para termos condições emocionais de cumprirmos a nossa missão na reencarnação atual, além de conseguirmos perdoar as pessoas que nos ofenderam, as quais muitas vezes reencarnam no nosso seio familiar. O que precisamos fazer, sempre, é estarmos abertos às mudanças necessárias para o nosso crescimento. Precisamos evoluir constantemente.

"Há um trecho do Evangelho de Lucas em que ele relata a chegada de Jesus a Jericó. Havia lá um cobrador de impostos, de nome Zaqueu, que era muito mal visto pela sociedade, tanto por representar a opressão de Roma, como por ir atrás das pessoas colhendo impostos, sendo implacável em seu ofício, não tendo piedade nem mesmo dos mais necessitados. Ele era muito rico. Fisicamente, era de estatura baixíssima. Teve vontade de ver Jesus, mas sabia que não conseguiria, tendo em vista a multidão que se formava por onde Jesus passava. Então, ele decidiu subir em uma figueira para ter uma visão privilegiada.

"Quando Jesus passou, olhou para cima e pediu a Zaqueu para descer, afirmando que ficaria na casa dele naquele dia. Zaqueu ficou muito feliz e desceu rápido, ao passo que as pessoas ali presentes condenaram a atitude de Jesus por hospedar-se na casa de um pecador. Zaqueu se arrependeu dos seus pecados, como a falta de caridade, o rigor na cobrança de impostos, o proveito que tirava das pessoas em dificuldades financeiras, fazendo negociatas imorais, e decidiu doar metade de seus bens e devolver em quádruplo o que havia lesado a alguém.

"Veja: essa passagem do Evangelho mostra-nos que sempre é tempo de mudarmos os nossos hábitos, das vidas passadas e da atual. É preciso que busquemos a Jesus, como Zaqueu fez, superando as barreiras exteriores, como foi o caso dele, que precisou correr na frente da multidão, sendo gordo e tendo pernas curtas, para subir em uma árvore. Superou, ainda, as barreiras interiores, já que ele era pessoa conhecida e malquista. Mesmo assim, fez questão de subir em uma árvore, superando todo tipo de constrangimento, apenas para ver o Mestre, não dando ouvidos aos comentários das pessoas que o odiavam.

"Por isso, por piores que foram os nossos erros nesta vida e em vidas passadas, devemos focar no futuro. Para isso, devemos nos melhorar como pessoas no presente, sem deixarmos para depois. Veja que o Evangelho narra que Zaqueu desceu rápido da árvore. Ele não vacilou um único segundo. Jesus convida a todos para abraçarmos uma vida cristã, mas dá o livre-arbítrio a cada um.

"Há um relato no romance *Ressurreição e vida*, de Leon Tolstoi, psicografado pela médium Yvonne do Amaral Pereira, em que o autor narra o seu encontro com Zaqueu. Ele confidenciou à médium que Bezerra de Menezes, um dos maiores expoentes da doutrina espírita, foi a reencarnação de Zaqueu. Bezerra de Menezes teve uma vida voltada para a caridade. Pare para pensar no salto que houve na vida de Zaqueu, antes do encontro com Cristo, e na vida de Bezerra de Menezes, tratando-se do mesmo espírito.

"Por maiores que sejam os vícios e pecados, a mudança comportamental sempre é possível. Quanto menos tardar, menos difícil será."

Iracema sabia que as suas palavras eram dirigidas mais aos espíritos sofredores que ali se encontravam do que ao próprio João. Mas ele também ficou encantado com a sabedoria e cultura demonstrada por aquela senhora.

– Confesso que fiquei tocado pelo conteúdo da psicografia que a senhora leu. Haveria algum problema se eu pudesse fazer uma cópia do texto?

– De forma alguma. Aliás, nem precisa fazer cópia. Quando psicografei esta comunicação, tinha certeza de que ela se dirigia a você. Pode levá-la – respondeu, passando-lhe imediatamente o envelope em que guardara a mensagem.

– É muita gentileza da sua parte. Estar na sua companhia e desfrutar dos seus conhecimentos tem sido muito gratificante para mim. Sinto-me equilibrado e com as energias renovadas. Eu vou refletir muito sobre tudo o que eu ouvi aqui no dia de hoje. Novamente, eu lhe sou muito grato.

– Eu é que me sinto muito feliz por encontrar alguém com quem eu possa conversar sobre esses assuntos – emendou Iracema.

Já havia escurecido e o céu estava claro, sem nuvens. Quando caminhavam para a porta de saída do apartamento, tocou o celular de João. Era Rita, sua prima.

– É a minha prima, que mora em Nova Iorque. Depois eu ligo para ela.

Iracema, ainda intuída pelo espírito de Rubens, disse-lhe:

– Atenda, ela pode estar precisando de alguma coisa. Não é fácil para uma pessoa viver em um país que não seja o seu, longe dos familiares e amigos.

João vacilou, mas, não querendo deixar de atender a uma sugestão dela, acabou atendendo o celular.

– Meu primo, eu estou com muita saudade sua! Sonhei com você hoje, acredita? Agora, eu estava navegando na internet, quando vi, casualmente, uma promoção incrível de passagem aérea de São Paulo para Nova Iorque. Ida e volta está saindo por quinhentos dólares Estou ligando para lhe convidar para vir me visitar.

João teve o ímpeto de agradecer o convite, alegando a necessidade de estudar para o concurso que estava cada vez mais próximo. Entretanto, Iracema, que havia ouvido o convite de Rita, voltou a aconselhá-lo:

– Aceite o convite e vá se encontrar com sua prima. Não perca esta oportunidade, você merece fazer esse passeio.

Diante das palavras de Iracema, João decidiu pensar sobre o assunto.

– Eu estou estudando para um concurso, mas o seu convite é tentador, já que o preço da passagem está barato e não gastarei com hospedagem. Dê-me meia hora para pensar. Daqui a pouco eu lhe telefono. Sei que não posso demorar a decidir, sob pena de não conseguir comprar a passagem no preço promocional.

João desligou o telefone, sorriu para Iracema e comentou:

– Eu adoro a minha prima, mas eu tenho os estudos e o meu namoro para me dedicar.

Ainda intuída por Rubens, Iracema sentiu que a viagem seria extremamente proveitosa para João. Então, ela insistiu:

– Leve os livros e estude no tempo livre. Certamente, a sua prima trabalha durante o dia e você não terá ninguém para tirar a sua concentração. Com relação ao namoro, será até bom para aguçar a saudade. Quando você retornar, tenho certeza de que a encontrará ainda mais apaixonada. Você verá!

João ficou pensativo. Com um sorriso tímido demonstrando a dúvida que estava sobre fazer a viagem, ele abraçou Iracema e prometeu pensar no assunto. Depois, despediu-se e voltou para sua casa, entrando no portão ao lado da portaria do prédio dela.

Lá chegando, ligou o computador e confirmou o preço da passagem. Ele tinha uma quantia depositada no banco e sequer precisaria pedir dinheiro para o seu pai. Rapidamente, ele lembrou-se do tanto que havia aproveitado da última vez que estivera em Nova Iorque e decidiu comprar o bilhete sem consultar a namorada ou mesmo alguém de sua família. Assim o fez, seguindo a orientação de Iracema.

Capítulo 24

Bruno, por sua vez, voltou a sentir bem-estar na casa de Iracema. Entendeu que a história de cobrador de impostos que queria ver Jesus havia sido dirigida para ele.

Vinícius aproveitou a ocasião e convidou-o a iniciar o tratamento para curar as feridas que lhe afligiam o espírito.

– Você já perdeu muito tempo. Procure se tratar para ter condições de seguir a sua jornada. Liberte-se do ódio e volte a viver a vida. Mire-se no exemplo de Zaqueu. Os erros do passado devem nos mostrar um novo caminho a seguir. É hora de pôr fim a uma série de atos que causaram dor a muitas pessoas. Veja bem no que desencadeou a atitude irresponsável do Giovanni, dirigindo drogado e em alta velocidade. Tirou a sua vida, causando sofrimento a você, sua mãe e sua noiva, além das pessoas que lhe queriam bem. O pai dele corrompeu um juiz para que o filho não fosse preso. O Fábio, revoltado com a decisão, reprovou, de forma injusta, o filho do juiz no concurso do Ministério Público. Essa reprovação inviabilizou o casamento de João com Ana. Em face do término do namoro entre os dois, Fábio começou a namorar Ana, bem mais nova, e decidiu fazer uma cirurgia plástica para rejuvenescer. A cirurgia foi uma catástrofe, ele quase morreu e ficou com a face deformada. A clínica foi fechada pela justiça. O juiz voltou a se corromper e mandou para local inapropriado um preso de alta periculosidade, se indispondo com seus colegas de trabalho. Gozando de regalia indevida, o preso saiu da cadeia, assaltou uma joalheria, fez Giovanni de refém e ambos foram mortos.

"Como em um efeito dominó, todos os atos tristes subsequentes são frutos da sua morte no acidente causado por Giovanni. É óbvio que tudo isso aconteceu porque Deus, dentro de Sua inconteste sabedoria, permitiu que assim o fosse.

Vinícius fez uma pausa e encarou Bruno. Por alguns segundos ficaram se olhando.

– Está na hora de acabar com essa sequência de fatos negativos – insistiu Vinícius. – É preciso cessar o mal e começar a fazer o bem. Pessoas que você ama estão em dificuldades e você pode ajudá-las pelo simples fato de seguir adiante, aceitando o que ocorreu com resignação, abrindo mão de mais vingança. Tanto você quanto elas tirarão um peso das costas.

Bruno refletiu por alguns segundos, olhou para Vinícius e respondeu:

– Eu estou disposto a fazer o que for necessário para me curar. Ajude-me, pois estou perdido e não sei como alcançar a minha cura.

Havia um pedido de clemência no olhar de Bruno. Vinícius abraçou-o afetuosamente, deixando que ele chorasse à vontade. Quando ele se restabeleceu, Vinícius adiantou-lhe quais seriam os próximos passos.

– Vamos à casa de sua mãe para você se despedir dela. De lá, nós iremos para a colônia espiritual socorrista, onde você receberá tratamento. Somente após ser curado é que você obterá permissão para voltar a revê-la.

– O que é uma colônia espiritual? – perguntou Bruno, receoso do que poderia encontrar pela frente.

– São como cidades espirituais próximas ao planeta Terra, onde espíritos errantes se estabelecem provisoriamente, enquanto aguardam novas reencarnações. Lá você encontrará espíritos com dificuldades e padrão comportamental semelhantes aos seus. Mas encontrará, também, espíritos superiores, que auxiliam os espíritos inferiores a curar os males do espírito. Nas colônias existem hospitais, bibliotecas, prédios, ministérios e locais adequados ao lazer.

Bruno lembrou-se de Giovanni. Curioso por saber o destino dele, perguntou:

– Posso me encontrar com o Giovanni na colônia?

– Não. O Giovanni foi conduzido por suas vítimas, sedentas de vingança, para o umbral, uma região que apresenta pouca vegetação, escuridão, abismos, precipícios e vales, onde os espíritos têm sensações ruins de frio, sede e medo, entre outras. Aves horripilantes aparecem para assombrar os que ali se encontram. Lá, ele encontrará os criminosos de todos os tipos, além de viciados, libertinos e espíritos que têm a consciência pesada e carregam o remorso. É local de dor e sofrimento, que leva o espírito a reavaliar a sua conduta enquanto encarnado.

"Depois de ficar no umbral o período necessário para se arrepender, o espírito é encaminhado para alguma colônia".

Bruno sentiu vontade de ir para a colônia espiritual. A presença de Vinícius dava-lhe confiança em vencer os obstáculos que surgiriam. Sentiu-se acolhido. Seguiram para a casa de Neide. Sozinha, ela assistia a um programa na televisão. Ao lado do aparelho, o porta retrato com a foto do filho morto. Mais uma vez, Bruno encontrou-a abatida, sem ânimo para nada. Quando o telefone tocou, Neide pensou em não atender a chamada, mas mudou de ideia apenas porque o aparelho estava ao seu lado. Não precisava sequer se levantar.

– Oi, tia, sou eu – disse Fábio. – Estou ligando para lhe dar uma boa notícia.

Neide logo imaginou que a notícia se referia à indenização.

– O pai do Giovanni já depositou o dinheiro. Está depositado em uma conta judicial. Esta semana deve sair o alvará para levantarmos a quantia. Assim que sair o alvará, eu vou telefonar para a senhora ir comigo ao fórum. Lá, a gente faz a transferência do dinheiro para a sua conta.

– Graças a Deus! Estava preocupada com aquela conversa que tivemos, com medo de não receber a indenização.

– Eu também estava preocupado. Fiquei sabendo que o pai do Giovanni andou mudando os seus conceitos após a morte do filho e não deixará de resolver nenhuma pendência envolvendo o Giovanni.

Bruno sentiu-se ainda mais aliviado e animado para começar o tratamento, pois aquele dinheiro seria o suficiente para sua mãe levar uma vida confortável dali em diante. Imediatamente, veio à sua mente a imagem de Aristides entregando a pasta com um milhão de dólares para Jorge, pai de Giovanni, sugerindo que ele usasse aquela quantia para ajudar a pagar a indenização devida à mãe de Bruno.

Após o término da conversa entre Neide e Fábio, Bruno voltou-se para Vinícius e fez novo pedido.

– Por favor, gostaria que você ajudasse a minha mãe a sair dessa depressão. Se possível, dê um jeito de apresentá-la para a Iracema. Tenho certeza de que a mamãe poderá aprender muito com ela.

– Fique tranquilo. Eu farei o que estiver ao meu alcance.

Em seguida, Bruno deu um abraço em sua mãe, transmitindo-lhe amor e esperança. Ainda na companhia de Vinícius, Bruno seguiu para o apartamento de Fábio, onde o encontrou sentando ao lado da mãe, assistindo a um programa de televisão. Parecia-lhe que Fábio estava em paz, sendo mais um motivo para Bruno partir em tranquilidade.

Dali, Vinícius encaminhou Bruno à colônia onde receberia tratamento. Na entrada, Alberto já esperava por Bruno. Ele assumiu a responsabilidade para fazer o devido encaminhamento do necessitado. Vinícius abraçou Bruno mais uma vez e despediu-se, prometendo visitá-lo em breve. Deveria retornar para seguir o seu trabalho junto a Iracema.

Capítulo 25

Ana apoiou a viagem de João aos Estados Unidos, mesmo sabendo que ficaria com muitas saudades. O namoro caminhava sem sobressaltos. Ambos estavam mais cuidadosos no trato um com o outro.

Um dia antes da partida, João e Ana foram à casa de Diva para visitar o sobrinho e afilhado. A sua irmã estava feliz por vê-lo feliz novamente. Ela tinha um carinho especial por ele e fazia gosto do namoro com Ana.

– Eu vou tomar conta da Ana durante a sua ausência. Será bom porque ela poderá me ajudar a tirar dúvidas que ainda tenho a respeito da inauguração da filial da loja na próxima semana. Lamento apenas que você não estará presente, mas entendo os seus motivos.

João estava feliz por ver a mudança de comportamento da irmã nos últimos meses. Ela havia diminuído substancialmente o tempo dedicado ao lazer e aumentado o tempo de dedicação ao trabalho e, sobretudo, o tempo de contato com o filho. Para completar, o relacionamento entre Diva e Iolanda havia melhorado consideravelmente.

Por outro lado, João estava mais tranquilo com relação à reação de seu pai em face dos últimos acontecimentos. Aristides havia voltado a trabalhar e o seu advogado havia lhe passado otimismo quanto à sua defesa no procedimento que respondia junto à Corregedoria de Justiça, levando-o a confiar na possibilidade de sofrer uma punição branda.

De fato, Aristides apresentou ânimo novo depois que Bruno aceitou submeter-se ao tratamento na colônia e desistiu de importuná-lo. Obviamente, ele não desconfiava que a melhora em seu estado de espírito estava diretamente associada a este fato.

Depois que saiu da casa de Diva, João deixou Ana em casa e voltou para o apartamento dos seus pais, a fim de arrumar a mala. Para sua alegria, depois de muito tempo viu o seu pai lanchando e brincando com Ireni, a empregada, descontraidamente. Ele aproveitou para lanchar e fazer companhia ao seu pai.

– É bom vê-lo animado de novo. Algum motivo especial?

Aristides servia café na xícara. Retornou a garrafa para a mesa e respondeu:

– Lá no fórum existe uma associação de juízes espíritas. Eles se reúnem todas as semanas para estudar o Evangelho e assistir a uma palestra. O Thales, juiz da execução de penas, é quem preside a associação. Nós éramos grandes amigos, mas a nossa amizade ficou estremecida depois que eu dei essas decisões que estão sendo objeto de investigação por parte da Corregedoria de Justiça.

"Hoje, eu tomei a iniciativa de conversar com ele. Fui ao seu gabinete e me desculpei por ter tomado decisões que eram afetas à vara dele e não à minha. Juridicamente falando, ele era o juiz competente para conceder a prisão domiciliar ao Giovanni, e não eu. Da mesma forma, ele é o juiz corregedor de presídios e, sendo assim, eu jamais poderia transferir o Tito do Cadeião para a delegacia da rua Primeiro de Abril sem antes consultá-lo. A minha decisão causou transtorno junto à administração do Cadeião."

Enquanto passava manteiga no pão, João perguntou:

– Qual foi a reação dele depois que o senhor se desculpou?

– Ele não apenas me desculpou como, também, fez um convite para eu ir ao próximo encontro do grupo de juízes espíritas. Disse que terá uma palestra imperdível.

João ficou feliz ao ver o pai em paz novamente e aproveitou a ocasião para fazer uma observação.

– Pedir perdão traz um alívio enorme, não é pai?

Aristides ficou com os olhos umedecidos de lágrimas. Colocou as mãos atrás da nuca, levantou a cabeça e ficou olhando para o horizonte. Sentiu uma brisa fresca soprar a sua face, após entrar na casa pela janela da sala. Teve uma sensação de prazer, aguçada pelo aroma do café que subia da xícara. Inspirado por aquele momento, respondeu:

– Filho, um pedido sincero de perdão tem o mesmo efeito que o perdão recebido, ainda que a vítima não conceda o seu perdão.

O arrependimento pelos erros cometidos e a disposição em mudar o comportamento são suficientes para recebermos a graça de Deus.

João ficou surpreendido com a resposta dada por seu pai. Feliz, ele sorriu. Era mais um sinal de que poderia viajar tranquilamente para Nova Iorque, com a consciência limpa, pois tudo estava caminhando bem em sua casa. Sentiu como se aquela brisa representasse a mudança.

Depois do lanche, João foi para o seu quarto e começou a arrumar a mala. Guardou os dólares que usaria na viagem dentro de uma bolsa que ficaria amarrada em sua cintura, embaixo da calça. Ele decidiu levar, além do passaporte, somente os documentos necessários. Esvaziou a carteira, jogando uma papelada sobre a cama. Ao separar o que iria para o lixo do que levaria para viagem, pegou o cartão de Clara, a moça que trabalhava na ONU, neta da dona Maria, a senhora que ele deu carona após sair da consulta médica para examinar o derrame no olho.

"Que legal! Ela poderá me dar uns toques sobre o que fazer em Nova Iorque e poderá me acompanhar em uma visita à ONU", pensou.

João guardou o cartão de Clara novamente na carteira e voltou a arrumar a mala. Em seu íntimo, sentia que precisava fazer essa viagem, como se fosse cumprir uma missão. Algo que lhe abriria portas quando retornasse ao Brasil.

Mesmo que estivesse enganado, o simples fato de rever Rita, uma prima que ele adorava, já era o suficiente para justificar a viagem. Ela tinha um astral altíssimo e era bastante divertida. Certamente, dariam boas gargalhadas.

Após arrumar a mala, João guardou alguns pertences na mochila que iria com ele. Ali, colocou o *notebook*, que serviria tanto para os estudos quanto para matar a saudade de Ana e dos familiares, através da internet.

O telefone tocou. Era Rita.

– Acabei de comprar o colchão onde você dormirá. Vou colocá-lo na sala. Não se esqueça de trazer roupa de frio. Hoje começou a nevar e a previsão é de muito frio para os próximos dias.

– Eu estou sabendo, prima. Antes de arrumar a mala, eu conferi a previsão do tempo na internet. Espero que o frio não seja desculpa para você não sair comigo. Faço questão de irmos a pelo menos um musical e a alguns restaurantes legais.

Rita estava muito ansiosa com a visita do primo. Após o término do último namoro, ela estava se sentindo um pouco solitária. Por isso, a visita de João encheu de alegria o seu coração.

– Vou levá-lo onde você quiser – respondeu Rita. – Estou superanimada para sairmos, mas eu confesso que não sei quais os lugares estão ficando legais em Manhattan. Durante o meu namoro com o croata, nós saíamos apenas no Queens mesmo. É melhor você sondar com alguém que esteja mais por dentro sobre o que fazer em Manhattan.

João sabia que Rita não tinha o hábito de sair em Manhattan. Como ela trabalhava lá durante o dia, fazendo faxina nas casas dos clientes, voltando para o seu apartamento, que ficava em Astória, no Queens, apenas no final do dia, era ali que ela gostava de sair.

– Deixe comigo – tornou ele. – Eu conheci uma moça que trabalha na ONU. Estou com o cartão dela. Vou telefonar pedindo umas dicas.

Rita ficou surpresa, pois sabia que ele tinha voltado o namoro.

– Você está pensando em chamá-la para sair?

João deu uma risada, pois entendeu que Rita ficou desconfiada das pretensões dele.

– Fique tranquila. Eu estou muito bem com a Ana. Essa moça é casada. Vou ligar para ela apenas porque ela me pareceu ser uma pessoa legal e se colocou à disposição para me ajudar caso eu fosse para Nova Iorque.

– Ah bem! – disse Rita, aliviada.

Após conversar com o primo, Rita foi ao supermercado que ficava próximo à sua casa fazer compras, para não faltar nada nos dias seguintes. Queria dar uma recepção muito bacana a João.

Capítulo 26

Fábio ficou com o ânimo redobrado ao ver o resultado da nova cirurgia, o que lhe devolveu a autoconfiança. Por outro lado, após sua mãe mudar-se para sua casa, ele intensificou o relacionamento com ela e tornou-se mais caseiro. Passou a sentir prazer no simples fato de assistir a um programa de culinária na televisão ao lado dela.

A presença de Eleonora dentro do seu lar o ajudou a trazer paz de espírito e a confiança de que dias melhores viriam.

Por sua vez, Eleonora estava radiante de alegria por se sentir útil ao filho novamente. Nos últimos anos, pela forma como ele a tratava, Eleonora tinha a sensação de ser um peso na vida dele.

Com a proximidade do aniversário dela, ele queria escolher um presente com muito carinho para Eleonora, mas, até então, não sabia o que poderia agradá-la.

As chuvas que caíram sobre a região serrana do Rio de Janeiro causaram estragos em vários imóveis, deixando centenas de mortos e milhares de desabrigados. Fábio ficou sensibilizado com a situação precária das famílias que haviam perdido tudo e decidiu participar da campanha de ajuda às vítimas da enchente. Anotou o número da conta corrente da Cruz Vermelha e transferiu dois mil reais para aquela instituição. Depois, pediu à sua mãe que o ajudasse a separar roupas e calçados para doar às vítimas. Era a primeira vez que ele fazia uma doação e sentiu-se grato pela oportunidade de ajudar pessoas carentes.

Ele estava bem mais resignado com o término do namoro. Em seu íntimo, acreditava que Ana e João estavam juntos novamente.

Apesar de ter ciúmes, estava sentindo forte arrependimento por ter prejudicado João.

Este, por sua vez, estava ansioso com a viagem. Despediu-se de seus familiares e seguiu para o aeroporto junto com a namorada. O sol abriu após forte pancada de chuva, deixando um lindo arco-íris no horizonte, o que levou Ana a comentar:

– É prenúncio de que você terá uma viagem abençoada. Que belo arco-íris!

– Curioso, de um tempo para cá tenho a sensação de que as coisas estão se ajeitando em minha vida. Não sei se irei passar neste concurso, mas acho que em breve eu terei uma definição da minha vida profissional.

– Eu também tenho essa sensação – tornou ela. – Sinto que estarei ao seu lado na próxima vez que você for viajar para fora do país.

Mais um pouco e ela completou:

– Alguma definição profissional acontecerá em sua vida, naturalmente, sem que você se pressione ou se sinta pressionado por qualquer pessoa.

Os pensamentos de João foram à casa de Iracema. De certa forma, ela o havia convencido a fazer esta viagem.

– Da última vez que estive com Iracema, lá na casa dela, fiquei com a sensação de que ela sabia de algo a meu respeito. Talvez, alguma coisa boa que pudesse acontecer comigo, mas ficou com receio de falar. Sei lá, saí com essa impressão.

Quando chegaram ao aeroporto, Ana deixou João em frente ao balcão da companhia aérea e foi estacionar o carro. O movimento de passageiros era intenso. João enfrentou fila de trinta minutos para fazer o *check-in*. Ana, por sua vez, custou a achar uma vaga no estacionamento. Ela voltou a se encontrar com ele quando João estava despachando suas bagagens, o que a irritou, pois não queria perder um minuto ao lado dele.

– Este aeroporto está um caos. Se o Governo Federal não acelerar o andamento das obras de ampliação e modernização, certamente daremos um vexame na Copa do Mundo.

João não havia aprovado a escolha do Brasil para sediar um dos eventos mais importantes do mundo. Cético com relação às consequências do gasto público para a população brasileira, ele argumentou:

– Ouvi falar que a finalidade é deixar tudo para a última hora, exatamente para dispensar os procedimentos de fiscalização e busca pelo melhor preço, a fim de viabilizar a corrupção.

Depois de despachar a mala, eles ficaram entre beijos e abraços até o momento do embarque, quando ela reafirmou:

– Eu estarei aqui, esperando ansiosamente pela sua volta. Amo você.

– Vou sentir saudades e me lembrar de você sempre que fizer um passeio legal. Faço questão de irmos juntos para Nova Iorque assim que for possível.

Um abraço apertado e um beijo caloroso selaram a despedida.

O voo para São Paulo foi tranquilo, apresentando algumas turbulências apenas na chegada ao aeroporto internacional de Guarulhos.

João aproveitou o tempo livre para conferir os produtos e preços do *free shopping*, mas comprou apenas uma barra de chocolate.

No horário previsto, o avião decolou, para alívio de João, já que Rita sairia para o trabalho às oito e meia da manhã. Por isso, ele deveria chegar antes de ela sair, sob pena de ter de esperar no *hall* do prédio, até ela retornar no final da tarde. Era a segunda vez que ele se hospedava na casa dela.

João sentou-se próximo à saída de emergência. Não havia uma única cadeira vazia. Ele estava muito ansioso, já que fazia um bom tempo que não viajava para o exterior e a cidade de Nova Iorque exercia um grande fascínio sobre ele. Logo após o jantar, ele dormiu. Acordou algumas vezes com o avião sendo sacudido por fortes turbulências, mas voltou a dormir, já que estava bastante cansado.

Por fim, acordou pela última vez quando o café da manhã estava sendo servido e não voltou a dormir. Ao olhar pela janela, à sua esquerda, viu que o avião voava sobre o mar, mas próximo do continente, tendo avistado as luzes de uma cidade. Dali em diante, ele não tirou os olhos da janela.

Mais um pouco e ele avistou a cidade de Nova Iorque, com seus lindos arranha-céus. O dia começava a clarear. Ele ficou tão emocionado que sentiu o corpo arrepiar.

João não via chegar o momento de pegar um táxi e ir para a casa da Rita, que não ficava tão distante do aeroporto John Fitzgerald Kennedy.

Ela tinha tanto carinho com ele, que João já imaginava o belo café da manhã que o esperava na casa da prima.

O pouso foi tranquilo, assim como o procedimento de alfândega, apesar de um pouco demorado. Quando saiu do saguão do aeroporto, João sentiu o frio que estava fazendo. Ventava forte e pequenos flocos de neve caíam, deixando a cidade ainda mais charmosa.

João esperou pouco na fila para pegar o táxi e seguiu para a casa da prima, tendo ficado encantado com a grandiosidade e funcionalidade do aeroporto, bem diferente dos aeroportos brasileiros.

Eram sete e meia da manhã quando ele chegou ao apartamento de Rita, no Queens. Tratava-se de um conjunto de três prédios de tijolinhos. A entrada era comum. Bastava abrir um pequeno portão de ferro. Depois, descia uma escada de três degraus, passava por uma fonte de água e chegava à entrada do prédio da prima.

João tocou o interfone. Sentiu o coração vibrar quando ouviu a voz da prima.

– É você, João?

– Sou eu, Rita.

– Ai que bom! Estou morrendo de saudades, nem acredito que você veio me visitar!

Ela abriu o portão e ele virou à esquerda, caminhando alguns metros até o elevador. Apertou o botão do quarto andar e sentiu o elevador dar uma guinada rápida.

Quando abriu a porta do elevador novamente, no quarto andar, deu de cara com ela.

Rita trazia um sorriso de felicidade contagiante. Estava muito bem vestida e cheirosa, como sempre. Apesar de trabalhar arrumando casas de clientes, ela fazia questão de sair impecável de casa.

– Como você está bonito, primo! Que bom que você veio! – disse ela, emocionada, enquanto dava um longo abraço nele.

– Você também continua linda e não mudou nada. O que você anda usando para não envelhecer?

– Eu não fico sem os meus cremes. Vamos entrar, porque eu preparei um café da manhã especial para nós. Não podemos demorar, já que daqui a pouco precisarei sair para o trabalho.

João pegou sua mala, entrou no apartamento, que havia passado por pequena reforma, e, seguindo orientação da prima, deixou a mala e a mochila na sala, onde ela havia colocado um colchão para ele dormir.

O apartamento tinha um corredor que levava até a sala e a cozinha. Depois, outro corredor, que dava acesso ao banheiro e ao quarto. A sala e o quarto eram muito grandes e o apartamento bem mobiliado e muito limpo, já que Rita tinha mania de limpeza.

Depois de deixar a bagagem na sala, João seguiu Rita até a cozinha. Sobre a pequena mesa, ela havia colocado suco de laranja, café, leite, presunto, queijo, geleia, pães e bolo. O iogurte e as frutas, por não caberem na mesa, ficavam na geladeira.

Durante uma hora, eles colocaram a conversa em dia. João falou do namoro, dos estudos, dos problemas vivenciados por seu pai, da inauguração da loja e da nova postura de Diva após o assalto na joalheria. Rita comentou sobre a crise financeira instalada nos Estados Unidos, a dificuldade de captar e manter clientes, os seus últimos namoros e sobre os irmãos que moravam na região de Boston.

Depois, entregou as chaves do apartamento para João, deu algumas dicas de passeios e lugares bons para fazer compras e, por fim, orientou-o a comprar o passe de metrô por sete dias, por ser vantajoso financeiramente.

Em seguida, Rita despediu-se e saiu para o trabalho. João decidiu tomar banho antes de ir passear. Combinaram de se encontrar ali mesmo por volta das sete horas da noite.

Antes de sair, João telefonou para Ana e para sua casa, a fim de dar notícias da viagem.

A voz melosa da namorada e as declarações de amor dela deixaram-no ainda mais feliz.

Como a chuva e a neve não davam trégua, João decidiu passear em locais fechados naquele primeiro dia. Logo na esquina da casa de Rita, havia uma loja onde ele comprou uma capa de chuva. Caminhou três quarteirões até a estação do metrô, que ficava na Broadway, do Queens. Ali, comprou o passe de uma semana e pegou o metrô no sentido de Manhattan, que ficava quatro estações adiante. De fato, muito perto e prático, já que a segunda estação em Manhattan era a da Quinta Avenida.

João desceu nessa estação. Ele estava ansioso por ver a grandiosidade dos arranha-céus, a beleza das lojas e o charme do Central Park. Para sua sorte, a chuva e a neve haviam parado de cair. Ele aproveitou para caminhar e ver o movimento das pessoas circulando.

Quando sentiu a neve cair novamente, ele pegou o metrô e foi ao Museu de Arte Moderna. Lá, o interesse maior dele era pelas obras de Van Gogh e Gauguin, pois João já havia estudado sobre a vida deles e sabia que Gauguin havia sido o único artista a aceitar o convite de Van Gogh para deixar Paris e morar em Arles. Apesar disso e de se admirarem reciprocamente, tinham severos desentendimentos, o que levou Van Gogh a pintar, em dezembro de 1888, *A Cadeira de Van Gogh* e *A Cadeira de Gaughin*. Ambas vazias, mas a de Van Gogh era sem braços, simples e com assento de palha, enquanto a de Gaughin tinha assento estofado e possuía braços.

Poucos dias depois de pintar os referidos quadros, no dia 23 de dezembro de 1888, após Gauguin sair para caminhar, Van Gogh o surpreende com uma navalha aberta, assustando-o. Com remorso, Van Gogh corta a própria orelha, embrulha-a em um lenço e leva-a de presente para Rachel, uma amiga prostituta.

João conhecia de nome as principais obras de Gauguin e Van Gogh. Por isso, ficou emocionado ao passar pela tela *Noite Estrelada*, uma das obras-primas de Vincent Van Gogh. Ali, ele se deteve um pouco e descobriu que a tela datava de 1889, depois que Gauguin retornou para Paris. Van Gogh tinha trinta e sete anos e fez a pintura enquanto esteve em um asilo em Saint Rémy de Provence, um ano antes de cometer suicídio. Ao contrário de muitas das obras do artista holandês, João descobriu que *Noite Estrelada* foi pintada de memória e não a partir da vista de uma paisagem, marcando o rompimento da fase impressionista do artista, que foi um dos responsáveis por ligar o impressionismo com o modernismo.

Outro motivo que levava João a despertar interesse pelo trabalho de Van Gogh era o fato de o artista ter fracassado profissional e socialmente, já que não chegou a constituir família e vendeu apenas um quadro em vida, *O Vinhedo Vermelho*, por quatrocentos francos.

Theo, seu irmão mais novo, era também o seu melhor amigo e quem o sustentava. Foi nos braços dele que Van Gogh morreu dois dias após disparar um tiro no peito, no período mais criativo de sua vida, quando pintava um quadro por dia. Antes de morrer, Van Gogh disse-lhe: “A tristeza durará para sempre”.

João era intrigado com a estória de vida de Van Gogh. Enquanto olhava para a tela *Noite Estrelada*, ele pensou:

"Teria ficado multimilionário se recebesse o reconhecimento pelo seu trabalho em vida".

Depois, João procurou pelos trabalhos de Gauguin e se encantou com a tela *De onde* Viemos? *O que somos? Para onde estamos indo?*, feita entre os anos de 1897 e 1898, com a pretensão de se tornar a obra-prima do artista. Uma tela de quatro metros, pintada em apenas um mês, pouco antes de uma tentativa frustrada de suicídio, usando arsênio.

"Interessante como as indagações dele retratam o espírito humano, independe do século", pensou João.

Depois de admirar o trabalho de Gauguin, João sentou-se em um banco, tomou café e ficou observando a neve cair no jardim do museu.

Dali, aproveitando que o sol ameaçava abrir, João foi passear na região dos teatros, mais conhecida como Times Square. Apesar de não ser a sua primeira vez ali, ficou impressionado com a beleza dos *outdoors*. Entrou em algumas lojas, mas não comprou nada.

João pegou novo metrô e desceu na região do Soho. Lá, admirou a arquitetura uniforme dos prédios, entrou em uma galeria de arte, olhou algumas coisas e saiu para almoçar. Optou por comer um sanduíche do Dean & Delucca.

Já no meio da tarde, voltou a chover e ele decidiu voltar para a casa de Rita. Lá chegando, ele deitou-se no colchão colocado no chão da sala. Em menos de dois minutos já estava dormindo um sono pesado.

Rita chegou por volta das sete e meia, conforme ela dissera de manhã. João acordou com o barulho do salto dela sobre o piso de madeira da casa.

– Oi, primo! Trouxe verdura, massa e frutos do mar. Vou preparar um jantar muito gostoso.

João admirava a disposição de Rita. Mesmo após um dia de trabalho duro, ela chegava em casa sorridente e disposta a fazer comida para eles.

– Vai dar muito trabalho, Rita. Não seria melhor esquentarmos uma comida pronta?

– Nada disso. Eu já como comida industrializada quase todos os dias. Hoje é um dia especial e merece uma comida especial. Você me faz companhia na cozinha enquanto eu preparo tudo.

Ante as ponderações dela, João aquiesceu. Ficaram na cozinha, ela lavando a verdura, temperando os frutos do mar e cozinhando a massa, enquanto ele permaneceu sentado, observando-a trabalhar. Conversaram sobre os parentes, relembraram histórias curiosas do passado e cada um discorreu sobre as dificuldades atuais.

Apesar da crise financeira instalada nos Estados Unidos, Rita estava feliz e não pensava em regressar para o Brasil. Ela havia se mudado para Nova Iorque há vinte e cinco anos atrás e estava totalmente adaptada.

– Você era quase um bebê quando eu vim morar aqui. Ajudei muito a titia a dar banho e carregar você no colo. Como o tempo passa rápido! Isso parece que foi ontem...

– Verdade. Eu já estou com trinta e três anos. Decidi que vou ficar estudando para o concurso, com dedicação exclusiva, apenas mais seis meses. Se não conseguir passar nesse período, eu vou procurar um escritório de advocacia para trabalhar.

João sentia-se constrangido pelo fato de dedicar-se exclusivamente aos estudos, abdicando do trabalho, sobretudo quando tocava nesse assunto com alguém que trabalhava bastante, como era o caso de Rita. Decidiu mudar de assunto.

– Quando você irá ao Brasil?

Rita estava junto ao fogão, preparando o molho da massa.

– Não sei. Depois que papai e mamãe morreram, eu não tenho mais vontade de voltar ao Brasil. Quase todos os meus irmãos estão aqui. Então, é mais prático passear por aqui mesmo. Eu fico muito irritada quando vou ao Brasil. Estou acostumada a ter os meus direitos respeitados, sinto-me segura aqui. Lá, é preciso estar sempre atento para não ser passada para trás. A melhor decisão da minha vida foi quando eu vim morar aqui.

Vez ou outra fugia uma palavra em português e Rita se expressava em inglês. Em seguida, João mencionava a palavra que ela queria dizer.

O jantar estava perfeito. Tanto a salada quanto a massa estavam saborosas. João tomou a iniciativa e lavou os pratos e talheres. Em seguida, Rita despediu-se e foi para o seu quarto. João aproveitou para estudar um pouco.

Antes de dormir, João entrou na internet e viu que a previsão era de chuva para os dois dias seguintes. Depois, o tempo abriria. Assim, ele decidiu que não sairia até o tempo melhorar. Aproveitaria para estudar.

Capítulo 27

De fato, a previsão da meteorologia estava correta. A chuva caiu incessantemente sobre Nova Iorque nos dois dias seguintes. Era tudo o que João precisava para estudar com a consciência tranquila de que não estava perdendo bons programas.

Como Rita ficava o dia inteiro fora, ele tinha sossego o suficiente para se concentrar nos estudos. Para completar, o apartamento era bastante silencioso, o que era um importante aliado.

Tendo em vista que a previsão do tempo para o dia seguinte era de sol, João decidiu telefonar para Clara, a fim de pegar dicas de passeios em Nova Iorque.

No cartão que ela lhe deu, havia os números do telefone celular, da ONU e da residência. Faltavam quinze minutos para as onze horas da manhã. Provavelmente, ela deveria estar na ONU. Ele ficou com receio de incomodá-la, mas criou coragem e decidiu discar, pois poderia receber dicas valiosas de passeio.

– Eu gostaria de conversar com Clara – disse ele, em inglês.

– Sou eu mesma – respondeu ela, para alívio dele.

– Oi, Clara, tudo bem? Eu sou o João, que deu carona para a sua avó Maria quando ela retornou do hospital, lá em Belo Horizonte. Lembra-se? Nós nos conhecemos na portaria do prédio onde os seus pais moram e você me deu o seu cartão.

Por uma fração de segundo ele pensou que ela pudesse responder que não se lembrava dele. Ledo engano.

– Claro que eu me lembro! Você foi muito gentil com a minha avó. Você está aqui em Nova Iorque?

– Exatamente! Vim passear e aproveitar para visitar a minha prima. Estou hospedado na casa dela, no Queens. Estou telefonando para pegar umas dicas de passeio.

– Com o maior prazer! Você tem compromisso hoje à noite?

João foi pego de surpresa com a pergunta. Certamente, ela o convidaria para algum programa. Desconcertado, sentindo-se em uma situação embaraçosa, ele respondeu:

– Não. A princípio, eu e minha prima vamos ficar em casa mesmo, até porque está chovendo bastante. Eu combinei de sair com ela amanhã, já que há previsão de tempo melhor.

– Vou fazer um convite para vocês e quero que fiquem à vontade para aceitá-lo ou não. Eu e o Marco, meu marido, mudamos na semana passada para um apartamento novo, no Brooklin, e iremos fazer o *open house* hoje para festejar a nova morada. Vamos receber alguns vizinhos e amigos de trabalho. Será um prazer receber você e sua prima. Venha, traga a sua prima, e eu darei várias dicas de lugares legais para você visitar. A festa começará às oito e meia da noite.

João suspirou e ficou em silêncio por um momento, em dúvida se aceitaria o convite.

– E então? – tornou Clara.

– Está bem. Eu vou conversar com a Rita quando ela chegar do trabalho. Se ela animar, eu irei sim. Dê-me o seu endereço. Aguarde um momentinho que eu vou pegar a caneta e o papel.

João correu até a sala, pegou a caneta, um bloco de anotação e retornou à cozinha, onde ficava o telefone.

– Pronto. Pode falar.

Ele anotou o endereço e despediu-se de Clara. Pôs-se a pensar no convite para a festa e concluiu que ela o havia convidado porque gostaria muito que ele fosse à festa. Havia naquele convite um toque de gratidão de Clara pelo carinho que João havia dispensado à avó dela. Certamente, esta deve ter feito comentários elogiosos ao seu respeito.

Em seguida, João aproveitou a pausa no estudo e decidiu almoçar. Havia um restaurante de comida típica colombiana a cinco quarteirões da casa de Rita. Ele colocou a capa de chuva e saiu.

A viagem estava fazendo muito bem para ele. Estava em paz consigo mesmo, confiante de que coisas boas estavam por vir. Sentia-se seguro em relação à retomada do namoro com Ana, apesar da distância. Por outro lado, acreditava que o pai conseguiria superar as dificuldades profissionais. De igual forma, a irmã estava vencendo o vício do álcool e se tornando uma mãe exemplar para o sobrinho.

Nem mesmo a chuva tirava a alegria interior que ele estava sentindo naquele momento. Começou a pensar que se divertiria muito na festa da casa de Clara, caso Rita topasse ir. Portanto, após o almoço deveria estudar o máximo que pudesse, já que dormiria mais tarde naquela noite, acordaria mais tarde no dia seguinte e teria uma cidade maravilhosa para curtir.

A caminhada até o restaurante durou menos de dez minutos. Ele sentou-se em uma mesa na varanda, para ficar apreciando o vaivém dos pedestres. Definitivamente, aquela região do Queens, conhecida por Astoria, não era bonita. Todavia, a hospitalidade e o carinho de Rita, além do aconchego do apartamento, faziam com que ele trocasse a possibilidade de ficar no melhor hotel de Manhattan para se hospedar ali, exatamente como estava.

Joana, uma simpática colombiana, atendeu-o e sugeriu que comesse torresmo, argumentando que tinha muita carne e pouquíssima gordura. Sugestão aceita.

Enquanto esperava o prato, ele telefonou para Ana.

– Estou com muitas saudades, meu amor!

– Eu também! Está aproveitando a viagem?

– Ontem e hoje a chuva não deu trégua, mas amanhã o tempo deve melhorar. Estou aproveitando para estudar.

– Por aqui está tudo bem. A sua mãe e a sua irmã estão na maior correria para a inauguração da loja amanhã. Eu estou dando uma força para elas quando saio do escritório. A loja ficou linda e acredito que tem tudo para dar certo.

O bom entendimento entre Ana, Iolanda e Diva era motivo de alegria para ele. Ao que estava indicando, a mãe e a irmã não descriminaram a namorada após a volta do namoro. Ele tinha esse receio, pois elas presenciaram ele sofrer muito pelo namoro de Ana com Fábio.

– Que bacana! Vou torcer daqui para que a inauguração seja um sucesso. Amanhã, eu vou lhe telefonar na hora da inauguração. Quero que você me fale tudo. Tem notícia do papai?

– Ele está bem melhor. Ontem, o Thales, juiz da vara de execuções criminais, foi ao gabinete dele reforçar o convite para ele assistir a uma palestra sobre um tema espírita que vai ocorrer depois de amanhã lá no fórum. Ele está animado, sobretudo porque o convite partiu de um amigo que ele estava de relações rompidas.

– Que maravilha! – tornou João, enquanto observava um táxi passar em uma poça de água e molhar uma pedestre que aguardava na calçada para atravessar a rua.

A mulher virou-se para o táxi, que já ia bem à frente, e começou a gritar impropérios para o motorista. De repente, nova rajada de água barrenta em seu rosto e vestido. Desta feita, a mulher começou a chorar.

– Você não acredita no que aconteceu! Uma mulher foi atravessar a rua em frente a uma poça de água. Obviamente, que não ia dar certo. Um táxi passou na poça e espirrou água nela. Ao invés de ela sair de frente da poça, não, ela preferiu ficar parada, falando palavrões para o taxista. Veio outro carro e jogou ainda mais água nela, molhando-a bastante. Agora, ela está chorando.

– Coitada! – lamentou Ana.

– Vou desligar, porque senão vou pagar uma fortuna de celular. Amanhã, volto a telefonar. Amo você, beijos.

– Também amo você. Aproveite o passeio.

Após desligar, João observou a mulher caminhar pela calçada. Estava revoltada. Tal fato despertou um raciocínio nele.

"Quantas vezes algo de ruim acontece às pessoas e elas não conseguem sair daquela situação. Ficam remoendo a dor, praguejando contra terceiros, sem tomar atitude para melhorar a vida. Esse tipo de comportamento atrai ainda mais coisas ruins. Foi exatamente o que aconteceu com aquela mulher. Assim que ganhou o primeiro banho de água, deveria ter saído de perto da poça. Entretanto, optou por ficar parada, dirigindo palavrões ao motorista. Tomou um banho de poça ainda pior".

O raciocínio foi interrompido pela garçonete, que se aproximou com o prato de torresmo. Arroz, feijão, batata e salada acompanhavam a carne, que, de fato, tinha pouquíssima gordura.

João ficou grato com a sugestão, pois a comida estava deliciosa. Ele retornou ao apartamento e estudou durante a tarde. O silêncio e o clima fresco e chuvoso contribuíram para que ele alcançasse alto nível de concentração, facilitando o aprendizado da matéria analisada.

Rita chegou pouco antes das seis horas. Como de costume, com um sorriso no rosto. Na mão direita, ela carregava uma sacola do supermercado, cheia de produtos alimentícios.

– Vou fazer um jantarzinho especial para nós – disse ela, com entusiasmo.

Após abraçá-la, João comentou sobre a festa na casa de Clara, antes que ela fizesse novo comentário sobre o aludido jantarzinho.

– Telefonei para a minha conhecida que trabalha na ONU e ela nos convidou para uma festinha na casa dela hoje. Ela acabou de se mudar e vai fazer um *open house* para receber os amigos mais íntimos. Senti que ela ficou feliz com o meu telefonema e vai ficar muito feliz se prestigiarmos a festa. Que tal deixar o jantarzinho para outro dia?

A pergunta de João deixou Rita com a fisionomia desapontada. Desde cedo ela estava fazendo planos para o jantar, mas queria fazer surpresa para ele. Decepcionada, pausadamente, ela respondeu:

– Bom... Se você quiser ir mesmo a essa festa, eu posso lhe fazer companhia.

João percebeu o desânimo da prima e tentou animá-la, pois não queria ficar com a sensação de que ela estava indo à festa apenas para lhe fazer companhia.

– Eu sei que você trabalhou o dia todo, está cansada e preferia ficar em casa preparando uma comidinha, sem ter que se preocupar em se arrumar para sair, pegar táxi e ir a uma festa onde não irá encontrar nenhum conhecido. Mas tem um lado bom nisso...

– E o que é? – perguntou ela, sem muita expectativa.

–Você terá a oportunidade de fazer novas amizades de pessoas que moram aqui em Nova Iorque. Às vezes, pode ser o que está faltando na sua vida. Conhecer novas pessoas, que poderão mostrar outros lugares legais para frequentar. E aí... você poderá conhecer até o grande amor da sua vida!

Rita sorriu. Pronto, estava convencida.

– Está bem, não precisa gastar mais lábia. A que horas que é a festa?

– A partir de oito e meia. Ela mora no Brooklin.

Rita olhou as horas no relógio que ficava pendurado na parede da cozinha.

– Podemos sair daqui às oito e quinze. Se quiser adiantar e tomar o seu banho, fique à vontade. Eu vou aproveitar para esticar as pernas um pouquinho.

Como só havia um único banheiro no apartamento, João seguiu a sugestão de Rita, pois não queria chegar atrasado. Ele sempre gostava de chegar cedo às festas. Assim, não tinha a obrigação de cumprimentar todas as pessoas de uma vez só. Chegando cedo, as pessoas é que vinham cumprimentá-lo, e aí ele tinha a oportunidade de conversar mais tempo com cada uma.

A água quente do chuveiro caindo sobre o seu corpo trouxe uma sensação de prazer a ele. Novamente, voltou a sentir um bem-estar diferente. Como estava feliz por ter tomado a decisão de aceitar o convite de Rita! Lembrou-se de Iracema, que lhe havia incentivado a fazer essa viagem.

Quando saiu do banho, João encontrou Rita bem mais animada. Ela estava em pé, de frente para o armário, escolhendo a roupa que usaria.

– O que você acha desta calça preta, com esta blusa preta e o sapato preto? Quero usar a cor preta hoje com este colar de pérolas.

– Acho que você ficará linda – respondeu João. – Você tem um sorriso branco muito bonito, que combina com o colar, e vai dar um contraste legal com a roupa preta.

Rita sorriu.

– Você está falando sério ou tirando onda com a minha cara? Que papo é esse de sorriso branco, combinando com pérola branca, dando contraste legal com roupa escura?

João sorriu, achando engraçado o comentário de Rita.

– Estou falando sério. Apenas falei o que veio à minha mente. De qualquer forma, você ficará muito bonita, independente se o contraste do branco com o preto vai ficar legal ou não. E quanto a mim? Estou bonito com esta roupa?

– Um gato. Ah, se não fosse o meu primo e eu tivesse vinte anos a menos...

Ambos caíram na gargalhada com a brincadeira. João usava sapato preto, calça *jeans* bem clarinha e camisa de tecido branca, de manga comprida, que ele dobrou três vezes, para ficar na altura do cotovelo, já que o frio havia dado uma trégua.

Enquanto Rita se arrumava, ele aproveitou para ler os *e-mails*.

Às oito horas e quinze minutos, em ponto, ela surgiu na sala.

– Nossa! Você está linda mesmo!

– Gostou? Obrigada! Eu vou chamar o táxi. Às vezes, eles demoram a vir.

João desligou o notebook. Por sorte, a atendente pediu para descerem em cinco minutos, já que havia um táxi disponível ali na região.

O percurso até o Brooklin levou quinze minutos. Eles foram os primeiros a chegar. O apartamento de Clara e Marco ficava em um prédio de quatro andares. O deles ficava no térreo e, por isso, tinha um quintal espaçoso.

A recepção dos anfitriões foi extremamente calorosa, comprovando que o convite de Clara havia sido de coração.

– Que bom que vocês vieram! Este é Marco, o meu marido.

– Muito prazer! – disse Marco, com um pouco de sotaque. O convívio com Clara e seus familiares fez com que ele aprendesse um pouco da língua portuguesa.

– O prazer é todo nosso! – respondeu João. – Esta é Rita, minha prima.

– Obrigada por vir, Rita – tornou Clara. – Vocês são os primeiros a chegar. Vou lhes mostrar o apartamento. Demos muita sorte de encontrá-lo. O proprietário é muito caprichoso e só se mudou porque abriu um restaurante em Manhattan e queria morar mais perto do negócio dele. Ele é chefe de cozinha e está ficando famoso aqui. Em breve terão notícia dele nas revistas especializadas.

O apartamento tinha duas salas grandes, interligadas, uma cozinha pequena e dois quartos. Depois, vinha o quintal e, no fundo, outra cozinha, bem maior que a primeira, toda equipada com o que havia de melhor no mercado, onde o proprietário do imóvel usava para fazer jantares para os amigos. Ali, havia uma mesa de jantar maravilhosa, de madeira e vidro, com oito cadeiras de acrílico.

Anthony fez questão de ter uma cozinha que o atendesse plenamente. Ao alugar o imóvel para Clara e Marco, repetiu algumas vezes que aquele era o canto predileto da casa para ele e que só estava de mudança para ficar mais perto do restaurante que havia aberto em Manhattan.

Como os anfitriões estavam esperando um número de convidados maior naquele dia, o espaço não seria usado.

Clara comentou com João sobre a conversa dela com a avó.

– Hoje, eu conversei com a vovó Maria e falei que você deveria vir à minha casa. Ela ficou feliz e lhe mandou um abraço.

A campainha tocou e Marco foi atender. Era Pedro Manoel, chefe imediato de Clara na ONU. Clara teve uma surpresa agradável com a presença dele, pois não imaginou que ele viesse, tendo em vista tratar-se de pessoa muito atarefada, de muito prestígio junto às pessoas que ocupavam os cargos mais altos da ONU, inclusive do secretário-geral, cargo máximo da instituição.

Ela deu um abraço carinhoso nele, grata pela sua presença.

– Olá, Pedro Manoel, que satisfação recebê-lo em minha casa!

– Eu lhe disse que viria, minha querida. Que bela sala! Parabéns pela sua morada.

– O senhor já conhece o Marco. Esses daqui são meus amigos do Brasil. O João mora em Belo Horizonte, cidade onde nasci, e a Rita é prima dele e mora aqui em Nova Iorque.

– Muito prazer! Gosto muito do Brasil, onde já estive algumas vezes. Trata-se de uma bela terra.

– O senhor Pedro Manoel é o meu chefe, uma das pessoas de maior prestígio dentro da ONU – disse Clara, entusiasticamente.

– Pelo sotaque, certamente o senhor é português. De qual região? – perguntou João.

– Nasci em um vilarejo chamado Horta do Douro, perto da cidade do Porto, mas passei a maior parte da minha vida em Lisboa. Há vinte anos estou morando na América.

Pedro Manoel era alto, magro, rosto fino, cabelos lisos, já grisalhos, penteados para trás. Aparentava ter cinquenta e poucos anos. Além da simpatia, a beleza física dele havia chamado a atenção de Rita.

Voltando-se para Rita, ele perguntou:

– Há quantos anos você mora aqui?

Um pouco desconcertada pela boa aparência dele e pelo cargo que ocupava, ela respondeu:

– Vim morar em Nova Iorque em 1984.

– Mas, então, você veio para cá ainda menina!

Rita soltou um sorriso tímido.

– Nem tanto. Eu tinha vinte e quatro anos àquela época.

A campainha voltou a tocar. Dessa feita, mais quatro convidados, todos americanos, vizinhos de Clara.

– Vamos nos assentar – sugeriu Pedro Manoel. – Assim, Clara e Marco ficam mais à vontade para receberem os convidados.

Sentaram-se os três no sofá de couro e continuaram a conversa, interrompendo-a apenas para cumprimentarem os convidados que chegavam.

Após alguns minutos de conversa, Pedro Manoel virou-se para João e comentou:

– Estranho, mas você me parece ser muito familiar.

João estava com a mesma sensação, mas não queria comentar com receio de Pedro interpretá-lo mal.

– Tenho a mesma impressão – tornou João –, mas acho impossível que tenhamos nos conhecido anteriormente, pois nunca estive em Portugal, e não me lembro de tê-lo conhecido das outras vezes em que estive em Nova Iorque. Por outro lado, se o senhor já tivesse ido a Belo Horizonte, certamente o teria dito.

– De fato, mas é incrível como você me é uma pessoa familiar – insistiu o português.

Outros colegas de serviço de Clara compareceram à festa. Todos ficaram admirados com o prestígio de Clara, demonstrado pela presença de Pedro Manoel na casa dela. Um deles, de nome Rick, comentou com Rita e João.

– O nome do senhor Pedro Manoel está sendo ventilado para ser o próximo secretário-geral da ONU. Apesar de terem outros favoritos para o cargo, o nome dele vem ganhando força e não será surpresa se ele for o indicado.

Rita e João conheceram outras pessoas e conversaram com algumas delas, de forma descontraída. Todavia, os olhos dela sempre buscavam localizar Pedro Manoel. Em uma das vezes, ela o flagrou encarando-a. Trocaram longo olhar. Quando ela abaixou a cabeça, com a impressão de que o coração lhe sairia pela boca, ele caminhou em sua direção.

– Podemos conversar mais um pouco?

– Claro! – respondeu ela.

– Onde está o seu namorado?

– Atualmente, eu não tenho namorado. O meu último relacionamento terminou há seis meses e decidi dar um tempo na minha vida afetiva. E você?

– Sou viúvo. A minha esposa faleceu há cinco anos. Coincidiu com um período de muito trabalho lá na ONU. A partir dali eu me dediquei muito à minha vida profissional e tive relacionamentos apenas superficiais.

Rita era experiente o bastante para saber que havia despertado um interesse maior em Pedro Manoel. Ela também havia ficado interessada em conhecê-lo melhor, mas acreditava que ele perderia o interesse quando soubesse que ela trabalhava fazendo limpeza e arrumando as casas de pessoas ricas em Manhattan. A pergunta que ela temia não demorou a vir.

– Qual é o seu ramo de trabalho?

– Eu trabalho como diarista, arrumando as casas de clientes.

Ela se preparou para ele pedir licença e sair.

"Um homem cotado para ser o próximo secretário-geral da ONU não perderá o tempo comigo", pensou.

Pedro Manoel enxergou na resposta dela a chance de conhecê-la melhor.

– Estou precisando de alguém que me ajude a organizar a minha casa. Estou insatisfeito com a minha funcionária. Você tem algum dia livre para trabalhar em minha casa?

Rita tinha alguns horários vagos na sua agenda. Ela custou a acreditar que ele a havia convidado para trabalhar na casa dele.

– Eu posso ir à sua casa nas manhãs de quinta-feira ou nas tardes de sexta.

Pedro Manoel raciocinou rapidamente e concluiu que seria melhor encontrá-la no final das tardes de sexta-feira. Poderia, inclusive, convidá-la para jantar.

– Vamos marcar para você ir à minha casa na próxima sexta-feira, à uma hora da tarde. Está bom assim?

– Por mim, tudo bem.

Pedro Manoel anotou o telefone de Rita em seu celular e lhe passou o seu endereço residencial, com o número de seu celular.

– Se não acontecer nenhum imprevisto eu lhe aguardo na sexta-feira – finalizou o português antes de sair para conversar com outra funcionária da ONU.

João estava perto dos dois e ouviu a conversa. Quando Pedro saiu, ele se aproximou da prima.

– O portuga está a fim de você, hein! Ele parece ser uma pessoa simples, além de simpático e, certamente, muito competente profissionalmente.

Rita deu leve sorriso, pois o comentário de João reforçou a sua convicção de que Pedro havia gostado dela.

– Ele deve ser um homem assediado por belas mulheres, que ocupam cargos nobres. Será que ficaria a fim de mim para um relacionamento sério? Ou está procurando apenas uma aventura amorosa?

João logo tratou de não deixar que ela fosse preconceituosa contra si própria.

– Você é uma mulher bonita, cativante e de convívio superagradável. Ganha o seu dinheiro com o suor do seu trabalho, que é tão digno como qualquer outro. O que mais um homem procura em uma mulher?

Rita suspirou fundo.

– Vamos ver no que vai dar. De qualquer forma, não vou ficar muito entusiasmada. Se eu estiver enganada, o tombo será menor.

Aos poucos, os convidados foram se retirando. Pedro Manoel saiu antes de Rita e, na despedida, voltou a frisar sobre o compromisso de sexta-feira, encarando-a fixamente.

João voltou a conversar com Clara e pegou dicas de alguns passeios imperdíveis.

Já no táxi, de volta para casa, João perguntou:

– E aí? Gostou de ter ido, ou preferia ter ficado em casa?

Rita olhou carinhosamente para ele, sorriu e respondeu:

– Obrigada pelo convite. Há muito tempo eu não tinha uma noite tão legal.

Quando chegaram, a chuva havia passado e o céu já estava sem nuvens. Prenúncio de que uma bela manhã os aguardava.

Capítulo 28

Aos poucos, os convidados foram chegando para a inauguração da loja de sapatos de Iolanda e Diva. Na noite anterior, enquanto João e Rita se divertiam no apartamento de Clara, em Nova Iorque, elas trabalharam com afinco para que tudo ficasse a contento.

Após o coquetel, que durou uma hora, a loja foi aberta aos clientes. Situava-se em um *shopping* muito conceituado. Para sorte de Diva, não era o mesmo onde havia ocorrido o assalto à joalheria.

De fato, a loja havia ficado muito bonita. Os produtos expostos na vitrine, igualmente bonitos, ajudavam a chamar a atenção dos transeuntes.

As vendedoras estavam todas ocupadas, quando um cliente chegou e ficou observando alguns pares de sapatos. Com o intuito de não perder a venda, Diva apressou-se em atendê-lo.

– Posso ajudá-lo?

– Perfeitamente. Estou procurando um presente para dar à minha mãe. Pensei em um sapato, mas estou achando as bolsas aqui muito bonitas também.

– Ela tem quantos anos?

Ele levou a mão à testa, pondo-se a pensar

– Ai meu Deus, que vergonha! Esqueci a idade da minha mãe. Acho que ela fará sessenta e sete anos.

– Tudo bem, não se preocupe. Eu vou lhe mostrar produtos para mulheres da faixa etária dela.

Diva começou a observar os produtos que tinha à venda. Viu uma sandália rasteirinha muito bonita e confortável, e a mostrou ao cliente.

– O que acha?

O cliente pegou o produto, examinou bem e respondeu:

– É uma linda sandália. Mostre-me outra opção.

Diva voltou a analisar seus produtos e pegou um sapato preto, de salto, e uma bolsa.

– Acho que qualquer um dos dois vai bem com uma senhora de sessenta e sete anos – comentou, tentando convencer o cliente a comprar um dos produtos.

Ele ficou em dúvida, olhando para os três produtos que ela indicou. Após hesitar, fez sua escolha.

– Vou levar os três, a minha mãe é uma pessoa especial e merece.

O sorriso de Diva demonstrava todo o seu contentamento pela venda. Prenúncio de sorte, pois ela mesma nunca havia conseguido vender três produtos para o mesmo cliente fora dos períodos de liquidação.

– Tenho certeza de que os seus presentes farão muito sucesso com a sua mãe.

– Eu também acho. Mas, se ela não gostar eu vou falar para ela vir aqui trocar e procurar você. Qual é o seu nome?

– Diva. Eu sou a proprietária da loja.

Antes que Diva perguntasse o nome dele, Ana surgiu na sua frente, desviando a sua atenção. Diva ficou preocupada, pois Ana estava pálida.

– Oi, Ana! Tudo bem? – perguntou Diva.

– Claro!

Voltando-se para o cliente que estava com Diva, Ana perguntou:

– Tudo bem, Fábio?

Desconcertado com aquela situação, Fábio respondeu:

– Sim. Que surpresa! Vocês já se conhecem?

Sem graça, Ana respondeu:

– A Diva é irmã do João.

Fábio ficou boquiaberto. Diva lembrou-se do momento em que os viu na fila do restaurante para jantar de madrugada, logo após o término do namoro entre João e Ana.

– Ai! – Exclamou Diva.

– Está tudo bem – disse Fábio, tentando contornar a situação. – Eu vou levar os três produtos. Onde é o caixa?

Diva apontou com o polegar.

– Muito obrigado! Tchau para vocês.

Quando ele virou-se de costas, Ana e Diva suspiraram fundo.

– Está tudo bem com você? – perguntou Diva.

Ana estava ainda mais pálida e um pouco ofegante.

– Está sim. Eu fiquei desconcertada com a presença dele porque nós tivemos uma discussão feia na última vez em que nos encontramos. Eu tive ódio dele quando descobri a maldade que havia feito com o João.

Diva compreendeu a situação embaraçosa que a cunhada havia ficado e procurou acalmá-la.

– Eu compreendo. Teria a mesma reação no seu lugar. Não se preocupe. Acho melhor não comentarmos nada com o João.

– Sem dúvida. Pode acabar atrapalhando o passeio dele.

Ana logo tratou de mudar de assunto.

– Parabéns pelo movimento da loja! Não tenho dúvida de que será um sucesso. Onde está a sua mãe?

– Foi fazer um lanche. Daqui a pouco ela volta.

Fábio saiu da loja sem olhar na direção delas. Pouco depois, João telefonou para o celular de Ana. Ela já havia se refeito do mal-estar causado pelo encontro inesperado com Fábio.

– A loja está linda! Só está faltando você aqui. Como foi o seu dia?

– Muito bacana. Ontem à noite nós fomos a uma festa de inauguração do apartamento daquela moça que trabalha na ONU. Eu lhe falei dela.

– Claro! Eu me lembro que você comentou.

– Foi muito agradável. Conhecemos algumas pessoas legais, inclusive um cara que tem chance de ser o próximo secretário-geral da ONU. Você acredita que o cara flertou com a Rita?

– Nossa! Que bacana!

– Hoje, eu fui ao Central Park, atravessei a ponte do Brooklin a pé, fui ao Píer 17 e na região onde ficavam as torres gêmeas. Fez um dia de sol maravilhoso.

Ana imaginou como seria legal fazer aquele passeio com ele. O coração ficou ainda mais apertado de saudade.

– Estou louca de vontade de ficar com você. Não vejo a hora de estarmos juntos novamente.

– Eu também – sussurrou João, cada vez mais convicto de seu amor por ela.

Após se despedirem, Ana ficou mais um pouco na loja, conversou com a sogra e foi embora, sendo observada à distância por Fábio.

Assim que ela saiu, aproveitando que o movimento da loja já era bem menor, ele retornou. Diva estava conversando com uma funcionária quando ele se aproximou.

– Desculpe-me interromper, mas quando você tiver um tempinho eu gostaria de conversar com você.

Diva foi pega de surpresa e não sabia o que responder. Por um momento ficou encarando-o, sem saber o que falar. Desconcertada, suspirou fundo e desviou o olhar.

– Por favor, é muito importante para mim – insistiu Fábio.

Ela tornou a fitá-lo. A sua face ainda trazia cicatrizes da última cirurgia plástica.

– Está bem. Aguarde-me na cafeteria que fica no andar de cima. Dentro de dez minutos eu vou lá encontrá-lo.

Fábio soltou um leve sorriso, aliviado por ela aceitar ouvi-lo.

– Muito obrigado! Você não imagina o bem que me fará.

Em seguida, ele virou-se e saiu. Imediatamente, Diva pôs-se a pensar no que ele tinha para lhe falar. Poderia ser algo ligado ao seu pai, a Ana ou a João.

Apesar de Fábio ter sido tremendamente cruel com João, Diva não conseguiu sentir raiva dele. Naquele breve contato, ele havia demonstrado ser uma pessoa gentil. Curiosa para saber o assunto que seria tratado na conversa, ela sequer esperou os dez minutos para ir ao encontro de Fábio. Avisou às funcionárias que se ausentaria por alguns minutos para lanchar e saiu.

Fábio estava tomando um *capuccino* quando ela se aproximou. Imediatamente, ele puxou a cadeira para ela sentar.

– Muito obrigada!

– Não seja por isso. Eu é que agradeço por você ter vindo. Aceita um *capuccino*?

– Obrigada, eu prefiro um expresso.

Fábio levantou a mão e chamou a garçonete.

– Por gentileza, um café expresso para ela.

Quando a garçonete saiu, Fábio voltou a encarar Diva. Depois, abaixou a cabeça, pegou a colherzinha e raspou o chocolate no fundo da xícara, lambendo-a. Ainda de cabeça baixa, ele comentou:

– Imagino que você esteja se perguntando o que me levou a convidá-la para essa conversa.

– É isso aí – confirmou Diva.

Fábio levantou a cabeça, encarou-a novamente e começou a falar:

– Eu sei que pedir desculpas ao seu irmão não vai consertar o meu erro. Se eu pudesse voltar atrás jamais cometeria aquele erro novamente. Você não imagina o quanto eu me arrependi em reprová-lo no concurso.

Fábio deu uma pausa, pois começou a engasgar. Estava travando o choro, mas as lágrimas nos seus olhos denunciavam o seu remorso. Mais um pouco e ele prosseguiu:

– Hoje, eu peço a Deus que o ilumine para passar no concurso. Se ele não se tornar um promotor de justiça acho que jamais vou me perdoar.

Diva o ouvia atentamente e estava convencida da sinceridade dele.

– Eu fiquei inconformado com uma decisão do seu pai, que concedeu a prisão domiciliar a um cidadão que causou a morte do meu primo em um acidente de carro. Esse primo era como se fosse um irmão para mim. Desculpe-me a sinceridade, mas eu tive motivos para acreditar que o seu pai havia se vendido para o réu. Fiquei obcecado por causar algum mal a ele, mesmo que para isso fosse necessário atingir alguém da família. Quando vi o filho dele na prova oral do concurso do Ministério Público, em vias de ser aprovado para o cargo de promotor de justiça, não tive dúvidas de que era a oportunidade que eu estava procurando.

Fábio voltou a abaixar a cabeça e fazer nova pausa, aproveitando que a garçonete havia trazido o café expresso para Diva. Ele procurava encontrar as palavras corretas para se expressar adequadamente.

– Muita coisa ruim aconteceu na minha vida após esse fato. Imagino que a Ana já deva ter lhe contado.

Diva só balançou a cabeça, confirmando que já sabia dos infortúnios acontecidos na vida dele.

– A bem da verdade, o erro que cometi com o João foi apenas mais um em minha vida. Quando passei a pensar muito em dinheiro, acabei perdendo a sensibilidade e me perdendo em meus comportamentos.

"Recentemente, fui obrigado a ficar de repouso em casa por conta de duas cirurgias. O isolamento forçado fez-me pensar melhor sobre a minha conduta e sobre o vazio que se tornou a minha vida.

Quando atinei para o que estava fazendo, confesso ter ficado com vergonha das minhas atitudes".

Diva teve compaixão de Fábio e procurou consolá-lo.

– Desculpe-me interrompê-lo, mas todos nós erramos em nossas vidas. Eu mesma, recentemente, passei por um processo de reavaliação do meu comportamento. Entendo você, pois também fiquei com vergonha da vida que estava levando. Entre outras coisas, a minha consciência ficou abalada porque eu estava prejudicando o meu filho. Isso foi horrível para mim! Eu só consegui me sentir melhor quando mudei o meu relacionamento com ele e cortei alguns hábitos prejudiciais à minha saúde. A gente precisa se perdoar dos nossos erros, do contrário não conseguimos seguir a nossa jornada.

– Claro! Eu estou passando por esse processo agora. Por isso, quis tanto ter essa conversa quando descobri que você era irmã do João. Quero que ele saiba...

Fábio começou a chorar e colocou a mão no rosto, tentando esconder as lágrimas. Inútil, o choro se tornou compulsivo.

Diva ficou sem saber o que fazer. Sentiu-se um pouco envergonhada, pois as pessoas olhavam aquela cena e poderiam imaginar que ela estivesse sendo cruel com ele. Decidiu tentar acalmá-lo. Aproximou-se dele e segurou na sua mão direita, que estava apoiada na mesa, enquanto a esquerda escondia o rosto. Carinhosamente, ela o aconselhou:

– Calma! O João tem o coração bom e vai perdoá-lo. Não fique assim, por favor! Daqui a pouco eu também vou chorar se você continuar chorando.

O simples toque da mão de Diva sobre a sua mão já trouxe alívio para Fábio. Aos poucos, ele foi se refazendo, mas permanecia com a mão esquerda apoiada na face, escondendo-a. Sem que percebesse, Diva estava acariciando a mão direita dele. Quando o choro cessou totalmente, ele tirou a mão do rosto e retomou o diálogo.

– Desculpe-me fazê-la passar por isto. Quero que o seu irmão saiba que ele está muito preparado para assumir qualquer cargo jurídico do país e que, se eu puder minimizar o meu erro sendo útil a ele, seja lá em qualquer situação, eu estarei à disposição dele.

Diva ficou emocionada com a declaração de Fábio. Seus olhos ficaram marejados de lágrimas. Ela sorriu, timidamente, e respondeu:

– Eu vou falar isso tudo para ele. Sei que ele vai perdoá-lo, assim como sei que ele passará no concurso.

– Deus lhe ouça!

– Bom... Tenho que voltar para a loja. Hoje é a inauguração e tenho muito serviço à minha espera.

Diva pegou a carteira para pagar o expresso. Imediatamente, Fábio segurou o braço dela.

– Não! Por favor, eu vou pagar a conta.

Diva refletiu por uma fração de segundos e respondeu:

– Está bem, mas da próxima vez eu pago o café.

Deu um sorriso para Fabio e saiu. Ele a ficou observando, encantado com a simplicidade e educação de uma moça que já chamava a atenção pela beleza física.

Capítulo 29

Naquela noite Diva custou a dormir. Ficou rolando na cama, de um lado para o outro, pensando na conversa que tivera com Fábio. A imagem da face dele, com a dor do arrependimento estampada no olhar, não saía de sua mente.

Ela pensava, ainda, na grande coincidência que havia sido o encontro de Fábio com ela e Ana. Caso esta última não estivesse na loja naquele exato momento, certamente que Diva jamais se lembraria de tê-lo visto na companhia de Ana, em uma madrugada, após o término do namoro entre esta e João. Consequentemente, Diva não saberia que aquele cliente simpático, que entrou em sua loja para comprar um presente de aniversário para sua mãe, era o algoz de seu irmão.

Em comum com Fábio, naquele curto contato, ela detectou que havia duas pessoas procurando dar um rumo novo em suas vidas. Certamente, passariam pelas mesmas dificuldades, pois a mudança de hábitos implica no rompimento de laços difíceis de serem desatados.

Por algum motivo ainda não identificado, ela sentiu vontade de tornar a encontrá-lo, mesmo sabendo que um novo encontro poderia ferir o irmão.

De qualquer forma, ela havia prometido a Fábio que falaria para João sobre o arrependimento daquele em prejudicá-lo. Não havia mal algum em relatar para o irmão sobre o encontro na loja. Antes, teria que contar tudo para Ana, até mesmo porque tinham combinado de omitir aquele fato ao João.

Por sua vez, ao chegar à sua casa, Fábio sentiu um bem-estar incomum nos últimos tempos. Era perceptível que a vida dele estava mudando, apesar de nada de concreto ter lhe acontecido. Ele creditava parte dessa mudança ao novo convívio que havia estabelecido com sua mãe após ela ir morar em seu apartamento. De certa forma, a ternura e o amor maternos estavam-no ajudando a curar as feridas de sua alma.

Por outro lado, cada dia que, passava ele se convencia mais e mais do mal que havia feito a si próprio alimentando ódio de Giovanni, o causador da morte do primo, e de Aristides, o responsável por oferecer a impunidade a Giovanni.

O fim do processo de indenização movido por Neide em face de Giovanni era outro fato que o ajudaria a deixar para trás os assuntos ligados à morte de Bruno.

Jorge, o pai de Giovanni, havia depositado em juízo a quantia de cinco milhões de reais para Neide, além dos honorários advocatícios no valor de um milhão de reais.

Fábio combinou com sua tia Neide de ir ao fórum na tarde seguinte ao encontro casual dele com Diva e Ana para levantar o alvará autorizando sacar o dinheiro e transferir a quantia de cinco milhões para sua tia.

Na manhã daquele dia, uma quinta-feira de sol e muito calor na capital mineira, ele dividia os seus pensamentos entre a conversa que tivera com Diva e o compromisso marcado com sua tia no fórum.

Em Nova Iorque, João aproveitou o contato feito com Clara e marcou de encontrá-la na ONU, após uma visita guiada que ele faria no local.

Já na sala dela, conversavam sobre o *boom* econômico vivido pelo Brasil, quando Pedro Manoel entrou. Novamente, João voltou a ter a sensação de conhecê-lo intimamente. Da mesma forma, Pedro Manoel.

– Olá, rapaz! Que surpresa agradável! Como está o seu passeio?

– Incrível! Esta cidade oferece muito lazer e cultura para o turista.

– E por que você não vem tentar ganhar a vida aqui?

– Bem que gostaria, mas a minha vida é no Brasil. Estou fazendo concurso na área jurídica.

– Faça como a Clara. Inscreva-se em um concurso da ONU. Quem sabe, algum dia, você virá trabalhar neste prédio?

João sorriu. Não seria nada mal, afinal ele adorava Nova Iorque e a queda nos preços das passagens aéreas, além do maior número de voos ligando o Brasil aos Estados Unidos, estavam deixando a distância mais curta entre Belo Horizonte e Nova Iorque, facilitando o convívio com os familiares.

– Nunca pensei nessa possibilidade, mas o mundo dá tantas voltas que eu não posso excluí-la da minha vida.

Clara havia tido muita afinidade com João e gostaria de estreitar a amizade com ele. Animada com a resposta dele, ela emendou:

– João, quando você tiver oportunidade, entre no site da ONU e veja os inúmeros cargos que existem. Sempre tem concurso aberto.

João franziu a testa. O sonho dele era se tornar promotor de justiça. Sonho esse que ele acalentava há vários anos. Trabalhar na ONU era algo que jamais havia passado por sua cabeça. Mas... a ideia poderia ser boa.

– Vocês está me dando uma boa ideia. Não me custa nada estudar essa possibilidade.

Pedro Manoel ficou feliz ante a possibilidade de João ingressar na ONU. Algo muito forte, inexplicável, o atraía em relação a ele. Se possível, ele gostaria de apadrinhá-lo, caso João fosse aprovado em um eventual concurso. Não bastasse a sensação de uma amizade antiga e íntima a uni-los, Pedro Manoel estava interessadíssimo em se aproximar de Rita.

João despediu-se de Clara e Pedro, pois havia programado ir ao zoológico do Bronx ainda naquele dia.

Enquanto João passeava e pensava em seu futuro profissional, Fábio chegava com sua tia Neide ao fórum para pegar o alvará e transferir o dinheiro da indenização para a conta dela.

– Gostaria de conversar com o doutor Haroldo. É sobre o alvará para retirar o dinheiro da indenização desse processo aqui – disse Fábio ao serventuário da justiça, estendendo a mão com a folha contendo a informação processual do caso.

– Um momento, por favor.

O rapaz saiu em direção ao gabinete do juiz. Neide estava ansiosa e aflita para depositar o dinheiro em sua conta. Só aí ela se sentiria dona daquela fortuna. Para ela, cinco milhões de reais era uma verdadeira fortuna, que lhe traria tranquilidade financeira para o resto de sua vida.

Pouco depois, o serventuário retornou.

– O doutor Haroldo irá atendê-los. Por favor, sigam-me.

O serventuário abriu a porta e sinalizou para entrarem na secretaria do juízo. Neide ficou impressionada com o volume de processos expostos nas prateleiras. Toneladas e toneladas de papel, muitos dos quais em má conservação, já amarelos e com cheiro ruim, fruto do decurso de tempo. Ali, processos iniciados há vinte anos ou mais ainda esperavam uma decisão final para serem arquivados. Definitivamente, Neide não gostaria de trabalhar em um ambiente como aquele.

Acompanharam o serventuário, que ia à frente, em passos lentos, atravessando a extensa sala. Ele deu duas batidas na porta e a abriu, sinalizando para entrarem. O juiz estava debruçado sobre um processo volumoso, desses antigos, de páginas amarelas. Fábio antecipou-se em cumprimentá-lo.

– Boa tarde!

Haroldo inclinou a cabeça e sorriu para o advogado e sua cliente.

– Boa tarde! Como vão?

– Bem, graças a Deus – tornou Fábio. – Esta é minha tia Neide, autora do processo movido contra o Giovanni Camargo.

Haroldo fitou-a rapidamente, o suficiente para constatar a infelicidade que pesava sobre o espírito daquela senhora.

– Demorou um pouco, mas a indenização saiu – disse o juiz. – A senhora deve estar ansiosa para depositar o dinheiro na sua conta. O serventuário está acabando de fazer o alvará, eu já vou assiná-lo.

Aquele juiz, aparentando ter quarenta e poucos anos, pareceu ser uma pessoa boa para Neide, diferente da imagem que ela guardou dos magistrados após ver a impunidade do responsável pela morte do seu filho.

Sentindo-se mais à vontade, ela quebrou o silêncio.

– Eu sou uma pessoa humilde e esse dinheiro vai ser muito importante para mim, doutor. De hoje em diante, eu não terei mais qualquer preocupação financeira em minha vida, até mesmo porque os meus hábitos são muito simples e eu não pretendo alterá-los.

Após ligeira pausa, ocasião em que suspirou fundo e abaixou a cabeça, deixando uma lágrima cair em seu colo, Neide prosseguiu:

– Apesar disso, esse dinheiro nunca vai cicatrizar a ferida que ficou em minha alma com a morte do meu filho. Desde então, não houve um único dia da minha vida que eu não sentisse um aperto no coração. Quem me dera eu pudesse pegar esse dinheiro para comprar a vida do meu filho de volta. Digo ao senhor que, se possível fosse, eu daria esse dinheiro e o que me resta da minha força de trabalho para trazer o Bruninho de volta.

Neide passou a mão na face, enxugando uma lágrima. O desabafo dela confirmou a impressão inicial de Haroldo: a de que se tratava de uma senhora muito infeliz. Ele ajeitou o corpo na cadeira, encarou-a com a doçura de um sorriso meigo e procurou aconselhá-la:

– Dona Neide, eu nunca passei por uma perda tão difícil como foi a da senhora, mas posso imaginar a dor que a senhora sentiu.

Ele suspirou, mantendo o seu olhar fixo nela, pensando no que falar para ajudá-la. Mais um pouco e ele prosseguiu:

– Estou procurando palavras para confortá-la, mas vou fazer diferente. Vou lhe fazer um convite.

Neide e Fábio arregalaram os olhos. Receber o convite de um magistrado naquela situação era algo inusitado.

– Às seis horas, ou seja, dentro de duas horas e meia, haverá uma palestra na sala da associação dos magistrados, no quarto andar do fórum, e será aberta ao público. Ouvi dizer que a palestrante é uma senhora extremamente culta e envolvente. O tema será a vida após a morte e a influência do mundo espiritual sobre o material.

O tema chamou a atenção de Fábio. Certamente, a palestra seria muito útil para ele também.

– Que interessante! Quem está promovendo essa palestra?

– Há um grupo de juízes espíritas que frequentemente trazem um palestrante para o grupo de estudo bíblico. As palestras são excelentes, um bálsamo para a alma. Sempre que posso eu me faço presente. Hoje mesmo eu estarei lá.

Neide ficou receosa, pois não lhe soava bem a palavra 'espírita'. Virando-se para o sobrinho, ela tentou dissuadi-lo da ideia de assistir à palestra.

– Parece-me que você ficou entusiasmado para assistir a palestra, mas eu não quero demorar a voltar para casa. A palestra vai começar às seis horas e certamente não terminará antes das sete. O trânsito estará horrível nessa hora.

Fábio segurou as mãos de Neide, encarou-a com força no olhar e, intuído por Vinícius, que ali se fazia presente, tentou convencê-la a ficar para o evento.

– Tia, permita-se tirar esse peso da alma. A senhora não tem nada de importante para fazer em casa. Não se preocupe com o trânsito. A senhora estará dentro de um carro muito confortável, com os vidros fechados, ar condicionado ligado, motorista particular e, se quiser, eu coloco um CD para a senhora relaxar.

Neide torceu o nariz. Não acreditava que encontraria qualquer conforto na palestra.

– Por favor, tia! Essa palestra vai ser importante para mim – insistiu Fábio.

Além de gostar muito do sobrinho, Neide trazia em seu coração um agradecimento especial a ele pela dedicação em ajudar o Ministério Público a conseguir a condenação criminal de Giovanni e pelo seu serviço no processo de indenização. Portanto, faria a vontade dele naquele dia.

– Está bem, nós assistiremos à palestra.

Fábio sorriu. Estava contente por aquela oportunidade, que ele imaginava ser útil tanto para ele quanto para ela.

A conversa foi interrompida pelo serventuário que trazia o alvará para o juiz assinar.

– Aqui está, doutor – disse ele, entregando o alvará na mão de Haroldo, o qual fez breve conferência antes de colocar sua assinatura ali.

– Prontinho! Espero vê-los na palestra.

Fábio pegou o alvará da mão de Haroldo e o guardou em sua pasta.

– Muito obrigado pela sua presteza, doutor Haroldo. Eu e minha tia iremos à palestra. Pode nos aguardar.

Fábio e Neide despediram-se do juiz com um aperto de mãos e saíram em direção ao banco que ficava dentro do próprio fórum. O calor estava insuportável.

– Ai que vontade de ir para a minha casinha e ficar na frente do ventilador!

Fábio nem respondeu à provocação de Neide. Continuou sua caminhada a passos largos em direção ao banco.

Depois de quarenta minutos na fila, conseguiram ser atendidos. Finalmente, o dinheiro estava na conta deles. Cinco milhões para Neide e um milhão de honorários para ele.

– Pronto! Missão cumprida.

– Muito obrigada, meu querido! Eu lhe serei eternamente grata por tudo que você sempre fez por mim. Estou com fome e nós temos tempo de sobra até o início da palestra. Posso lhe pagar um lanche? Estou querendo começar a gastar o dinheiro – falou Neide, demonstrando bom humor incomum.

Fábio sorriu. Pela primeira vez sentiu um ar de felicidade em sua tia após a morte de Bruno.

– Claro! Tem uma lanchonete com ótimo pão de queijo aqui perto do fórum.

Neide segurou no braço do sobrinho e saíram caminhando lentamente para lá. O aroma do café abria-lhes o apetite. O pão de queijo quentinho, crocante por fora e com muito queijo derretido por dentro, estava simplesmente divino, irresistível. Cada um comeu dois pães de queijo. Quando deram por si, já estava na hora de retornar ao fórum para assistirem à palestra.

Chegaram com dez minutos de antecedência. Algumas pessoas já se faziam presentes. Em pé, na frente da sala, uma senhora baixinha, de cabelos grisalhos, era rodeada por homens de terno.

– Deve ser a palestrante – comentou Neide, em voz baixa.

– É verdade. Aqueles que estão ao redor dela são juízes.

Antes que Fábio dessa sequência ao diálogo, ele teve a sua atenção desviada pela presença de um senhor alto que estava usando terno risca de giz na cor preta, o qual se sentou em uma cadeira na mesma fileira que a sua. Fábio sentiu o coração acelerar os batimentos quando viu que era Aristides, pai de João. Por sorte, Aristides só o conhecia de nome e não o reconheceu.

Fábio sentiu-se constrangido na presença dele e pensou em chamar a sua tia para ir embora. Refletiu por alguns segundos e concluiu que deveria permanecer ali, sem abordar o assunto com Neide, mesmo porque ela poderia ter uma reação explosiva se soubesse que aquele senhor era o juiz que havia deixado impune o autor do acidente fatal envolvendo Bruno. Ele torceria para ninguém citar o nome de Aristides ali, pois ela sabia que o juiz do caso Bruno chamava-se Aristides e, certamente, concluiria que era aquele senhor.

Para alívio de Fábio, o juiz Thales logo cuidou de fazer a apresentação da palestrante.

– Queridos amigos, é com imensa alegria que recebemos a dona Iracema neste espaço, para nos brindar com seus conhecimentos sobre temas ligados à espiritualidade. Ela já trabalhou em algumas casas espíritas promovendo o Evangelho de Jesus e participando de campanhas beneficentes. Já assisti a palestras dela e posso afirmar que ela tem o poder de nos fazer refletir sobre aspectos profundos e importantes da nossa existência. Desejo a todos que alimentem o espírito com o conhecimento soberbo dessa alma nobre. Aproveito a oportunidade para agradecer a presença de todos, especialmente daqueles que aqui se encontram pela primeira vez, como o nosso querido colega Aristides.

Surpreso com a deferência ao seu nome, Aristides pronunciou-se:

– É uma imensa satisfação estar aqui. Parabéns pela iniciativa! Às vezes, ficamos tão envolvidos com os afazeres de nossa profissão que acabamos nos esquecendo de cuidar da nossa vida espiritual. Por isso, essa iniciativa é extremamente louvável.

Assim que Aristides começou a falar, Neide olhou para ele. Fábio gelou, com receio de uma atitude tempestuosa dela.

Neide cutucou levemente a perna do sobrinho. Fábio apenas balançou a cabeça. Com um gesto, ela perguntou se aquele era o juiz do caso Bruno. Com outro gesto, ele respondeu que sim. Por um momento, ela o fitou. Gostaria de lhe falar umas verdades, mas aquele não era o momento propício. A sua inquietude melhorou quando Iracema começou a sua explanação, auxiliada por Vinícius, seu guia espiritual.

Capítulo 30

Àquela altura, a sala já estava repleta de magistrados, serventuários e alguns convidados, já que a palestra havia sido fartamente divulgada no fórum e o nome de Iracema era bastante conceituado no meio espírita de Belo Horizonte. Com a tranquilidade que lhe trouxe a experiência de vários anos fazendo palestras e estudando a doutrina espírita, ela começou:

– Inicialmente, eu gostaria de agradecer ao doutor Thales a confiança em mim depositada para expor os meus pensamentos sobre tema tão rico a uma plateia tão seleta. Confesso que é muita responsabilidade, pois os senhores são formadores de opinião.

"Imagino que a minha responsabilidade aqui é semelhante à que Deus confiou a vocês para julgar um próximo. Sim, vocês foram escolhidos por Deus para exercer uma função nobilíssima. Uma função que, para ser exercida em sua plenitude, faz-se necessário que o julgador afaste-se das partes, olhando o caso do alto, para manter a imparcialidade, mas, ao mesmo tempo, ele deve se colocar no lugar dos semelhantes que está julgando para que a justiça a ser distribuída se aproxime ao máximo da justiça justa.

"Vocês estão sempre resolvendo disputas entre partes com interesses antagônicos. Essas partes possuem amigos e parentes queridos que já desencarnaram. Em alguns casos, como nos homicídios, vocês julgam os responsáveis por uma morte. Já imaginaram como vocês podem ser assediados pelos espíritos que possuem algum interesse na decisão que vão proferir?

"A influência dos espíritos sobre nós é muito maior do que podemos imaginar. Isso, tanto dos nossos guardiões, os mentores, quanto dos nossos desafetos, os obsessores. Daí, a importância de mantermos nossa consciência em paz e de sempre buscarmos a paz e a justiça em nosso meio. Assim, não damos oportunidade para que os obsessores nos seduzam com suas malevolências.

"Algumas pessoas pensam que tudo se acaba com a morte do corpo físico. Outras, acreditam em vida após a morte, mas acham que o falecido obrigatoriamente vai para algum plano distante, do tipo céu ou inferno, de onde jamais conseguirá ter notícia do que se passa na Terra com seus entes queridos e também desafetos. Ledo engano.

"O espírito é imortal e existem vários planos para abrigá-lo durante a sua reencarnação e mesmo depois de sua morte, afinal o próprio Cristo nos disse: 'Há muitas moradas na casa do meu Pai'.

"De acordo com o espiritismo, existem as seguintes divisões:

"*Mundos Primitivos*, que constituem a primeira fase dos planetas habitados, onde residem as primeiras encarnações do espírito;

"*Mundos de Expiações e Provas*, que é a situação atual do nosso planeta, onde os espíritos têm que lutar contra a maldade dos homens e a força da natureza, que responde às agressões feitas pelos humanos. O mal predomina sobre o bem, e consequentemente o sofrimento predomina sobre a felicidade. Os espíritos aí encarnados precisam expiar erros de outras encarnações e passar por provações, que têm por objetivo a evolução do espírito;

"*Mundos Regeneradores*, que servem de transição entre os Mundos de Expiação e Provas para os Mundos Felizes. O planeta Terra está caminhando para pertencer a esta nova categoria, onde a sociedade se fundará em valores morais que levam ao bem estar comum. Aí, o bem predominará sobre o mal e os espíritos do nosso planeta que não estiverem prontos para essa transição serão conduzidos para outro planeta, com o mesmo estágio da evolução atual da Terra.

"Depois, temos os:

"*Mundos Felizes*, onde a felicidade é algo constante em todos os indivíduos e pode ser considerada muito maior do que possamos compreender ou imaginar. A ciência e a tecnologia atingem patamares inimagináveis e os males que nos atingem, como guerras, pestes, doenças e fome não mais existirão, pois o orgulho, um dos males da nossa sociedade, não terá espaço nos corações das pessoas.

"Por fim, na ponta das etapas de evolução, nós temos os:

"*Mundos Divinos*, onde moram os espíritos purificados, não havendo ignorância.

"Com o livre-arbítrio que Deus nos deu, podemos transitar por esses mundos, permanecendo mais tempo em um ou em outro, dependendo da nossa conduta.

"Conforme salientei, há várias moradas também para espíritos que desencarnaram. Há aqueles que não aceitam a morte e ficam vagando por aí, sem resignação com a nova situação de vida. Há, também, as categorias dos espíritos que praticaram muitas maldades e dos espíritos que morreram carregando muitos vícios, os quais são encaminhados para o Umbral, um lugar tenebroso, onde a dor e o desespero são uma constante. Por fim, há aqueles que tiveram uma vida 'normal' durante a reencarnação e aceitaram a morte do corpo físico. Estes não ficam vagando e não vão para o Umbral. Eles são encaminhados para as colônias espirituais, onde serão tratados e continuarão aprendendo e evoluindo, a fim de se prepararem para futuras reencarnações.

"Recentemente, presenciei um caso terrível de obsessão na família de um magistrado. O obsessor era um espírito que não aceitou a morte por acidente de carro e ficou vagando, tentando se vingar do rapaz que havia dado causa ao acidente. Esse rapaz foi julgado pela justiça e a vítima do acidente, que se tornou obsessor após a morte, esperava uma pena altíssima para o assassino, mas ficou decepcionada com a pena aplicada pelo juiz.

"Ao invés de aceitar o que havia se passado e seguir a sua jornada em busca de paz e progresso espiritual, aceitando o encaminhado à colônia espiritual, a vítima passou a arquitetar planos de vingança, tanto do assassino quanto do juiz que o julgou. Para isso, ela utilizou-se de pessoas que vibravam na mesma sintonia que ela. Funciona da seguinte forma: o espírito emite ondas de pensamentos que encontram ressonância nos pensamentos de uma pessoa qualquer. Assim, ele sugestiona o comportamento do que está encarnado.

"Vocês não imaginam o transtorno criado na família do magistrado! Como ele não sabia a origem dos infortúnios que o atingiam, bem como a seus familiares, ele não conseguia se defender. A sorte é que um espírito de luz, que tem entre suas atribuições a de resgatar espíritos sofredores da seara do mal, entrou em ação e conseguiu convencer a vítima do homicídio a não prejudicar mais a família do magistrado".

A plateia estava absorta na mensagem de Iracema. Três dos que ali estavam, todavia, sequer conseguiam piscar os olhos, tamanha a concentração nas palavras da sábia senhora. Aristides, Fábio e Neide começaram a suspeitar firmemente de que ela estava se referindo ao caso Bruno quando exemplificou a obsessão espiritual.

Neide sentiu o coração apertar ao imaginar o quanto o filho poderia ter sofrido tentando vingar-se de seu algoz. Imaginou que o seu próprio desejo de vingança e a sua revolta poderiam ter contribuído para o comportamento de Bruno após a morte. Começou a ficar com remorso, ante a possibilidade de ser verídica a sua suposição.

Fábio ficou aterrorizado ante a possibilidade de ter servido de joguete para as pretensões vingativas do primo.

Aristides, por sua vez, enxergou-se na posição de vítima da malignidade de Bruno. Mas, na sua consciência, percebeu que havia dado causa à revolta dele.

Neide prosseguiu em seus ensinamentos:

– Hoje, a vítima do homicídio está em tratamento em uma colônia espiritual e já não incomoda mais os seus desafetos. A tendência é que ela aceite o acontecido e perdoe os seus ofensores. Isso trará paz para ela e todos aqueles que a amavam.

"Sabemos que o contato do mundo espiritual com o mundo material é perfeitamente possível. No caso citado, as pessoas encarnadas não perceberam que estavam sendo manipuladas por espíritos. Mas casos há em que a pessoa encarnada comunica-se conscientemente com um espírito através de sua mediunidade. A título de ilustração posso citar a conversa de Jesus com Moisés e Elias, citada no Novo Testamento.

"Em uma situação de perda como a citada anteriormente, a revolta do desencarnado ou dos seus familiares prejudica a jornada evolutiva de todos. Jornada essa que, lá na frente, irá desembocar em nova reencarnação, uma nova bênção divina para o espírito corrigir os seus vícios e defeitos, aproximando-se mais e mais de Deus."

Já com a garganta seca, Iracema fez uma pausa e tomou um gole de água. A plateia continuava ansiosa por ouvir suas palavras. Após breve pausa, ela prosseguiu:

– A reencarnação não é uma descoberta do espiritismo. Lá atrás, no início do cristianismo, a teoria da reencarnação já era aceita, mas foi retirada dos ensinamentos cristãos durante o V Concílio Ecumênico de Constantinopla, no ano de 553, convocado pelo imperador Justiniano. Devo mencionar que somente os bispos ortodoxos do oriente participaram desse concílio. Nenhum de Roma. Aliás, cabe frisar que o concílio foi convocado por Justiniano e não pelo Papa.

"Justiniano foi influenciado por sua esposa Teodora para acabar com a ideia de reencarnação. Ela agiu dessa forma porque havia sido prostituta antes de se tornar imperatriz, o que era motivo de orgulho para as outras prostitutas, que celebravam o fato de ter saído do meio delas a mais nova imperatriz. Tal fato incomodava tremendamente Teodora. Assim, com a finalidade de acabar com os comentários das outras prostitutas, ela pediu a Justiniano que as matasse. Constantinopla tinha em torno de quinhentas prostitutas, as quais foram mortas, gerando a ira da população, que era reencarnacionista e dizia: Teodora terá de ser assassinada quinhentas vezes em suas vidas futuras para pagar pelos seus pecados.

"Isso fez com que Teodora abominasse o termo reencarnação, levando-a a pressionar Justiniano para convocar a Igreja Católica e retirar das escrituras qualquer menção à reencarnação.

"Importante ressaltar que, depois da queda do Império Romano, no final do século V, Constantinopla permaneceu como capital do Império Oriental ou Bizantino.

"Uma das grandes cabeças da igreja à época era Orígenes, que representava para o Oriente o que Santo Agostinho representava para o Ocidente. Com apenas dezessete anos, ele havia se tornado reitor da Universidade de Alexandria, o mais importante centro intelectual do mundo no século III. Ele era reencarnacionista e havia vivido uns duzentos e cinquenta anos antes do referido concílio. Orígenes escreveu: 'cada alma vem a este mundo fortificada pelas fraquezas ou vitórias da vida anterior. Seu lugar neste mundo, como um vaso escolhido para honrar e desonrar, é determinado por seus méritos ou deméritos. Seu trabalho neste mundo determina a sua vida num mundo futuro'.

"Justiniano, então, passou a atacar as suas ideias, entre elas a da preexistência do espírito sobre o corpo, que é básica para se entender a reencarnação. As pessoas que defendiam a reencarnação passaram a ser consideradas anátemas".

"Mesmo após a morte de Justiniano, as pessoas que detinham o poder religioso não mudaram o V Concílio de Constantinopla porque era mais fácil manter o povo sob seu jugo prometendo o céu ou o inferno imediato do que defender chances posteriores a todo ser humano através da reencarnação".

"Sabemos que as escrituras sofreram modificação em seus textos originais. Mesmo assim, na *Bíblia* encontramos alguns trechos que evidenciam o fato de que Jesus era reencarnacionista. Vejamos o que diz Jesus a respeito de João Batista, no capítulo 11, versículo 14 do Evangelho de Mateus: 'ele é o Elias que há de vir', numa clara referência de que João Batista era a reencarnação de Elias. Essa conclusão é reforçada por outra afirmação de Jesus, encontrada em Mateus, capítulo 17, versículos 10 a 12: 'Os discípulos perguntaram a Jesus: Por que os escribas dizem que primeiro deve vir Elias? Ele respondeu: Sim, Elias vem; e porá tudo em ordem. Eu vos digo mais: Elias já veio e não o reconheceram. Pelo contrário, fizeram com ele tudo o que quiseram'.

"Peguemos, agora, o capítulo 16, versículos 13 a 15, do mesmo Evangelho de Mateus: 'Jesus foi à região de Cesareia de Filipe e ali perguntou aos discípulos: Quem é que as pessoas dizem ser o filho do homem? Eles responderam: Alguns dizem que é João Batista; outros, Elias; outros, Jeremias ou algum dos profetas'.

"Percebe-se, pois, meus queridos, que a ideia da reencarnação, além de não ser estranha, não foi refutada pelo mestre Jesus.

"Querem mais citações bíblicas que demonstram a existência da reencarnação? Vamos ver o que está escrito em Marcos, capítulo 6, versículos 14 a 15: 'O rei Herodes ouviu falar de Jesus, pois o nome dele havia se tornado muito conhecido. Até se dizia: João Batista ressuscitou dos mortos, e é por isso que atuam nele essas forças milagrosas! Outros diziam: É Elias!'

"Encontramos a mesma narrativa no Evangelho de Lucas, capítulo 9, versículos 7 a 9.

"Por fim, o Evangelho de João, capítulo 3, versículos 3 a 6: 'Jesus respondeu: Em verdade, em verdade te digo: se alguém não nascer de novo não poderá ver o Reino de Deus! Nicodemos perguntou: Como pode alguém nascer de novo se já é velho? Ele poderá entrar uma segunda vez no ventre de sua mãe para nascer? Jesus respondeu: Em verdade, em verdade, te digo: se alguém não nascer da água e do espírito não poderá entrar no Reino de Deus'.

"Há aqueles que defendem que Jesus estava se referindo ao batismo quando disse nascer da água e do espírito. Todavia, não creio que alguém poderia ser condenado ou absolvido por um único ato, que seria o batismo. A teoria da reencarnação, ao contrário, considera todos os atos da pessoa importantes; e os mesmos são levados em consideração para definir o futuro dela."

A concentração da plateia era tamanha que um simples zunido de uma mosca seria o suficiente para atrapalhar.

As palavras de Iracema eram como água da fonte para os espíritos sedentos de Aristides, Fábio e Neide.

"Como uma criatura tão simples pode ser tão rica de conhecimento!" – pensou Aristides.

Neide ficou tão envolvida com a palestra que se esqueceu da presença incômoda de Aristides.

Fábio, por sua vez, reforçou a sua convicção de que havia chegado a sua hora de iniciar os estudos bíblicos. O aprendizado poderia ser importante ferramenta na reforma interior que ele tanto almejava fazer.

– Meus caros! Estou ciente de que já estão cansados após mais um dia de trabalho e que estão ansiosos para reverem os familiares – prosseguiu Iracema. – Por isso, vou ficando por aqui, agradecendo-lhes imensamente a atenção e colocando-me à disposição para outros esclarecimentos.

Uma salva de palmas entusiástica sucedeu às palavras de Iracema.

– Brilhante! Gostaria de conhecê-la melhor. Vamos lá cumprimentá-la – disse Neide para o sobrinho.

Levantaram-se e entraram na fila de cumprimentos.

– Para quem não queria ficar para assistir à palestra, acho que valeu a pena a minha insistência – brincou Fábio.

Neide colocou a mão em seu ombro e sorriu.

– Tem razão, foi uma benção ter ficado.

Logo depois, chegou a vez de eles cumprimentarem a palestrante. Neide antecipou-se ao sobrinho.

– Parabéns! A senhora não imagina o tanto que tocou o meu coração com as suas palavras. Por um momento, pensei que estivesse se referindo ao meu filho, morto em um acidente de carro, quando mencionou o caso da vítima que não havia aceitado a morte. Se possível, gostaria de encontrá-la novamente para conversar com mais privacidade com a senhora.

Vinícius, ao lado de Iracema, sentiu que havia cumprido a promessa feita a Bruno: a de aproximar Neide de Iracema.

– Claro! Vamos nos encontrar outra vez. Anote o meu telefone.

Neide pegou uma caneta emprestada com Fábio e anotou o número ditado por Iracema.

– Se a senhora não se incomodar, gostaria de pegar carona no pedido da minha tia e ir me encontrar com a senhora também.

– Sem problemas. Vocês são meus convidados para tomarem um chá na minha casa. Já têm o número do meu telefone, basta ligar para combinarmos.

Despediram-se e cada qual foi para sua casa. Fábio e Neide estavam tão felizes que sequer se aborreceram com o engarrafamento. No trajeto para casa, Neide apenas foi se lembrar dos cinco milhões de reais ao se despedir do sobrinho.

– Espero que faça bom uso do dinheiro – recomendou Fábio.

Após breve reflexão, Neide respondeu:

– Espero fazer bom uso não apenas do dinheiro que depositei em minha conta, mas também do tesouro que a dona Iracema depositou em meu coração.

Abraçaram-se carinhosamente. Depois, Fábio esperou que ela entrasse na portaria do prédio para arrancar o carro. A partir dali, lembrou-se de Diva e sentiu um friozinho na barriga. A lembrança da imagem de Diva, pouco a pouco, foi apagando as lembranças do namoro com Ana e as consequentes mágoas que ficaram após o término.

No trajeto para a sua casa, Fábio começou a cogitar na possibilidade de fazer nova visita surpresa à loja de Diva.

Capítulo 31

A sexta-feira amanheceu ensolarada em Nova Iorque. Rita abriu a cortina do quarto, olhou para o céu e disse para si mesma:

– Hoje será um grande dia.

Estava eufórica com o encontro que teria com Pedro Manoel na casa dele, onde ela prestaria serviços.

Após o banho demorado, Rita foi à cozinha preparar o café e deparou com João estudando.

– Bom dia primo! O seu dia começou cedo hoje, hein!

João fechou o livro, arredou-o para o canto da mesa e respondeu:

– Perdi o sono; estou estudando desde cinco horas da manhã. Agora, a minha consciência fica mais tranquila para eu curtir os passeios que farei.

João fez uma pausa, esperando que Rita fizesse algum comentário sobre o encontro que teria com Pedro Manoel. Ante o silêncio dela, ele perguntou:

– Está mais ansiosa do que de costume?

Ela sorriu. Encostada na pia, respondeu:

– Eu queria não estar, mas confesso que estou com boa expectativa desse encontro com o Pedro. Mas... também estou com medo de que ele me trate com a frieza de uma relação entre patrão e empregado.

Tentando animá-la, João comentou:

– De qualquer forma, você sairá ganhando; afinal, é um serviço a mais, em tempo de crise, e isso ajudará a dar um alívio para o seu bolso.

– Sem dúvida – concordou Rita.

Em seguida, ela colocou duas fatias de pão de forma integral na torradeira, fritou dois ovos e esquentou no forno alguns pequenos pedaços de linguiça assada, batata amassada e tomate. Após, comentou:

– Estou com vontade de tomar um café irlandês. Tenho certeza de que você vai adorar!

João já estava faminto, afinal já estava acordado há duas horas e meia e não havia comido nada na noite anterior.

– Nossa! Esse café está aguçando ainda mais o meu apetite. Será bom comer algo mais substancioso, pois hoje eu quero caminhar muito pelas principais avenidas de Manhattan. O dia está perfeito: clima frio e muito sol.

Rita estava reconfortada por ver o primo aproveitando tanto o passeio. Sinal de que o convite dela estava valendo a pena.

Após o café, Rita despediu-se de João.

– Então, nos encontramos no final da tarde. Se você quiser, eu topo dar uma saidinha. Conheço um lugar aqui perto que tem boa música e fica legal às sextas-feiras.

A sugestão não foi muito bem recebida por João, que tinha outros planos.

– Hoje, eu gostaria de assistir a uma peça da Broadway. Posso comprar ingresso para nós?

Rita franziu a testa e torceu o nariz.

– Desculpe-me, primo, não estou animada a assistir teatro. Vamos fazer o seguinte: não vamos deixar nada combinado. A gente decide o que fazer quando chegarmos. Ok?

João acenou positivamente. Rita abraçou-lhe e saiu. Antes de fechar a porta da sala, ela o ouviu:

– Boa sorte no encontro com o Pedro!

– Obrigada! Torça por mim!

Em seguida, João foi tomar banho. Enquanto a água quente caía em seu corpo, os seus pensamentos voltavam para Ana. A saudade estava começando a apertar. Sentiu forte desejo de abraçá-la e beijá-la.

"Isso é bom, porque sinto que no meu coração o amor está vencendo a mágoa", pensou.

O chuveiro ligado por vários minutos deixou o banheiro enfumaçado, parecendo sauna.

– Que maravilha de banho! – exclamou baixinho.

João desligou o chuveiro, enrolou-se na toalha e caminhou até a sala. Abriu a mala, observou as roupas e concluiu que elas eram insuficientes para ele usar no restante da viagem. Precisaria usar a lavanderia coletiva do prédio ou comprar novas roupas. Como ele já estava com a intenção de aproveitar a viagem para aproveitar os preços baixos e renovar seu guarda roupas, João decidiu alterar o seu programa: ao invés de caminhar pelas ruas de Manhattan, iria para o Port Authority Bus Terminal, também em Manhattan, pegar o ônibus para o Woodburry Outlet, situado em Nova Jersey, que ficava a uma hora e meia de Nova Iorque.

Ele se vestiu, pegou a carteira, guardou os dólares no porta-dólar e saiu.

Em quarenta minutos ele já estava dentro do ônibus que levava ao *outlet*. Cansado por ter acordado às cinco horas da manhã, ele dormiu durante toda a viagem. Acordou apenas com o barulho da movimentação dos passageiros levantando-se das cadeiras.

O lugar era bastante charmoso. Parecia uma pequena vila com ruas exclusivas para pedestres, repletas de minipraças, circundadas por casinhas coloridas feitas de madeira, tudo a céu aberto.

Eram tantas marcas de grife que João ficou indeciso por onde começar. Sentou em um banco de madeira, em uma das minipraças, pegou o mapa do local e pôs-se a pensar.

"Carregar as sacolas de compras será desgastante. Já sei: vou primeiro à loja das malas. Compro uma mala bem grande e guardo as roupas lá dentro".

Assim ele fez. Comprou uma mala que impressionava pela leveza e alto nível da qualidade do material. Como tinha rodinhas, era só puxá-la pela alça, o que evitava o desconforto de carregar o peso das sacolas tradicionais.

Ir a *shoppings* fazer compras era algo que João não tinha o menor prazer. Inúmeras vezes, sua mãe e Ana avisavam-no de promoções e aconselhavam-no a ir ao *shopping*, alegando que as roupas dele estavam velhas, mas ele sempre encontrava uma desculpa para não atendê-las.

No *outlet*, ao contrário, ele estava curtindo a experiência de comprar roupas, talvez pelo aconchego do local, ou pelos preços atrativos, ou, ainda, pela necessidade premente de renovar suas roupas.

Ele estava gostando tanto que sequer viu o tempo passar. A fome veio e só aí ele viu que já eram três horas da tarde. Decidiu sentar em um restaurante para almoçar. Viu uma garçonete carregando uma linda costela de porco, coberta por molho *barbecue*, com uma farta porção de batata frita ao redor.

"É isso que eu vou comer", pensou.

Assim que foi atendido, ele pediu aquele prato e ligou para Rita, a fim de ter notícia do encontro com Pedro Manoel.

– E aí, prima?

– João, a entrega saiu melhor do que a encomenda.

A alegria demonstrada no tom de voz de Rita denunciava que algo de muito especial havia acontecido, o que aguçou ainda mais a sua curiosidade.

– Como assim?

– Eu estou trabalhando agora e não tenho como conversar muito. Vou resumir e em casa eu lhe conto os detalhes.

– Está bem, mas fale logo.

– Acertei de trabalhar na casa dele, vou começar semana que vem. Quando ele foi se despedir de mim, deu-me um abraço e convidou-me para jantar com ele hoje.

João ficou abismado. Jamais imaginaria que o português fosse tão atirado.

– Jura?

– É verdade! Nós sairemos para jantar, já marcamos até o restaurante. Vamos nos encontrar no restaurante Spyce Market, que pertence a um dos melhores chefes de Manhattan, o George Vongerichten.

– Que bacana, Rita! Boa sorte! Eu estou aqui no *outlet*, decidi mudar a minha programação. Já que nós não vamos mais sair, vou aproveitar para fazer todas as comprar que preciso e só vou chegar ao apartamento mais tarde.

– Está bem, querido, não se preocupe. Aproveite os preços e faça boas compras. Fique com Deus!

Despediram-se e João ficou pensando no quão importante estava sendo a sua ida a Nova Iorque. Sem ele, Rita não teria conhecido Pedro Manoel, pois não teria ido à festa. Por outro lado, os momentos de lazer naquela cidade, ao lado de uma pessoa que ele gostava tanto, estavam renovando-lhe as energias, limpando todo o estresse vivido nos últimos meses.

A comida chegou. A costela estava tão gostosa que ele roeu, inclusive, as pontas dos ossos.

Após o almoço, ele telefonou para Ana.

– Que bom você ter ligado! Estava preocupada. Tentei falar com você, mas o seu telefone está dando fora de área.

– Preocupada com o quê? – perguntou João, sem entender a manifestação da namorada.

– João, eu tive um pesadelo horrível hoje de manhã, logo antes de acordar. Você estava todo enlameado, com uns ferimentos feios na face, toda manchada de sangue. Vestia roupas rasgadas. Eu perguntava o que tinha acontecido, mas você só me olhava, com expressão de desespero e não respondia às minhas perguntas.

– Fique tranquila, está tudo bem comigo. Coincidência ou não, estou no *outlet* comprando roupas. Prometo que você não me verá usando roupas rasgadas.

– Graças a Deus você está bem!

Aliviada, ela teve bom astral para comentar:

– Já vou logo avisando: essas roupas que você está comprando são para sair comigo. Nem pense em usá-las sem ser na minha companhia.

João sorriu. Como sabia que aquela demonstração de ciúme era de brincadeira, não se incomodou.

– Estou louco de vontade de me encontrar com você. Já estou começando a ficar com vontade de retornar ao Brasil.

– João, eu amo você. Volte logo!

Foi o suficiente para ele sentir uma vibração interna de prazer e declarar:

– A distância entre duas pessoas que se amam alimenta o amor quando se tem a certeza do breve reencontro. Falta pouco para estarmos juntos novamente.

Ana manteve-se firme no propósito de não falar nada sobre o encontro com Fábio.

Após mais um pouco de conversa, desligaram o telefone e ele seguiu entrando nas lojas. Ao anoitecer, ele se informou de que o último ônibus para Nova Iorque partiria às dez horas da noite. Como não iria mexer com compras em Manhattan, decidiu ficar no *outlet* e retornar no último ônibus.

O movimento intenso do dia havia diminuído e poucas pessoas circulavam pelas ruas do Woodburry. Quando entrou no ônibus, João estava exausto. Foram dez horas de compras.

"Agora posso ficar alguns anos sem comprar uma muda de roupa", pensou.

Novamente, dormiu na viagem de volta a Nova Iorque. Somente acordou quando o ônibus estava chegando ao terminal rodoviário.

João colocou um agasalho que havia comprado no *outlet* para se proteger do frio. Ventava bastante quando ele desceu do ônibus. Do terminal até a estação do metrô eram quatro quarteirões. Ele apressou o passo, pois o movimento de pessoas era pequeno. Além disso, após a meia-noite as linhas que ele pegava para ir à casa de Rita, W ou N, não paravam em determinadas estações.

Quando ele virou um quarteirão, logo na frente parou na calçada para atravessar a rua. Foi quando dois mulatos que o seguiam se postaram ao lado dele e anunciaram o assalto.

– Atravesse a rua conversando naturalmente conosco, como se fôssemos amigos, se não quiser morrer – ameaçou o mais alto, que carregava em sua mão direita um pequeno revólver, devidamente apontado para a vítima.

João sentiu o coração disparar quando viu a arma. Involuntariamente, seus lábios tremeram.

– Se você colaborar nada vai lhe acontecer – avisou o de estatura baixa, que também trazia um revólver na mão direita.

Assustado com aquela violência inesperada, João não teve dúvida em lhes obedecer. Atravessaram a rua e tomaram a direção contrária à da estação mais próxima do metrô. As pernas de João estavam trêmulas. Deram alguns passos e logo um carro aproximou-se, parando ao lado deles.

– Vamos, entre! – ordenou rispidamente o mais alto, que parecia ser o líder.

João tentou resistir.

– Não, por favor! Podem levar a minha mala.

– Entre logo! – insistiu o assaltante, enquanto o outro abria a porta de trás do veículo, um sedan branco, em péssimo estado de conservação.

Sem alternativa, João entrou. O assaltante também entrou e fechou a porta, enquanto o outro guardava a mala no bagageiro. Pelo espelho retrovisor, João viu a face do motorista, um homem branco, magro, de rosto fino e cabelos negros escondidos sob um boné verde.

Depois que o outro assaltante guardou a mala e entrou pela outra porta, espremendo João no meio do banco, o motorista acelerou o veículo.

– Você irá sacar dinheiro no caixa eletrônico para nós – disse aquele que demonstrava ser o líder.

Gaguejando, João respondeu:

– O meu cartão de crédito só pode ser utilizado para compras em estabelecimento comercial, não consigo sacar dinheiro com ele aqui nos Estados Unidos.

O assaltante o encarou por alguns segundos, que lhe pareceram uma eternidade, encostou a arma em seu rosto e ameaçou:

– Não tente bancar o espertinho para cima de mim.

João fechou os olhos e naquela fração de segundos pensou nas pessoas que mais amava. Sabia que sua vida estava por um fio.

– Pelo amor de Deus, não faça isso! – implorou, com a voz cortada pelo choro.

– Quanto você tem em dinheiro?

João apontou que o dinheiro estava escondido embaixo da calça, na cintura.

– Pegue, mas nem pense em me trapacear.

Com as mãos trêmulas, João sacou o porta dólares e o entregou ao assaltante. A essa altura, sua roupa já estava molhada de suor, em que pese o frio cortante.

O assaltante retirou o dinheiro e começou a contar. Deu uma risada marota e balançou a cabeça, em sinal de descontentamento.

– Você só tem duzentos e dez dólares?

– Eu gastei o dinheiro que tinha comprando as roupas que estão naquela mala – justificou João.

Irritado, o assaltante desferiu-lhe uma coronhada de revólver, abrindo-lhe uma pequena ferida no lado direito da face.

– Ai!

– Cale-se!

Em seguida, o assaltante pegou um rolo de fita em seu bolso e o entregou ao seu comparsa, sentado do outro lado de João.

– Amarre as mãos dele.

– Não me mate, por favor! Eu tenho família!

O líder deu uma risada debochada e ironizou:

– Coitadinho, ele tem família!

Os comparsas riram do deboche. A crueldade estava estampada no olhar deles.

Depois de amarrarem as mãos de João, o líder ainda colocou uma venda em seus olhos, aumentando ainda mais o seu desespero. Nesse momento, a imagem de Jesus veio à mente de João. Nessa hora, ele lembrou-se de rezar. Elevou os seus pensamentos a Jesus e orou, em silêncio:

"Senhor Jesus, perdoe os meus pecados e livre-me das mãos dos meus ofensores. Por favor, poupe a minha vida".

João manteve firme a imagem de Jesus em sua mente, enquanto o motorista apertava o pé no acelerador, fazendo curvas em alta velocidade. Apesar do medo da morte, procurava manter a fé. Naquela situação, ele percebeu o quão eram pequenos todos os problemas acontecidos em sua vida nos últimos meses, desde a reprovação no concurso, passando pelo término do namoro, desentendimentos com a irmã e as dificuldades profissionais vivenciadas pelo pai. Agora, tudo o que importava era sair vivo daquela enrascada.

A situação piorou quando o carro chegou a uma rua esburacada, que ele percebeu pelos solavancos no veículo. De repente, o carro parou. Desesperado, João deu a carta final, fazendo o que estava evitando até então: envolver Rita naquela situação de perigo.

– Por favor, eu lhes imploro: não me façam mal. Tenho alguns dólares guardados no apartamento da minha prima, onde estou hospedado.

Ainda com a venda nos olhos, João esperou a resposta. O silêncio dos assaltantes amedrontava-o mais ainda. O que estava dirigindo perguntou-lhe:

– Quantos dólares você tem guardados lá?

– Setecentos e poucos dólares.

O mais baixo comentou com os dois:

– Parece-me uma boa quantia. Se somarmos aos duzentos e dez dólares que já pegamos, vamos ficar próximos de mil dólares.

O líder refletiu sobre a ponderação do seu comparsa. A sua face era iluminada pela luz do luar, que atravessava a neblina. Ele pegou um cigarro no bolso do paletó, acendeu-o e deu um longo trago, jogando a fumaça no rosto de João. Depois, bateu as cinzas no chão e respondeu:

– Não acredito nele. Se estivesse falando a verdade não demoraria tanto para falar desse dinheiro. Esse gringo está querendo trapacear. Vamos levá-lo para conhecer o subterrâneo da nossa cidade.

– Não, por favor, não faça isso! A minha família está me esperando no Brasil.

O motorista e o mais baixo tiraram a tampa de um bueiro. O barulho do aço batendo no chão aumentou o desespero de João. Ainda uma vez, lembrou-se de Jesus e, em voz alta, orou:

– Senhor, seja por mim!

– Cale-se! – ordenou o líder, após dar-lhe um tapa na nuca.

Em seguida, puxou-o pelo braço, levando-o para próximo do bueiro. Primeiro, desceu o motorista. Depois, os outros dois começaram a empurrar João para o buraco. Ele tentou gritar, mas a sua voz saiu fraca:

– Socorro!

O líder encostou o revólver em sua cabeça e voltou a ameaçar:

– Mais um grito e estouro seus miolos aqui mesmo. Cale-se, porque nós lhe daremos uma oportunidade.

João voltou a sentir esperança e permitiu que eles o empurrassem para baixo, em direção às galerias de esgoto. Ele caiu e bateu com a cabeça no chão, ocasião em que sentiu o terrível cheiro da água suja que molhava o seu corpo adentrar pelas suas narinas. Começou a vomitar, enquanto os demais riam. O líder foi o último a descer e colocou a tampa no lugar. Em seguida, ele aproximou-se de João e tirou a venda dos seus olhos. Encarou a vítima e regozijou-se com o desespero estampado em seu olhar de clemência. Então, explicou o que aconteceria a partir dali.

– Esta aqui é a nossa área – disse, apontando com o indicador para o que estava ao redor deles. – Nós vamos lhe dar um minuto para você tentar fugir. Depois, iremos à sua caça.

João tremia o queixo. O desespero era tanto que sequer lembrava-se da ferida em sua face. O olhar daquele assaltante era apavorante.

– Você é bom de corrida? – perguntou o assaltante, novamente usando de deboche.

João ficou quieto, com medo de responder.

– É bom que seja. Nós conhecemos isso aqui como a palma das nossas mãos. Quando formos atrás de você, torça para estar longe e, o mais importante, escolha a rota de fuga certa. Do contrário...

O assaltante colocou a mão na cintura e tirou uma faca de porte médio, afiadíssima, com a ponta fazendo uma pequena curva para o alto.

– Eu não terei piedade de você.

Os batimentos cardíacos de João davam-lhe a impressão de que o seu coração sairia pela boca.

"Como vou conseguir correr se mal consigo respirar?", pensou.

O assaltante estreitou ainda mais a distância com a vítima. Quase podia ouvir o barulho do batimento cardíaco do pobre coitado. Olhou fixamente para João e pegou a mão dele, levando-o ainda mais ao desespero.

– Eu não sou tão mal assim. Não é justo você correr com as mãos atadas.

Usando a faca que trazia consigo, o líder começou a cortar a fita que prendia as mãos de João, com extremo cuidado para não feri-lo. Após, jogou a fita no chão, sorriu de forma sarcástica para a vítima e finalizou:

– Eu vou contar até sessenta e três. Quando você ouvir o número três, corra e não olhe para trás, porque, quando eu contar sessenta e três, nós iremos atrás de você, garoto.

João voltou a sentir ânsia de vômito.

– Um, dois, três...

João saiu em desabalada carreira, tropeçando nos dejetos que estavam pelo caminho. Torcia para não ser alvejado nas costas por um tiro de revólver. O comportamento do líder não deixava dúvida de que se tratava de um psicopata. Mais um pouco e ele ouviu:

– Corra mais rápido, o seu tempo está se esgotando.

João viu um cruzamento e virou à direita. Ali, o corredor estava mais escuro. Ele pegou o celular e o abriu, para clarear o seu caminho. Corria o mais rápido que podia, respirando o mínimo possível. Com o olhar fixo para o caminho que se descortinava à sua frente, não viu uma lata que havia no chão. Chutou-a sem querer com o pé direito e caiu ao chão.

– Ai!

João levou a mão ao pé. Sentiu uma dor latejante no dedão. Não podia parar. Em sua mente, já havia decorrido um minuto e os bandidos já deviam estar a caminho. Levantou-se e continuou correndo, mas mancando, com a sensação de molhado no dedão machucado, fruto do sangue que escorria. Para minimizar a dor, colocou o peso do corpo mais sobre o calcanhar do pé direito. Ele estava ofegante.

Havia pouca iluminação. Ele sabia que não poderia cair em um corredor sem saída. Sempre que chegava a algum cruzamento, escolhia o caminho que lhe parecia mais reto. De repente, assustou-se com um barulho próximo a ele. Olhou para trás e viu uma enorme ratazana. O medo voltou a aflorar. Começou a pensar que os bandidos poderiam estar por perto e poderiam encurralá-lo. Tentou correr mais rápido, mas a dor no pé o impedia.

Por uma fração de segundo, ele desejou que aquilo tudo não passasse de um terrível pesadelo. Infelizmente, era a vida real. Difícil de acreditar que um passeio que se desenhava tão perfeito pudesse terminar de forma tão trágica.

À medida que corria, ofegando, outro medo assombrou a mente de João: o de conseguir escapar dos bandidos, mas não conseguir voltar para a superfície, morrendo naquele ambiente fétido.

"Como ficarão os meus familiares e Ana se o meu corpo jamais for encontrado? Por quanto tempo alimentarão esperanças de me encontrar vivo? Preciso encontrar uma saída."

João voltou a lembrar-se de Jesus e orou novamente, em voz baixa:

– Senhor Jesus, mostre-me a saída deste lugar, eu vos imploro! Ilumine o meu caminho, opere mais esse milagre em minha vida. Assim como Deus livrou Moisés e seu povo das garras do faraó, abrindo uma passagem pelo mar Vermelho, livra-me dos meus perseguidores e mostre-me o caminho da fuga.

"'Ainda que eu ande pelo vale da sombra da morte, não temerei mal nenhum, porque tu estás comigo: a tua vara e o teu cajado me consolam'. Li esta frase na *Bíblia*, se não me engano está no Salmo vinte e três."

A dor no pé estava aumentando e João decidiu diminuir o ritmo da corrida, passando para uma caminhada de ritmo acelerado, mesmo porque não via qualquer sinal dos assaltantes. Passou a prestar mais atenção no que estava à sua frente, no chão, para não se machucar mais. Poucos minutos depois, ele chegou a novo cruzamento, olhou para a direita e viu duas pessoas discutindo há uns cinquenta metros de distância. O susto foi tamanho, que ele perdeu o ar. Deu dois passos para trás e escondeu-se atrás da parede. Pelas vestimentas que observou, não eram os assaltantes. Começou a sentir-se aliviado, pois poderiam ajudá-lo a sair dali. Decidiu dar uma espiada antes de pedir ajuda. Abaixou-se e colocou a cabeça para fora da parede, em posição que lhe permitia observar os dois estranhos. Os dois tinham capacetes com uma lanterna na parte da frente, indicando que poderiam ser operários.

João ficou eufórico ante essa possibilidade e preparou-se para pedir ajuda. Nesse momento, ele viu que um deles carregava uma arma, semelhante a uma metralhadora, e encostou-a no abdômen do outro. Começaram a discutir de forma mais ríspida, em uma língua que não parecia ser a inglesa. Foi o suficiente para João concluir que não poderia contar com a ajuda deles. Ao que tudo indicava, também eram bandidos. João ficou ainda mais desesperado ante a possibilidade de presenciar um homicídio.

O que estava com a arma encostada no abdômen do outro começou a falar mais alto, demonstrando toda sua irritação. A situação parecia irreversível e o disparo seria questão de segundos.

João teve a sensação de que estavam conversando em árabe. De repente, outro susto: uma terceira pessoa apareceu do nada, ao lado deles, como se tivesse saído de um buraco feito na parede.

Essa pessoa chamou a atenção dos dois, rispidamente, colocando o dedo na cara de cada um. Em seguida, o que estava com a arma abaixou-a, tirando-a do abdômen de seu comparsa.

Por alguns instantes, os três ficaram em silêncio. A princípio, os ânimos haviam sido serenados. Voltaram a conversar. Dessa vez, pacificamente.

João teve a percepção de que o líder estava passando instrução para os dois. Logo em seguida, primeiro o líder e depois o que estava com a arma encostada no abdômen, apoiaram as mãos na parede para subir o corpo e rastejaram.

"Estranho! Parece que fizeram um buraco na parede, pensou".

O outro encostou as mãos na parede e empurrou algo.

"É isso! Fizeram um buraco na parede e uma porta para fechá-lo, de forma a não permitir que nenhuma pessoa que passar por aqui desconfie de nada."

Nesse momento, João não se preocupava mais com os bandidos que o assaltaram. Estava com sua atenção totalmente focada no homem que acabava de empurrar algo na parede.

De repente, o homem começou a andar, lentamente. Para sua sorte, tomou o sentido contrário de onde estava.

"É a minha chance. Aconteça o que acontecer, irei segui-lo."

Cuidadosamente, João iniciou a caminhada em direção ao estranho. Procurava seguir o mesmo ritmo dos passos dele, para não aumentar nem diminuir a distância entre eles.

Ao passar pelo local onde ele suspeitava haver um buraco na parede, João abriu o celular, para clarear o ambiente, e viu uma porta de madeira, em torno de meio centímetro para dentro da parede. A porta estava pintada na mesma cor da parede. Era praticamente imperceptível.

João ficou observando o estranho se distanciar e empurrou levemente a porta, deslocando-a alguns centímetros, o suficiente para ver um buraco que se aprofundava pelo subterrâneo da cidade. Imediatamente, veio-lhe à lembrança os atentados terroristas de onze de setembro.

"Meu Deus! Vão atacar Nova Iorque novamente!"

João voltou a fechar a porta, com cuidado para não fazer barulho, e apressou um pouco os passos para não perder o homem de vista.

Estava escuro e ele ficou com receio de abrir o celular, para clarear o ambiente, e com isso chamar a atenção do homem. Este virou à esquerda e João apressou ainda mais os passos. Em hipótese alguma poderia perder o contato visual com ele.

Por infortúnio, João voltou a tropeçar em um objeto, fazendo barulho. Certamente, o homem havia ouvido aquele barulho. João levou as mãos à cabeça e começou a entrar em pânico. Ouviu os passos do homem retornando e viu que ele havia desligado a luz que havia em seu capacete.

João olhou ao redor e viu um pequeno vão na parede. Com a agilidade de um gato, escondeu-se ali. Em seguida, viu um facho de luz iluminar o corredor onde se encontrava. Novamente, teve a sensação de que o seu coração sairia pela boca. O homem deveria estar, talvez, a sete metros de distância dele.

De onde estava, João viu uma ratazana passar correndo. O homem deu um leve sorriso e voltou a caminhar para onde estava indo. João suspirou, aliviado e agradeceu a Deus, em pensamento:

"Obrigado meu Deus, por ter enviado esse animal fazendo com que aquele homem pensasse que o barulho foi provocado por ele".

João voltou a sair no encalço do homem que julgava ser um terrorista. Procurou prestar bastante atenção no caminho que estava fazendo, pois, se conseguisse sair com vida dali, o primeiro passo que daria seria procurar a polícia.

Viu-o subir por uma escada fixada na parede e tirar uma espécie de tampa do teto. Em seguida, o homem voltou a colocar a tampa no local. João apressou o passo. Chegou à escada, subiu seis degraus e ficou em dúvida se tirava a tampa que estava sobre sua cabeça, com receio de que o barulho chamasse a atenção do homem.

Esperou por alguns segundos e decidiu arriscar. Levantou as mãos e começou a empurrar a tampa. Surpreendentemente, era mais leve do que estava supondo, o que lhe permitiu não fazer barulho. Subiu mais dois degraus e, vagarosamente, colocou a cabeça para fora.

Ao longe, viu o homem que seguia conversando no celular. Ali, a iluminação da cidade deixava o ambiente mais claro. João viu uma fresta de luz e identificou que ela estava entrando por um bueiro. Começou a chorar baixinho, tamanha a emoção de saber que estava próximo de conseguir escapar. Esta era a sua meta principal. Agora, havia outro objetivo: identificar a rota feita pelo terrorista, do túnel até ali, e voltar com a polícia lá para desmontar o plano deles.

João dividia a sua atenção entre ficar observando o terrorista, que a essa altura havia desligado o celular, e olhar para baixo, a fim de constatar se não havia a aproximação de mais alguém.

Ali, em pé na escada, permaneceu por mais cinco minutos, até ver o homem sair pelo bueiro, em direção à rua. Imediatamente, João acabou de subir a escada, recolocou a tampa no local e correu em direção ao local de escape do terrorista. Lá chegando, verificou que havia um bueiro. Tentou empurrá-lo, mas não conseguiu movê-lo.

– Como ele conseguiu tirar isso daqui? – perguntou para si próprio, enquanto fazia toda força que estava ao seu alcance para retirar o obstáculo que o impedia de ter acesso à rua.

Percebendo que não conseguiria remover a tampa do bueiro sem ajuda de terceiros, tendo a certeza de que o homem que seguia já estava distante, João começou a gritar por socorro, o mais alto que conseguia:

– *Help*! *Help*!

À medida que gritava, João olhava em direção à escada por onde acabara de subir, com receio de que outro terrorista aparecesse. Sentia um misto de medo com ansiedade pela possibilidade de chegar à superfície.

O seu drama começou a chegar ao fim quando sua vista ficou ofuscada pela luz de uma lanterna. João levou a mão sobre o olho para proteger a vista daquela luz. Foi aí que viu dois policiais. Teve vontade de chorar, mas precisava explicar-lhes o ocorrido.

– O que você está fazendo aí? – perguntou o que estava segurando a lanterna.

– Fui assaltado por volta da meia-noite. Sou turista e estava voltando do *outlet*. Como eu tinha pouco dinheiro, os bandidos trouxeram-me para a rede de esgoto e mandaram-me correr, dizendo que começariam a me perseguir em um minuto. Eu saí correndo e cheguei até aqui.

Os policiais viram o talho aberto na face dele pela coronhada de revólver e deduziram que ele estava falando a verdade.

– *Ok*! Fique calmo que nós iremos tirá-lo daí.

Imediatamente, os policiais iniciaram o procedimento para retirar a tampa do bueiro. Cada segundo parecia uma eternidade para João, já que ele receava que os terroristas que haviam entrado pelo túnel através do buraco na parede fizessem o mesmo trajeto e o encontrassem ali antes de ser resgatado pelos policiais.

– Pronto, garoto! Você está livre, suba – disse um dos policiais, estendendo a mão para resgatá-lo.

Quando a mão de João tocou a do policial, ele teve a sensação de estar sendo resgatado por um anjo. Nunca em sua vida o toque de uma pessoa havia sido tão importante e tão gratificante.

A emoção foi tamanha, que João abraçou o policial, ignorando o estado deplorável de sujeira e mau cheiro impregnados em seu corpo e suas roupas. Ele chorava compulsivamente. O policial entendeu o que se passava com ele e o abraçou, diante do olhar atônito de seu colega de trabalho.

– Está tudo bem, você está a salvo. Pode extravasar suas emoções.

João afastou-se e abraçou o outro policial. Ato contínuo, ele limpou as lágrimas. Precisava narrar a sua desconfiança de que terroristas pudessem estar planejando um novo atentado. Imediatamente, começou o seu relato.

– Durante o trajeto da minha fuga, eu presenciei dois homens discutindo. Um deles estava armado e encostou uma metralhadora na altura do abdômen do outro. Nessa hora surgiu uma terceira pessoa, que veio de um túnel feito na parede, e apaziguou a situação. Acredito que estavam conversando em árabe. Eu estava distante deles uns cinquenta metros. De repente, o que estava armado saiu e os outros dois entraram no túnel. Segui o que estava armado, passando em frente ao túnel. Removi ligeiramente a porta de madeira improvisada que fizeram um metro e meio acima do nível do chão e vi que estão construindo um túnel bem grande. Tive a nítida percepção de que estão armando um novo atentado terrorista contra Nova Iorque.

"Continuei seguindo o que estava armado, tomando cuidado para guardar o caminho até o túnel. Foi aí que consegui chegar até aqui. Ele havia escapado por esse bueiro uns cinco minutos antes que eu começasse a gritar por ajuda. O que eu não estou entendendo é como ele conseguiu levantar a tampa do bueiro. Talvez, pode ter tido ajuda de terceiros".

Os policiais ficaram com a fisionomia atônita durante o relato. Pelo crachá pregado no uniforme, João leu os nomes de cada um. O que segurou a sua mão, resgatando-o pelo bueiro, chamava Steve. O outro, que ele abraçou em segundo lugar, trazia o nome Aron no crachá.

Steve engoliu seco, pasmo com o que acabara de ouvir, e perguntou:

– Você está disposto a nos levar até o local onde fizeram o túnel?

João refletiu. Certamente, seria mais cômodo tentar fazer um mapa do local, mas havia o risco da operação ser mal sucedida. Retornar ao esgoto seria traumático, mas poderia viabilizar o desbaratamento de um atentado que poderia fazer milhares de vítimas. Ainda em dúvida, ele perguntou:

– Não é arriscado descermos somente nós três?

– Sim. Por isso, se você aceitar descer, eu chamarei reforço para garantir a nossa segurança.

João acenou positivamente com a cabeça, mesmo imaginado que as pessoas mais próximas a ele, seus familiares e Ana, jamais concordariam com aquela decisão.

– Eu levo vocês lá.

Steve sorriu, demonstrando gratidão pela coragem demonstrada pelo turista estrangeiro. Em seguida, perguntou:

– Qual é o seu nome?

– João.

– *Ok*, João. Vou acionar o reforço. Caso se confirme a hipótese de atentado, é possível que estejam bolando um atentado à bomba. Por isso, não podemos chamar a atenção deles. Se eles estão fazendo um túnel, provavelmente a bomba ainda não está no local. Nós teremos de segui-los para descobrir onde estão arquitetando tudo e apreender o material explosivo.

"Vamos entrar no carro e seguir para outro ponto, de onde possamos observar o movimento de pessoas em torno desse bueiro".

Seguindo orientação de Steve, João entrou na viatura. Aron dirigiu uns cento e poucos metros, estacionado-a em uma rua perpendicular, de onde se tinha boa visão do local.

Steve pegou o celular e telefonou para a central. Explicou do que se tratava e pediu que os policiais viessem vestidos à paisana, em viaturas descaracterizadas.

صادق

Capítulo 32

Enquanto o reforço não chegava, João e os policiais não tiravam o olho do bueiro. Mantinham os vidros fechados para se proteger do frio e o carro ligado, para o ar quente funcionar e tirar o embaçado dos vidros.

Naquele momento, João começou a sentir o aumento de dor no dedão do pé e na ferida da face, mas continuava disposto a retornar ao subterrâneo da cidade. Ele tirou o tênis e a meia, mostrando a ferida para os policiais. Steve virou-se para Aron e ordenou:

– Pegue a maleta de primeiros socorros e faça um curativo na ferida dele.

Imediatamente, Aron cumpriu a determinação de seu superior, trazendo um pouco de alívio para João. O policial ainda deu um analgésico para ele tomar e aproveitou para fazer outro curativo na ferida aberta na face.

Após, Steve pegou um sanduíche que estava no console da viatura e ofereceu a metade para João.

– Coma. Você deve estar com fome e não sabemos a hora que retornaremos da rede de esgoto.

João olhou para o sanduíche de pão, presunto, queijo, alface e tomate. Estava apetitoso e ele estava sem comer havia várias horas. O relógio de pulso de Steve já marcava duas e meia da madrugada. João estendeu a mão e pegou o sanduíche.

– Obrigado, estou realmente faminto.

João mordeu um pedaço do sanduíche. Pareceu-lhe o melhor presunto que já havia comido na vida. Em seguida, Steve passou-lhe um copo descartável contendo refrigerante.

Quando acabaram de lanchar, o reforço chegou. Primeiro um carro, depois outro, e outro, até alcançar o número de dez viaturas, todas descaracterizadas, conforme pedido de Steve.

– Venha, João. Preciso que você narre a mesma história para os meus superiores – disse Steve.

Os três saíram da viatura e foram se encontrar com o responsável pela operação. Steve apresentou-o a João. Seu nome era Nick.

João repetiu os fatos que havia relatado para Steve e Aron. Nick era um policial muito experiente. Assim como os seus colegas, teve certeza de que João estava falando a verdade e que havia forte probabilidade de estarem diante de um quadro de atos preparatórios para um atentado terrorista.

Nick trazia consigo um mapa da rede de esgoto daquela região, a parte sul de Manhattan. Ele abriu o mapa sobre o capô do carro e o analisou, fazendo algumas anotações. Em seguida, reuniu vinte e quatro policiais e traçou a estratégia para entrar na rede de esgoto. Depois, reuniu-se com os outros dezesseis policiais que ficariam na rua, vigiando o bueiro por onde o suposto terrorista havia saído. Estes policiais se dividiriam em quatro grupos, cada um em um carro posicionado estrategicamente para seguir eventual veículo que viesse resgatar o suposto terrorista.

Nick, acompanhado dos policiais, retornou para onde estava João. Ele trazia consigo um colete e um capacete à prova de balas.

– Está preparado para nos mostrar o caminho?

João acenou positivamente com o polegar. Sentiu-se seguro no meio de tantos policiais. Ademais, sabia da importância que aquele gesto poderia significar para a história da humanidade.

Nick entregou o colete e o capacete para ele. João ficou estático por um momento, apenas observando o material que o policial lhe entregou. Steve percebeu a indecisão dele e o encorajou.

– Fique tranquilo, vai dar tudo certo. Espero você aqui em cima.

– Você não vem? – perguntou João.

– Não.

João ficou desapontado. Afinal, Steve havia sido o seu anjo da guarda e estar ao lado dele trazia-lhe segurança.

– *Ok*. Espero revê-lo. Obrigado por tudo.

Cumprimentaram-se com um aperto de mãos. Em seguida, João fez o mesmo com Aron, o qual era mais quieto e não tinha a mesma simpatia de Steve. Em seguida, João colocou o colete e o capacete que lhe foram passados por Nick.

– Nós vamos descer pelo bueiro que está vinte metros à nossa frente e caminharemos para o bueiro que você indicou usando a rede de esgoto – explicou Nick. – Não podemos correr o risco de perder essa operação, o que ocorrerá se formos vistos por algum terrorista antes de chegarmos ao túnel.

Nick seguiu na frente, tendo João ao seu lado. Dois policiais retiraram a tampa do bueiro. Nick desceu primeiro, seguido por João e, por fim, os demais policiais.

João voltou a sentir um aperto no coração e um enorme receio de que tivesse tomado a decisão errada assombrou-lhe a mente.

"Eu já estava seguro lá fora. O que estou fazendo aqui? Querendo bancar uma de super-herói? Que otário eu fui", pensou.

João teve vontade de voltar, mas não teve coragem de externar seu medo. Caminhavam lentamente, pois Nick havia sido alertado por Steve da ferida aberta no dedão do pé de João. Além do mais, não poderiam fazer barulho, para não correrem o risco de chamar a atenção dos terroristas. Assim, eles levaram dez minutos para chegar próximo ao bueiro por onde João havia escapado. Ele sussurrou no ouvido de Nick:

– Daqui eu já consigo levá-los até o túnel que estão escavando.

Nick comunicou-se com sua equipe através de gestos. Três policiais ficaram ali.

Orientados por João, seguiram o caminho. Retiraram a tampa que dava acesso à escada e desceram. No cruzamento seguinte, ficaram mais três policiais, em um ponto onde poderiam ver as escadas.

Era a primeira vez que João usava um capacete à prova de balas. Sentiu-se desconfortável, sobretudo porque já estava com a respiração ofegante. O medo de dar de cara com os terroristas aumentava. Ele já havia sido instruído a deitar-se caso isso ocorresse. À medida que caminhava, João rezava para que tal fato não acontecesse.

Mais à frente, em outro cruzamento, mais três policiais ficaram para vigiar o caminho tomado pelos terroristas que passassem por ali.

Agora, restavam dezesseis policiais e João, o qual começou a sentir inseguro por ver menos policiais à sua volta.

Quando outros três policiais ficaram mais adiante, ele olhou assustado para Nick, como se quisesse questionar o trabalho dele.

– Está tudo bem. Fique tranquilo que você está protegido conosco – sussurrou o chefe da operação.

O batimento cardíaco de João disparou ao chegar próximo ao corredor onde estava o túnel. Ele apontou com o indicador para Nick e sussurrou:

– O túnel fica no próximo corredor, à esquerda.

Nick sinalizou com a mão para que o aguardassem. Cuidadosamente, tomando o máximo de precaução, deu mais vinte passos em direção ao corredor citado por João. Chegou ao cruzamento, suspirou baixinho e encostou o corpo no muro. Apesar de experiente na sua função, Nick estava tenso. Ele esticou o pescoço, apenas o suficiente para ter uma visão do corredor.

À sua frente, entre e quarenta e cinquenta metros, um homem vigiava a entrada do túnel.

Nick conseguiu observar que ele trazia consigo uma minimetralhadora. Imediatamente, Nick retornou ao ponto onde estavam seus colegas e João, gesticulando que fizessem silêncio, indicando ter visto algo no local.

Nick caminhou para outro cruzamento, mais distante de onde estava o suposto terrorista, para traçar o plano de ação, uma vez que já tinha descoberto o túnel.

Ali, Nick encarou João e apertou a sua mão com força.

– A cidade de Nova Iorque agradece a sua bravura. Você fez a sua parte. Agora, nós faremos a nossa. Tem um homem guardando o túnel. Por ora, não podemos agir. Vamos esperar eles saírem e segui-los, pois é fundamental prender todos os terroristas e apreender todo o material explosivo que tiverem em mãos.

Voltando-se para dois policiais, determinou:

– Abraham e Hector, levem-no de volta e peçam ao Steve para ir com ele ao Departamento de Polícia, onde deverá prestar depoimento e aguardar o desenrolar dos fatos. Peça para providenciarem comida, roupa e um bom banho para ele. Avise que já encontramos o túnel e peça reforço para a operação nas ruas. Precisaremos de centenas de policiais vestidos à paisana pelas ruas da cidade. Quando regressarem, vocês deverão ficar nesse ponto, junto com Alan – completou, indicando no mapa o local em que deveriam permanecer.

João sentiu-se aliviado e, ao mesmo tempo, com orgulho do que estava fazendo. Acenou com a mão para se despedir dos policiais e sussurrou:

– Boa sorte!

Em seguida, os policiais se dirigiram aos locais determinados por Nick. Este ficou na companhia de dois colegas no ponto mais próximo do túnel, de onde observava o terrorista. Todos possuíam rádio para se comunicar.

Cada minuto que se passava exigia uma dose a mais de paciência dos policiais, pois sabiam que qualquer precipitação comprometeria a eficiência do trabalho. Tinham convicção de que haviam conseguido abortar o atentado ali. Todavia, se não prendessem todos os envolvidos e o material que tinham em mãos, os terroristas poderiam realizar o plano em outra cidade dos Estados Unidos, ou mesmo em outro ponto de Nova Iorque.

Após meia hora de espera, o homem que guardava o túnel entrou, deixando Nick ainda mais em alerta.

"O que irá fazer? Quantas pessoas estão no túnel? E se a bomba já estiver lá? Não será melhor lançar o gás no túnel para desmaiá-los? E se falhar essa tentativa? E se eles estiverem prestes a detonar o explosivo?"

As dúvidas assombravam a mente de Nick.

– Não será melhor agirmos agora? – perguntou Richard, um dos policiais que o acompanhavam.

Nick fechou os olhos, buscando se concentrar melhor para escolher a melhor opção.

"Eles não irão explodir nada agora, em plena madrugada. Se tiverem de fazer algo, hoje, esperarão o horário de pico, quando a população já estiver trabalhando", pensou.

– Vamos esperar o amanhecer. Se eles não saírem até as oito horas, nós agiremos. Não podemos correr o risco de permitir que explodam seja lá o que for.

– Qual alvo você imagina que eles estão mirando? – tornou Richard.

Nick refletiu e respondeu:

– Eles estão visando explodir a ONU.

Richard ficou estarrecido.

– Você acredita que algum tipo de explosivo subterrâneo seja o bastante para explodir um prédio moderno e fortalecido como é o prédio das Organizações das Nações Unidas?

– Só se eles estiverem na posse de minibomba nuclear. Não acredito que outro tipo de explosivo alcance tal fim.

– Meu Deus! É muita prepotência querer explodir a ONU através do sistema de esgoto – tornou Richard.

– Você já ouviu falar da Conspiração da Pólvora? – perguntou Nick.

– Não. Do que se trata?

– Trata-se de uma tentativa de um grupo de católicos ingleses de assassinar o rei inglês Jaime I, sua família e parte da aristocracia protestante em um ataque às Casas do Parlamento, durante a cerimônia de abertura. Pretendiam explodir o parlamento inglês durante a sessão em que o rei estaria presente e todos os parlamentares, utilizando trinta e seis barris de pólvora estocados sob o prédio do parlamento.

"Os conspiradores, liderados por Robert Catesby, ainda pretendiam sequestrar uma criança da realeza, que não estivesse presente ao parlamento, e incitar uma revolta no país."

Nick relatava o fato histórico em tom de voz bem baixo, sem tirar os olhos do corredor onde estava o túnel. Richard ficou curioso por ouvir o relato do restante da história.

– Qual era o motivo da revolta dos católicos?

– Os católicos estavam irritados com o rei, porque ele concedia mais direitos aos protestantes. A conspiração teria início quando a princesa Elizabeth, então com nove anos de idade, filha de Jaime I, fosse declarada chefe de estado católica. O responsável pelos explosivos era um especialista chamado Thales Fawkes.

"Os detalhes da conspiração foram contados ao principal jesuíta da Inglaterra, Henry Garnet, o qual se opôs ao plano. Mesmo assim, foi sentenciado a decapitação, afogamento e esquartejamento, por traição."

Richard estava totalmente absorvido pelos fatos narrados por Nick, já que o corredor continuava vazio após a retirada do suposto terrorista.

– Em qual época isso ocorreu?

– Em março de 1605 os conspiradores colocaram trinta e seis barris de pólvora, contendo 1800 libras de material explosivo, sob o parlamento. Todavia, eles ficaram receosos de matar inúmeros inocentes e defensores da causa católica e soltaram avisos para que alguns deles mantivessem distância do parlamento no dia do ataque. Ocorre que o aviso chegou aos ouvidos do rei, que ordenou uma revista no prédio do parlamento. Nessa revista, encontraram Thales Fawkes guardando a pólvora. Ele foi preso e torturado, acabando por delatar os nomes dos outros participantes. Todos foram executados por traição.

"Todo ano, no dia cinco de novembro, os ingleses mantém a tradição e celebram a falha da conspiração na denominada Noite de Thales Fawkes, ou Noite das Fogueiras. Atualmente, essa tradição vem caindo em desuso.

Richard refletiu sobre aquela história e concluiu:

– Sempre as brigas religiosas por trás dos atentados. Aposto que a Al Qaeda está bancando o atentado que estamos investigando.

– Não tenho dúvida disso – concordou Nick.

Os minutos custavam a passar. Algumas vezes, Nick ligava o rádio e conversava com os seus colegas que estavam na rua.

Durante toda a madrugada, centenas de policias vestidos à paisana foram espalhados pelas esquinas de Manhattan, todos equipados com rádios.

A monotonia sentida por Nick e seus colegas terminou quando o homem armado retornou ao corredor, saltando da parede. Nick olhou o relógio: eram quatro e quarenta e quatro da madrugada. O tempo que ele decidiu esperar para evitar o confronto ali embaixo estava se esgotando. Restavam três horas e dezesseis minutos.

O homem permaneceu em pé, encostado na parede, com o pé esquerdo também encostado na parede. Ele era magro, com cabelos e barba longos. Tirou um cigarro do bolso e o acendeu, sem imaginar que estava sendo observado pelos policiais. Depois de fumar, voltou para o túnel.

De acordo com o relato de João, a tendência era que os terroristas seguissem a direção oposta de onde Nick estava com seus colegas. Todavia, por precaução, Nick aproveitou o retorno do homem ao túnel e pediu a Richard e Leo, o outro policial, que tirassem qualquer objeto do corredor onde estavam posicionados, a fim de que pudessem alcançar o outro cruzamento sem fazer barulho, caso os terroristas viessem na direção deles.

Enquanto Richard e Leo cumpriam a sua determinação, os olhos de Nick continuavam atentos ao corredor onde estava o túnel. Cada minuto que passava fazia aumentar mais a ansiedade de Nick, levando-o a começar a se preparar para capturar os bandidos dentro do túnel, vivos ou mortos.

Após limparem a lateral do corredor, Richard e Leo voltaram ao encontro de Nick.

Leo era o que tinha menos tempo de corporação. Por isso, ouvia mais do que falava. A menor experiência não significava menor eficiência. Aos vinte e sete anos de idade, ele era considerado um dos policiais mais promissores de Nova Iorque. Cristão devoto, ele comentou:

– O Deus desses terroristas não é o mesmo meu. O meu Deus não tolera crueldade.

Nick completou:

– O Deus desses terroristas não é o mesmo dos mulçumanos. Maomé não aprova o que fazem. O mulçumano que segue o *Alcorão* ama o próximo, independente da opção religiosa.

Richard estranhou a afirmação de Nick, o qual já conhecia havia dois anos.

– Você já leu o *Alcorão*?

Sem tirar os olhos do corredor, Nick respondeu:

– Eu sou mulçumano, assim como toda a minha família. Meus bisavôs são de Istambul e vieram para os Estados Unidos em 1919, após o fim da primeira guerra mundial, em busca de melhores condições de vida.

Richard e Leo ficaram surpresos, pois imaginavam que Nick fosse cristão, como eles.

– Nunca fui fiel frequentador da mesquita, mas gosto de ler o *Alcorão*.

Nick desviou a atenção do corredor e fitou os colegas. Depois, completou:

– Sei que estão espantados. Para evitar discriminação no trabalho, eu nunca mencionei a minha opção religiosa.

Nick voltou a olhar o relógio: eram cinco horas, em ponto.

– Acho que precisaremos usar o gás. Será uma pena se não conseguirmos descobrir o esconderijo deles. Nem sob tortura eles vão delatar os companheiros. Sabem das consequências da traição.

Antes que Nick prosseguisse, viu um homem sair do túnel e sinalizou pedindo silêncio. Não era o mesmo de antes. Este era mais baixo, tinha cabelos curtos e não usava barba. Logo em seguida, outro apareceu no corredor. Também, não era o que estava armado. Mais um saiu do túnel e, finalmente, o quarto, que estava no corredor quando eles chegaram.

Nick observou melhor e viu que todos estavam armados. Dois com pequenas metralhadoras e dois com uma arma semelhante a uma pistola automática. As armas estavam nas mãos deles.

Nick, Richard e Leo sentiram o coração disparar. Apenas Nick observava os homens, enquanto os demais permaneciam em pé, encostados na parede.

Um dos homens fechou a porta que escondia o túnel. Era o sinal de que iriam embora. Nick torceu para que fizessem o mesmo trajeto descrito por João, pegando o sentido contrário de onde estavam. A experiência de dezessete anos dedicados à polícia não o impediu de ficar tenso naquele momento. Estava totalmente concentrado. Sabia que o mais importante era não despertar a atenção dos terroristas. Havia outro grupo de policiais, posicionados estrategicamente, que também estava com a visão dos terroristas na mira. Todos sabiam o que fazer caso os bandidos seguissem por um lado ou por outro. Caso houvesse a necessidade do confronto, os terroristas levariam desvantagem, seja por estarem em menor número, a princípio sem roupas adequadas para o embate, seja por se encontrarem desprevenidos, em relação à grande operação policial montada para capturá-los.

Para alívio de Nick e seus colegas, os bandidos seguiram o mesmo trajeto feito por João. Virariam à esquerda no primeiro cruzamento. Se seguissem em linha reta, encontrariam com outro grupo de policiais no cruzamento seguinte.

Assim que viraram à esquerda, Nick pegou o rádio e avisou os demais policiais. Todos receberam a mensagem, inclusive os que estavam nas ruas.

Pouco depois, Nick recebeu uma chamada no rádio.

– Uma *van* de cor cinza acaba de estacionar exatamente em cima do bueiro por onde o outro escapou. Os vidros de trás são pintados, não dá para ver o que tem dentro. Somente o motorista está na frente. Deve ser o carro que irá levá-los para casa. Todos que estão na rua fiquem atentos para segui-lo. Peguem caneta e anotem a placa.

Nick sorriu, comemorando o sucesso da estratégia por ele usada. O sucesso do plano, na sequência, dependeria dos outros policiais.

Sempre que os bandidos passavam próximos a um grupo de policiais, estes esperavam eles se distanciarem, ligavam o rádio e comunicavam o fato aos demais.

Por fim, o último grupo comunicou que eles estavam saindo pelo bueiro. Logo em seguida, o motorista arrancou o carro. Enfim, Nick e os demais policiais que estavam na rede de esgoto poderiam conversar normalmente.

Enquanto os policiais que estavam nas ruas iniciaram a perseguição ao veículo que levava os bandidos, na rede de esgoto todos os policiais se dirigiram para o local onde estava o túnel. Nick aguardou a chegada de todos e anunciou:

– Richard, Leo e eu vamos entrar no túnel. Dificilmente haverá mais alguém lá. De tudo, se não regressarmos em quinze minutos, ou se ouvirem algum barulho suspeito, por favor, venham ao nosso auxílio.

Em seguida, Nick apoiou as duas mãos na parte baixa do túnel e saltou, entrando para o seu interior, sendo seguido pelos seus dois colegas. Foram rastejando. Alguns metros à frente eles chegaram a um entroncamento. Nick pediu a Leo para voltar e chamar outro policial para acompanhá-lo. Enquanto isso, ele e Richard seguiram por um dos caminhos.

Continuaram rastejando por mais alguns metros até chegarem a um buraco maior, feito pelos terroristas. Ali, puderam ficar de pé. Olharam ao redor e viram que tinham começado a fazer a continuação do túnel. Nick aproximou-se, pegou a lanterna e iluminou o local.

– O túnel termina logo aqui na frente. É exatamente onde estão escavando agora.

Nick iluminou ao redor.

– Fizeram este buraco para servir como ponto de apoio para descansar e esticar o corpo. Devem ter usado explosivos para ajudar a fazer o túnel. Não acredito que o tenham cavado só com a força das mãos.

Richard estava estarrecido com o que estava vendo.

– Incrível o que os caras são capazes de fazer. Se usassem essa determinação para a prática de boas ações...

Por alguns segundos ficaram em silêncio, apenas imaginando os obstáculos que os terroristas haviam superado para chegar até ali.

– Trabalho perdido, graças ao jovem brasileiro – tornou Nick. – Vamos voltar e ouvir o relato do Leo. Imagino que ele deve ter encontrado o mesmo que nós.

Regressaram para o corredor onde começava o túnel. Leo já havia retornado.

– Rastejamos por alguns metros após o entroncamento e saímos em um buraco maior, que servia de base para eles trabalharem. O túnel prosseguia por mais alguns metros – disse Nick.

– Exatamente o que encontramos – esclareceu Leo.

Nick olhou para cima e disse para os seus subordinados.

– Sabem onde estamos? Embaixo da ONU. Acredito que o túnel tinha data marcada para terminar.

Ante o olhar atento dos seus colegas, ele completou:

– Provavelmente, pretendiam terminar o túnel antes de algum evento que reunisse os políticos mais importantes do mundo aqui na ONU.

Os policiais estavam atônitos ante a capacidade destrutiva dos terroristas.

– Já imaginaram as consequências para a humanidade se eles conseguissem êxito em seus objetivos? Quantas guerras aconteceriam logo após, tendo como causa motivadora o atentado na ONU? Quantas pessoas morreriam? Quantas ficariam mutiladas? Quão terríveis seriam os danos ao meio ambiente com essas guerras, matando animais e devastando plantações?

O breve discurso de Nick levou os policias a refletirem sobre a importância do trabalho que acabaram de fazer.

– Parabéns, meus colegas! Orgulhem-se de pertencer à polícia de Nova Iorque.

Uma salva de palmas sucedeu às suas palavras.

Capítulo 33

Enquanto isso, os policiais na rua seguiam no encalço da *van*. Ao todo, quarenta veículos e um helicóptero, todos descaracterizados, estavam participando da operação. Comunicavam-se através de rádio, um informando ao outro o trajeto seguido pela *van*.

Os ocupantes da *van* não desconfiavam de absolutamente nada. Saíram de Manhattan em direção ao Brooklin admirando o belo *skyline* de Nova Iorque ao amanhecer, com as luzes dos prédios ainda acesas.

Quando chegaram à casa que lhes estava servindo de moradia, já eram cinco e vinte e sete da manhã. O motorista acionou o controle remoto e o portão da garagem levantou para eles entrarem.

A essa altura, eram observados por quatro policiais, que estacionaram o veículo na esquina. Em menos de um minuto começaram a chegar os outros carros da polícia.

Um a um, foram estacionando a uma distância de setenta metros da casa dos bandidos. Em seguida, com extrema rapidez e organização, eles colocaram as roupas e assessórios de segurança para a invasão.

A rua estava deserta, propícia para aquele tipo de ação. Ventava muito, aumentando ainda mais a sensação de frio. Em questão de minutos, cada policial dirigiu-se ao local determinado pelo comandante da operação em terra, o policial Peter.

Em menos de cinco minutos, eles cercaram o quarteirão. Ao todo, eram duzentos e vinte homens. Ainda outros policiais estavam a caminho, usando as viaturas caracterizadas, além do helicóptero que já sobrevoava a casa a uma altura de menos de cem metros.

Ao constatar que estava tudo pronto para a invasão, Peter deu a ordem.

Os policiais arrombaram a porta da frente e lançaram o gás, com substância química que ardia os olhos e causava perda momentânea da visão.

Dentro da casa, os supostos terroristas estavam tomando o café da manhã, totalmente relaxados, sendo pegos de surpresa. Ao ouvir o barulho da invasão, um deles tentou levantar-se da cadeira para pegar a metralhadora, mas foi barrado por um policial, que o jogou ao chão. Outro tentou fugir pelos fundos, mas, com a perda parcial da visão, trombou na parede.

Em questão de segundos, os bandidos estavam dominados, com o ar de perplexidade estampado na face.

Enquanto alguns policiais se ocupavam em algemá-los, outros começavam a vasculhar a casa. Um deles descobriu a entrada para o porão e chamou os que estavam ao seu redor.

Peter entrou na casa e foi ao encontro dos malfeitores. Já estavam todos algemados, sentados no chão da sala. Ao todo, eram oito pessoas. Ele parou na frente de cada um, olhando no fundo dos olhos. Depois, perguntou:

– Quem é o líder?

Houve silêncio. Todos permaneceram estáticos, sem reação. Foi quando os policiais começaram a aparecer com os armamentos encontrados, inclusive armas de uso restrito às forças armadas de países asiáticos.

Enquanto isso, no porão, os policiais apreendiam diversos documentos. Havia um banheiro no porão. Benjamin foi o primeiro policial a entrar ali. Acendeu a luz e começou a vasculhar o armário que ficava sob a pia. Encontrou apenas objetos de uso pessoal. Fechou a porta do armário e examinou as laterais. Em seguida, abaixou-se e viu que o armário tinha rodinhas para permitir o seu deslocamento. Todavia, uma barra de ferro em forma retangular estava apoiada nas rodas, impedindo que o armário pudesse ser deslocado. Imediatamente, Benjamin retirou a barra dali e puxou o armário, deslocando-o para frente. Depois, abaixou-se e direcionou a luz da lanterna para a parede que ficava atrás dos armários. Ao ver oito bilhas de gás cilíndrica encostadas na parede, chegou a perder a respiração.

Por alguns segundos ele ficou estático, sem acreditar no que acabara de descobrir.

Após se refazer do choque, voltou o armário para o local, colocou a barra de ferro apoiada nas rodas e saiu à procura de Peter.

Encontrou-o em pé, na sala, conversando com outro policial. Ele interrompeu a conversa dos dois.

– Chefe! Chame o Edward e sigam-me. Gostaria de lhes mostrar o que encontrei.

Peter percebeu na fisionomia de Benjamin que ele havia encontrado algo importante. Imediatamente acionou Edward, o policial especialista em explosivo que se fazia presente.

Edward chegou e os três desceram as escadas em direção ao sótão. Entraram no banheiro e Benjamin, então, mostrou-lhes o que havia descoberto.

Ele abaixou-se, retirou a barra de ferro, puxou o armário e indicou para que se abaixassem.

Peter e Edward ficaram boquiabertos com o que viram.

– Meu Deus! – exclamou Edward, demonstrando incredulidade. – Estes caras não estavam de brincadeira.

Edward logo desconfiou que o poder explosivo daquele material era altíssimo.

– Vamos retirar essas bilhas daí com muito cuidado. Por favor, ajudem-me.

Eles deitaram a primeira bilha. Edward começou a examiná-la. Peter virou-se para Benjamin e ordenou:

– Vá para a porta e não permita que ninguém mais entre aqui.

Imediatamente, Benjamin cumpriu a ordem de seu superior.

Aos poucos, os demais policiais chegavam para vistoriar o banheiro e se deparavam com Benjamin na porta impedindo a passagem. A notícia das bombas encontradas causou alvoroço na equipe.

Após meia hora de análise, Edward começou a detalhar para Benjamin a sua opinião sobre as bombas.

– Ao que tudo indica, estamos diante de oito minibombas nucleares.

A afirmação deixou o chefe estarrecido.

– Pretendiam destruir o prédio da ONU utilizando oito minibombas nucleares.

Abismado, Benjamin questionou:

– Mas elas são muito pequenas. Seriam capazes de causar um estrago desses em um prédio como o da ONU?

– Depende da potência da minibomba nuclear. Nós avaliaremos isso mais tarde. Só para você ter ideia, 0,1 quiloton equivale a cem toneladas métricas de trinitrotolueno, o famoso TNT, um explosivo sólido cristalino obtido por nitração do tolueno. As minibombas nucleares provocam explosões equivalentes a quantidades absurdas de TNT. Uma explosão subterrânea de uma minibomba nuclear ocorre de forma semelhante aos testes nucleares. Não produz estampido na atmosfera, nem radiação térmica, nem radiação penetrante ou ionizante, nem impulso eletromagnético. Provoca males menores nas imediações devido à contaminação radioativa subsequente.

"Em uma explosão nuclear atmosférica nós vemos aquela bola de fogo que é responsável pela radiação térmica e o estampido supersônico, que são consequências da alta temperatura do ar em volta da explosão. Já nas explosões subterrâneas, não há ar à volta do ponto central da explosão, que é conhecido como *zero box*, onde é colocada a carga nuclear. Toda energia liberada pela explosão é consumida no aquecimento das rochas envolventes. Nisso resultará, no sobreaquecimento, a fusão e a evaporação ou vaporização da rocha. Ao desaparecer a rocha evaporada, será criada uma cavidade no subsolo, cujo tamanho dependerá do poder explosivo da bomba nuclear. A título de exemplo, a explosão de uma carga nuclear equivalente ao poder explosivo de cento e cinquenta quilotoneladas de TNT, enterrada a uma profundidade suficiente no solo granítico, causa uma cavidade de, aproximadamente, cem metros de diâmetro."

Edward fez uma pausa, refletiu e prosseguiu:

– Este tipo de bomba pode ser feita usando-se o urânio 235 ou o plutônio 239. Em média, pode atingir facilmente quinze quilotoneladas de TNT. Para você dimensionar o poder dessas bombas que apreendemos, imagine que a bomba atômica que atingiu Hiroshima tinha entre doze e treze quilotoneladas.

Peter arregalou os olhos ante a informação do poder explosivo das bombas encontradas.

– Você quer dizer que nós temos aqui um poder destrutivo que pode ser em torno de dez vezes maior do que aquela bomba que jogamos em Hiroshima?

– Não necessariamente, mas é possível que sim. As armas nucleares hoje são muito mais potentes. Em nosso país, o míssil MK-5 leva as mais potentes: são seis ogivas de quatrocentos e cinquenta e cinco quilotons. Você consegue dimensionar o poder destrutivo dessas ogivas? Olha que nós temos cinco mil e quinhentas ogivas.

– Que isso! – exclamou Benjamin.

Edward virou-se para o jovem policial e completou a informação.

– Você está espantado com o poder das armas nucleares do nosso país? Pense, então, em um míssil que leva uma ogiva com poder destrutivo de quatro mil quilotons.

– Você está brincando? – tornou Benjamin.

– Não. Isso é sério. O míssil chinês CSS-4 leva uma ogiva de quatro mil quilotons, ou seja, um poder destrutivo quase quatrocentas vezes superior ao poder destrutivo da bomba de Hiroshima.

Os policiais que ouviam o relato de Edward ficaram perplexos diante das informações que desconheciam.

Edward deu um sorriso amargo, desolador e completou:

– Hoje, já temos contabilizado mais de dez mil bombas nucleares, sem contar países que não passaram informação, como Israel e Coreia do Norte. Analistas internacionais suspeitam que Israel tenha duzentas bombas nucleares.

Após breve instante de silêncio, Edward retomou as explicações sobre explosão subterrânea.

– Todos os arranha-céus têm a base de suas fundações entre vinte e trinta metros abaixo da superfície da terra. Dessa forma, é possível calcular a posição da *zero box* abaixo de um arranha-céus, de forma que a explosão nuclear produza uma cavidade cujo limite superior não atinja a superfície da terra, mas atinja a base das fundações do arranha-céus que se pretende atingir.

"Vamos retirar as bombas daqui e levá-las ao departamento. Em algumas horas, eu e minha equipe daremos um parecer conclusivo sobre elas".

A ousadia dos terroristas deixou Peter impressionado. Eles ainda não haviam falado o nome da organização que estava por trás daquele plano macabro. Estava ansioso por interrogá-los, mas sabia que aquele não era o ambiente adequado.

Ele refletiu sobre a melhor forma para retirar as bombas e sair com os terroristas dali. Após, chamou alguns policiais e delegou as tarefas para cada um.

A essa altura, já passavam das sete horas da manhã e o movimento de pessoas na rua era maior. Os inúmeros carros da polícia, a chegada de mais dois helicópteros, totalizando três, chamaram a atenção dos transeuntes, que começaram a tentar se aglomerar no local, sendo necessário que os policiais fizessem um cordão de isolamento para impedir a concentração.

Meia hora depois, as bombas e os terroristas já estavam a caminho do Departamento de Polícia de Nova Iorque. À medida que o comboio da polícia passava, os pedestres e motoristas de carro, calejados após o atentado das torres gêmeas, observavam aquela cena incomum, certos de que algo de grave tinha ocorrido.

Os policiais estavam orgulhosos, cientes de que o trabalho foi bem feito desde o início. A repercussão que o caso teria na imprensa aumentaria ainda mais o prestígio da instituição.

Capítulo 34

João estava ansioso, aguardando o desenrolar dos fatos. Ele permaneceu no Departamento de Polícia, onde recebeu tratamento médico adequado para as feridas no pé e na face. Lá, recebeu comida, tomou banho e ganhou roupas limpas. Foi encaminhado a um quarto para dormir, mas a ansiedade não deixou que o sono viesse.

Por telefone, resumiu para Rita o que lhe havia acontecido. Assustada, ela já estava a caminho para encontrá-lo. Ele estava conversando com Steve e Aron quando Peter chegou. Os três já haviam sido informados do sucesso da operação, mas não sabiam dos detalhes. Levantaram-se para cumprimentá-lo. Peter trazia a expressão da vitória registrada no sorriso.

– Parabéns! Soubemos que prenderam os terroristas e apreenderam algumas bombas – disse Steve.

– É verdade. Mas nada disso seria possível se não fosse esse rapaz aí – tornou ele, apontando para João. – Ele, mais do que qualquer um de nós, merece a saudação e o agradecimento de toda população americana. Vocês já ficaram sabendo do poder destrutivo das bombas?

Os três balançaram a cabeça, respondendo negativamente. Peter fitou cada um, pausadamente, e respondeu:

– A informação preliminar é a de que o alcance das bombas pode chegar a ser dez vezes maior do que a bomba que caiu em Hiroshima.

João, Aron e Steve ficaram de queixos caídos, imaginando a catástrofe que teria sido em Nova Iorque se as bombas tivessem sido acionadas. Peter prosseguiu:

– Espantoso, não? Imaginem quantas pessoas poderiam sair mortas e feridas em uma explosão subterrânea desse porte! Imaginem as cenas de destruição! Imaginem o medo que voltaria a assombrar os moradores daqui!

Peter apoiou levemente a sua mão sobre o ombro de João, encarou-o por alguns segundos e perguntou:

– Você acredita em Deus?

João não titubeou. A resposta foi imediata.

– Claro que sim! Foi a Ele que eu recorri, em oração, quando estava na rede de esgoto. Tenho plena convicção de que Ele guiou os meus passos até eu encontrar Steve e Aron.

– Sem dúvida – tornou Peter. – Digo-lhe mais: você foi o instrumento de Deus para mostrar à sociedade o Seu poder. As consequências do seu ato de bravura mudam o rumo da história. Não sabemos qual seria a reação do governo americano diante de uma tragédia do porte da anunciada.

Depois de breve pausa, Peter prosseguiu:

– Você deve ser uma pessoa muito especial. Do contrário, Deus não lhe confiaria uma missão tão árdua. É um prazer muito grande ter a oportunidade de conhecê-lo!

O elogio do policial deixou João envaidecido.

– Obrigado. Na verdade, eu sempre me senti protegido de Deus. As coisas sempre deram muito certo para mim, com exceção...

João ficou reflexivo e demorou um pouco para concluir.

– Com exceção de alguns problemas que me ocorreram recentemente, mas tudo já está se ajeitando. Deus deu-me força para superá-los. Aliás, problemas todos nós temos, a forma de encará-los é que muda.

A conversa foi interrompida por outro policial que se aproximou para anunciar a chegada de Rita.

– Ela é minha prima, eu a estou aguardando.

– Traga-a aqui – disse Peter para o seu colega.

Pouco depois, Rita entrou na sala. Estava bonita, bem vestida e perfumada, como de costume. Todavia, a descontração foi substituída por um olhar tenso. O olhar dela demonstrava o tanto que estava assustada. Ela abraçou o primo carinhosamente, apertando-o contra o seu peito.

– Conte-me tudo o que lhe aconteceu. Que coisa horrível! Que ferida é essa na sua face?

João afastou-se para se assentar. Só aí ela viu o outro curativo no dedão do pé, pois ele calçava sandálias.

– O que houve com o dedo do seu pé?

Já sentado, ele respondeu:

– Chutei uma lata durante minha fuga dos bandidos. Está latejando, com sangue debaixo da unha. Em alguns dias ela cai. A ferida no rosto foi fruto de uma coronhada de revólver desferida por um dos assaltantes. Isso não é nada perto do que poderia ter acontecido comigo. Recebi um livramento de Deus.

Ele fez uma pausa, segurou as mãos dela e prosseguiu:

– Foram os momentos mais difíceis da minha vida, mas eu senti a presença de Deus ao meu lado o tempo todo. Tive muito medo sim, mas jamais perdi a esperança de que pudesse sair vivo lá de baixo. Por algum motivo desconhecido, sinto que eu deveria passar por isso.

Uma lágrima caiu lentamente pela face de Rita, tirando parte de sua maquiagem. Vendo a prima querendo soltar o choro, João procurou tranquilizá-la.

– Agora, eu já estou bem. O susto já passou. O Steve e o Aron são os policias que me resgataram pelo bueiro. Para mim, são verdadeiros anjos.

João ganhou um abraço carinhoso dos dois policiais.

– Pode ficar orgulhosa do seu primo – disse Steve. – Ele salvou a cidade de Nova Iorque de sofrer um atentado que poderia ter as mesmas proporções ou ainda piores do que o atentado das torres gêmeas. Ele, sim, é o verdadeiro anjo para milhares de pessoas que poderiam ter morrido se o atentado fosse concretizado. Mesmo em iminente risco de perder a vida, ele fez questão de guardar na mente o caminho entre o túnel feito pelos terroristas e o bueiro por onde um deles saiu. Depois de conseguir escapar, teve a coragem de voltar ao local, mostrando o caminho para os policiais, colocando novamente a sua vida em risco. Ele estará em todos os jornais, escritos e falados deste país, pelos próximos dias.

Batendo no ombro de João, Steve advertiu:

– Os seus dias de privacidade e anonimato acabaram. Pelo menos durante um bom tempo. Vá se preparando para o assédio da imprensa e da população.

Rita estava, de fato, orgulhosa de João. Ela deu um sorriso e voltou a abraçá-lo.

– Você sempre foi do bem. Desde criancinha era fácil perceber a sua boa índole.

– Não sei se estou preparado para virar celebridade – confessou João. – Nunca dei uma entrevista em minha vida.

– Pois, então, prepare-se. Eu já determinei à assessoria de comunicação que convocasse a imprensa para uma coletiva a ser concedida em trinta minutos – disse Peter, fixando o olhar em João. – Faço questão que você esteja ao meu lado. As pessoas precisam saber do ato heroico que você teve. Não é justo com elas esconder a sua face.

João teve medo de represália por parte do grupo terrorista que estava por trás da tentativa fracassada de atentado e ponderou:

– Será que não correrei risco de vida, caso o meu rosto apareça?

– De jeito algum! O seu ato foi consequência do risco de vida que você estava correndo. Não é preciso esconder a sua face. Os objetivos de destruição e de terror das organizações terroristas são bem claros e o seu ato não o coloca como alvo desses grupos. Pode ficar tranquilo. Todas as pessoas que virem uma situação suspeita devem comunicar imediatamente às autoridades. Foi isso que você fez. Esse comportamento não coloca você, nem ninguém como alvo de qualquer organização terrorista.

João ficou de cabeça baixa, pensativo. Depois, respondeu:

– Tudo bem, mas primeiro eu vou telefonar para os meus pais e minha namorada para dar a notícia, até para tranquilizá-los. Será desagradável se eles ficarem sabendo de tudo pela imprensa. Ficarão com a sensação de que eu não me preocupei com eles.

– Claro! A sua preocupação com as pessoas que lhe são queridas é mais uma demonstração do seu bom caráter – tornou Peter.

Imediatamente, João pegou o celular e telefonou para Ana. Ela estava chegando da academia e ficou feliz ao ver a chamada, apesar de estranhar o fato de receber uma ligação dele tão cedo.

– Amor, que saudades! Como está o passeio?

Pela primeira vez, João teve vontade de chorar após se livrar da morte. Ele suspirou fundo e segurou o choro para demonstrar tranquilidade.

– Está tudo bem, mas eu passei um aperto esta madrugada...

– O que aconteceu? – perguntou Ana, sem esconder a preocupação no tom de sua voz.

– Fique calma! Agora está tudo bem e isso é o que importa. Ontem, eu fui assaltado. Como tinha pouco dinheiro, os ladrões me levaram para um local ermo e desceram comigo para a rede de esgoto.

Disseram para eu correr se quisesse ficar vivo, porque viriam atrás de mim. Antes disso, um deles deu uma coronhada de revólver na minha cara, abrindo uma ferida.

Ana sentiu uma dor forte no peito. Precisou fazer força para puxar o ar. Impressionada com o relato, sequer conseguiu se pronunciar. Com medo de desmaiar, ela puxou uma cadeira que estava ao seu lado e sentou-se.

– Eu corri o máximo que pude. Na fuga, chutei uma lata e machuquei o dedão do pé. Depois, vi uns caras suspeitos e escondi-me. Dois deles entraram em um túnel feito na parede e o outro, que estava armado com uma minimetralhadora, caminhou pelos corredores. Segui-o, sem que ele percebesse. Foi a minha sorte, pois ele saiu por um bueiro. Logo depois, eu fui para o mesmo local e comecei a gritar por socorro, até ser resgatado por dois policiais.

Ana não conseguiu conter o choro. Com dificuldade para falar, ela perguntou:

– Você está falando sério ou isso é um trote?

– Estou falando sério. E não acabou por aí.

Ante o silêncio dela, João prosseguiu:

– Os caras que eu vi durante a minha fuga falavam uma língua que parecia o árabe. Como um estava armado e eles estavam fazendo um túnel clandestino na parede, eu logo suspeitei de que fossem terroristas. Falei tudo para os policiais e retornei ao mesmo local, a pedido deles, para lhes mostrar o túnel.

– Você é louco? Não pensou que poderia ter morrido lá embaixo? Será que eu e sua família não temos importância para você? – ponderou Ana, indignada com a atitude dele em colocar a vida em risco.

João já esperava pela reação dela. Certamente, seus pais reagiriam da mesma forma. Ele procurou defender a sua atitude.

– Eu retornei à rede de esgoto cercado de trinta policiais, todos fortemente armados. Assim como eles, eu estava usando equipamento de proteção, como colete e capacete à prova de bala.

A informação deixou Ana ainda mais chateada.

– Está vendo, João! Se você não estivesse correndo perigo não precisaria desse aparato todo. Puxa vida! Eu aqui, morrendo de saudades, pensando em você o tempo todo e você aí, querendo bancar uma de herói?

João tinha pouco tempo para convencer a namorada de que havia tomado a atitude certa. Ele precisava disso, pois contava com ela para relatar os fatos aos pais dele de forma a enfatizar que ele não tinha outra escolha, evitando, assim, que seus pais também condenassem a sua atitude. Ele foi enfático com a namorada.

– Ana, eu estou lhe telefonando para falar o que aconteceu. Por favor, acredite em mim: eu não quis "bancar uma de herói", apesar de estar sendo considerado herói. Simplesmente, eu precisava mostrar para os policiais onde ficava o túnel que os terroristas estavam fazendo. Do contrário, eles poderiam levar muito tempo para encontrá-lo e, mesmo que o encontrassem, não conseguiriam prender todos os terroristas e as minibombas nucleares.

– Minibombas nucleares? Que é isso, João?

– Amor, os policiais seguiram os terroristas, prenderam todos eles e apreenderam oito minibombas nucleares com poder explosivo que pode ser dez vezes maior do que a bomba que caiu em Hiroshima. Você consegue imaginar o que é isso?

Ana ficou pasma diante daquela informação. Novamente, não conseguiu falar. João prosseguiu:

– Estavam escavando o túnel em direção às fundações do prédio da ONU, onde colocariam as bombas. Este era o objetivo. Por azar deles, não conseguiram concretizá-lo.

Peter interrompeu a conversa.

– A sala da imprensa está repleta de jornalistas. Não podemos atrasar.

João fez sinal de positivo com o polegar.

– Ana, eu preciso de um favor seu.

– Claro, meu amor! – disse ela, agora parecendo mais orgulhosa do que contrariada com a atitude dele.

– O policial que comandou a operação de prisão dos terroristas dará uma entrevista e pediu para eu acompanhá-lo. Os repórteres já estão esperando. Ligue para a minha mãe e dê a notícia para ela. Não deixe que ela saiba pela imprensa. O caso terá repercussão internacional. Diga a ela que, assim que puder, eu irei telefonar.

– Tudo bem. Vá lá dar a entrevista, eu cuido de avisar seus pais. Amo você, seu louco! Ligue-me depois que conversar com a sua mãe.

– Eu também amo você. Depois conversamos com mais calma. Beijos.

João desligou o telefone, sorriu para Rita e deu um abraço bem forte nela. Depois, falou ao seu ouvido:

– Hoje à noite, quando estivermos em casa, quero que me conte tudo sobre a sua saída com o Pedro Manoel.

Naquele abraço, ela dimensionou o carinho que ele tinha por ela.

– A noite foi ótima, ele é um verdadeiro cavalheiro. Hoje eu vou preparar um jantarzinho bem gostoso. Aí, eu lhe conto tudo. Boa sorte na entrevista.

João suspirou e, mancando, acompanhou Peter em direção à sala de entrevista. As batidas de seu coração aceleravam o ritmo à medida que eles se aproximavam da porta que dava acesso à sala.

Peter deu um passo à frente e abriu a porta, segurando-a para João passar. Assim que ele entrou, teve a vista ofuscada pelos inúmeros *flashes* das máquinas fotográficas disparados em sua direção. Mal ele podia enxergar os jornalistas se acotovelando para conseguir a melhor posição da fotografia.

Peter puxou-o pelo braço, encaminhando-o para a cadeira atrás de um balcão de cinco metros de comprimento. O experiente policial sabia que precisaria de habilidade para conduzir o seu relato e a entrevista que se seguiria de forma a não causar tumulto. Apesar de tarimbado, ele também se mostrava um pouco nervoso, afinal estava ciente de que as suas palavras seriam ouvidas em todos os continentes.

Peter puxou a cadeira para João sentar-se e sentou-se ao lado dele. Ele já tinha em mente o que falaria e, para evitar uma enxurrada de perguntas dos repórteres, decidiu fazer uma análise minuciosa da preocupação do governo americano com o terrorismo nuclear antes de adentrar nos fatos ocorridos naquela manhã. Assim, ele começou:

– Vocês já estão cientes, ao menos em parte, do grave acontecimento registrado em nossa cidade nesta madrugada. Devo adiantar que não houve surpresa para os órgãos de segurança dos Estados Unidos da América. Há tempos temos nos preparado para enfrentar a situação ocorrida hoje, pois já sabíamos que organizações terroristas dispunham de armas nucleares. Farei um breve relato sobre todos os acontecimentos que motivaram a nossa preocupação, depois farei uma exposição de todos os fatos que aconteceram em Nova Iorque nesta madrugada e, a seguir, abrirei oportunidade para que os senhores possam fazer perguntas a mim e ao João, este jovem sentado ao meu lado, que foi o responsável por desvendar o plano dos terroristas presos.

Um garçom colocou um copo de água para João e outro para Peter. Com a garganta seca, em função do nervosismo, João tomou cinco goles de uma vez. O garçom repôs a água do seu copo.

Em seguida, Peter se levantou e começou a sua explanação.

– De acordo com o material apreendido, temos fortes suspeitas de que os terroristas presos pertencem à Al Qaeda, ainda que não tenhamos procedido ao interrogatório deles. O receio de um atentado terrorista com uso de armas nucleares já existe há certo tempo. Tivemos informações de que Bin Laden comprou armas nucleares táticas da máfia chechena em 1996. Nos anos seguintes, a própria CIA detectou venda de armas nucleares e material nuclear, urânio altamente enriquecido e plutônio, da ex-União Soviética para a Al Qaeda, através da máfia russa. Tais fatos foram verificados por inspetores de armas renomados, como Hans Blix, ex-diretor geral da ONU Internacional de Energia Atômica.

"Mais preocupante é o fato de que mais de vinte cientistas nucleares e técnicos de laboratórios de investigação no Paquistão trabalharam com a Al Qaeda em uma base regular para manter e modificar as armas que tinham sido compradas e desenvolver outras armas, inclusive armas altamente portáteis, como as que acabamos de apreender.

"Não é surpresa para ninguém que os chechenos possuíam armas nucleares. Em 1995, sob o comando de Shamail Basayev, os chechenos colocaram uma arma radiológica no Izmailovsky Park, em Moscou. A bomba foi feita de césio 137 e, se detonada, poderia ter matado milhares de russos. Este foi o primeiro caso de uma bomba nuclear ser utilizada como arma de terror. Posteriormente, Dzokhar Dudayev, líder da máfia chechena, tentou vender sua coleção de armas nucleares para os Estados Unidos, em troca de o governo americano reconhecer a Chechenia como Estado independente. Com a recusa do presidente Clinton, as armas foram vendidas para a Al Qaeda.

"Devemos lembrar, ainda, de um agente da Al Qaeda detido em uma kombi velha durante a travessia da ponte Allenby, em direção ao posto de controle de Ramallah, em Israel. No interior do veículo, o Mossad, serviço de inteligência israelense, descobriu uma bomba, na qual foi utilizada plutônio, com capacidade explosiva de dez quilotons".

"Não era novidade que Bin Laden tinha um plano denominado de Hiroshima americano. Não por acaso, o general Eugene Habiger, ex-chefe de Armas Estratégicas do Pentágono, confidenciou que um atentado terrorista nuclear nos Estados Unidos não era uma questão de saber se iria ou não ocorrer, mas sim uma questão de saber quando e onde iria ocorrer.

"Já tivemos informações confidenciais de que a Al Qaeda realizou testes com bombas nucleares no Afeganistão há mais de dez anos atrás. Como uma bomba nuclear tem uma vida útil em torno de doze anos, já era de se esperar que o ataque estivesse próximo de acontecer.

"Não podemos esconder a realidade. Uma arma nuclear de pequeno porte pode entrar no país de diversas formas. Imaginem a dificuldade de fiscalização dos inúmeros containeres que chegam aos portos americanos diariamente. Olhem a dimensão de nossas fronteiras e imaginem a dificuldade de fiscalização. Por isso, faz-se necessário que todos nós fiquemos em estado de alerta ao menor sinal de atentado, sendo a obrigação de todo cidadão denunciar os casos suspeitos às autoridades competentes."

Virando-se para João, após colocar a mão no ombro dele, Peter prosseguiu:

– Foi exatamente isso que aconteceu no dia de hoje, quando este rapaz ao meu lado comunicou aos policiais a sua suspeita de planejamento de atentado terrorista no subterrâneo de nossa cidade, como passo a demonstrar a partir de agora.

Atrás de Peter havia um gigantesco mapa da cidade de Nova Iorque. Ele começou a fazer o relato mostrando o local onde João havia sido assaltado, depois o provável trajeto feito pelos assaltantes, bem como o provável local onde levaram João, adentrando com ele para a rede de esgoto. Em seguida, mostrou o provável trajeto feito por João até chegar ao túnel cavado pelos terroristas. A partir dali, todas as informações eram precisas, já que ele sabia o local exato do túnel e o trajeto exato feito por João até alcançar a superfície.

À medida que Peter relatava os acontecimentos, os repórteres disparavam mais *flashes* em direção a João. Vários canais de televisão e emissoras de rádio estavam transmitindo a entrevista ao vivo, inclusive para outros países.

Ao olhar o batalhão de repórteres sentados à sua frente, João lembrou-se de um conselho dado por um professor:

"Quando vocês estiverem fazendo júris ou dando palestras, olhem para a plateia e imaginem cada cabeça dos presentes como sendo uma abóbora. Falem como se estivessem sozinhos, falando para uma plantação de abóboras".

Era o que ele precisava para se acalmar. Difícil seria se convencer de que estaria falando para uma plantação de abóboras, pois sabia que suas palavras iriam ecoar nos quatro cantos do planeta.

Depois de quarenta minutos, quando Peter aproximava-se do final da sua fala, um policial aproximou-se dele e trouxe a confirmação.

– O poder explosivo das bombas é de cento e vinte quilotoneladas – disse o policial, ao pé do seu ouvido.

Peter olhou para os repórteres e, para dar ênfase ao poderio das bombas, falou lentamente, quase soletrando.

– Acabo de receber a informação de que as bombas apreendidas são quase dez vezes mais potentes do que a bomba jogada sobre Hiroshima, que tinha entre doze e treze quilotoneladas de explosivo. Apreendemos cento e vinte quilotoneladas de explosivo.

A informação causou alvoroço entre os repórteres e gerou início de tumulto, sendo necessário Peter interceder para recolocar ordem no ambiente.

Pouco depois, ele terminou o seu relato e passou a palavra para o repórter que faria a primeira pergunta, a qual foi dirigida para João.

– O que você sentiu durante o tempo em que ficou preso na rede de esgoto e o que você está sentindo agora?

João voltou a tomar mais um gole de água, ganhando tempo para formar o raciocínio que lhe permitisse responder na língua inglesa.

– No início, quando os assaltantes colocaram uma venda nos meus olhos e me levaram para um local ermo, eu pensei que iriam me matar. Depois, soltaram-me na rede de esgoto e disseram para eu correr. Ali, ainda pensei que iriam me dar um tiro nas costas. Como não deram, passei a ter esperança de conseguir escapar. Sou cristão e agarrei-me à minha fé, orando a Deus para me livrar das mãos dos meus ofensores.

"Quando vi os terroristas, estava tão aterrorizado, com medo dos assaltantes estarem me seguindo, que quase pedi ajuda a eles, só não o fazendo por obra do acaso. Aliás, acaso não existe. Não pedi ajuda porque Deus não permitiu, salvando a minha vida. Depois, eu vi a arma com um deles e vi que falavam em uma língua parecendo o árabe. Eu vi, também, um túnel na parede e logo concluí que se tratava de um plano terrorista.

"Eu estava completamente perdido. Quando dois deles entraram no túnel e o outro saiu caminhando pelo corredor, decidi segui-lo. Sabia que era a minha chance de escapar. Quando fui resgatado pelos policiais Steve e Aron, tive uma descarga de emoção e me senti muito fraco. Foi o melhor momento da minha vida."

O mundo captava as palavras de João. O silêncio total na sala de imprensa demonstrava o interesse dos repórteres em suas explicações.

– Para completar a resposta à sua pergunta, digo que agora eu me sinto feliz por ter ajudado os policiais a evitarem uma tragédia nesta cidade. Aliás, uma tragédia aqui poderia implicar em outras tragédias em outros lugares do mundo, pois, certamente haveria retaliação por parte dos Estados Unidos e países aliados.

O segundo repórter também se dirigiu a João.

– Gostaria que você fizesse uma autobiografia, resumindo os principais pontos de interesse da sua vida.

João, sentindo-se um pouco mais à vontade, tomou um gole de água e iniciou sua fala.

– Meu nome é João Steinber, tenho trinta e três anos de idade, sou brasileiro, nascido em Belo Horizonte, no estado de Minas Gerais. Meu pai é juiz de direito, minha mãe é empresária, em sociedade com a minha irmã, em lojas de calçados. Tenho um sobrinho de três anos de idade. Estas são as pessoas mais importantes da minha vida, ao lado da Ana, a minha namorada.

"Sou formado em direito e tenho pós-graduação na área de direitos humanos. Trabalhei durante vários anos como chefe de gabinete de um deputado que presidia a Comissão de Direitos Humanos da Assembleia do Estado de Minas Gerais. Naquele período, desenvolvi um projeto de assistência às famílias carentes de vítimas de crimes violentos, tendo sido agraciado com um prêmio de nível nacional. O projeto virou modelo para outros estados, que o copiaram. Posteriormente, trabalhei mais dois anos como advogado de uma ONG voltada à defesa de direitos humanos. Durante esse período, ingressei com várias ações contra órgãos públicos visando o cumprimento da lei. Atualmente, dedico-me integralmente aos estudos preparatórios para o ingresso na carreira de promotor de justiça. Tenho uma prima que mora aqui em

Nova Iorque e decidi visitá-la pelo período de sete dias, para descansar um pouco antes da prova do concurso. Por isso, estou aqui.

Durante a fala de João, houve silêncio total entre os jornalistas. Eles não queriam perder um único detalhe da vida do jovem brasileiro.

O outro jornalista também dirigiu sua pergunta a João.

– Depois de toda publicidade que este fato terá, certamente aparecerão novas oportunidades profissionais em sua vida. Mesmo assim, a sua intenção continua sendo a de se tornar promotor de justiça?

– Sim. Este é o meu sonho. O Ministério Público é uma instituição muito respeitada e aparelhada no Brasil, prestando serviços relevantes à sociedade, sendo considerada uma das instituições de maior credibilidade no Brasil, senão a maior. Sinto que tenho condições de ser útil ao próximo exercendo as funções de promotor de justiça, atuando não apenas na área de direitos humanos, mas, também, defendendo o meio ambiente, o consumidor, o patrimônio público, os incapazes, assim definidos por lei, e processando os criminosos, além de outras atribuições. Todavia, entrego o meu destino nas mãos de Deus e aceito o que Ele tiver reservado para mim. Por isso, não excluo a possibilidade de seguir outra carreira.

Ao acabar a frase, João deu uma longa bocejada, demonstrando todo o seu cansaço. Percebendo isso e constatando que os olhos dele estavam vermelhos, Peter tomou a palavra.

– Eu vou pedir a compreensão de vocês com o João. Todos sabem da terrível noite que ele teve. Ainda não dormiu e está visivelmente cansado. A partir de agora, eu vou liberá-lo e as perguntas serão dirigidas a mim.

Peter levantou-se e sinalizou para João fazer o mesmo. Automaticamente, os repórteres presentes iniciaram uma salva de palmas para ele. João levantou a mão, cumprimentando-os em sinal de agradecimento, e saiu, sentindo-se aliviado quando ouviu a porta bater atrás de si.

Agora sim, poderia descansar e refletir sobre todos os acontecimentos. Naquele momento, ele sabia que um dos desafios mais difíceis que enfrentaria seria domar o ego, inflado pelos elogios já recebidos, além de outros que certamente viriam. João tinha consciência de que, se perdesse o controle de seu ego, muito provavelmente enfrentaria desequilíbrios em vários setores de sua vida, o que poderia acarretar dor a si e a terceiros.

Um policial estava à sua espera para conduzi-lo ao apartamento de Rita. Steve e Aron também estavam à sua espera para se despedir dele antes de entrarem na sala de imprensa, onde prestariam esclarecimentos aos repórteres sobre o trabalho que realizaram naquele dia.

– Você foi brilhante, mais uma vez – disse-lhe Steve. – Vá descansar. Ninguém, neste momento, merece tanto descansar quanto você.

– Obrigado, meu anjo protetor. Espero vê-los antes de retornar ao Brasil – disse João, antes de abraçar Steve e Aron.

Depois, João acompanhou o policial até a viatura e seguiu para a casa de sua prima. Lembrou-se de ligar o celular, que havia desligado para dar a entrevista. Quando ia ligar para a sua mãe, o telefone tocou: era ela.

– Filho! Está tudo bem com você?

– Está tudo bem, mamãe. Desculpe-me não ter ligado antes, mas eu fiquei o tempo todo envolvido no Departamento de Polícia, prestando depoimento, conversando com os policiais, cuidando de uma ferida no dedão do pé e outra na face. Depois, fiquei envolvido com a entrevista. A Ana contou para a senhora todo o ocorrido?

– Contou sim. Depois, nós ligamos a televisão e vimos a sua entrevista em uma rede de canal a cabo. Nós estamos todos reunidos aqui em casa, inclusive a Diva e o Matheus. Estamos sob estado de choque, mas felizes por você estar vivo e bem de saúde. Quando você regressa?

– Depois de amanhã. Estou dentro da viatura policial, indo para a casa da Rita. Vou dormir um bom sono. Estou cansado e meio aéreo com isso tudo.

– Está bem, ligue hoje à noite para conversarmos mais. Eu sei que você está cansado e não vou lhe encher de perguntas agora. O seu pai vai dar uma palavrinha com você. Amo você, beijos, fique com Deus!

Iolanda passou o celular para o marido.

– Filho, o que posso lhe dizer agora é da minha felicidade pelo seu bem-estar e do orgulho que eu estou sentindo. Você não é capaz de dimensionar o quanto estou feliz por ser o seu pai. Depois de tudo que passei, por erros meus, diga-se de passagem, ver um filho ter uma atitude heroica como você teve, ajudando a salvar milhares de vidas, olha... isso lava o coração de toda a tristeza que pesou sobre mim nesses últimos tempos. Parabéns!

Emocionado, sem condições de prosseguir, Aristides passou o telefone para Diva, antes de ouvir a resposta do filho.

– Papai está comovido com a sua bravura, João. Aliás, nós estamos. Algumas pessoas assistiram à entrevista e começaram a telefonar aqui pra casa do papai. Nós já nos reunimos na sala e fizemos uma oração a Deus para agradecer esse livramento que Ele lhe deu. Até agora, está difícil de imaginar que você tenha passado por momentos tão difíceis e que tenha colocado a sua vida em risco para salvar milhares de pessoas. Estamos todos ansiosos para que você volte logo, a fim de que possamos abraçá-lo e ouvir pessoalmente essa experiência terrível que você passou. Eu também estou muito orgulhosa de ser sua irmã. O Matheus está sem entender direito o que aconteceu, mas está aqui mandando beijos para você. Depois a gente se fala mais. Vá descansar. Beijos.

Conversar com os familiares aflorou a emoção de João, que não conseguiu segurar o choro. Ente soluços, ele se despediu da irmã.

– Amo muito vocês. Hoje à noite eu telefono para que possamos conversar com mais calma.

João desligou o telefone. Pouco depois, o carro chegou ao endereço de Rita. Ele se despediu do policial, abriu o portão que dá para a rua e caminhou em direção ao prédio onde sua prima morava. Ao todo, o endereço era composto de três prédios.

No trajeto, uma mulher de estatura baixa e com sobrepeso acentuado cruzou com ele e parou para cumprimentá-lo.

– Você não é o cara que estava na televisão agora?

João acenou que sim. Ela sorriu e, sem pedir permissão, abraçou-o fortemente.

– Obrigada pelo que fez! Você foi incrível! Parabéns!

João abraçou a mulher também, para não ser indelicado. Sentiu-se constrangido pela demora dela em cessar o abraço. Deu três tapinhas nas costas dela, sinalizando que precisava seguir o seu caminho. Pouco depois, ela se afastou, comemorando o fato de ter abraçado o homem que estava sendo considerado um herói nacional.

João pegou o elevador e subiu para o apartamento. Estava vazio. Rita havia deixado a mesa de café pronta para ele, com muitas guloseimas. Ele estava faminto. Sentou-se e comeu até se saciar. Depois, foi para a sala, deitou-se na cama confortável, estendida no chão, e ficou olhando o teto, pensando em tudo que lhe acontecera nas últimas horas. Em poucos minutos, o sono veio e ele dormiu.

Capítulo 35

No final da tarde, Peter já tinha elementos suficientes para iniciar o relatório. Sabia, inclusive, qual era o líder dos terroristas. Ordenou a um subordinado que o buscasse na cela e o levasse para a sala de interrogatório.

Através do vidro, Peter o observava sentado a uma cadeira, sem que ele o visse. Deixou-o ali, sentado, por meia hora, apenas observando as suas reações. Depois, entrou e sentou-se na cadeira que ficava de frente para o terrorista, tendo uma mesa de madeira entre eles.

Peter não olhou para o terrorista. Por alguns minutos, ficou de cabeça baixa, fingindo que estava lendo os documentos que tinha em mãos. Em seguida, tirou os óculos, colocando-os sobre a mesa, onde também deixou os papéis. Olhou para o terrorista e por alguns segundos ficaram se encarando. Peter queria ler o que os olhos dele diziam. Sentiu raiva e, ao mesmo tempo, pena do terrorista. Raiva pelo mal que ele quase causou a milhares de pessoas, e pena pela vida infeliz que havia escolhido viver. Peter suspirou e começou o seu trabalho.

– Você sabe de todo material que apreendemos e deve imaginar que já sei muito sobre sua vida, assim como da vida dos demais.

Ele fez uma pausa e perguntou:

– Estou certo, Ali?

O terrorista ameaçou ficar estático, sem responder, mas, depois de alguns segundos, balançou a cabeça, concordando com o policial.

– Você é egípcio, tem quarenta e quatro anos de idade e é ligado à rede terrorista denominada Al Múntaqam. Correto?

Novamente, o terrorista gesticulou, concordando com a pergunta. Peter achou que teria a colaboração do interrogado e prosseguiu:

– Foi a Coreia do Norte que vendeu as bombas para vocês?

Depois de refletir por alguns segundos, pela primeira vez, Ali respondeu com palavras, mas deixando o suspense no ar.

– É uma possibilidade que tenhamos comprado as armas da Coreia do Norte, assim como é possível que as tenhamos comprado dos Estados Unidos, Rússia, China, Inglaterra, França, Índia, Paquistão ou Israel.

A resposta do terrorista foi o sinal de que Peter não teria vida fácil. Ele decidiu pressionar o terrorista partindo do pressuposto de que já sabia a origem das bombas.

– Qual o interesse da Coreia do Norte nisso, Ali? De uma forma ou de outra eu vou descobrir. Ajude-me, assim eu posso ajudá-lo a ter um tratamento penitenciário mais decente.

Peter ficou observando Ali, esperando pela resposta. Ante o silêncio do terrorista, decidiu mudar de tática e preparou para outra pergunta.

– Qual a ligação da Al Múntaqam com Al Qaeda?

Novamente, Ali se manteve calado, irritando o policial, o qual tentou demonstrar paciência. Um longo silêncio seguiu-se. Peter encarava o terrorista desafiadoramente. De cabeça baixa, Ali evitava confrontar o olhar de Peter.

Resignado com o silêncio do interrogado, Peter raspou a garganta e partiu para a próxima pergunta.

– Para quando estava prevista a implosão da ONU?

O interrogatório estava sendo gravado e assistido, simultaneamente, pela cúpula da polícia de Nova Iorque. Desta vez, o terrorista não demorou a responder.

– Para o dia em que várias personalidades importantes estivessem reunidas naquele prédio.

Peter sentiu o sangue ferver de raiva, só de imaginar na catástrofe que seria tal fato. Procurou se controlar para continuar extraindo informações de Ali.

– Por que vocês detonariam a bomba nesse dia, se atingiriam, inclusive, importantes autoridades de países árabes e mulçumanos? Não seria uma medida antipática perante a população desses países?

Ali suspirou, encarou Peter por alguns segundos e respondeu:

– Antes de tudo, devo lhe dizer que eu cumpro ordens. Não tenho acesso ao primeiro escalão da Al Múntaqam. Por isso, não sei responder com precisão à pergunta que me fez. Entretanto, acredito que devem ter pesado os benefícios e malefícios do atentado e concluíram que seria positivo levar o plano adiante.

"O objetivo, dessa feita, ao contrário do ocorrido no onze de setembro, não seria causar um número enorme de vítimas fatais. O objetivo seria atingir personalidades importantes do mundo político, que estivessem presentes no edifício. Outro objetivo era atingir a ONU como instituição, visando chamar a atenção do mundo para a pouca eficácia das normas e decisões proferidas pela entidade, de forma que se pensasse em uma instituição menos imparcial e mais eficiente, que pudesse servir de mediadora dos conflitos internacionais.

Ali abaixou a cabeça, fez uma breve pausa e prosseguiu:

– Você, tão bem quanto eu, sabe que a ONU permitiu ser usada pelo ex-presidente Bush para levar adiante o seu plano de atacar o Iraque. Sabemos que havia o interesse de Bush em beneficiar a sua família com o petróleo, antes explorado por empresas francesas. Sabemos, ainda, que havia o interesse do vice-presidente, Dick Cheney, em faturar com a guerra ao Iraque, vendendo armamentos para o governo americano. A ONU sabia disso tudo à época e, ainda assim, não fez o que lhe competia para evitar a guerra.

Peter engoliu seco, pois em seu íntimo ele acreditava que Ali estava certo em suas ponderações sobre os interesses americanos na invasão do Iraque. Ele disfarçou o seu desconforto, abaixou a cabeça por alguns segundos e voltou a inquirir o terrorista.

– Nós encontramos o mapa da rede de esgoto, com os locais precisos onde as bombas seriam detonadas, assim como o túnel que vocês estavam fazendo. Detectamos a existência de outro túnel, inclusive. Não encontramos referência a nenhum outro local que pudesse ser alvo de vocês. Imagino que você sabe exatamente o que temos em mãos. Mas você há de convir que o material explosivo que encontramos é muito poderoso. Vocês pretendiam implodir outro prédio?

– Não que eu saiba. Sinceramente, não sei se seriam utilizadas todas as bombas. Isso ficaria a cargo do responsável pela implosão que viria nos auxiliar.

– Como essas bombas entraram nos Estados Unidos?

Ali deu um sorriso cínico, o que irritou o policial. Depois, respondeu:

– É muita pretensão pensar que conseguem controlar divisas tão extensas com eficácia. As bombas são pequenas, fáceis de serem transportadas. O transporte não foi feito por mim, nem por nenhum dos que vocês prenderam. Obviamente, por questão de segurança do plano, aqueles que nos trouxeram as bombas já estão longe há muito tempo e não nos disseram absolutamente nada. É assim que funciona: o grupo que cumpre uma missão não alimenta o outro grupo com informações. Do contrário, se um for pego, pode colocar a execução de futuros planos em risco.

Mais uma vez, a resposta do interrogado foi convincente para Peter. Com um pouco de paciência, ele viu que seria possível extrair muitas informações do terrorista. Peter decidiu que a próxima pergunta seria mais pessoal.

– Ali, porque você escolheu essa vida?

O terrorista fechou os olhos, permanecendo assim por alguns segundos. Quando os abriu, estavam marejados de lágrimas.

– Quando eu era criança, na cidade onde morava, via algumas pessoas sendo recrutadas pelas organizações terroristas. Elas eram idealistas e contavam-nos de seus objetivos com muito entusiasmo. O aspecto religioso tinha muita importância em nossas vidas. Alguns pais dessas pessoas que eram recrutadas referiam-se aos filhos mortos com muito orgulho. Hoje, não sei se de fato tinham orgulho dos filhos ou se estavam felizes pelo dinheiro que recebiam das organizações terroristas.

“Àquela época, eu fui influenciado pelas pessoas, inclusive pela minha família. Passei por outras organizações antes de ingressar na Al Múntaqam. Com a minha experiência, cheguei à conclusão de que o que move todas as organizações terroristas é o dinheiro e não os ideais alegados. Se não é o dinheiro, é a fama, a necessidade de se sentir importante, de ser notícia, de ser temido, para ter poder sobre outras pessoas.

“Já pensei em abandonar esta vida, já que os ideais que me levaram a entrar nela não existem, mas há decisões em nossas vidas que, depois de tomadas, torna-se difícil voltar atrás. Você já teve notícia de ex-terrorista, vivo e bem sucedido?”

Peter sorriu ante a pergunta de Ali.

– Conheço alguns que tentaram sair do terror e foram mortos pelos seus antigos colegas – tornou Ali. – Os que conseguiram escapar precisam viver escondidos, em condições muito precárias.

Por um momento, Peter esqueceu o plano macabro do qual Ali era partícipe e teve pena dele. Ficou observando os traços do rosto, assim como a sua fisionomia, e teve a impressão de ser um homem sofrido.

– Apuramos que vocês alugaram a casa há seis meses. Desde então estavam trabalhando no túnel?

– Quase isso. Começamos os trabalhos lá embaixo há cinco meses. É um trabalho lento, para não chamar a atenção de ninguém. Às vezes, se suspeitássemos de algo, ficávamos dois, três dias sem trabalhar. O horário de trabalho era restrito, pois precisávamos evitar as pessoas que estavam trabalhando lá embaixo e os moradores de rua que se faziam presentes. Sempre mudávamos o ponto por onde entrávamos na rede de esgoto. Hora era por uma rua, hora era por outra.

Peter moveu a cabeça, demonstrando que acompanhava o raciocínio do interrogado. Em seguida, fez-lhe nova pergunta:

– Como vocês conseguiram o mapa do subterrâneo?

Ali ameaçou um leve sorriso, mas conteve-se. De nada adiantaria irritar o policial. Friamente, ele respondeu:

– Corrompemos um funcionário do seu governo.

A resposta deixou Peter estarrecido. Ele custou a se refazer, revoltado com o fato de um funcionário público, assim como ele, aceitar colocar em risco a vida de milhares de pessoas em troca de vantagem financeira. Após se refazer do choque, ele voltou à carga.

– Como faziam para evitar o encontro com funcionários que trabalhavam lá embaixo?

– O mesmo funcionário que nos forneceu o mapa do subterrâneo passou a ser o nosso informante sobre a escala de trabalho lá embaixo.

Peter sentiu o ódio aflorar em seu coração, deixando a sua face ruborizada. Se pudesse, esganaria aquele maldito traidor. Desta feita, Peter não conseguiu conter a emoção e a raiva foi exteriorizada pelo tom mais elevado de sua voz na pergunta seguinte:

– Qual o nome desse funcionário?

O interrogado ficou quieto. O silêncio reinou na sala por quase um minuto, durante o qual Ali permaneceu de cabeça baixa. Quando a levantou, ele encarou Peter e respondeu:

– Ainda não é o momento de eu lhe falar o nome dele. Oportunamente, você saberá a resposta a essa pergunta.

Peter teve vontade de avançar em Ali, mas sabia que seria uma conduta ruim para a sequência do interrogatório. Ele se controlou e voltou ao seu trabalho de interrogador.

– Uma *minivan* adaptada, com um fundo falso, levava e buscava vocês, certo? E sempre parava sobre o bueiro, por onde vocês desciam e subiam. Estou correto?

Ali demonstrava ter consciência de todas as respostas. Sabia exatamente quando poderia responder e quando deveria se calar. Desta vez ele respondeu sem demora, com naturalidade.

– Em boa parte das vezes era assim que funcionava.

– Vocês construíram o túnel quebrando paredes e furando o solo. Onde jogavam fora as pedras e terra?

– A maior parte desse material subia conosco, em sacos, para a *minivan*, enquanto outra parte era distribuída pelos corredores da rede de esgoto, em local mais afastado do túnel. A própria água que corria se encarregava de transportar o material. A parte que subia conosco para a superfície era jogada fora em diversos lugares. Se você pensar que o nosso trabalho rendia muito pouco por dia, há de concluir que essa não era tarefa das mais difíceis.

– Sem dúvida – concordou Peter, já satisfeito com as informações que obtivera naquele primeiro interrogatório. Surpreendentemente, mais produtivo do que ele esperava.

Por alguns segundos ele e Ali se encararam e Peter tentou extrair o que se passava na mente do terrorista. Naquele instante ele teve a sensação de que Ali não era uma pessoa de todo má e que havia uma parte de seu coração sensível aos bons princípios. Peter suspirou e quebrou o silêncio.

– Ali, muito obrigado por colaborar com as investigações. Se você mantiver essa conduta nos próximos interrogatórios, eu farei o que estiver ao meu alcance para que o seu período na prisão seja menos doloroso.

Quando Peter se levantou, Ali o chamou:

– Por favor, senhor policial!

Peter virou-se e o fitou.

– Pois não, Ali.

– Se possível, gostaria de escrever uma carta para os meus familiares.

Peter levou a mão à boca e ficou refletindo sobre o pedido.

– Está bem. A sua carta passará pelo nosso crivo. Se não houver nada de errado, eu providenciarei a remessa dela pelos correios.

Peter saiu e, logo em seguida, um policial conduziu Ali à cela onde estava.

Enquanto isso, Rita chegava ao apartamento, ansiosa por encontrar o primo. João já havia conversado novamente com os pais e Ana. Agora, estava ansioso por conversar com Rita.

– Olá, primo! O seu nome e a sua imagem estão em todos os cantos e em todos os comentários da população. Agora mesmo, dentro do metrô, ouvi várias pessoas falando da tentativa de atentado. Os elogios a você eram unânimes. Quase interrompi a conversa para dizer que eu era sua prima. Estou tão orgulhosa de você! – completou Rita, enquanto abraçava João.

João sorriu. Por mais que tentasse, estava difícil controlar o ego. De fato, sentia-se importante pelo que havia feito. O seu telefone havia tocado inúmeras vezes durante o dia. Eram colegas que viram o noticiário no Brasil e queriam se inteirar melhor dos fatos. Como ele não queria repetir a mesma história dezenas de vezes, decidiu não atender às chamadas.

– Acho que vou precisar usar um disfarce quando for sair. Chegando aqui, depois de passar pelo portãozinho da entrada, ali perto da fonte, uma senhora me parou e me deu um forte abraço, elogiando a minha conduta. Depois, saiu vibrando por ter se encontrado comigo. Não sei se estou preparado para virar celebridade, ainda que por poucos dias.

Os olhos de Rita brilhavam enquanto olhava o primo, tamanha era a satisfação por desfrutar da companhia dele naqueles dias.

– Você é a responsável por isso tudo – continuou ele.

– Eu? Por quê?

– Você me convidou para vir aqui. Não fosse o seu convite, nada disso teria acontecido.

– É verdade – concordou Rita, após breve reflexão. – Venha, vamos ligar a televisão porque estou ansiosa para vê-lo na telinha.

Rita puxou João pelo braço, em direção ao quarto dela, e ligou a televisão de cinquenta polegadas. A reportagem sobre a tentativa de atentado estava no ar, mostrando a casa onde os policiais prenderam os criminosos e apreenderam as bombas. Mais alguns segundos, a imagem de João apareceu. Ele estava concedendo a entrevista no Departamento de Polícia.

Rita sorriu e apertou levemente o braço do primo, emocionada por vê-lo na tela e, ao mesmo tempo, estar ao lado dele.

Era a primeira vez que João se via na televisão. Teve a sensação de que a imagem mostrava-o mais cheinho do que era. A sua voz, igualmente, pareceu-lhe um pouco estranha. Mesmo assim, sentiu enorme satisfação ao ouvir os comentários do repórter.

– Um jovem brasileiro, com formação em direito e atuação na área de direitos humanos, que sonha em se tornar promotor de justiça, entrou hoje para a história de Nova Iorque ao descobrir um plano macabro de implosão do prédio da ONU. Tal fato ocorreu após ele ser assaltado e levado para o subterrâneo da cidade pelos bandidos, que o mandaram correr para salvar a vida.

"Caminhando pelos corredores da rede de esgoto, ele viu os terroristas fazendo um túnel e seguiu um deles até a superfície. Foi resgatado por dois policiais, que o tiraram através de um bueiro. Ele relatou os fatos para os policiais e teve a coragem de voltar ao subterrâneo para mostrar o local exato do túnel à polícia, ainda que traumatizado e sabendo que estava colocando a sua vida em risco logo após escapar da morte. Sem dúvida, um exemplo de bravura que ajudou a salvar a vida de milhares de pessoas."

Rita e João não conseguiram segurar as lágrimas. Enquanto o repórter falava, a tela mostrava a imagem de João. Depois, a reportagem mostrou o túnel feito pelos terroristas, em imagens cedidas pelo departamento de polícia de Nova Iorque. João enxugou a lágrima e comentou:

– Eu não tenho a coragem que eles estão falando. Acho que só voltei à rede de esgoto porque o pedido dos policiais foi feito ainda no calor dos fatos e o meu raciocínio estava acelerado, um pouco confuso. Fiquei com medo de recusar o pedido e ser taxado de covarde, sobretudo se eles não conseguissem evitar o atentado. Eu não teria paz se milhares de pessoas morressem pela minha omissão. Então, acho que agi mais para não correr o risco de perder a minha paz do que por coragem. Mesmo assim, se eu tivesse que tomar essa decisão agora, depois de esfriar a cabeça, eu tenho dúvida se voltaria àquele local.

Rita balançou a cabeça, discordando do comentário do primo.

– O que importa é o que você fez. A vida é assim: em determinados momentos chegamos a uma encruzilhada e precisamos escolher o caminho a seguir. Às vezes escolhemos o caminho certo, às vezes escolhemos o caminho errado. Não escolhemos um ou o outro pelo acaso. As nossas escolhas são fruto do caráter que construímos durante a vida. É um processo lento de formação da personalidade. O nosso caráter fará com que pendamos para um lado ou para o outro na hora de uma escolha importante. Não quer dizer que, se você decidisse por não voltar ao túnel, seria uma pessoa ruim. Ao contrário, seria muito compreensível essa decisão depois de tudo que você tinha passado. Agora, você foi corajoso demais, e não por acaso. Como você sempre se preocupou em ajudar o próximo, desde criancinha, foi isso que pesou na sua escolha. Você pensou nas pessoas inocentes que morreriam em um atentado terrorista mediante a explosão de bomba nuclear subterrânea. Você pensou em ajudá-las e colocou a própria vida em risco para isso.

João lembrou-se das palavras de Iracema, na parte em que ela falou sobre a formação da personalidade através de diversas reencarnações e decidiu pegar a opinião da prima.

– Rita, você acredita em reencarnação? Uma senhora me falou que estamos sempre mudando a nossa personalidade, evoluindo para nos tornarmos pessoas melhores, e que esse processo de evolução se dá através de várias vidas.

– Eu concordo – respondeu Rita, sem pestanejar. – Algumas coisas que passamos nesta vida são resgate de erros em vidas passadas, não para punir, mas para ensinar. Deus sempre tenta nos ensinar uma conduta correta. Ele não é um Pai que gosta de castigar. Ele não castiga. Nós, pelo nosso livre arbítrio, é que nos castigamos ao infringir determinadas regras. Deus fica triste ao nos ver sofrer. Ele só permite a dor quando ela é o último remédio para curar a nossa doença espiritual.

João ficou surpreso com a resposta de sua prima. Não imaginava que ela tinha essa linha de raciocínio.

– Acho que é por aí – tornou ele. – Agora, mudando de assunto, até para que o meu ego não me deixe muito metido, quero saber como foi a sua noite de ontem com o portuga.

Rita juntou as mãos, elevando-as para o alto, olhou para o teto, com um enorme sorriso na face, e respondeu:

– Menino! Foi o máximo! Que homem galanteador é aquele? Nossa! Ele é daqueles que abrem a porta do carro para a mulher entrar, puxa a cadeira para ela sentar e não ataca logo de cara. Conversou bastante primeiro, um papo superlegal, mostrando interesse pelas minhas coisas e falando normalmente da vida dele.

"O restaurante é lindo e a comida estava deliciosa! Quanto tempo eu não tinha uma noite tão agradável"!

O olhar de João para Rita tinha uma interrogação. Ela sorriu, pois sabia o que significava aquele ponto de interrogação.

– Está bem! Você quer saber se rolou alguma coisa, não é?

João sorriu e balançou a cabeça, em sinal afirmativo.

– Antes de lhe falar o que você quer ouvir, preciso dizer que ele adorou você. Disse-me que tem a impressão de já ter conhecido você anteriormente e que gostaria muito de poder encontrá-lo novamente.

"Bom, quanto a nós dois, eu o achei muito respeitador, e isso me encantou ainda mais nele. No restaurante, ele não tentou nada, apenas conversamos. Ele fez questão de vir me deixar em casa, mesmo eu tendo falado que não precisava disso, que eu poderia vir de táxi, já que ele mora no sul de Manhattan, bem distante daqui.

"Quando chegamos, já era uma hora da manhã. Ele estacionou o carro aqui na porta e ficamos nos olhando por um tempinho. Depois, ele tirou o cinto de segurança e me beijou" – completou Rita, de olhos fechados, como se tentasse recapitular o momento do beijo.

A conversa foi interrompida pelo toque do telefone. Pelo identificador de chamadas, Rita viu que era Pedro Manoel e ficou ainda mais entusiasmada.

– É ele!

João levantou o polegar, fazendo gesto de tinindo. Rita tirou o fone do gancho e atendeu a chamada, momento em que João aproveitou para tomar um copo de água.

Para deixá-la mais à vontade, João saiu da cozinha, onde conversavam, e foi para a sala. Da janela, via parte do *skyline* de Manhattan, inclusive onde estavam construindo a nova torre, no ponto Zero, em substituição às torres gêmeas. Ele já havia subido no último andar de um dos prédios tombados e ficou imaginando o que teria passado na mente das vítimas e dos terroristas, antes e após a morte. O que havia em comum ligando os destinos de milhares de pessoas? Qual o significado espiritual para tamanha catástrofe? Qual o significado espiritual para ter sido abortado o plano dos terroristas em relação ao prédio da ONU? Por que ele foi escolhido por Deus para ter sido o instrumento necessário para evitar nova tragédia? Ele voltou a se lembrar de um conselho de Iracema: "Quando tiver a oportunidade, haja sempre em defesa da paz".

Sentiu saudades dela. Certamente, ela o teria visto na televisão, mas não tinha o número do telefone dele. Ela seria a única pessoa, fora Ana e seus familiares, que ele atenderia. O regresso ao Brasil se daria em quarenta e oito horas e ele estava decidido a procurá-la novamente em busca de explicações para as suas dúvidas.

Após alguns minutos, Rita veio ao seu encontro na sala. Trazia um ar de felicidade na face.

– O Pedro Manoel está ainda mais encantado com você. Ele acompanhou todo noticiário e disse-me que ficou emocionado com o que você fez. Ele me convidou para um *brunch* amanhã e faz questão da sua companhia. A Clara e o Marco também estarão presentes. O que você acha?

– Claro! Será um prazer poder revê-lo, assim como a Clara e o Marco. Eu também gostei muito dele. A gente estava conversando sobre reencarnação e eu tenho certeza de não conhecê-lo desta vida. Logo, só pode ser coisa de vidas passadas. Ainda mais que ele teve a mesma sensação de já ter me conhecido.

Rita vibrou com a aceitação do convite por parte de João. O domingo seria o último dia em que estariam juntos antes que ele retornasse para o Brasil. Ela queria desfrutar ao máximo da companhia dele.

– Eu já vou começar a arrumar as minhas malas, hoje. Amanhã, quero acordar cedo e ir ao Central Park passear e aproveitar a beleza do local para refletir sobre toda essa reviravolta em minha vida. Depois, volto para me arrumar, a fim de irmos ao *brunch*. A que horas vocês marcaram?

– Ao meio-dia, no restaurante Les Halles, do famoso chefe Anthony Bourdain.

"Falando em comida, eu prometi que faria uma comidinha deliciosa para nós. Que tal espaguete com frutos do mar?

João esfregou as mãos. Ele adorava aquele prato.

– Que delícia! Eu posso ajudá-la?

– Acho que não será necessário, apenas fique na cozinha comigo para continuarmos conversando. Se precisar de algo, eu lhe peço.

Sempre que viajava para o litoral brasileiro, João não trocava o peixe e os frutos do mar pela carne vermelha. Se ele ficasse quinze dias na praia, comeria peixe ou frutos do mar em todos os dias. Ele era alucinado com a moqueca capixaba, um prato extremamente saboroso, além de saudável.

Capítulo 36

Enquanto João e Rita preparavam o jantar, em Belo Horizonte Fábio dirigia-se ao *shopping* para se encontrar com Diva novamente. Ele já estava decidido a procurá-la quando viu as reportagens com João na televisão, o que reforçou o seu interesse em conversar com ela. Em suas mãos, carregava um buquê de flores.

Ele entrou na loja e correu os olhos por todos os cantos, a procurá-la. Para sua decepção, não a viu.

– Posso ajudá-lo? – perguntou uma vendedora.

– Sim. Eu gostaria de conversar com a Diva.

– Eu vou chamá-la. Qual o nome do senhor?

– Fábio.

A mulher saiu em direção aos fundos da loja, onde abriu uma porta e entrou. Fábio estava tenso, com receio de que ela fosse fria com ele e não demonstrasse entusiasmo por receber flores. O pouco tempo de espera foi angustiante, de certa forma. Para seu alívio, ela logo apareceu, trazendo um sorriso na face e dando-lhe um abraço carinhoso.

Ao ver as flores, Diva abriu um largo sorriso, demonstrando todo o seu contentamento.

– Que bom vê-lo novamente! Essas flores são para mim?

Fábio sentiu o coração bater mais acelerado. Desconcertado, ele desviou o seu olhar do olhar dela, passando a olhar o buquê de flores, a fim de tentar esconder o nervosismo inesperado. Ele vacilou por uma fração de segundos, voltou a levantar a cabeça, encarando-a, então respondeu:

– São, sim. A minha mãe adorou os presentes que você me ajudou a escolher e eu decidi comprar estas flores como sinal do meu agradecimento. Não só pela sua boa vontade em me ajudar a escolher os presentes da minha mãe, mas, também, pela sua gentileza em ter cedido um pouco do seu tempo para aquela conversa que tivemos ali na cafeteria. Você não imagina o quanto eu me senti bem depois daquele bate-papo!

Diva sentiu-se lisonjeada pelo recebimento das flores e pelas palavras que ele lhe dirigiu. Há muito tempo ela não recebia flores de um homem que pudesse estar interessado em iniciar um relacionamento.

Ela olhou para ele e sorriu, deixando-o ainda mais encantado. Um sorriso que mostrava a beleza dos seus dentes e da sua boca, além de uma doce simplicidade.

– São lindas! Não precisava se preocupar. De qualquer forma, muito obrigada, eu estou muito feliz por recebê-las. Vou guardá-las em um vaso aqui neste balcão, entre estes sapatos, que são os mais bonitos e caros que temos.

Fábio deu um longo suspiro, aliviado pela reação dela.

– Eu acompanhei pela imprensa as reportagens sobre o que aconteceu com o seu irmão, lá em Nova Iorque. Que loucura! Imagino o aperto que ele deve ter passado. Como reagiram os seus pais quando ficaram sabendo?

– Nós ainda estamos sob o impacto da notícia. Menos mal que ele já estava fora de perigo quando tomamos conhecimento do que lhe havia ocorrido. Tanto eu quanto os meus pais estamos muito felizes e gratos a Deus por ter poupado a vida dele. Também estamos orgulhosos, pois sabemos que ele é merecedor de todos os elogios que está recebendo.

Fábio abaixou a cabeça, envergonhado por ter sido tão injusto com uma pessoa tão valorosa. Diva percebeu o constrangimento dele e tentou amenizar a situação.

– Desculpe-me, eu não estou falando bem dele para deixar você sem graça. Acredito que você está realmente arrependido.

Fábio estava com o olhar desolado, sendo nítido o seu abatimento. Por outro lado, sentia-se extremamente à vontade ao lado de Diva. Se pudesse, pararia o tempo naquele exato momento em que voltaram a trocar olhares.

– Menos mal que você acredita em mim.

Ela sorriu meigamente e ficou esperando ele prosseguir. Fábio sentiu que era o momento oportuno de expor os seus sentimentos. Criou coragem e foi em frente.

– Eu não sei como lhe dizer, sobretudo pelas coisas que já aconteceram, mas o certo é que eu estou encantado por você.

Diva sentiu a face ficar ruborizada, pois não esperava que ele pudesse ser tão direto, apesar de ter percebido o interesse dele. Ela deu um sorriso tímido e desviou o olhar.

– Desculpe-me se deixei você constrangida, mas eu precisava lhe falar isso.

– Está tudo bem, não se preocupe. Você não fez nada de errado. Bobagem minha ficar tímida diante do seu elogio.

Novo momento de silêncio. Diva sabia que desta feita ela deveria dar sequência ao diálogo. Refletiu por breves segundos e manifestou-se:

– Bem! Eu não estou namorando atualmente e achei você uma companhia agradável. Acho que podemos nos conhecer melhor. Por que não?

As palavras dela derreteram o coração de Fábio. Sentiu um entusiasmo juvenil, como se a vida tivesse lhe abrindo as portas novamente.

– Podemos jantar hoje?

Diva olhou para o relógio. Eram oito e quarenta e cinco. Matheus estava na casa de seus pais, onde dormiria naquela noite, a pedido dos avôs.

– Eu já tenho condições de sair da loja. Vou conversar com a gerente, acertar umas coisinhas, e já volto para irmos. Não quero chegar muito tarde, porque amanhã é o meu dia de curtir o meu filho. Esta semana trabalhei muito e fiquei pouco tempo com ele.

– Combinado, eu vou ficar no corredor aqui fora lhe esperando – tornou Fábio.

Ele saiu da loja, enquanto ela passava as últimas orientações do dia para a funcionária. Alguns minutos depois, ela foi ao seu encontro. Como ambos estavam com carro no estacionamento, seguiram em dois carros para o restaurante escolhido por Fábio, que ficava próximo ao *shopping* e colado na casa de Diva.

Estava muito quente. Como eles chegaram cedo, conseguiram pegar uma mesa na varanda, sob uma imensa árvore. Ali, ao menos a brisa dava uma sensação de frescor.

Bem em frente à mesa deles, do outro lado da rua, estava o colégio de ensino público mais famoso da cidade. Olhando para os muros altos do colégio, Fábio comentou:

– Neste colégio estudaram pessoas muito ilustres, entre elas a presidente da república, um ex-governador que hoje é deputado, um ex-prefeito que hoje é ministro dos mais influentes da presidente da república, senadores, deputados e empresários bem sucedidos. Hoje, se você passar aqui no horário em que os alunos estão saindo da escola, verá muitos fazendo uso de drogas e bebidas. É o retrato da decadência do ensino público no país. A melhora da situação econômica não está sendo acompanhada pela melhora no sistema de ensino. Isso irá travar o crescimento da economia – comentou Fábio, procurando introduzir um assunto à conversa.

– Sem educação, um país não vai pra frente – concordou Diva. – Na Alemanha, o governo introduziu no ensino infanto-juvenil a matéria de bons hábitos. Em minha opinião, aqui no Brasil o governo deveria fazer uma reforma no ensino, introduzindo lições de educação sexual, educação no trânsito, bons hábitos, lições sobre as consequências do uso de drogas para o usuário e para a sociedade, entre outras coisas.

O garçom aproximou-se e deixou um cardápio com cada um.

– Adoro o atum feito em crosta de gergelim – comentou Diva.

– É o meu prato predileto neste restaurante – tornou Fábio, feliz por mais uma coisa em comum entre os dois. – Vamos pedir cogumelos salteados na manteiga, de entrada. O que acha?

– Ótima sugestão.

O garçom anotou a sugestão e saiu.

Voltaram a se encarar. Ambos já se sentiam mais à vontade na presença um do outro. Fábio retomou o diálogo.

– Eu me senti muito mal hoje ao ver a entrevista do João, sobretudo na parte em que ele disse que o seu sonho era se tornar promotor de justiça. Senti uma fincada no coração, foi horrível. Como se o mundo inteiro se voltasse para mim e perguntasse: como você teve a insensatez de reprovar esse candidato tão brilhante? Você é a pessoa mais asquerosa da face da terra!

"O seu irmão estava superpreparado, tecnicamente, para assumir o cargo de promotor de justiça. Hoje ele demonstrou que está preparado emocional e psicologicamente para exercer qualquer cargo que almejar. Incrível imaginar que ele não é promotor de justiça por culpa única e exclusiva minha" – lamentou.

Diva estendeu suas mãos sobre a toalha branca da mesa e segurou as mãos de Fábio, apertando-as levemente. Olhou fixamente nos olhos dele e disse:

– Fábio, o que aconteceu com meu irmão em Nova Iorque é a maior demonstração de que ele não poderia ter assumido o cargo de promotor de justiça antes. Está certo que você errou, sendo muito injusto com ele, mas, por algum motivo, ele não poderia ter passado naquele concurso.

– Por quê? – perguntou Fábio, sem entender o raciocínio dela.

– Porque, se ele tivesse passado no concurso, estaria trabalhando em alguma cidade do interior do Estado neste momento, e não passeando em Nova Iorque, já que ele só teria direito a férias depois de um ano de trabalho.

"Tenho certeza de que ele estava no lugar certo, na hora certa, quando foi assaltado e levado para as galerias da rede de esgoto. Insisto: por algum motivo desconhecido, ele tinha que passar por tudo que passou, exatamente da forma como aconteceu. Já pensou se ele não tivesse descoberto o plano dos terroristas? Era a vontade de Deus que esse atentado não se concretizasse e Ele usou o meu irmão como instrumento para isso."

Fábio balançou a cabeça, demonstrando que estava entendendo o raciocínio de Diva.

– É... Não deixa de ser consolador o seu ponto de vista. O problema é o seguinte: será que o João vai ter o mesmo pensamento? Será que ele irá conseguir me perdoar?

Ele fez uma pausa, sob os olhares atentos dela, e prosseguiu:

– Independente do que venha a acontecer entre a gente, eu gostaria muito que ele me perdoasse.

A expressão dele mostrava sinceridade naquela afirmação. Ela estava convicta de que não havia fingimento nas palavras dele.

– Por tudo a que você assistiu na televisão hoje, acho que dá para perceber que ele tem um bom coração. Perdoar é das tarefas mais difíceis para o ser humano. Pode até levar algum tempo, mas eu tenho certeza de que ele irá lhe perdoar.

Novo silêncio se fez, realçado pelo fato de que as mesas ao lado estavam desocupadas. Coube a Fábio, mais uma vez, reiniciar o diálogo.

– O perdão é melhor para quem perdoa do que para quem é perdoado. A minha tia, mãe do meu primo que morreu no acidente de carro, ficou arrasada após a morte dele. Ela carregou ódio do causador do acidente desde então e depositou nas mãos da justiça as esperanças de que ele pagasse pelo que fez. Quando o seu pai concedeu a prisão domiciliar para o rapaz, a minha tia ficou inconformada e o ódio dela em relação ao rapaz aumentou, além de ter alimentado ódio do seu pai também. Eu acabei sendo influenciado pela situação e nutri os mesmos sentimentos dela. Nesse período, posso lhe dizer que envenenamos os nossos corações e as nossas vidas ficaram meio que travadas. Ela deve ter envelhecido quinze anos em quatro.

"Outro dia eu a levei ao fórum para receber a indenização pela morte do filho e transferir o dinheiro para a conta dela. Ficamos sabendo que, depois do expediente, haveria uma palestra de uma senhora espírita. Com muito custo consegui convencê-la a ficar para assistirmos à palestra. Quando vi o seu pai entrar na sala e sentar-se próximo de nós, cheguei a pensar em chamá-la para irmos embora, pois temia pela reação dela se viesse a descobrir que ele era o doutor Aristides."

Fábio fez uma pausa para ver qual era a reação de Diva após ele citar o nome do pai dela, pois não queria chateá-la com aquele assunto. Como ela se mostrou concentrada nas suas palavras, ele prosseguiu:

– O meu temor se concretizou, pois o juiz que apresentou a palestrante fez uma saudação ao seu pai. A minha tia perguntou se ele era o juiz do caso Bruno, ao que eu respondi afirmativamente. Para minha sorte, a palestra teve início logo depois e a titia ficou tão envolvida com a mensagem da palestrante que acabou se esquecendo do seu pai. Foi legal porque ela falou inclusive da importância do perdão. Ao final, titia fez questão de cumprimentá-la e saiu de lá com o coração bem mais leve e feliz. Ela pegou o telefone de contato da palestrante e já combinou, inclusive, de ir à casa dela daqui a alguns dias a fim de conversarem a sós. É a primeira vez, nos últimos quatro anos, que eu vejo a minha tia entusiasmada com alguma coisa. E, o mais importante: voltou a sorrir e parou de reclamar da vida. Foi muito bom para ela ver o seu pai e, ao mesmo tempo, ouvir uma palestra tão enriquecedora.

O garçom aproximou-se trazendo as entradas, que estavam muito apetitosas, por sinal. Quando ele se retirou, Diva reiniciou o diálogo.

– Eu fiquei sabendo dessa palestra. O papai gostou muito também e comentou comigo e com a mamãe. Ainda bem que ele não ficou sabendo que vocês estavam lá. Isso poderia deixá-lo bastante constrangido.

Ambos estavam famintos e deram uma pausa à conversa para comer os cogumelos com as torradas. A brisa, aos poucos, ficava mais forte, varrendo as folhas que caíram sobre a calçada. Ao longe, viram um relâmpago anunciar que a chuva não tardaria.

– Adoro ouvir o barulho da chuva caindo à noite, quando eu já estou debaixo do meu lençol – reiniciou Diva.

Em seguida, ela perguntou:

– Fábio, mudando de assunto, tem algo que eu gostaria de saber a seu respeito. Não quero que me leve a mal, mas eu preciso que você seja sincero.

Ele estava comendo um pedaço de torrada com cogumelo e parou de mastigar, preocupado com o que ela iria lhe dizer. Ela fixou o olhar nele e, com a expressão séria, perguntou:

– Você gostou da Ana? Caso positiva a resposta, você ainda gosta dela? Tendo em vista que foi ela quem terminou o namoro, esse encantamento seu por mim não seria, talvez inconscientemente, uma tentativa de se vingar?

Fábio mexeu a cabeça de um lado para o outro, sinalizando que Diva estava equivocada.

– Vamos por etapas, respondendo primeiro à sua primeira pergunta. Eu gostei da Ana, sim, apesar do pouco tempo de namoro e de não termos tido a oportunidade de convivermos de forma mais íntima. Ela é uma moça bonita e inteligente. Acho que eu fiquei muito sentido quando ela terminou por causa do meu orgulho ferido. Não foi fácil aceitar o término sabendo que ela gostava do ex-namorado, o qual era filho de um desafeto meu. Mas, volto a frisar, acho que foi mais o orgulho ferido que me fez sofrer do que a percepção da perda de um amor. Eu não cheguei a amá-la, não deu tempo.

"Ela terminou comigo logo depois que eu fiz uma cirurgia plástica na face, para consertar a derrapada de outro cirurgião. Eu aproveitei o período de convalescença para refletir sobre muitas coisas em minha vida. A partir daquele momento, eu mudei muito o meu jeito de ser e de enxergar a vida. Aceitei, inclusive, o fora que ela me deu. Eu não gosto mais dela e não tenho o menor interesse em me vingar. Aliás, eu não tenho o que vingar, pois ela não fez nada de errado comigo. Apenas pôs fim a um início de namoro depois que descobriu as tolices que o namorado havia feito recentemente. Além do mais, acho que aprendi o tanto que a consciência dói depois que somos injustos com alguém. Não quero passar por isso de novo. Basta!

Diva ficou aliviada com a resposta dele. Ficaria muito magoada se fosse utilizada como instrumento para ferir outra pessoa, mormente uma pessoa que ela gostava tanto, como era a Ana.

– Está bem, você já me convenceu. Advogados... Sempre treinados a convencer alguém.

Fábio sorriu timidamente. Cada minuto que passava ao lado dela aumentava o seu desejo em beijá-la, mas sabia que não poderia se precipitar.

Logo depois, o garçom retornou à mesa trazendo os pratos de atum em crosta de gergelim. Durante o jantar, conversaram sobre o *hobby* de cada um, sobre restaurantes, viagens e trabalho.

Ao final, já satisfeitos, recusaram a sobremesa. Apenas Diva pediu um café expresso. Quando veio a conta, ela ameaçou tirar o cartão de crédito da carteira, mas ele a impediu. Fazia questão de pagar a conta integralmente. Depois de pagar a despesa, eles se levantaram e caminharam em direção aos carros, estacionados em frente ao restaurante. Fábio sentiu que ela havia gostado do programa e decidiu ser mais audaz.

– Adorei a sua companhia. Um programa que eu gosto de fazer aos domingos é o de ir ao cinema. Aceita meu convite para assistirmos a um filme, no final da tarde? Depois, podemos comer uma pizza.

Não havia motivo para Diva recusar o convite. Ela também havia gostado da companhia dele. Sem dúvida, uma pessoa bem diferente do que Ana havia relatado.

– Aceito o seu convite – respondeu, sem tirar os olhos dos olhos dele. – Mas, primeiro, tenho que ver se meus pais podem ficar com o Matheus durante a sessão. Com relação à pizza, acho melhor deixarmos para outro dia, pois eu prometi ao meu filho levá-lo para comer sanduíche. De qualquer forma, amanhã eu lhe dou a resposta sobre o cinema.

Fábio diminuiu a distância entre os seus corpos e a abraçou. Sentiu uma agradável sensação ao envolvê-la em seus braços e sentir os braços dela acariciando ligeiramente as suas costas. Era o sinal de que precisava. Então, ele aproximou os seus lábios da boca dela e a beijou, sendo prontamente correspondido por alguns poucos segundos. Depois, ela se afastou, carinhosamente.

– Amanhã, se tudo der certo, a gente se vê. Acho melhor eu ir andando. Vou acordar cedo para pegar o meu filho na casa dos meus pais.

– Sem problemas – tornou Fábio, realizado com o beijo. – Amanhã eu lhe telefono para combinarmos o cinema.

Em seguida, Diva sorriu, deu tchau com a mão e saiu, entrando no carro. Ele a esperou arrancar para caminhar em direção ao seu carro, estacionado logo à frente. Depois, ele ligou o carro e dirigiu bem devagar a caminho de seu apartamento. O beijo que acabara de dar não saía de sua mente. A simples expectativa de reencontrar Diva deixou-o excitado. Queria poder beijá-la mais, envolver o corpo dela em seus braços e sentir novamente o perfume gostoso que ela estava usando. Os minutos ao lado dela deixaram-no com a agradável sensação de ter encontrado a pessoa certa, na hora certa.

De sua parte, Diva também ficou pensando nele. Depois da separação de Ricardo, era a primeira vez que ela beijava alguém e sentia vontade de beijar de novo. Ela já estava sentindo falta de sentir-se interessada por um homem. O único inconveniente que enxergava era viabilizar o relacionamento de Fábio com os pais e o irmão, caso, de fato, eles iniciassem um namoro. Todavia, esse inconveniente não diminuiu o seu entusiasmo, pois Diva acreditava que o decorrer do tempo seria capaz de curar as feridas que ficaram no coração de João e de seus pais em relação a Fábio.

Capítulo 37

João acordou ouvindo o barulho do vento que passava pela fresta da janela. Estava enrolado em um cobertor grosso para se proteger do frio. Levantou-se e acabou de fechar a janela. O dia já estava começando a amanhecer. A neblina insistia em não se dissipar, dificultando a passagem dos raios solares que começavam a despontar no horizonte. Havia muito tempo que ele não praticava uma de suas atividades prediletas: correr. Sempre que algo dc bom ou de ruim lhe acontecia, o exercício físico o ajudava a ficar mais centrado, a dar menos valor ao que lhe havia acontecido, de forma que diminuía um pouco o deslumbramento ou o desapontamento.

Ele colocou o cobertor sobre o colchão, abriu o zíper da mala cuidadosamente para não fazer barulho e vestiu um agasalho quente, com um *training* confortável por cima. Depois, trocou o curativo no dedão do pé, colocando um reforço de algodão para proteger a ferida. O sangue embaixo da unha já a havia deixado escura, mas a dor já não incomodava.

Antes de sair, ele foi à cozinha e preparou um sanduíche de pão, queijo e presunto. Tomou um copo grande de suco de laranja, colocou boné e óculos escuros para não ser reconhecido na rua e saiu com o sanduíche na mão, para comê-lo no caminho até a estação do metrô.

O relógio marcava sete e meia da manhã. Naquele horário, aos domingos, o movimento de pessoas nas ruas do Queens era quase inexistente. Alguns poucos comerciantes do ramo de alimentação já iniciavam o trabalho do dia.

João caminhou três quarteirões até a estação do metrô localizada na Broadway, também vazia. Ali, o metrô era de superfície. Ele subiu as escadas e ficou em pé na plataforma, em um local onde podia aquecer o corpo com os raios solares. Olhou à sua esquerda e viu, ao longe, o metrô aproximar-se. Começou a sentir saudades de Nova Iorque. Na manhã seguinte, já não pegaria mais o metrô, mas sim o táxi que o levaria até o aeroporto.

Os vagões estavam vazios e ele pôde escolher o assento. À sua frente, um senhor de bigodes grandes, parecendo ser latino, lia o jornal. Na capa, uma foto sua se destacava na reportagem principal: a tentativa de atentado terrorista no prédio da ONU.

Em pouco mais de cinco minutos, o metrô chegou à estação do Central Park, na Quinta Avenida, próxima ao Plaza Hotel. Nas ruas, alguns ambulantes, sobretudo os que vendiam biscoitos, já estavam a postos.

João entrou no parque e logo começou o aquecimento. Depois, deu início à corrida, sem forçar o ritmo, em direção ao interior do pulmão de Manhattan. Passou pelo zoológico, depois viu patinadores se divertindo no *Wollman Rink*, inclusive pais que brincavam com seus filhos.

A tática de usar boné e óculos escuros estava dando certo, já que ninguém o estava reconhecendo. Vários praticantes de corrida já estavam lá. Era comum encontrar celebridades por ali, exercitando-se na companhia do treinador. Quando veio para Nova Iorque, João jamais imaginava que ele seria uma das celebridades presentes ao Central Park naquele domingo.

João corria em velocidade abaixo de sua capacidade para não aumentar a ferida no dedo do pé. Ao passar pela Bethesda Fountain and Terrace, uma esplanada ricamente ornamentada, com vista para o lago e uma faixa arborizada, cruzada por trilhas e regatos, com mais de duzentas e cinquenta espécies de aves, ele começou a sentir a ferida no dedo latejar e parou, sentando-se em frente à estátua *Anjo das Águas*. Ali, ele ficou observando a beleza daquele cenário e aproveitou para entrar em contado com Deus, para agradecer novamente o fato de estar vivo.

Após alguns minutos, ele olhou no relógio e viu que ainda era cedo para retornar ao apartamento. Então, decidiu caminhar pelas trilhas e alamedas do parque, tendo a oportunidade de passar por belas pontes em arco até chegar ao Belvedere Castle, um lindo castelo com terraços de onde os visitantes tinham uma vista maravilhosa da cidade e do parque.

Após apreciar a vista, João retornou em direção à Quinta Avenida, passando por entre imensas árvores, belos jardins e lagos. Lá chegando, caminhou até a Trump Tower, entrando no belo edifício, onde subiu a escada rolante para chegar à cafeteria. Ali, ele comprou um copo grande de café, com creme de *chantilly* por cima e calda de caramelo no topo. Lembrou-se de Ana, pois era o café preferido dela quando ia à mesma cafeteria na cidade de São Paulo.

João estava gostando do passeio, mas estava com saudades da namorada e dos familiares. Queria encontrá-los, abraçá-los e ter a oportunidade de relatar, pessoalmente, o seu drama. Gostaria de ouvir a opinião de cada um.

Após tomar o café, ele olhou o relógio e viu que já eram dez horas. Precisava retornar ao apartamento de Rita para se arrumar para o *brunch*.

Pouco depois, ele estava de volta ao Queens. Rita ainda estava de pijama, tomando calmamente o seu café da manhã.

– Domingo é o único dia que eu posso acordar mais tarde. Preciso descansar para aguentar o batente da semana – justificou.

– Prima, o dia está lindo, mas com esse frio não é fácil sair de baixo das cobertas. Como é o meu último dia, aproveitei para acordar cedo e fui correr no Central Park. Quero aproveitar ao máximo este dia.

Rita sabia que iria sentir falta do primo e lamentou a aproximação da partida dele.

– Ai que pena! Se você passar no concurso volte aqui antes de tomar posse e traga a Ana.

Era tudo o que João queria: passar no concurso para o cargo de promotor de justiça e regressar a Nova Iorque na companhia da namorada.

– Estamos combinados. Agora, eu vou tomar meu banho e acabar de ajeitar as roupas na mala. Como os ladrões levaram a mala cheia de roupas que eu havia comprado no *outlet*, não terei muito trabalho para deixar tudo em ordem.

Ao mesmo tempo, Pedro Manoel mantinha grande expectativa no reencontro com João. Havia grande probabilidade de que ele fosse uma das vítimas, caso os terroristas lograssem êxito na concretização do atentado. Igual sentimento de expectativa dominava a mente de Clara e Marco.

Às onze e meia, Rita e João deixaram o apartamento para se encontrarem com os funcionários da ONU. Novamente, João colocou um boné para evitar o assédio do público. Pouco depois, chegaram ao restaurante, onde Pedro já os aguardava.

O português beijou carinhosamente a face de Rita. Depois, deu um abraço longo e apertado em João e comentou:

– Raramente eu erro o meu conceito sobre as pessoas. Naquela festa tive forte empatia com você. Estou impressionado com a sua bravura, e, ainda, com muita gratidão, porque eu seria uma vítima em potencial dos terroristas. Sentemos, porque vou-lhe explicar melhor.

O restaurante já recebia um bom número de clientes. Na mesa ao lado, um casal viu e ouviu os comentários de Pedro Manoel, o que os levou a reconhecer João. Todavia, apenas sorriram para ele e o cumprimentaram com um aceno de mãos, sem importuná-lo.

Pedro puxou a cadeira para Rita sentar-se. Ele estava muito bonito e vestido elegantemente, chamando ainda mais a atenção dela. Calçava sapato preto, calça *jeans*, em tom mais claro, camisa branca e um paletó preto sobre a camisa. Os fartos cabelos grisalhos, como de costume, estavam penteados para trás, com o indispensável uso de gel.

Sentaram-se e Pedro seguiu falando:

– Conforme noticiado, os terroristas pretendiam implodir o prédio da ONU durante a realização de uma sessão. O meu nome está começando a ganhar corpo para as próximas eleições de secretário-geral. Assim, vou estar presente em quase todas as solenidades importantes que ocorrerem este ano, mesmo porque vou começar a intensificar a minha campanha. Por isso, caro João, devo-lhe um favor imenso e terei a maior boa vontade em atendê-lo naquilo que estiver ao meu alcance.

Como não poderia deixar de ser, João sentiu-se extremamente lisonjeado com os elogios e agradecimento de Pedro, seja pela empatia que tiveram, seja pelo fato de Pedro ser uma pessoa muito importante dentro da ONU, com possibilidade de ocupar o cargo máximo da instituição.

– Obrigado, Pedro, mas você não me deve favor algum. Fiz apenas o que tinha de fazer, sem saber qual seria o alvo dos terroristas. Foi apenas uma coincidência o fato de visarem o prédio da ONU.

Clara e Marco aproximaram-se, desviando a atenção de todos.

– Aqui está o nosso herói! – disse Clara, saudando João. – Que bom vê-lo em bom estado de saúde e psicológico! Difícil acreditar que estávamos juntos, celebrando a inauguração da minha casa, e logo depois você passa por um perrengue danado, safando-se para se tornar herói no país mais influente do mundo. Estou orgulhosa de você. A vovó Maria, então, quando ouviu os comentários elogiosos na televisão ao seu respeito, quase explodiu de alegria.

João sorriu ante ao novo elogio, bem como por ouvir a satisfação da avó de Clara, a qual ele lembrou com muito carinho, apesar dos poucos minutos de convívio.

– Quando conversar novamente com ela, diga-lhe que eu lhe mandei um abraço.

Em seguida, Marco apertou a mão de João, saudando-o entusiasticamente, em um português carregado de sotaque italiano:

– Bravíssimo! Parabéns, parabéns! Você teve um comportamento exemplar. Merece ser recebido com tapete vermelho todas as vezes que desembarcar em Nova Iorque.

– Bondade sua, mas, mesmo assim, muito obrigado.

Quando se sentaram, um homem de meia idade aproximou-se para saudar João.

– Não vou incomodá-los, apenas gostaria de lhe agradecer o que fez pela nossa cidade – disse ele, estendendo a mão para cumprimentar João, retirando-se logo após.

Percebendo que poderiam perder a privacidade, uma vez que as pessoas começavam a reconhecer João, Pedro sugeriu que pedissem o cardápio para fazer o pedido. Talvez assim, com a comida na mesa, o público poderia se sentir inibido em cumprimentar João.

O garçom trouxe o cardápio. Havia várias opções de ovos, omeletes e crepes, servidos com salada e batatas fritas, acompanhados por suco de laranja e *croissant*. O que mais chamou a atenção de João foram os ovos beneditinos, um prato bem popular no país. Incluía dois ovos poché, cozidos fora da casca, de forma que a gema ficava mole, por cima de presunto, ou salmão defumado, e pão, cobertos por molho *hollandaise*, preparado com gemas de ovos, manteiga e limão, bem suave.

Após o garçom anotar os pedidos e se retirar, Pedro retomou a conversa, dirigindo-se a João.

– Após ouvir a sua entrevista e ver a sua paixão pela área de direitos humanos, gostaria que você considerasse a opção de fazer concurso para trabalhar na ONU. Acho que você tem o perfil perfeito para a nossa instituição. Às vezes, você será tão feliz quanto seria ocupando o cargo de promotor de justiça.

João fitou Pedro e permaneceu em silêncio, refletindo sobre a sugestão dele. Percebendo a indecisão do brasileiro, Pedro prosseguiu em seu trabalho de persuadi-lo a fazer a inscrição para o concurso.

– Antes de vir pra cá, eu abri o site da ONU e vi que há uma vaga em Burundi para bacharéis em direito, com experiência na área de direitos humanos e que falem o inglês fluentemente. Localiza-se na parte central da África e fica entre a Ruanda, a norte, a Tanzânia, a leste e a sul, e a República Democrática do Congo, a oeste. Bujumbura é a capital. O prazo da inscrição termina na terça-feira.

"Não se paga nada pela inscrição e você pode fazer a prova no Rio de Janeiro. Se for aprovado, fica um tempo lá dando assistência aos refugiados e depois, se for da sua vontade, pode tentar a transferência para outro local. Para você ter ideia, antes de ser transferida para a sede da ONU, a Clara prestou valiosos serviços em Moçambique".

O comentário do chefe deixou Clara envaidecida. Ela era apaixonada com a profissão, exercendo-a com afinco e amor, apegando-se às pessoas e locais aonde ia, sobretudo nos lugares em que a violência e a pobreza imperavam, pois era lá que ela conseguia mudar um pouco a realidade social, melhorando a vidas das pessoas através do seu trabalho.

Após breve reflexão, João respondeu:

– Eu sou apaixonado pelo Ministério Público, mas confesso que nunca havia pensado na possibilidade de trabalhar na ONU. É uma ideia nova para mim.

João suspirou, franziu a testa e concluiu:

– Eu vou pensar com carinho na sua sugestão, mesmo porque, não tenho qualquer garantia de passar no concurso para promotor de justiça.

Clara estendeu a mão, segurando o braço dele, apoiado sobre a mesa, e comentou:

– Eu vou adorar se você vier a se juntar a nós na ONU.

– Eu também – concordou Rita. – Vai que depois você consegue uma transferência para Nova Iorque, como a Clara, e a gente acaba tendo a oportunidade de conviver melhor. Não será legal?

– Com certeza, prima! Acho que já tenho um grupo de amigos aqui, não é mesmo?

– Mais do que isso – interrompeu Marco. – A cidade inteira tem uma gratidão enorme por você e irá lhe receber de braços abertos.

Pouco depois, o garçom retornou trazendo os pratos. O sabor da comida justificava a fama do restaurante. Tudo estava divino. E o principal: com os pratos servidos, ninguém mais se aproximou para cumprimentar João e eles tiveram privacidade para conversar.

Por volta das duas horas da tarde, pediram a conta. O tempo havia mudado. Ventava muito e nuvens negras encobriam o céu.

Já na calçada, Pedro Manoel fez questão de oferecer carona para Rita e João. Este se despediu de Clara e Marco com um abraço fraterno.

No trajeto para casa, João foi se despedindo de Manhattan e de seus arranha-céus. O endereço de Rita ficava exatamente entre Manhattan e o aeroporto. Por isso, não voltaria ali no dia seguinte.

Chegando ao Queens, Rita convidou Pedro para entrar.

– Obrigado, fica para uma próxima oportunidade. Vou deixar você curtir a companhia do primo.

Após, Pedro beijou carinhosamente os lábios de Rita. Era o primeiro beijo daquele dia. No banco de trás do carro, João observou feliz aquela cena. Estava torcendo muito para que os dois pudessem se entender bem.

Pedro virou-se para trás e estendeu a mão para despedir-se de João, momento em que voltou a comentar:

– Pense nas minhas ponderações sobre o concurso para a ONU.

– Eu vou pensar – prometeu João. – Foi um prazer enorme conhecê-lo. Espero que possamos nos encontrar novamente.

– Iremos sim – tornou Pedro.

Rita e João desceram do carro e entraram pelo portãozinho que dava acesso ao prédio. Pingos grossos de chuva começavam a cair, anunciando o temporal que estava por vir.

Já no apartamento, enquanto ouvia o barulho da chuva se intensificar, João abriu o *notebook* e entrou no site da ONU, sem falar nada para Rita, que foi para o seu quarto assistir à televisão.

Ele estava disposto a fazer a inscrição para o concurso, mas não falaria para ninguém, nem mesmo para Ana. Como precisaria renovar o visto de entrada para os Estados Unidos, usaria essa desculpa para viajar ao Rio de Janeiro no dia do concurso.

Ele estava navegando pela internet quando Peter telefonou em seu celular.

– Estou ligando para lhe agradecer por tudo que fez pela minha cidade e pelo meu país. Boa viagem. Quando retornar a Nova Iorque, ligue-me para podermos nos encontrar.

O telefonema de Peter foi mais um motivo de alegria para João, já que era mais uma amizade que estava deixando para trás.

– Será um prazer revê-lo, Peter. Jamais fiz tantos amigos em tão pouco tempo. Além de você, Steve e Aron, estreitei amizade com uma moça que trabalha na ONU e conheci o marido e o chefe dela, um cara muito importante, que é potencial candidato a ser o próximo secretário-geral da instituição. Cada amizade aqui construída é um motivo a mais para retornar em breve.

– Você fez muito mais amizades do que possa imaginar – tornou Peter, demonstrando com aquelas palavras a gratidão que todos na cidade sentiam por João. – De qualquer forma, reserve um espaço na sua agenda para nos encontrarmos da próxima vez que retornar.

– *Ok* – finalizou João, evitando esticar a conversa para não se emocionar outra vez.

Após a conversa com Peter, João foi acabar de arrumar a mala. Depois, ligou a televisão e viu outras reportagens sobre a tentativa de atentado à ONU.

الثقة

Capítulo 38

João dormiu mal durante a noite, ansioso por viajar e rever a namorada e os familiares. Acordou cedo, pois precisaria estar no aeroporto às sete horas e vinte e cinco minutos da manhã, duas horas antes do voo.

Às seis horas, já estava tomando o café da manhã na companhia de Rita. O coração estava um pouco apertado, pois sentiria saudades dela.

Às seis e meia, um taxista amigo de Rita tocou o interfone. João a abraçou calorosamente e saiu sem muitas palavras, tentando sufocar a emoção que aflorava.

De igual forma, ela segurou o choro da despedida até fechar a porta de casa. Quando se viu sozinha, novamente ela chorou, mas logo limpou as lágrimas, com a intuição de que se encontrariam em breve.

Já no guichê da companhia aérea, com o seu indispensável boné, João foi atendido por uma funcionária que o reconheceu e o parabenizou pela façanha. O melhor ainda estava por vir.

– João, o voo está com alguns lugares vazios na classe executiva e eu vou lhe conceder um *upgrade*.

– Sério?

– Sim. Você viajará de executiva.

Ele sorriu, feliz pelo melhor conforto que teria no voo de regresso.

– Obrigado! Eu nunca viajei de executiva. Nossa! Nem sei como lhe agradecer.

Ela sorriu e piscou para ele, deixando-o um pouco desconcertado, mesmo porque era uma loira muito bonita fisicamente, chamando a atenção pelos belos olhos azuis, nariz arrebitado e sorriso cativante.

"É... Preciso me acostumar com essas regalias", pensou ele.

O voo estava no horário. Na sala *vip* da companhia aérea, ele pegou uma revista para folhear, aproveitando para esconder o rosto. Pouco depois, o serviço de alto falante convidou os passageiros para se apresentarem no portão de embarque.

Para sua sorte, não havia ninguém sentado ao seu lado. Precisamente às nove horas e trinta minutos da manhã, o avião decolou, rasgando as nuvens que cobriam o céu da *Big Apple*.

O cansaço das últimas noites mal dormidas chegou e ele logo adormeceu, passando a ter vários sonhos desconexos. Sequer viu as aeromoças servirem o lanche da manhã e o almoço. Estava entregue ao sono dos justos, como dizia um professor da faculdade.

O avião já estava em território brasileiro quando ele acordou assustado e com a cara toda amassada.

A viagem foi tranquila, sem maiores turbulências. O pouso no aeroporto internacional de Guarulhos, igualmente, foi sem sobressaltos, às oito e meia da noite. A conexão para Belo Horizonte seria dentro de uma hora e meia. O fato de ter viajado de executiva deixou a viagem bem menos cansativa. Ele estava refeito fisicamente, pronto para o reencontro com as pessoas mais importantes de sua vida. Tanto Ana quanto seus pais prometeram ir buscá-lo no aeroporto de Confins.

Em Guarulhos, para seu alívio, não foi reconhecido por ninguém. Restava apenas o voo até a capital mineira.

Mais uma vez contou com a sorte do voo estar vazio, permitindo que escolhesse uma fileira sem a presença de outra pessoa.

Ao pousar em Confins, sentiu o coração disparar. Enfim, estava a poucos minutos do reencontro que tanto ansiava.

No desembarque, percebeu outra vantagem em viajar de executiva: a mala era colocada na esteira antes das malas de quem viajava de classe econômica.

Ao sair pelo saguão, viu uma multidão de repórteres se espremendo ao lado de outras pessoas, inclusive seus pais e Ana. Imediatamente, ele retornou e escondeu-se atrás da parede. Levou a mão ao bolso e pegou o celular. Só aí viu que havia se esquecido de ligá-lo. Telefonou para o seu pai, buscando orientação sobre qual atitude tomar.

– Pai, esse batalhão de repórter é para me entrevistar?

– É sim, filho. Nós tentamos comunicar com você para lhe preparar, mas o seu celular estava desligado.

Pela primeira vez depois da fama repentina, João percebeu a falta que a privacidade faz a uma pessoa. Tudo o que ele queria era poder abraçar os seus familiares e namorada, como sempre fez, sem chamar a atenção de ninguém.

– Vou conversar com algum funcionário para arrumar outro lugar para eu sair. Neste momento, não tenho paciência para ficar respondendo às perguntas dos repórteres.

Aristides compreendia a situação do filho, mas sabia da importância que seria a entrevista naquele momento e procurou convencê-lo a mudar de ideia.

– João, eu sei que você está muito cansado e que já respondeu a várias perguntas de repórteres nos Estados Unidos, mas, se você não atender a imprensa aqui no aeroporto, eles vão fincar barraca lá na porta de casa e não nos darão sossego enquanto não conseguirem as suas declarações.

O argumento de seu pai foi convincente o suficiente para ele mudar de planos.

– Está bem. Mas organize a entrevista para mim, para que seja o mais rápido possível.

– Deixe comigo.

Em seguida, Aristides pronunciou-se em voz alta.

– Senhores e senhoras da imprensa, o meu filho chegou, mas está muito cansado. Mesmo assim, ele vai atendê-los assim que cumprimentar os familiares. Peço a compreensão dos senhores para que sejam breves e afastem-se três metros de onde estou para evitar tumulto. Ele não responderá à pergunta de ninguém que não obedecer a esse limite.

Imediatamente, os repórteres começaram a se afastar, atendendo ao pedido de Aristides. Este, por sua vez, voltou a telefonar para o filho, avisando-o que já poderia vir.

De cabeça baixa, João puxou a mala pela alça e saiu pelo saguão. Assim que Ana e seus pais se aproximaram, ele levantou a cabeça e apressou os passos para abraçá-los, fato este devidamente registrado pelos inúmeros *flashes* dos repórteres fotográficos e pelas câmeras de vídeo.

Iolanda recebeu o primeiro abraço. Apertou o corpo do filho contra o seu peito, fechou os olhos e disse, entre lágrimas:

– Como é bom poder lhe abraçar novamente! Todas as noites, desde que isso tudo aconteceu, eu perco o sono e fico imaginando o que seria da minha vida se você não saísse vivo da rede de esgoto e se o seu corpo não fosse encontrado. Graças a Deus você está vivo! Glória ao Pai!

João beijou a face umedecida de sua genitora, sorriu timidamente e virou-se para Ana, abraçando-a carinhosamente, afagando suas mãos nos longos cabelos negros dela.

– Depois disso tudo, eu acho que não será tão difícil superarmos as dificuldades que aparecerem em nosso caminho. O pior já passou – disse ele.

Emocionada, ela não conseguiu falar. Apenas abraçava-o, escondendo o rosto no peito dele.

Após, João recebeu o abraço de Aristides.

– Não desejo ao pior inimigo o aperto por que você passou, mas o seu ato heroico deixou-me de alma lavada. Nunca imaginei que pudesse sentir tanto orgulho de alguém como senti de você.

– Obrigado, papai. Devo ao senhor e à mamãe tudo o que sou. Vocês sempre me ensinaram coisas bonitas.

Os repórteres começaram a ficar impacientes por ouvir o relato de João. Aristides percebeu o burburinho e cuidou de iniciar a entrevista do filho.

– Obrigado pela compreensão. Peço-lhes que sejam breves na entrevista, pois o João está muito cansado. Eu mesmo vou indicar quem fará as perguntas. Primeiro você – disse, apontando para o repórter que estava mais à direita.

Apesar do cansaço, pacientemente João foi respondendo às perguntas, repetindo tudo o que já havia dito para os jornalistas em Nova Iorque. Aristides controlava um ou outro jornalista mais afoito, que tentava fazer mais de uma pergunta antes que os seus colegas tivessem a oportunidade de fazer a primeira.

Ao final de vinte minutos, para alívio de João, seus pais e namorada, a entrevista chegou ao fim e eles puderam caminhar em direção ao carro de Aristides, estacionado a alguns metros de distância.

Levaram quarenta minutos do aeroporto até a casa. Enfim, João pôde relatar a sua aventura americana e receber o carinho de todos. Apenas Diva e Matheus não foram vê-lo, tendo em vista que já era tarde e o pequeno dormia cedo, cabendo à mãe fazê-lo dormir.

Ana aceitou o convite de Iolanda para dormir no quarto que era ocupado por Diva, a fim de ficar mais tempo na companhia do namorado.

Após lancharem, Aristides e Iolanda foram dormir, deixando-os a sós. Ana pensou em falar do encontro casual que tivera com Fábio, na inauguração da loja, mas concluiu que o momento não era propício. João, por outro lado, pensou em falar do concurso da ONU, mas decidiu calar-se. Não queria correr o risco de ouvir uma opinião que o desestimulasse.

Deitaram-se no sofá da sala e adormeceram abraçados enquanto assistiam a um programa na televisão.

Capítulo 39

Na manhã seguinte, João e Ana foram acordados pelo barulho das pessoas passando pela sala onde dormiram. Estavam tomando café, na companhia de Aristides e Iolanda, quando Diva chegou, interrompendo a refeição.

– Onde está o meu herói? – perguntou ela, em tom de brincadeira. – Eu vou querer o seu autógrafo. Ah! O Mateus também vai querer um.

João abraçou a irmã e puxou a cadeira para ela se assentar.

– Eu não vou lhe encher de perguntas. Imagino que você já está de paciência esgotada de falar no assunto – prosseguiu Diva, enquanto servia uma xícara de café.

João lembrou-se que teria o concurso do Ministério Público no próximo final de semana. Abaixou a cabeça, enfiou a mão por entre os cabelos e desabafou:

– Nossa! Que preguiça que me dá só de imaginar os demais candidatos se aproximando de mim e pedindo para eu relatar o ocorrido.

– Calma! Daqui a pouco vem outra notícia importante e você terá sossego – disse Iolanda, tentando consolá-lo.

Tomaram o café enquanto conversavam de forma descontraída. Depois, Ana despediu-se.

– Comida no papinho, pé no caminho. Desculpem-me, mas preciso ir. Tenho uma reunião importante com um cliente.

Ela deu um longo suspiro, demonstrando a sua insatisfação profissional.

– Estou cansada da advocacia.

– Por que você não tenta um concurso? – perguntou Diva.

– Na verdade, estou cansada da área jurídica. Gostaria de trabalhar com algo que não me exigisse ficar trancada por horas dentro de um escritório. Queria trabalhar com algo que tivesse menos formalidade e que não tivesse tanto documento para ler e analisar.

Após breve pausa, em que todos ficaram esperando pela conclusão, ela completou:

– Mas não sei o que é. Preciso descobrir um trabalho que me dê mais prazer.

João adorava os pratos que a namorada preparava. Logo, sugeriu:

– Por que você não pensa na possibilidade de montar um restaurante? Está tão caro sair para jantar e as comidas, na maioria das vezes, não correspondem aos preços.

Ana refletiu e ponderou:

– De fato, gosto muito de cozinhar e acho que cozinho bem, mas o problema é que um dono de restaurante precisa virar escravo do negócio se quiser ser bem sucedido. Não quero isso para mim.

Mais um longo suspiro, ela concluiu:

– Bom... Preciso ir. A gente se fala mais tarde, amor. Tchau para todos.

João acompanhou-a até o elevador, onde se despediram com outro beijo e abraço carinhosos. Ao retornar, apenas Diva permanecia na mesa. Ela o encarou e perguntou:

– Posso ter uma conversa em particular com você?

A pergunta pegou-o de surpresa, mesmo porque ela havia antecipado que não faria qualquer pergunta sobre o seu drama.

– Claro! Pode ser no meu quarto?

Diva acenou que sim. Ela tomou o resto do café que estava na xícara e levantou-se, acompanhando-o.

João abriu a janela, permitindo que o sol e o ar fresco da manhã entrassem no ambiente. Fazia uma linda manhã ensolarada.

– Fique aqui ao meu lado – disse ela, após sentar-se na cama dele.

João estranhou, mais uma vez, o comportamento da irmã. Sentiu que ela tinha algo de grave para lhe falar, mas não trazia na face aparência triste ou preocupada. Ele atendeu ao pedido, sentando-se ao lado dela.

Diva segurou as mãos do irmão e começou a acariciá-las. Fitou-o e sorriu, sem saber como iniciar a conversa. Ele ficou ainda mais intrigado. Tirou as mãos dela de suas mãos e, demonstrando impaciência, pediu:

– Espera aí, Diva! Estou começando a ficar preocupado. Fale logo o que aconteceu.

Ela estava de cabeça baixa, observando as cores que se formavam após a luz solar bater no cristal pendurado na janela. Chegado o momento, não poderia voltar atrás. Levantou a cabeça, voltou a encará-lo e iniciou o seu relato.

– Não sei se deveria lhe falar agora, mas prefiro não deixar para depois. Não vou ter sossego enquanto não abrir o jogo com você.

João esfregou a mão na testa, coçando com emprego exagerado de força. Até a sua respiração tornou-se mais curta e rápida.

– Bom... O que eu tenho para lhe dizer é que, durante a inauguração da loja, aconteceu uma tremenda coincidência. Eu estava atendendo um cliente, muito simpático, que estava pedindo minha ajuda para comprar o presente de aniversário da mãe. Naquele momento, chegou a Ana e foi me abraçar.

Quando Diva citou o nome de Ana, João arregalou os olhos e travou a respiração, já imaginando o que iria ouvir.

– Pela sua fisionomia, já sei que você está imaginando o que vou dizer.

Bastante inquieto, João piscou e levou a mão ao olho direito para coçá-lo.

– O cara que eu estava atendendo era o Fábio.

João esfregou as duas mãos no rosto. A respiração estava tão tensa que sequer conseguia falar. Além disso, o raciocínio ficou confuso.

– A Ana me apresentou ele, após me cumprimentar. Ela ficou sem graça, assim como o Fábio e eu. Em seguida, ela saiu.

Após controlar parcialmente a emoção, João perguntou:

– Você acha que ela ficou balançada ao vê-lo?

– Não, de jeito nenhum! Nós conversamos depois por telefone. Ela não sente nada por ele. Aliás, acho que sente pena. Pode ficar tranquilo porque desse risco você não corre. Você tem uma namorada que é apaixonada por você.

João deu de ombros e perguntou:

– Então, porque você está me contando isso tudo com esse ar de mistério?

Diva franziu a testa, voltou a sorrir timidamente e prosseguiu:

– Depois que a Ana saiu da loja, o Fábio voltou lá para me procurar e pediu alguns minutos do meu tempo para ter uma conversa comigo.

João voltou a coçar a cabeça. Quando achou que não havia mais motivo para se preocupar, a irmã solta mais um fato que o deixou de cabelos em pé.

– Nós fomos à cafeteria lá ao lado e ele abriu o coração comigo. Disse que estava envergonhado de ter prejudicado você, com muito arrependimento, e pediu-me para eu lhe falar desse arrependimento e do seu pedido de desculpas.

João moveu a cabeça de um lado para o outro, demonstrando que não acreditava na sinceridade daquele pedido de desculpas. Diva segurou novamente a mão dele e voltou à carga.

– João, ele estava sendo sincero, eu tenho certeza disso. Sei quando um homem fala mentira para uma mulher. Ele chorou copiosamente e começou a se abrir, falar que estava sendo um filho mau, que só pensava em dinheiro e bens materiais e outras coisas. Ele não tinha necessidade nenhuma de falar isso.

João franziu a testa. De fato, a irmã tinha razão naquela ponderação.

– Até que tem sentido o que você está falando. Parece-me que ele se expôs muito ao falar para você, uma mera desconhecida, do arrependimento dele por ter me prejudicado e de outros erros que cometeu. Ele é muito vaidoso para se expor desse jeito.

– A não ser que estivesse falando a verdade – interrompeu Diva.

João acenou com a cabeça, concordando com mais aquele ponto de vista.

– Ele disse que, após o desastre da cirurgia plástica que realizou, ele passou a rever alguns conceitos de vida. A impressão que eu fiquei é a de que ele passou a se enxergar por dentro depois da cirurgia. Ele só se enxergava por fora, tamanha era a vaidade.

Houve uma pausa. João estava convencido do arrependimento de Fábio, mas não sabia se conseguiria perdoá-lo.

– Está passado o recado. Eu vou tentar perdoá-lo. É só isso?

Diva voltou a movimentar a cabeça de um lado para o outro.

– Não. Após esse dia, ele me procurou lá na loja, levando umas flores como agradecimento por eu ter aceitado conversar com ele e, também, por tê-lo ajudado a comprar o presente da mãe.

João afastou-se da irmã, preocupado com o que viria pela frente.

– Não fique assim, João!

Foi o suficiente para ele, novamente, imaginar o desfecho da situação.

– Você ficou com ele? Eu não acredito.

– Calma! Eu fiquei com ele sim.

João levou as mãos à testa novamente e ficou olhando para a irmã, incrédulo.

– É por isso que eu estou aqui, conversando com você. Ninguém mais sabe disso, quis que você fosse o primeiro.

Desolado, João deu um sorriso sarcástico.

– Que decepção!

Diva ficou quieta, esperando ele se acalmar. Em seguida, retomou a fala.

– A gente já teve muitos desentendimentos, mas, ultimamente, temos sido muito amigos. Sei que já desapontei você diversas vezes, e com razão, mas agora não há motivo para você se decepcionar, sobretudo depois da bênção que recebeu ao sair vivo das galerias de esgoto de Nova Iorque. Não estou pedindo para você perdoar o Fábio, apenas que aceite o fato de que a sua irmã está saindo com ele. Um direito que eu tenho. Não se esqueça de que você estava todo preocupado quando reatou com a Ana, sem saber como seria a reação da nossa família, e eu fui a primeira a lhe apoiar. Lembra-se?

João balançou a cabeça, aquiescendo com a afirmação dela.

– Eu lhe disse que o importante era você buscar a sua felicidade e que, se amava a Ana, eu não via motivo para não voltarem, mesmo porque ela é uma pessoa boa. Sei que você não gosta do Fábio e tem todos os motivos para isso, mas você deve saber que as pessoas erram e aprendem com os seus erros. Não sei o que vai acontecer entre mim e ele. Mas eu conto com o seu apoio pelo menos para não atrapalhar o nosso relacionamento enquanto estivermos juntos.

Não seria fácil atender ao pedido da irmã, mas ele tinha consciência de que deveria se esforçar, pois ela o havia ajudado bastante quando ele reatou o namoro com Ana. Não bastasse isso, a amizade entre os dois nunca havia estado tão sólida como ultimamente. Um afastamento dele poderia colocar em risco o carinho que estavam nutrindo um pelo outro.

– Está bem! Eu vou atender o seu pedido e prometo não atrapalhar em nada essa paquera entre vocês. Mas não me peça para ser amigo dele. Isso, eu não sei se dou conta.

Diva sorriu. Estava feliz pela resposta do irmão. Ela o conhecia o suficiente para saber que era uma questão de tempo o perdão dele para Fábio.

Em seguida, levantou-se e saiu do quarto dele, deixando-o refletir sobre a novidade. Logo, veio o primeiro pensamento à mente de João.

"Menos mal que não é a Ana que está a fim dele".

Após alguns minutos que levou para assimilar a notícia, ele decidiu retomar os estudos, já que a prova se daria em quatro dias.

João tirou todo o dia para estudar. Ao final da tarde, voltou a pensar na conversa com a irmã e decidiu telefonar para Iracema. Na verdade, iria telefonar para ela de todo jeito para conversar sobre o que havia passado em Nova Iorque, só que pensava em ter essa conversa depois da prova. Após a conversa com Diva, decidiu antecipar o papo. Ela o atendeu com a simpatia de sempre.

– Que prazer, João! Você não imagina o susto que passei ao vê-lo na televisão!

– Graças a Deus foi só um susto, minha amiga! Eu estou com saudades e, se não for incômodo, gostaria de ir à sua casa. Se não der hoje, pode ser outro dia.

Iracema sentiu que João havia telefonado para ela naquele instante intuído por seu anjo protetor.

– Eu também estou com saudades, João. Venha aqui, agora, para nós conversarmos. Eu o estou aguardando.

João desligou o telefone, trocou de roupa e saiu. Em menos de três minutos estava tocando o interfone de sua vizinha. Foi recebido com um abraço apertado, que lhe transmitiu toda vibração positiva vinda do coração de Iracema. Naquele momento, ele não se lembrou de ter sentido tanta paz nos braços de outra pessoa.

– Entre! Vou lhe apresentar uma amiga.

Iracema pegou João pela mão e puxou-o em direção ao quintal, onde Neide estava sentada na cadeira, perto do pé de jabuticaba.

– Neide, o João é meu amigo. Você, certamente, o viu recentemente na televisão. Ele é o herói brasileiro do povo americano.

Neide havia visto o rosto de João na televisão e o reconheceria em qualquer lugar. Sem saber que ele era filho de Aristides, pois não havia visto a reportagem de João chegando ao aeroporto, ela ficou emocionada ao vê-lo.

– Parabéns pelo seu ato de bravura! O nosso país precisa de jovens como você para melhorar.

– Tenho certeza de que ele será muito útil ao nosso país – tornou Iracema. – Ele está se preparando para o concurso de promotor de justiça e será um excelente profissional. Aliás, já era para ter passado no último concurso, mas foi perseguido por um examinador.

Neide lembrou-se de Fábio ter lhe dito que o filho do juiz reprovado por ele no concurso chamava-se João. Curiosa, ela perguntou:

– Qual o seu sobrenome? Acho que o conheço de algum lugar.

– O meu sobrenome é Steiner.

Neide ficou boquiaberta, observando João, sem saber qual sentimento lhe era dominante: admiração por tudo que ele havia feito em Nova Iorque, raiva por ser filho do juiz que havia deixado impune o assassino do seu filho, e, por fim, satisfação ou lamentação, por vê-lo fora de uma carreira jurídica por pura perseguição de seu sobrinho. Certo é que aquele jovem à sua frente parecia-lhe ser um bom garoto, ao contrário do pai.

– Desta vez, as minhas chances serão maiores, pois o examinador que me perseguiu não estará mais na banca. De qualquer forma, é um concurso muito difícil, independente de quais sejam os examinadores.

Sem graça, ante a presença de João à sua frente, ciente de que havia instigado Fábio a vingar a impunidade do assassino do filho, Neide decidiu ir embora. Voltando-se para Iracema, ela externou a sua gratidão:

– Não sei como agradecê-la pelos sábios conselhos que você me deu e por ter me concedido um pouco do seu tempo. Espero ter a oportunidade de revê-la novamente.

Iracema cumprimentou-a com um aperto de mãos, seguido de um abraço.

– Sempre que precisar pode me telefonar. Eu estou à sua disposição. Gostei muito da nossa conversa.

Em seguida, Neide voltou-se para João e o ficou observando por alguns segundos. Em breve reflexão, concluiu que o simples fato de ele ser amigo de Iracema era indicativo de ser uma pessoa valorosa. Esta conclusão precipitou o início de um sentimento de remorso. Ela estendeu a mão para cumprimentá-lo e recebeu um abraço carinhoso, levando-a a emocionar-se, o que não a impediu de lhe proferir palavras de incentivo.

– Desejo-lhe boa sorte no concurso. A mesma boa sorte que você teve ao conseguir se safar dos bandidos lá nos Estados Unidos.

– Obrigado. Espero revê-la novamente aqui. A Iracema lhe dará notícias sobre o resultado do concurso.

Iracema acompanhou Neide até a porta da sala, deixando João a esperá-la no quintal. Pouco depois, ela retornou, sentando-se ao lado dele.

– Você percebeu as marcas de sofrimento na feição dela?

– Não.

– Pois eu vou lhe dizer quem ela é – tornou Iracema.

João arregalou os olhos, já imaginando que se tratava de alguma pessoa conhecida da sociedade.

– Ela é mãe do Bruno, o rapaz que foi atropelado e morto pelo tal Giovanni, o mesmo que veio a ser morto posteriormente no tiroteio ocorrido no *shopping*. O sobrinho dela é o advogado que reprovou você no concurso.

Foi a vez de João ficar boquiaberto, sem entender como Iracema havia se tornado amiga de Neide e como sabia daquilo.

– Como você sabe disso?

– Eu fui convidada pela associação dos magistrados espíritas a dar uma palestra lá no Fórum Lafayette. Por coincidência, se é que existem coincidências, ela e o Fábio estavam na plateia. O seu pai também estava lá. É um homem alto, magro e muito alinhado.

"A Neide gostou tanto da palestra que pediu o meu telefone, dizendo que precisava conversar pessoalmente comigo. Hoje, ela veio aqui e me falou tudo a respeito do drama dela, da falta que o filho lhe faz, da dificuldade em aceitar o ocorrido e da imensa tristeza que se abateu em sua alma. Disse, inclusive, que o juiz do caso da morte do filho havia sido muito condescendente com o assassino e que ela havia ficado descrente com a nossa justiça.

"O resto eu sei através de você, de tudo que você me contou naquele dia. Eu apenas precisei ligar os fatos."

João manteve-se impassível, como se aquilo não lhe dissesse respeito. Iracema percebeu que aquela era uma reação que visava esconder o aborrecimento que havia sentido e procurou justificar o fato de tê-lo convidado para ir à casa dela naquele momento, exatamente para ter o encontro com Neide.

– Eu o chamei aqui porque achei muita coincidência você me telefonar exatamente na hora em que ela estava aqui. Pensei que, se você percebesse a dor dessa mulher, talvez pudesse entender a atitude do sobrinho dela. Está certo que ele errou, não é esse o questionamento. O que eu lhe digo é que foi um infeliz ao imaginar que, se punisse o filho do juiz, reprovando-o no concurso, poderia trazer certo alívio para a tia.

João manteve-se em silêncio.

– Por outro lado – prosseguiu Iracema –, pensei que ela pudesse nutrir simpatia por você, apagando do coração o desejo de que o juiz e os familiares continuassem sofrendo. Nesse ponto, acho que consegui o meu objetivo. Ela saiu daqui muito bem impressionada com você. Antes de você chegar, eu expliquei para ela sobre a importância do perdão, resignação e outras virtudes.

"O meu guia espiritual já havia me adiantado que Bruno estava usando a mãe e o sobrinho para se vingar dos que o haviam prejudicado. Você não imagina o que é sofrer um forte processo mental dessa monta! Em muitos casos, a pessoa que está encarnada fica completamente sem ação, totalmente entregue à vontade do espírito que a manipula. Esse foi o caso de Neide e Fábio."

– Foi bom você tocar no nome dele – interrompeu João. – Um dos motivos que me trouxe aqui foi o fato de ele ter se aproximado da minha irmã. Eles se conheceram na inauguração da loja e estão saindo. Ela disse que ele está arrependido por ter me prejudicado e mandou um pedido de desculpas através dela, mas não sei se devo acreditar na boa fé dele.

Iracema sentiu a angústia de seu jovem amigo, receoso de que Fábio o fizesse sofrer novamente, ainda que usasse de sua irmã para tanto.

– É natural que você esteja confuso, mas acredito nas boas intenções dele. Vinícius, o meu guia, informou-me que Bruno aceitou submeter-se a um tratamento espiritual em uma colônia espiritual, onde está tendo avanços surpreendentes. Bruno desistiu de importunar os seus desafetos encarnados. Fábio e Neide já se encontram em melhores condições para deixar a mágoa esvair-se de seus corações.

"Neste momento da sua vida, a única coisa que você deve se preocupar é com a prova do concurso. Não deixe que nada desvie a sua atenção, nem mesmo os elogios que você certamente tem recebido."

Iracema quietou-se, esperando pela resposta dele, que não demorou a vir.

– Hoje, antes de vir pra cá, eu fiz a minha inscrição no concurso da ONU para a área de direitos humanos. Há uma vaga aberta em Burundi, um pequeno país da África. Se eu for reprovado no concurso de promotor de justiça e for aprovado no concurso da ONU estou disposto a ir para lá, ainda que a Ana não me acompanhe. Preciso começar a trabalhar, não vejo a hora de produzir algo de bom em prol da sociedade.

Iracema lhe sorriu, afavelmente. Depois, comentou:

– Você acabou de produzir bons frutos para a sociedade. Não tenha pressa, tudo vem em seu devido tempo e modo. De qualquer forma, acho prudente de sua parte abrir um leque de opções. Pelo visto, você acabou se interessando pela ONU depois de salvar o prédio do atentado terrorista.

João sorriu e acenou positivamente com a cabeça.

– Na verdade, lá em Nova Iorque eu fiz contato com a Clara, aquela moça de Belo Horizonte que trabalha na ONU. Acabei conhecendo o chefe dela e ficando amigo de ambos. Eles me sugeriram fazer o concurso e eu comprei a ideia. A prova será no Rio de Janeiro, daqui a um mês. Já marquei a viagem e agendei a renovação do meu visto no consulado americano. A única pessoa que sabe desse concurso é você, não contei nem mesmo para a Ana e meus pais. Não sei qual a reação que terão quando souberem que estou inscrito para um concurso com vaga aberta para o Burundi. Aliás, acho que serão contra e tentarão me desestimular. Somente vou lhes dizer algo se vier a passar.

– Sábia a sua decisão – tornou Iracema. – Assim, você terá mais tranquilidade para fazer a prova.

Após novo intervalo de silêncio, João retomou o diálogo fazendo uma pergunta:

– Por que eu tive de passar por tudo isso? Há alguma explicação espiritual para tanto?

Iracema deu de ombros. Depois, respondeu:

– Sempre há uma explicação espiritual para algo de importante que nos aconteça, mas eu não sei lhe dar essa explicação. Lembro-me de ter lhe passado a comunicação de uma entidade que afirmava que você participou de uma guerra no Marrocos há alguns séculos atrás. Lembro-me, ainda, que a mesma entidade aconselhou-o a lutar pela paz sempre que isso estivesse ao seu alcance. Acho que você fez isso ao evitar o atentado terrorista. Centenas de pessoas morreriam ali e tal fato poderia desencadear uma nova guerra, tal qual aconteceu no Iraque após o atentado às torres gêmeas.

João pôs-se a refletir sobre a explicação de Iracema. A veracidade da afirmação de ter participado de uma guerra em uma vida anterior parecia-lhe cada vez mais nítida.

– Será que eu já cumpri toda a minha programação para esta vida?

Iracema voltou a dar de ombros.

– Acho que não. Do contrário, você ficaria aqui na Terra apenas passeando, sem missão a cumprir. Isso não existe. Você pode ter cumprido até um de seus objetivos, mas outros ainda estão por vir.

Percebendo a cara de espanto de seu interlocutor, ela completou:

– Não fique preocupado, você irá tirar de letra.

João franziu a testa, não se mostrando tão convicto acerca do otimismo demonstrado por Iracema. Em seguida, levantou-se da cadeira.

– Preciso ir. Os livros me aguardam. Preciso aproveitar os últimos dias antes do concurso para fixar as matérias em minha mente.

Iracema acompanhou-o até a porta da sala, assim como havia feito com Neide. Ao abraçá-lo para se despedir, renovou o seu conselho:

– Deixe um espaço em seu coração para o perdão brotar. Lembre-se de que o Fábio sofreu influência espiritual terrível para agir prejudicando você e já começou a colher um pouco dos frutos ruins da sua atitude.

– Eu vou tentar – prometeu João.

Em seguida, tomou o rumo de sua casa.

Capítulo 40

Durante os dois dias que se seguiram, João dedicou-se com afinco aos estudos, sacrificando, inclusive, o namoro com Ana.

Na sexta-feira, por volta das cinco horas da manhã, acordou sentindo fortes dores na região abdominal. No decorrer da manhã, teve náuseas, chegando a vomitar. Depois, a dor concentrou-se na parte inferior do lado direito do abdômen, levando-o a considerar a possibilidade de precisar se tratar de algum mal mais grave do que uma simples indisposição.

As dores e as náuseas impediam-no de se concentrar no estudo. Para piorar, João sentiu que estava com o corpo febril. Pegou o termômetro e o colocou sob as axilas. Pouco depois, o aparelho apitou e João o retirou. Ao ver que estava com febre de trinta e nove graus, ele começou a ficar mais preocupado, não aceitando que a sua saúde pudesse prejudicá-lo a fazer a prova com a concentração necessária.

"Meu Deus! O que será que eu tenho? Logo agora... Não acredito que a sorte que me acompanhou nos últimos dias irá me abandonar neste momento tão importante da minha vida", pensou.

Na hora do almoço, sentado à mesa, João não tinha apetite para comer uma colher de arroz. Seu pai percebeu o mal-estar que ele sentia e perguntou:

– O que está se passando com você?

A dor passou a incomodar ainda mais, de tal forma que ele precisou abaixar o corpo sobre a mesa para sentir algum alívio.

– Estou sentindo muitas dores no lado direito do abdômen. Já tomei remédio, mas não fez efeito. Começou hoje cedo, só que está piorando muito. Estou com receio de que possa ser algo mais grave.

– Às vezes, você pode estar com cálculo renal – disse Iolanda.

– Nem brinca! Esse mal estar tem que melhorar até amanhã. Terei dois dias inteiros de prova.

– Acho melhor você procurar o pronto-socorro para iniciar o tratamento correto – tornou Aristides, com fisionomia preocupada, antevendo a frustração do filho caso fosse reprovado no concurso.

João levou as duas mãos à parte posterior da cabeça e olhou para o alto. Suspirou fundo, fechou os olhos e soltou um grito:

– Ai!

Iolanda levantou-se e caminhou rapidamente na direção dele, colocando a mão em sua fronte para verificar se estava com febre.

– Você está muito quente. Tome um remédio para abaixar a febre e vamos ao pronto socorro. Eu acompanho você.

João levou as duas mãos à altura do abdômen, apertando-o levemente. A dor e o desespero ante a possibilidade de sequer poder fazer a prova fizeram com que as lágrimas descessem pela sua face, mesmo contra a sua vontade.

– Eu vou tomar um remédio para abaixar a febre e irei me deitar no meu quarto. Se não melhorar, vamos ao pronto-socorro.

Imediatamente, Iolanda pegou um comprimido e o deu para João. Ele tomou um gole de água para ajudar a engoli-lo. Em seguida, retirou-se para o seu quarto.

Após alguns minutos, teve a sensação de que a dor estava diminuindo, mas logo depois ela voltou ainda mais intensa. Cada minuto que passava sem melhora em seu quadro de saúde ele sentia que o sonho de se tornar promotor de justiça ficava mais distante.

Às três horas da tarde, ele decidiu ir ao hospital e chamou sua mãe para acompanhá-lo. Em princípio, não comentaria nada com Ana, para não preocupá-la.

O hospital ficava perto, não levando sequer dez minutos de sua casa até lá.

O que irritou João e Iolanda foi a demora no atendimento, em que pese o excelente plano de saúde dele. De cara, levou quinze minutos para ser atendido pela primeira funcionária, a qual o encaminhou para o clínico-geral. Lá, a fila de espera era ainda maior, aumentando a impaciência de João, que sentia a dor ficar cada vez mais aguda.

Iolanda andava de um lado para o outro, balançando a cabeça sem parar, demonstrando toda sua contrariedade.

Eram quatro e meia quando o doutor Frederico, um simpático médico, de estatura mediana, poucos cabelos cobrindo a cabeça, usando óculos de grau e cavanhaque, convidou João para entrar em seu consultório.

– Em que lhe posso ajudar?

João mal conseguia falar, tamanha a dor. Em voz baixa, ele respondeu:

– Doutor, desde o final desta madrugada eu comecei a sentir uma dor forte aqui no abdômen. Depois, tive vômito e febre. A dor está muito forte, quase insuportável.

O médico ficou observando João por alguns segundos. Depois, perguntou:

– Você não é o rapaz que descobriu um plano terrorista para destruir o prédio da ONU?

João acenou que sim, lamentando ter sido reconhecido pelo médico. Estava com tanta dor que não tinha a menor disposição para conversar sobre aquele assunto.

Para sua sorte, o doutor Frederico teve sensibilidade suficiente para não lhe fazer outras perguntas.

– Tire a camisa e deite-se na maca, eu vou examiná-lo.

João seguiu as orientações do clínico, apresentando dificuldades para subir na maca.

Logo, Frederico aproximou-se e começou a apalpar a região abdominal do cliente.

– Ai! Está doendo.

– Desculpe-me, mas o exame clínico é indispensável.

João se contorcia de dor à medida que o médico apalpava a região dolorida, chegando mesmo a suar. Passados alguns momentos que lhe pareceram uma eternidade, o doutor deu por findo o exame clínico.

– Pode se levantar e vestir sua camisa.

Impaciente, João decidiu iniciar a sessão de perguntas antes mesmo de se levantar.

– O que eu tenho, doutor?

Ainda caminhando em direção à sua mesa, de costas para o paciente, Frederico respondeu:

– Ainda não sei lhe falar, mas adianto-lhe que é um quadro parecido com apendicite. Nós vamos colher o seu sangue e urina para exames complementares. Se necessário, faremos uma ecografia. Depois de todos os exames prontos, eu respondo à sua pergunta.

João sentiu falta de ar ao ouvir a palavra apendicite. Um de seus amigos de faculdade já havia se submetido a uma cirurgia para retirada do apêndice.

– O tratamento é cirúrgico?

– Não necessariamente. Mesmo que o seu caso seja cirúrgico, a cirurgia não é das mais complexas. Mas não vamos nos precipitar, pois sequer sabemos o que você tem.

O médico sentou-se e acionou a enfermeira, recomendando que providenciasse os exames em João.

Iolanda tentava animá-lo, mesmo que estando ela mesma pessimista com relação à prova que o filho se submeteria nos dois dias seguintes.

– Vamos manter a fé de que você não precisará se submeter à cirurgia.

Voltando-se para o cirurgião, João questionou:

– Doutor, no caso de haver a necessidade de tratamento cirúrgico, é possível o senhor me dar uma medicação e deixar a cirurgia para segunda-feira?

Frederico moveu a cabeça da direita para a esquerda repetidamente, respondendo negativamente à pergunta.

– Caso seja confirmada a apendicite e a necessidade de tratamento cirúrgico, a cirurgia será realizada hoje ainda.

A resposta deixou João atônito, sem saber como reagir. Ele decidiu expor a sua situação na tentativa de convencer o médico.

– Eu tenho concurso do Ministério Público amanhã, doutor. Não posso perder essa prova em hipótese alguma. Estou me preparando com dedicação exclusiva aos estudos há quase três anos. Sabe o que é isso? Doze horas de estudos por dia, em média.

Frederico levou a mão à boca e fez uma pausa. Em seguida, retomou o diálogo.

– Caso se confirme o quadro de apendicite, deixe-me explicá-lo o que está acontecendo para que você possa me compreender melhor.

"Apendicite é uma inflamação do apêndice, que tem a forma de um verme e mede em torno de dez centímetros. O apêndice produz muco constantemente, que é drenado para o ceco e se mistura nas fezes. Uma obstrução faz com que o muco se acumule, causando dilatação do apêndice. À medida que o órgão cresce, começa a haver compressão dos vasos sanguíneos e necrose da sua parede. O processo pode evoluir para o rompimento do apêndice e ocasionar a apendicite supurada, tornando-se necessária a remoção do apêndice através do procedimento de laparoscopia. Se o tratamento for tardio pode ocorrer óbito devido à peritonite e choque quando o apêndice inflamado se rompe. Via de regra, a internação se faz necessária entre um e três dias. Se houver abscesso, a internação pode se prolongar um pouco mais para administração de antibióticos endovenosos.

"Por tudo isso, se for constatado o quadro de apendicite, infelizmente você não terá como fazer o concurso neste final de semana. Sinto muito, mas em primeiro lugar vem a sua vida. Depois, o resto."

João apoiou as mãos no joelho, abaixou a cabeça e deu um longo suspiro. Lembrou-se do sacrifício feito para alcançar o nível de preparação exigido para passar no concurso. Ainda lhe restava uma ponta de esperança de que todo aquele sacrifício não fosse em vão.

A enfermeira bateu à porta e entrou, cumprimentando a todos com muita simpatia. Era uma senhora negra, que tinha um lindo sorriso e aparentava ter cinquenta e poucos anos. No crachá que ela trazia pendurado à camisa, via-se que o nome dela era Rosa.

– Então, rapaz! Vamos tomar uma picadinha na veia?

O desolamento era tanto que ele sequer respondeu. Levantou-se e seguiu-a lentamente, caminhando com dificuldade, tendo sua mãe ao seu lado.

Rosa encaminhou João para um quarto onde ficaria em observação. Era um quarto confortável, amplo e bem limpo, com uma cama, mesa, cadeira, sofá e televisão, além de um banheiro.

Quando João se sentou, ela lhe entregou um recipiente.

– Isso aqui é para você coletar a urina. Agora, nós iremos tirar um pouquinho de sangue. Fique tranquilo porque não vai doer nadinha.

Rosa pegou a seringa, examinou o braço dele e não teve dificuldade para encontrar a veia. A dor da picada era nula se comparada à dor que estava sentindo.

Em seguida, ele se levantou e caminhou para o banheiro. Coletou a urina e entregou o recipiente para a enfermeira.

– Prontinho! Em breve você terá o resultado. Qualquer coisa que precisar você pode acionar esta campainha aqui que uma enfermeira logo virá lhe atender.

Rosa virou-se e saiu do quarto, deixando-o com sua mãe. Ele voltou a sentir náuseas e levantou-se para ir ao banheiro. Voltou a vomitar.

Iolanda estava com o coração apertado, mais pela expectativa ruim de que ele não fizesse a prova do que pela dor que ele estava sentindo. Ela sabia o quanto significava para ele aquele concurso.

Os minutos de espera pelo resultado dos exames foram tão angustiantes para ela quanto para ele. A diferença era que, no caso dele, acrescentava-se a forte dor abdominal, que não cedia.

Iolanda abriu a janela e ficou observando o intenso tráfego de veículos na rua do hospital. Era hora do *rush* da sexta-feira, dia em que o trânsito ficava ainda mais caótico.

O barulho de três batidas na porta do quarto chamou a atenção deles. Era o doutor Frederico. A sua expressão não era das mais animadoras. Ele aproximou-se de João, que estava deitado na cama, e confirmou:

– Infelizmente, você está com apendicite. Nós vamos operá-lo ainda hoje.

Confirmada a notícia que ele tanto temia, João sentiu um enorme vazio. Não era apenas o sonho profissional que lhe escapava mais uma vez. Novamente, os planos de casamento com Ana estavam suspensos. Como ela reagiria desta feita? Como dar a notícia para ela? Eram os questionamentos que começavam a surgir em sua mente.

Iolanda sentiu na pele o abatimento do filho e procurou consolá-lo.

– Meu filho, em breve eles abrem outro edital de concurso. Não é o fim do mundo.

O silêncio de João foi a resposta à tentativa de sua mãe para animá-lo.

– Você irá tomar anestesia geral, mas hoje mesmo deve recobrar os sentidos. É bom que alguém de sua família providencie roupa e o que mais você precisar por três dias. Provavelmente, você receberá alta entre domingo e segunda.

– Eu vou telefonar para o meu marido. Ele ficará encarregado dessa parte.

O pensamento de João estava tão voltado para o concurso que em momento algum ele se preocupou com os riscos da cirurgia.

Após alguns minutos, ele criou coragem e telefonou para Ana. Precisava dar a notícia para ela.

– Eu não vou poder fazer a prova amanhã – disse, em tom de lamentação.

– Por quê? Aconteceu alguma coisa?

– Estava sentindo fortes dores e vim para o hospital. Estou com apendicite. Vou operar daqui a pouco e só receberei alta no domingo ou segunda.

Um silêncio fúnebre seguiu-se por alguns segundos.

– Sério?

– Infelizmente, sim.

– Eu estou indo para aí. Sei que você está muito chateado, mas...

– É muito azar, Ana! Puxa vida! Logo hoje? Por que eu não tive esse troço dois dias atrás? Por que não na segunda-feira? Daria tem po para eu fazer o concurso.

– Eu sei, mas você não pode falar em azar. Você é uma pessoa abençoada e tem que agradecer a Deus por estar vivo. Simplesmente, não era para você fazer esse concurso. Eu vou desligar porque quero chegar aí antes de você entrar para a sala de cirurgia. Beijos, amo você, vai dar tudo certo.

João teve vontade de chorar e caminhou para o banheiro, para não fazê-lo na frente de sua mãe.

Sentou-se no vaso sanitário, apoiou os cotovelos no joelho, enfiou as mãos na vasta cabeleira e chorou baixinho por alguns minutos. Lembrou-se do concurso da ONU e começou a pensar no lado positivo em não fazer a prova do Ministério Público.

"Se eu passasse na primeira etapa, precisaria me preparar para a segunda etapa e não teria tempo para estudar as matérias específicas exigidas no concurso da ONU. Agora, posso me dedicar com exclusividade durante os próximos dias, o que aumenta as minhas chances".

João lembrou-se de Pedro Manoel e de Clara, no momento em que eles sugeriram que ele fizesse o concurso da ONU. Rapidamente, em poucos segundos, começou a perceber que seria muito bom tê-los como colegas de instituição. Com sorte, em alguns anos poderiam trabalhar próximos uns dos outros.

Ele enxugou as lágrimas e voltou para o quarto. Já trazia o semblante mais leve. Percebendo a preocupação de sua mãe com ele, João procurou acalmá-la.

– Está tudo bem, mamãe. Eu nem sei se o meu caminho será no Ministério Público. Há tantos concursos bons por aí. Sem contar as possibilidades na iniciativa privada. Com o nível técnico de preparação que adquiri nestes anos de estudo e a notoriedade que ganhei na imprensa, nos últimos dias, não teria dificuldades em conseguir emprego em um bom escritório de advocacia.

Iolanda sorriu, aliviada por vê-lo mais animado.

– Eu já telefonei para o seu pai e ele irá providenciar as roupas.

Pouco depois, Ana chegou. Para seu alívio, após abraçá-lo percebeu que ele estava mais resignado do que momentos antes, quando lhe passou a notícia pelo telefone.

– Está tudo bem. Eu já estou conformado. Sequer sei se passaria no concurso. Tenho certeza de que Deus tem um plano perfeito para a minha vida. Tive essa nítida convicção quando consegui escapar com vida das galerias do esgoto de Nova Iorque. Não é por conta desse concurso que eu vou mudar o meu ponto de vista. Do contrário, que fé seria a minha?

– É isso aí, meu amor – concordou Ana, abraçada a ele. – Eu estou com você para o que der e vier. Eu sei que um futuro maravilhoso nos aguarda, não sei como nem onde, mas sei disso.

Com a resignação da impossibilidade de prestar o concurso, João teve a sensação de que até a dor havia diminuído.

Pouco depois, Rosa veio buscá-lo, trazendo consigo uma cadeira de rodas e um avental.

– Quando eu o vi, sabia que o conhecia de algum lugar. Agora me lembrei que é da televisão. Você foi incrível! Quem conseguiu passar pelo que você passou, tira essa cirurgia de letra. Tome, coloque esse avental e vamos para a sala de cirurgia.

João entrou no banheiro e colocou a vestimenta. Sentou-se na cadeira de rodas, tendo Rosa a empurrá-lo e sua mãe e Ana ao seu lado, acompanhando-o até o bloco cirúrgico.

– Vai dar tudo certo – disseram as duas, quase simultaneamente.

– Já deu – tornou ele, demonstrando confiança.

Em seguida, beijou carinhosamente a mãe e a namorada. Rosa abriu a porta e empurrou a cadeira para dentro do bloco cirúrgico.

No trajeto até a mesa de operação, ele fez uma oração para Deus abençoar os médicos que cuidariam dele naqueles instantes. A sua preocupação maior era com a anestesia, mas, quando viu o anestesista que acompanharia a cirurgia, sentiu muita segurança e teve a convicção de que tudo daria certo.

– Meu nome é Juarez e tenho a missão de apagar você por algumas horas. Fique tranquilo porque, quando você recobrar os sentidos, estará bem melhor, *ok*?

João fez gesto de tinindo.

Deitado, João viu o anestesista aplicar a anestesia. Em seguida, foi dominado por um sono profundo. Quando acordou, já estava de volta ao quarto. Olhou para o lado e viu seus pais e Ana.

A namorada beijou-lhe a fronte.

– Ocorreu tudo conforme o esperado. A cirurgia foi um sucesso. O médico acha que poderá dar alta para você no final da tarde do domingo – disse ela.

Ele voltou a fechar os olhos. Ainda estava meio grogue.

– Que ótimo! Que alívio por não estar sentindo mais aquela dor.

– Eu já combinei com a sua mãe. Hoje, ela dorme aqui. Eu durmo amanhã. Vou indo, porque já passa de uma hora da madrugada.

Ana voltou a beijar o namorado, despediu-se de Aristides e Iolanda, e saiu. João tornou a dormir.

غفران

Capítulo 41

No dia seguinte, Iolanda levou para o filho os livros de estudo que ele havia pedido. A partir dali começava a sua preparação para o concurso da ONU.

Os pais ficaram felizes ao vê-lo estudando, sem desconfiar do real objetivo do filho. Eles temiam que ele pudesse acordar triste no hospital sabendo que naquele momento mais de três mil candidatos estavam concentrados na prova do concurso. Sequer imaginavam que ele estava almejando outro concurso.

Enquanto João se dedicava aos estudos, em Nova Iorque Peter chegava ao presídio para novo interrogatório do líder dos terroristas presos.

Ali, o terrorista, foi conduzido algemado até a sala de interrogatório. Pouco depois, Peter entrou, trazendo em suas mãos vasta documentação. Ele sentou-se de frente para Ali, tendo uma mesa a separá-los. Encarou-o com firmeza e perguntou:

– Não sei se devo chamá-lo de Ali ou de Omar. O que você me diz?

O terrorista estava de cabeça baixa e mãos algemadas para trás. Vestia o uniforme do presídio e aparentava tranquilidade. Após alguns segundos, ele respondeu:

– Prefiro que me chame pelo meu nome verdadeiro: Omar.

Peter fez gesto de positivo, movendo a cabeça para frente e para trás. Depois, retomou o diálogo.

– Omar, eu tenho dados que me dizem ser você um importante membro da Al Múntaqam, muito mais do que apenas o líder deste pequeno grupo de terroristas presos. Estou certo?

Foi a vez de Omar sinalizar positivamente.

– Sendo assim, você tem condições de esclarecer sobre a ligação da sua organização com a Al Qaeda.

Omar calou-se. Peter esperou pela resposta. Ante o silêncio do terrorista, ele fez nova pergunta:

– Você está disposto a colaborar com a nossa investigação em troca de regalias durante o período de prisão?

Omar estava olhando para Peter e tornou a abaixar a cabeça, pondo-se a refletir. Assim permaneceu por mais de um minuto. Peter não tirou os olhos dele, na expectativa da resposta.

Quando Omar levantou a cabeça, encarou Peter e respondeu:

– Eu estou disposto a colaborar e falar tudo que sei sobre a Al Múntaqam, desde planejamento, estrutura, treinamento, regras, ligação com outras redes terroristas e planos futuros, bem mais ousados do que esta tentativa fracassada de atentado.

O faro policial de Peter levou-o a acreditar que o terrorista não estava blefando, fato que o deixou animado.

– Você será recompensado – prometeu o policial.

– Não é a recompensa que você me ofereceu a que eu quero – tornou o terrorista.

Peter arregalou os olhos e inclinou o corpo para frente, apoiando os braços na mesa, surpreso com a resposta de Omar.

Por alguns segundos, ele encarou o terrorista. A experiência na carreira levou-o a concluir que não seria fácil atender as exigências dele. Isso lhe parecia óbvio.

– O que você deseja para abrir o jogo?

Omar deu um longo suspiro e respondeu:

– Eu tenho uma filha que está com oito anos de idade, fruto de um casamento que durou pouco mais de dois meses. Eu prometi ao pai da minha esposa que largaria a Al Múntaqam, convencendo-o a permitir que a filha se casasse comigo. Eles são egípcios, como eu, da mesma região. Na época, eu ocupava uma posição intermediária dentro da Al Múntaqam e havia me desentendido com alguns líderes.

"Logo depois do meu casamento, os meus desafetos foram executados, suspeitos de corrupção e traição. Decidi permanecer na Al Múntaqam, pois tinha perspectivas de conseguir funções mais importantes".

"Eu tentei manter o casamento, mas a minha esposa e o pai dela não aceitaram. São pessoas extremamente pacíficas e não aceitariam na família alguém que manchasse suas mãos com sangue de terceiros".

"Eu respeitei a posição deles e fui embora após legalizarmos o divórcio, passando a manter contatos esporadicamente. Nesse período, eu consegui ver a minha filha apenas cinco vezes, pois eles faziam de tudo para escondê-la de mim".

Já suspeitando da intenção do terrorista, Peter perguntou:

– Você quer voltar a vê-la e para isso quer que nós providenciemos a vinda dela para cá. Certo?

– Certo, em parte.

– Como assim? – tornou o policial, sem entender aonde o terrorista queria chegar.

– Eu quero que ela e minha ex-mulher venham morar aqui nos Estados Unidos.

Peter franziu a testa e fechou a cara, demonstrando que começava a perder a paciência com o terrorista.

– Mas isso não depende de nós. A sua ex-mulher pode não querer vir morar aqui com a filha, ainda que eu aceitasse o seu pedido de providenciar a vinda da sua filha até a sua presença.

Demonstrando frieza, Omar foi taxativo.

– É a minha condição para falar tudo o que sei: convençam a minha ex-mulher a vir morar aqui nos Estados Unidos com a minha filha e legalizem a presença das duas aqui. Eu confio apenas na minha ex-esposa para cuidar da minha filha e quero que ambas morem aqui. Do contrário, não há acordo. O que eu tenho para lhes oferecer vale muito mais do que regalias durante o período da prisão e você sabe disso.

Peter assustou-se com a firmeza demonstrada por Omar e ficou reflexivo. Após, voltou à carga.

– Eu vou levar o seu pleito aos meus superiores. Volto já.

Quando Peter se levantou da cadeira, Omar voltou a se manifestar.

– Leve aos seus superiores que a minha filha está morando com a minha ex-mulher e o pai dela em Ras Lanuf, na Líbia. O pai dela trabalha na indústria do petróleo dessa cidade.

Peter voltou a franzir a testa e ponderou, sem esconder a irritação:

– Mas a Líbia está passando por uma verdadeira guerra civil e Ras Lanuf é uma das cidades mais atingidas. O governo americano está contra Khadafi e a favor dos rebeldes. Jamais teríamos a boa vontade do governo líbio para nos ajudar a trazer a sua filha. Ao contrário, eles nunca permitiriam tal ato.

Novamente, Omar demonstrou frieza incomum, que mostrava a sua determinação em tentar tirar a filha da situação de perigo iminente.

– Eu sei que a missão de vocês não será fácil, mas a recompensa vale o esforço que envidarem. Após a morte de Bin Laden, esteja seguro de que a Al Múntaqam será a maior organização terrorista na face da Terra e que esse domínio será exercido por longos anos, através da execução de planos macabros para a sociedade mundial, sobretudo para os países ocidentais. Sequer sei se a minha filha está viva a uma hora dessas. Cada minuto que ela passa lá, ainda que esteja viva, aumentará o risco de ela perder a vida. Por isso, caso queiram o meu relato sobre a Al Múntaqam, é bom que sejam rápidos. Quero ver a minha filha. Quero vê-la viva – acrescentou Omar.

A exigência de Omar deixou Peter com poucas esperanças de obter as confidências do mesmo. A sua primeira missão seria convencer Benjamin, um de seus superiores, a traçar uma estratégia para tentar trazer a filha de Omar para os Estados Unidos. Se obtivesse êxito, o próximo passo seria lutar contra o tempo, vez que a menina estaria correndo sérios riscos, isso se já não estivesse morta. Portanto, precisava agir com rapidez. E Peter sabia que a pressa era inimiga da perfeição.

Ele deixou Omar na sala de interrogatório e dirigiu-se ao gabinete de Benjamin. Bateu à porta e entrou.

– Quais são as novidades? – perguntou Benjamin, enquanto lançava a sua assinatura em alguns documentos.

Peter sentou-se na cadeira que ficava do outro lado da mesa e respondeu:

– Sabe aquela expressão "tirar minhoca do asfalto"? É isso que ele quer que façamos para abrir o jogo.

Benjamin deu um sorriso irônico, sem tirar os olhos do documento que lia.

– Eu lhe falei que não seria fácil.

Ele assinou o documento, colocou a caneta sobre a mesa, ao lado do papel, e levantou a cabeça, fitando Peter. Em seguida, prosseguiu:

– De qualquer forma, se as exigências dele para abrir o bico fossem fáceis de ser atendidas, acho que eu não confiaria na veracidade das confidências. Se a exigência é alta, há uma boa possibilidade de ele nos passar informações preciosas.

Após breve pausa, ele perguntou:

– O que ele quer?

– Ele tem uma filha de oito anos de idade que mora em Ras Lanuf, Líbia, com a mãe e o avô materno. Quer que tiremos a menina da Líbia, bem como a ex-esposa, e as tragamos para os Estados Unidos. Quer, ainda, que providenciemos a legalização delas para morarem aqui.

Benjamin apoiou os cotovelos sobre a mesa e tocou os lábios fechados com os dedos das mãos, pondo-se a refletir. Em seguida, ponderou:

– Se conseguirmos chegar até a menina e ela estiver viva, não podemos cometer a violência de trazê-la e a mãe forçadamente para os Estados Unidos. Temos que convencer a mãe a vir morar aqui com a menina. Se for necessário, trazemos o avô também. O problema é que a guerra civil na Líbia está se agravando a cada dia que passa e não teremos tempo para convencê-los a deixar o país. Por outro lado, como não podemos contar com a boa vontade do governo líbio, tendo em vista a posição assumida por Obama, precisaremos agir na clandestinidade, o que torna a missão ainda mais difícil, mas não impossível.

"Desafios como este me deixam excitado. Nós vamos buscar a filha dele. Reúna a equipe para traçarmos a estratégia."

Peter levantou-se, virou e deu dois passos para sair do gabinete, parando em seguida, o que causou irritação em seu colega.

– O que foi? Por que você parou? Não podemos perder tempo.

Peter virou-se para o seu superior novamente e ponderou:

– Há uma forma de agirmos na legalidade e obtermos o apoio do governo líbio para trazermos a menina.

– Que forma é essa? – perguntou Benjamin, surpreso com a rapidez de raciocínio de seu colega policial.

– Uma missão da ONU partirá esta semana para a Líbia, a convite de Khadafi, para investigar a situação por lá, especialmente se está ocorrendo excesso de violência na repressão do governo. Khadafi já disse que a Al Múntaqam está por trás da rebelião. Portanto, se a missão da ONU disser ao governo líbio que a menina é filha de um integrante do alto escalão da Al Múntaqam, preso nos Estados Unidos, e que ele está disposto a revelar segredos importantes na hipótese de retirar a menina da zona de conflito, estou certo de que o governo líbio apoiará a ONU.

Benjamin sorriu e comentou:

– Você é brilhante, Peter. Precisamos convencer a ONU a nos atender. Vamos fazer contato agora.

Peter lembrou-se da conversa telefônica que tivera com João no último domingo, quando telefonou para se despedir dele. João comentara que havia almoçado com um importante funcionário da ONU, que poderia se tornar o futuro secretário-geral da instituição.

– O rapaz brasileiro que descobriu o plano dos terroristas é amigo de um importante funcionário da ONU. Vou telefonar para ele e pegar o contato.

João estava deitado na cama, estudando, quando ouviu o celular tocar. Pelo identificador de chamadas constatou que o número era dos Estados Unidos. Logo, imaginou que poderia ser Rita. Ao ouvir a voz de Peter, ficou surpreso.

– Estou precisando de sua ajuda, mais uma vez. Preciso do telefone do seu amigo da ONU, que é candidato a secretário-geral. Lembra-se de ter comentado comigo?

– Claro! O nome dele é Pedro Manoel. Pode procurá-lo em meu nome, pois ele gostou muito de mim. É um cara muito legal, pode confiar.

João falou o número do celular e despediu-se, feliz por ter conversado com Peter. Este, por sua vez, imediatamente telefonou para Pedro Manoel. A secretária atendeu e passou a chamada.

– Senhor Pedro, boa tarde! Meu nome é Peter, falo do departamento de polícia. O senhor não me conhece. Para ter a referência, fui eu que comandei a operação que prendeu os terroristas.

– Vi suas entrevistas na televisão. Tudo bem, Peter?

– Tudo ótimo. Quem me deu o número do seu celular foi o João, que nos livrou de outro atentado.

Ao ouvir o nome de João, Pedro ficou ainda mais à vontade para conversar com o policial.

– Que rapaz brilhante aquele! Tive essa sensação no primeiro encontro com ele, dias antes de ele descobrir o plano dos terroristas. Então, temos um amigo em comum. Em que posso ajudá-lo?

– Preciso de uma reunião com o senhor em caráter de urgência urgentíssima. Preciso da ajuda da ONU em uma operação de suma importância para o país. Aliás, trata-se de uma operação de muita importância para toda a humanidade.

Pedro achou estranho o fato de a polícia de Nova Iorque precisar da ajuda da ONU. Pensou em inventar uma desculpa para não reunir-se com o policial. Mas, como Peter havia chegado até ele através de João, decidiu acatar o pedido.

– Está bem. Se quiser, podemos nos encontrar aqui na ONU agora mesmo. Só lhe peço que não demore, pois encerraremos o expediente em pouco mais de uma hora.

– Muito obrigado pela sua compreensão. Eu já estou a caminho.

Peter desligou o telefone e fez sinal de positivo com o polegar para Benjamin. Este imediatamente levantou-se, pegou o paletó pendurado sobre a antiga cadeira de madeira, com estofado vermelho, e seguiu Peter.

– Precisamos ser rápidos – advertiu Peter –, pois estão quase encerrando o expediente. Se não chegarmos a tempo, somente na segunda-feira teremos a oportunidade do contato. Até lá, corre-se o risco de a missão da ONU já ter partido para a Líbia. Sem falar no risco de morte que a filha do terrorista está correndo a todo instante.

Ao saírem do departamento, perceberam que nuvens negras estavam se formando e que algumas gotas grossas começavam a cair. O vento forte produzia um zunido no ouvido deles.

Andrew, o motorista que dirigia a viatura policial, ligou a sirene e acelerou o carro. No trajeto para a ONU, desabou uma tempestade que dificultava a vida dos motoristas, deixando o campo de visão comprometido.

– Temos que chegar a tempo. Mais rápido, Andrew – insistia Benjamin.

– Chefe, eu estou fazendo o que posso, mas o trânsito está caótico.

Para desviar dos carros à sua frente, em um determinado momento, Andrew subiu com o veículo na calçada.

Já em frente ao prédio, viram as bandeiras dos países tremulando, quase sendo arrancadas pelo vento. Desceram da viatura rapidamente e correram em direção à portaria. Não conseguiram evitar que o uniforme ficasse encharcado, apesar da capa protetora. Após se identificarem, pegaram o elevador em direção ao andar onde ficava o gabinete de Pedro. Lá chegando, anunciaram a presença para a secretária, que ficava na antessala. Esta lhes pediu licença e entrou na sala do chefe. Pouco depois retornou, fazendo-os entrar.

Pedro Manoel veio recebê-los na entrada da sala, com um sorriso amigável na face. Ao seu lado estava Clara, cuja presença se impunha pela elegância e charme.

– Senhores, boa tarde! Nota-se que não conseguiram escapar da chuva. Que temporal, hein! Esta é Clara, minha colega de trabalho

– Muito prazer! Eu sou Peter e este é Benjamin, meu chefe.

– O prazer é todo meu. Gosto muito do seu nome Peter – comentou Pedro, em tom de brincadeira, já que eram xarás. – Vamos nos assentar. Vou providenciar um café para vocês esquentarem o corpo.

Os policias acompanharam Pedro e Clara até uma mesa redonda, com seis cadeiras ao redor, que ficava defronte à janela, de onde se tinha uma bela vista da cidade. Todavia, exatamente naquele momento a visão estava totalmente encoberta pela chuva.

Sentaram-se e Peter foi direto ao assunto, em face da urgência e por imaginar que Pedro já pudesse estar ansioso para ir embora curtir o final de semana.

– O líder dos terroristas que estava executando as obras para implodir este lindo prédio é uma importante figura na organização da Al Múntaqam, organização terrorista que tende a ser a mais perigosa para o planeta em pouco tempo. Esse terrorista está disposto a fazer revelações importantes, que serão úteis para os Estados Unidos e países aliados desmantelarem aquela organização criminosa. Contudo, como é de se esperar, quer vender caro as revelações que tem a fazer.

"Ele tem uma filha que mora em Ras Lanuf, na Líbia, e quer trazê-la para os Estados Unidos. Ela mora com a mãe e o avô materno, que trabalha na indústria do petróleo. Como a imprensa divulgou que uma missão da ONU irá se deslocar para a Líbia a fim de apurar denúncias de crimes contra a humanidade, viemos aqui lhes pedir apoio para que a mesma missão possa trazer a menina para nós e, se for o caso, trazer a mãe e o avô, também. Imaginamos que a missão conseguirá o apoio do governo líbio, vez que estão culpando a Al Múntaqam pela guerra civil e a vinda da menina poderá ajudar no processo de desmantelamento da organização".

Num primeiro momento, Pedro não se manifestou. Ficou apenas refletindo sobre o pedido dos policiais. Benjamin e Peter tiveram a sensação de que ele não havia gostado da ideia. Mais um pouco e ele externou a sua opinião.

– Vocês vieram falar com a pessoa certa. Eu irei chefiar a missão da ONU que partirá amanhã. Estava aqui acertando com a Clara os últimos detalhes da viagem. Em princípio, parece-me uma tarefa difícil o que vocês estão querendo, sobretudo porque Ras Lanuf está dominada pelos rebeldes. Lá, de nada adianta a boa vontade do governo líbio. Entretanto, nada impede que tentemos atender ao pedido de vocês. Obviamente, não lhes posso prometer resultado. Aliás, sequer posso prometer que enviarei alguém lá para buscar a menina. Dependendo do grau de risco, eu não vou submeter nenhum integrante da ONU a essa missão. Mas, se houver a possibilidade de atendê-los, eu o farei com satisfação.

Peter virou-se para Benjamin e sorriu, feliz com a resposta de Pedro.

– Ficaremos muito gratos com o empenho da ONU, independente do resultado – disse Benjamin. – Hoje, ainda, eu lhes encaminharei os nomes completos e endereço onde moram. Tentarei conseguir com o terrorista a foto da filha ou da ex-mulher. Se vocês não lograrem êxito nessa missão, vamos lançar mão de outro plano. Talvez a CIA aceite entrar clandestinamente na Líbia, através da fronteira com o Egito. Se conseguir, pode escapar com eles através da mesma fronteira.

A funcionária trazendo as xícaras de café aproximou-se e as colocou sobre a mesa. Todos degustaram a bebida, com exceção de Clara, cujos pensamentos estavam bem longe.

Pouco depois, os policiais despediram-se e foram embora. Assim que Pedro encostou a porta, ela lhe dirigiu a palavra.

– Eu vou buscar essa menina.

Perplexo diante do que acabara de ouvir, de costas para Clara, Pedro perguntou:

– O que você disse?

Clara deu cinco passos e ficou de frente para ele, a poucos centímetros de seu rosto. Encarou-o e repetiu, colocando ênfase nas palavras:

– Eu vou buscar essa menina.

Pedro ficou boquiaberto. Gostava de Clara como se fosse uma filha e fazia de tudo para agradá-la, mas, definitivamente, não estava disposto a deixá-la ir com ele.

– Isso é loucura, Clara! Você sabe o grau de risco que uma missão desse porte implica. Não vou permitir que uma mulher, quanto mais que não conhece a Líbia, se meta nessa empreitada. Isso é tarefa para um dos nossos homens de origem árabe, de preferência que já estejam ambientados com a cultura local e condições geográficas. Mesmo assim, eu vou estudar bem o caso antes de mandar alguém a Ras Lanuf.

Pedro tentou caminhar para a sua mesa, mas Clara segurou-o pelo braço.

– Por favor! Eu quero ir. É importante para mim e sei que posso dar conta do recado. Aliás, eu tenho certeza de que trarei a menina comigo.

Pedro a encarou por alguns segundos. Demonstrando impaciência, coçou os cabelos grisalhos e perguntou:

– Será possível que você não dimensiona os riscos a que estará colocando a sua vida? Não pensa no seu marido e na sua família? Você já se arriscou muito na África. Não precisa provar mais nada para ninguém. A sua missão lá já foi cumprida.

Clara moveu a cabeça repetidamente, sinalizando a sua contrariedade com o palpite dele. Em seguida, voltou a insistir:

– Mas eu não quero provar nada para ninguém. Eu simplesmente quero cumprir essa missão. É importante para mim, você não entende? Estou com um desejo enorme de trazer essa menina. Por favor!

Pedro suspirou fundo, encarou Clara e prometeu:

– Eu vou pensar a respeito. Deixe suas malas prontas, mas não lhe garanto nada. Hoje à noite eu lhe telefono e dou a resposta.

Clara lhe sorriu, grata pela esperança que ele estava lhe dando. Após, retornou à sua sala. Tentou se concentrar no trabalho, mas os seus pensamentos estavam na África, mais precisamente na cidade de Ras Lanuf, na Líbia.

Ela ligou o *notebook* e acessou a internet para checar as últimas notícias da guerra civil. Viu que Khadaf continuava entrincheirado em Trípoli e tentava retomar as cidades ao leste, em direção ao Egito, que estavam sob o comando dos rebeldes, inclusive Benghasi, berço da revolução e segunda maior cidade líbia, situada às margens do Mediterrâneo. Ras Lanuf ficava a seiscentos e vinte quilômetros a leste de Trípoli e quatrocentos e vinte e cinco a oeste de Benghasi. Sua população era em torno de duzentos e cinqüenta mil habitantes.

As notícias de violência no país que ficava no norte da África não a intimidaram. Em seu íntimo, havia uma determinação que ela jamais havia sentido em sua vida. Como Clara era muito intuitiva, sempre seguia o seu coração quando sentia algo parecido ao que estava sentindo naquele momento.

Nos minutos seguintes, ela se lembrou do trabalho desenvolvido em Moçambique, nas inúmeras pessoas que teve a oportunidade de ajudar e conhecer. Amizades que ela carregaria para sempre em seu coração, ainda que jamais voltasse a vê-las.

No período em que morou em Moçambique, ela havia sido convidada para fazer uma cena do filme *Diamante de Sangue*, ao lado de Leonardo Dicaprio. Um imprevisto no trabalho impediu que ela contracenasse com o famoso ator americano. Para ela, mais importante do que participar da cena do filme e ser vista nas telas do cinema por milhões de pessoas era aliviar a dor e o desespero de quem muito já havia sofrido. Por esse motivo, ela não foi ao encontro de Leonardo Dicaprio.

Mas agora, ela estava disposta a enfrentar qualquer obstáculo para ir ao encontro da filha do terrorista. Seria mais um trabalho hercúleo que não chegaria ao conhecimento do público em geral, mas ela não tinha a pretensão de ficar conhecida. Queria apenas cumprir com amor e afinco as tarefas que lhe fossem confiadas, mormente quando envolviam ajuda humanitária.

Caso Pedro a levasse junto com a missão da ONU para Trípoli, ela ainda não sabia se comentaria tal fato com seus pais, ciente de que eles ficariam extremamente preocupados.

A chuva, pouco a pouco, foi diminuindo, até virar chuvisco. Ela aproveitou que a chuva havia diminuído e foi embora, ansiosa por contar ao marido sobre a possível viagem. Ela imaginava que ele poria resistência, mas estava decidida a enfrentá-lo, se fosse necessário.

Lá chegando, encontrou Marco na cozinha preparando o jantar para ambos. Ela o abraçou, beijou-o carinhosamente e encostou o seu rosto no rosto dele, sentindo a maciez dos pelos da barba que estava por fazer. Então, suspirou fundo e o puxou, sentando-o na cadeira. Depois, ela puxou outra cadeira e sentou-se ao lado dele, olhando-o dentro dos olhos azuis. Criou coragem e iniciou o assunto.

– Amor, muito provavelmente eu farei uma viagem amanhã.

Marco pressentiu que havia algo de errado em Clara. A forma como ela o abordara levou-o a crer que ela iria se justificar para fazer alguma coisa errada. Com a expressão de um ponto de interrogação no ar, ao mesmo tempo em que limpava as mãos sujas de vegetais picados no avental branco, ele perguntou:

– Como assim? Você decidiu hoje fazer uma viagem amanhã? Você nunca fez isso!

Antes que ela respondesse, o telefone tocou. Era Pedro. Ela sentiu as batidas do coração mais fortes quando viu no visor do celular que era ele.

– Eu vou atender, é o Pedro. Um momento.

Quando Clara disse alô, ouviu a voz contrariada do seu chefe.

– Arrume as malas. Espero você no JFK amanhã, às seis da manhã. Se você atrasar um minuto, eu não vou esperá-la.

Clara sentiu um enorme contentamento, mesmo sabendo que o seu chefe não estava concordando nada com a ida dela, só atendendo ao seu pedido em função de ser ela uma excelente funcionária, além da relação de amizade desenvolvida entre ambos.

– Obrigada, Pedro! Eu serei pontual.

Ela desligou o telefone e voltou-se para Marco novamente.

– Amanhã partirá uma missão da ONU para Trípoli a fim de investigar a ocorrência de crimes contra a humanidade. O Pedro chefiará a missão e eu irei com ele.

Marco ficou boquiaberto, sem acreditar na aventura perigosa que a esposa estava prestes a iniciar. Por alguns segundos, eles ficaram se encarando. Ela pôde ler nos olhos azuis dele quais eram os seus pensamentos. Nenhuma surpresa para ela.

Gesticulando com as mãos, bem à moda italiana, ele começou o seu sermão.

– Você está ficando louca? Quer me deixar viúvo? E os seus pais? Você não pensa no estado em que ficarão se você voltar da Líbia dentro de um caixão? Não, não, não, não, não. Não vou permitir que você vá.

Marco levantou-se e pegou o *notebook* sobre a bancada. Sentou-se novamente, abriu a internet e acessou a página de notícias sobre a guerra civil na Líbia, mostrando-a para a esposa.

Havia diversas fotografias e vídeos mostrando pessoas mortas, sangue espalhado pelas ruas, pessoas carregando os mais diversos e potentes tipos de armas, casas atingidas por munição, tanques de guerra e outras cenas que demonstravam o grau da violência que assolava as cidades que ficavam entre o Mediterrâneo e o deserto do Saara.

Clara segurou a face de Marco, carinhosamente, com as duas mãos, aproximou-se ainda mais dele e ponderou:

– Amor, eu preciso ir. Eu sou um espírito livre, você sabe. Quando quero algo que seja justo, nada me detém. Eu vou para a Líbia amanhã. Hoje, eu senti uma sensação que jamais havia sentido na minha vida.

"A polícia de Nova Iorque foi ao encontro de Pedro pedir ajuda para trazer aos Estados Unidos uma menina que mora na Líbia. Ela é filha do líder dos terroristas presos. Ele está disposto a falar tudo sobre a Al Múntaqam se eles lhe trouxerem a filha".

"Quando ouvi isso, senti um fogo me queimar por dentro. Uma energia maravilhosa, chegando mesmo a ser prazerosa. De repente, tive a sensação de ter visto a menina pedindo socorro. Ela era linda, de um encanto e meiguice completamente fora do comum, como se fosse um anjo. Sim, tive a sensação de que ela é um anjo e pedia socorro para mim, como se eu fosse a única pessoa neste mundo capaz de conseguir salvá-la".

Marco pegou o pano de prato que estava pendurado sobre o seu ombro esquerdo e o jogou ao chão. Apoiou os cotovelos sobre o joelho e enfiou a cabeça entre as mãos, coçando os cabelos semirraspados. Um silêncio longo mostrou que não chegariam a um consenso. Coube a ele retomar o diálogo, desta vez para finalizar o assunto.

– Está bem, você venceu. A vida é sua e, de fato, não tenho como impedi-la de ir. Mas que fique bem claro que eu acho isso tudo ridículo. Sequer vou conseguir dormir, enquanto você não estiver voando de volta.

"Já que eu não consegui convencê-la a ficar, quero que me prometa que vai se cuidar e evitar colocar a sua vida em um risco ainda maior do que já representa a sua simples presença lá. Lembre-se de que nós temos o sonho de termos filhos e envelhecermos juntos. Eu preciso de você para realizar esse sonho. *Ok*?"

As lágrimas deixaram os olhos de Marco com um tom de azul ainda mais vivo e bonito. Lentamente, elas escorreram pelo rosto quadrado dele.

Ela amparou as lágrimas com o polegar e levou-o aos lábios, provando-as para, em seguida, confessar:

– Você é o grande amor da minha vida. Tudo o que eu faço é pensando em nós. Não consigo me imaginar sem a sua presença ao meu lado. Sinto que a minha alma se ilumina quando fecho os olhos e vejo você sorrindo para mim, com esses olhos azuis brilhando como uma água-marinha, a mais linda das pedras preciosas.

Marco abraçou fortemente a esposa e desabou a chorar.

– Eu amo você, eu amo você, eu amo você – confessava ele, entre soluços.

– Eu também amo você.

Seus lábios se tocaram com voracidade. Ele apertava os braços dela, como se quisesse que parte do corpo físico dela ficasse com ele durante a viagem. Nesse clímax, amaram-se.

Após alguns minutos, enquanto ainda estavam abraçados no sofá da sala, ela comentou:

– Sinto que acabei de engravidar. Quando retornar da África, eu farei o teste de gravidez. Se confirmar a minha suspeita, vou perguntar ao médico a data provável da concepção, apenas para saber se a minha intuição funcionou mais uma vez. Guarde esta data, pois este dia entrará para a nossa história.

Ele acariciou os cabelos dela. Depois, confessou:

– Tudo o que eu sonho é ter filhos com você. Este é mais um motivo para você se cuidar.

– Deus irá acompanhar os meus passos. Eu vou voltar, prometo-lhe.

Por alguns instantes ficaram abraçados. Depois, ele se levantou e retornou à cozinha. Pegou o pano de prato que havia jogado ao chão e o recolocou sobre o ombro. Em seguida, terminou de preparar o jantar. Ela ficou ao lado dele, auxiliando-o, para usufruir da sua companhia.

Ele estava preparando um peixe inteiro, aberto ao meio, onde colocaria um molho à base de temperos marroquinos, legumes e arroz.

Quando o peixe foi ao forno, ela se apressou para arrumar as malas. Queria que tudo estivesse pronto o mais rápido possível, a fim de dedicar toda a sua atenção ao marido.

Clara era muito prática, bem acima da média do gênero feminino. Em menos de trinta minutos a sua bagagem estava pronta. Havia roupa para usar por uma semana, tempo que ela calculou que a viagem poderia durar.

O peixe estava suculento e, ao mesmo tempo, com o sabor exótico das especiarias do Marrocos.

Após o jantar, voltou a chover forte. Eles aproveitaram para dormir. Quando a noite caiu, o céu estava limpo, sem nenhuma nuvem a cobri-lo.

Clara se recolheu para dormir antes das dez horas, já que ela precisaria acordar às quatro e meia da manhã para tomar banho, se aprontar e chegar ao aeroporto JFK às seis horas. Marco a acompanhou e ficou abraçado ao corpo dela na cama.

Pensando na viagem, ambos demoraram a dormir. Ela estava confiante, apesar de ciente dos riscos que envolveriam a missão. Marco, por sua vez, havia ficado impressionado com os relatos da violência ocorrida na Líbia e passou a alimentar o forte medo de não vê-la com vida novamente. Sentiu uma angústia tremenda tomar conta de seu coração e virou-se para o outro lado da cama, a fim de que ela não percebesse o seu choro.

CAPÍTULO 42

Marco estacionou o carro na portaria do saguão do aeroporto quando faltavam dez minutos para as seis horas. O tempo ainda estava bem escuro. Não chovia, mas uma neblina espessa estendia-se por toda região.

Após receber a mala do marido, Clara abraçou-o e beijou-o apaixonadamente. A confiança e o entusiasmo dela contrastavam com o desolamento e medo que se instalaram no coração de Marco. Ela sabia o que se passava na mente dele, mas não havia tempo para tentar acalmá-lo. Ela simplesmente o fitou e prometeu, externando toda a sua convicção:

– Eu vou voltar. Sei que tudo dará certo.

Marco sentiu os lábios tremerem, tão grande era a sua vontade de chorar, mas ele se segurou. Precisava ser forte naquele momento, sob pena de deixá-la insegura e preocupada. Assim, passou apenas uma recomendação:

– Eu estarei esperando. Estou confiando que você não irá se colocar em situação de alto risco. Por favor, cuide-se.

Clara voltou a abraçá-lo. Ela sabia do risco que implicaria o cumprimento da missão e, por uma fração de segundos, teve medo de que aquele pudesse ser o último abraço no homem que amava. Com receio de demonstrar insegurança para ele, beijou-o mais uma vez e afastou-se para pegar a mala. Depois, encarou o marido pela última vez por alguns poucos segundos e virou-se em direção à entrada do aeroporto, para onde ela seguiu puxando a mala pela alça.

O movimento no aeroporto já era intenso. Passageiros se esbarravam uns nos outros, correndo para não perder o voo.

No local combinado, ao longe, por entre os corpos de terceiros, ela viu Pedro Manoel em pé, com o jornal em uma mão e uma pasta de executivo na outra. Ele estava usando um agasalho longo, que caía até a altura do joelho. Estava cercado de alguns funcionários da ONU que o acompanhariam na missão. Todos ainda estavam com suas bagagens. Ela era a última que faltava. Quando ela se aproximou, Pedro fez questão de comentar:

– Estava começando a alimentar a esperança de que você não apareceria.

– É a viagem da minha vida. Não deixaria de vir por nada – replicou.

Ele abriu a pasta e entregou um envelope pardo para ela.

– Aqui estão os nomes da menina, da mãe e do avô, bem como o endereço onde moram e uma foto da menina.

Clara estendeu a mão e pegou o envelope, guardando-o em sua bolsa de mão.

Com o grupo todo reunido, dirigiram-se ao balcão da companhia aérea para realizar o *check-in* e despachar as bagagens. O voo seguiria até Roma. No aeroporto da capital italiana, um avião fretado os estaria esperando para levá-los a Tripoli.

Já na sala de embarque, enquanto aguardava o momento para entrar no avião, Clara decidiu ligar para sua mãe a fim de lhe contar sobre a viagem. Todavia, para não deixá-la ainda mais preocupada, omitiria a missão de buscar a filha do terrorista. Diria apenas que estava indo à Líbia, com um grupo da ONU, para investigar a ocorrência de crimes contra a humanidade. Criou coragem e discou o número.

Vida ainda estava dormindo quando ouviu o toque do celular. Eram sete e meia da manhã. Ela ficou preocupada quando olhou o identificador de chamadas e viu que era a filha.

– Clara, aconteceu alguma coisa?

– Não! Está tudo bem. Estou ligando do aeroporto, enquanto espero ser chamada para embarcar.

Como a filha sempre avisava com antecedência sobre suas viagens, Vida ficou desconfiada de que algo de anormal pudesse estar acontecendo com ela.

– Para onde você está indo?

Clara fez uma pausa para encontrar a melhor forma de dar a notícia. Concluiu que deveria ser objetiva.

– Fui designada para compor a comitiva da ONU que investigará crimes contra a humanidade na Líbia.

– O quê? Você está indo para a Líbia? – perguntou Vida, assustada, enquanto buscava a melhor posição para se sentar na cama.

– Não se preocupe, mamãe. O Pedro Manoel está chefiando a missão. O governo líbio se prontificou a abrir as portas do país para a ONU. Teremos a proteção das forças armadas do país, vai ficar tudo bem comigo.

Vida sentiu-se impotente para tentar impedir a viagem da filha. Conhecia-a o suficiente para saber que Clara havia deixado para avisar sobre a viagem na última hora exatamente para que sua mãe sequer tentasse demovê-la do seu intento.

– Quanto tempo você ficará lá? – perguntou Vida, sem esconder a tristeza e a preocupação no tom de sua voz.

– Entre dois e cinco dias. Somos um grupo de dez pessoas. O governo líbio quer angariar o apoio da comunidade internacional e não irá nos trazer problemas.

– O seu pai desceu para a academia. Eu não farei qualquer comentário dessa viagem com ele. Você sabe que ele é ainda mais preocupado com os filhos do que eu. Cuide-se, pelo amor de Deus! Ligue no meu celular para dar notícias. Que Deus proteja você e todos os seus colegas!

Despediram-se. Sentada na poltrona, Clara abriu a bolsa, pegou o envelope pardo que Pedro lhe entregara e o abriu, pegando um papel que estava em seu interior. Grampeado ao papel havia uma foto pequena da menina usando vestes árabes. Via-se apenas o seu lindo rosto, onde sobressaíam os seus olhos castanhos-claros. Ela não estava sorrindo na foto. Apenas lançava um olhar penetrante direcionado à lente da máquina fotográfica.

A menina chamava-se Khadija, a mãe Amina e o avô Rachid. O endereço estava escrito logo abaixo. Clara ficou encantada com os traços finos do rosto dela e com os olhos. Sentiu que o olhar de Khadija transmitia a força de sua personalidade.

Clara imaginou que a menina não havia mudado muito a aparência, já que a fotografia havia sido tirada oito meses antes.

Ela voltou a guardar a folha e a foto dentro do envelope, colocando-o dentro de sua bolsa de mão. Em seguida, o serviço de alto falante pediu aos passageiros do seu voo que se apresentassem no portão de embarque.

A classe executiva havia sido toda reservada para os funcionários da ONU. Clara sentou-se na poltrona da janela, ao lado de Pedro. Este, ao desligar o celular, verificou que havia uma mensagem escrita para ele. Sentiu o coração bater mais feliz quando leu em silêncio:

"Estarei rezando para que tudo ocorra bem e você volte logo. Já estou com saudades. Beijos, Rita".

Após o regresso de João ao Brasil, ele e Rita voltaram a se encontrar algumas vezes e conversavam todas as noites pelo telefone. Ambos demonstravam cuidado no trato um com o outro, refletindo o interesse que tinham em firmar o relacionamento.

O avião começou a se mover lentamente. Os raios solares iluminavam toda a pista. Pedro era devoto de Nossa Senhora de Fátima e só viajava com a imagem e uma medalhinha dela na carteira. Sempre que o avião decolava ou aterrissava, ele segurava a medalha em sua mão direita. Assim o fez naquele momento.

A decolagem ainda demorou, tendo em vista a fila de aviões que estavam na frente aguardando autorização da torre de controle.

Quando o comandante acelerou, Clara fechou os olhos e orou, pedindo a Deus proteção para o voo e para todos durante o período de estadia na Líbia.

Alguns minutos depois, quando o avião atingiu altitude de cruzeiro, Pedro reuniu os colegas para começar a falar um pouco sobre a missão.

– Gostaria de lhes relatar alguns fatos históricos para que visualizem o que deveremos encontrar na Líbia e lembrar-lhes dos cuidados que deveremos ter para não colocarmos em risco as nossas vidas e a missão.

"A meu ver, o coronel Khadafi, ou Ghadafi, ou Khadafi, como queiram, não é um homem confiável. As várias formas de escrever o nome dele ocorrem em função das dificuldades de transliteração da língua árabe e, também, em face da pronúncia regional na Líbia. Considero-o um homem inteligente e esperto. Basta dizer que está no poder desde o dia 01 de setembro de 1969, quando tinha apenas vinte e sete anos de idade.

"Contam que pertence a uma família tradicional, tendo nascido em uma tenda no deserto, perto de Sirte. Ele vem da tribo Qadhaththa. Em sua adolescência foi influenciado politicamente por beduínos comerciantes. Ainda criança, destacou-se em matemática, literatura e geografia.

"Ele aproveitou um momento político ruim do rei Idris I, então com noventa e um anos de idade, dos quais dezoito no poder, para liderar a revolução. O reinado de Idris I teve início com a independência da Líbia, em 1951, do domínio da França e Reino Unido.

"No ano de 1969 a população líbia estava insatisfeita com a pouca ou nenhuma compensação financeira que lhe trazia o petróleo extraído do país pelos norte-americanos. É bom ressaltar que o clima quente e seco permite o cultivo apenas na parte costeira da Líbia. Daí, a importância do petróleo.

"Khadafi expulsou norte-americanos, ingleses e a comunidade judaica da Líbia, fechando danceterias, bares e impondo respeito aos preceitos morais do islamismo. Pouco depois, no dia 05 de setembro de 1972, durante a realização das olimpíadas de Munique, um grupo de terroristas matou onze atletas israelenses. Suspeita-se do apoio de Khadafi a essa operação.

"Em 1977, ele criou o conceito de Jamahirya, que significa o povo administrando e tomando as principais decisões através de comitês populares. Todavia, desde quando assumiu o poder, Khadafi é o único que dá as ordens na Líbia e esmaga impiedosamente os oponentes do seu regime de governo.

"Em 1986, um atentado à bomba em uma discoteca de Berlim causou a morte de dois norte-americanos. Como resposta, no dia quinze de abril daquele ano, o presidente Reagan lançou uma ofensiva sobre Trípoli e Benghasi, com setenta e sete aviões, causando a morte da mulher e da filha de Khadafi.

"A vingança de Khadafi não tardou. No dia 21 de dezembro de 1988, um Boeing 747, da companhia norte-americana Pan Am, explodiu sobre a cidade escocesa de Lockerbie, deixando duzentos e setenta mortos, a maioria de norte-americanos.

"Em março de 1992, a ONU impôs sanções à Líbia por esse atentado. Em 1993, vieram novas sanções da ONU. O embargo econômico, aliado à queda do petróleo, causou grande insatisfação popular na Líbia. Naquele mesmo ano, aconteceu uma tentativa de golpe por parte de um grupo de altos oficiais do exército. Mais de mil e quinhentas pessoas foram presas e a cúpula do exército reformulada.

"Em 1998, Khadafi sofreu um atentado, sendo baleado, e foi operado às pressas. Em 2003, anunciou que se juntaria à guerra ao terror, o que gerou a suspensão das sanções impostas à Líbia pelo governo dos Estados Unidos.

"Portanto, esta é a terceira tentativa de tirá-lo do poder, mas é a primeira em que, de fato, ocorre a participação do povo líbio. O problema é que os rebeldes não são organizados, não possuem armas do calibre das que são usadas pelo exército do governo e não estão acostumados às batalhas. As informações que temos dão conta de que Khadafi está usando tanques e aviões de guerra, além de artilharia pesada antiaérea, para matar seu próprio povo. Temos a informação de que a violenta repressão aos protestos está sendo comandada por Abdullah Senussi, cunhado de Khadafi. Ele tem fama de ser brutal e é o responsável pela segurança interna e externa da Líbia.

"Para se manter no poder durante todo esse período, ele tem usado de várias táticas. Por exemplo, ele tem por hábito jogar uma tribo contra a outra, para evitar que qualquer líder o ameace. Diferentemente do Egito e Tunísia, não são forças militares que mantém o equilíbrio do poder na Líbia, mas uma rede de brigadas paramilitares, comitês revolucionários de seguidores fiéis, líderes tribais e mercenários estrangeiros, estes vindo de Chade e Níger, principalmente. Há relatos de que os mercenários atiram de cima dos prédios nos manifestantes, executando ordens que os soldados líbios se recusaram a obedecer.

"O exército da Líbia foi sucateado pelo próprio Khadafi, para evitar um golpe militar, como o que o levou ao poder.

"Ele é famoso por suas excentricidades. Têm várias enfermeiras ucranianas e só viaja acompanhado de uma delas, descrita como uma 'loira voluptuosa' pelos analistas. Ele prefere uma confortável tenda beduína a um quarto de hotel e passa a maior parte do tempo em uma zona árida nos arredores de Trípoli, onde costuma receber políticos e empresários. Alguns dossiês descrevem-no como um hipocondríaco que teme voar sobre as águas.

"Teremos uma reunião amanhã com o ministro das relações exteriores. A promessa é de que nos escoltarão para onde quisermos ir, a fim de investigar as denúncias de crimes contra a humanidade. Por precaução, sabemos que não podemos confiar totalmente nessa guarida que estão nos oferecendo.

"Vamos nos concentrar nas cidades próximas a Trípoli, já que as cidades do leste estão nas mãos dos rebeldes. Apenas Clara, Noah e Abdelcarim irão a Ras Lanuf. Os demais inspecionarão Trípoli e cidades vizinhas. Iremos nos dividir em dois grupos, cada um com três integrantes. Procurem ficar o tempo todo juntos e não se isolem por nada. Sejam políticos para conseguirem ir aos locais com denúncia de abuso, mas sejam ainda mais políticos para não entrarem em choque com homens do governo. Apenas façam as anotações, tirem fotos e filmem o que virem.

"Por tudo o que eu falei, quero que tenham um pé atrás com Khadafi e seus subordinados. Agora, aproveitem para descansar, pois não sabemos como serão os próximos dias."

Pedro voltou a sentar-se ao lado de Clara. Antes que ele começasse a ler o jornal, ela lhe perguntou:

– Você tem informações para me passar sobre Khadija, Amina e Rachid?

Pedro recolocou o jornal no compartimento que havia na parte de trás da cadeira da frente e respondeu:

– Tenho sim. Quem decide tudo é Rachid. Ele é uma pessoa de coração muito bom, que procura seguir os preceitos contidos no *Alcorão*. Para você ter uma ideia da devoção que ele tem a Maomé, basta dizer que ele escolheu os nomes da filha e da neta. Amina e Khadija foram, respectivamente, mãe e esposa de Maomé. Khadija era muito rica e usou o seu dinheiro para divulgar a doutrina do marido.

Clara raciocinou rapidamente e ponderou.

– Se é assim, Rachid é a pessoa a quem devo convencer para deixar Khadija vir aos Estados Unidos. Sendo ele tão fiel a Maomé, importante que eu saiba algo sobre o islamismo. Você conhece alguma coisa para me falar?

Pedro ajeitou-se na poltrona, procurando uma posição mais confortável, e respondeu:

– Eu já estudei sobre todas as religiões do mundo. Como o islamismo é a segunda maior em número de adeptos, com mais de um bilhão de seguidores, só perdendo para o cristianismo, sendo a que mais cresce, dediquei especial atenção ao seu estudo.

"Maomé nasceu no ano de 570 depois de Cristo na cidade de Meca, Arábia Saudita, sendo conhecida por ser centro de animismo e idolatria. Maomé viveu e cresceu entre mercadores. Seu pai, Abdulá, morreu quando ele nasceu, e sua mãe, Amina, faleceu quando ele tinha seis anos de idade.

"Aos quarenta anos de idade, segundo a fé islâmica, Maomé recebeu a visita do anjo Gabriel, que lhe transmitiu a existência de um único Deus. A partir daí, ele começou a pregar a doutrina monoteísta, mas sofreu pesadas resistências, já que as tribos árabes seguiam uma religião politeísta, com a existência de vários deuses tribais.

"Em face desse acontecimento, ele teve que migrar para a cidade de Medina, no dia 21 de junho do ano de 622. Esse acontecimento é conhecido como Hégira, ou seja, emigração, e marca o início do calendário mulçumano.

"Ele foi bem recebido em Medina, onde conseguiu implantar a religião monoteísta. Posteriormente, retornou para Meca e conseguiu o mesmo sucesso de Medina. A religião mulçumana começou a ser aceita e a se difundir pela península arábica. Ele faleceu no ano de 632. Com o seu falecimento, surgiu a divisão dos mulçumanos entre sunitas e xiitas. Estes queriam que Ali, marido de Fátima, filha de Maomé, fosse o novo líder espiritual, já que Fátima era a única filha viva do profeta, ao qual deu dois netos. Consideravam que os líderes oriundos da linhagem do profeta seriam aprovados por Alá e, por isso, seriam melhores do que outros líderes. Entretanto, a maioria dos mulçumanos considerava Ali muito jovem e não aceitou a liderança dele. Assim, escolheram Abu Bakr, amigo do profeta, como o novo líder em sua substituição. Os seguidores desses mulçumanos são os sunitas, assim denominados por aderirem à Suna, livro biográfico de Maomé. Eles têm uma visão mais conciliadora e não interpretam de forma literal os textos sagrados. Ao contrário, eles adaptam suas crenças com o decorrer do tempo e procuram estabelecer um intercâmbio com pessoas de outras religiões. Atualmente, representam oitenta e cinco por cento da população mulçumana, incluindo aí os três membros da família que você irá visitar. No Egito, de onde vieram, a maioria da população é sunita.

"Os livros sagrados dos sunitas são o *Alcorão* e a *Suna*. Os mulçumanos acreditam que Deus utilizou os profetas para revelar Sua vontade ao homem. A revelação dada a Moisés foi a *Torá*; a revelação dada a Davi foram os *Salmos*; a revelação dada a Jesus foi o *Evangelho* e, por último, a revelação dada a Maomé foi o *Alcorão*. Para os mulçumanos, a lista de profetas tem mais de vinte nomes, entre eles Adão e Abraão, além dos nomes que citei. Maomé é visto como o último profeta, aquele que veio completar a missão dos demais, sendo designado como Selo dos Profetas.

"Entre os principais ensinamentos do *Alcorão*, estão a onipotência de Deus e a importância de praticar a bondade, a generosidade e a justiça. Acreditam em vida após a morte e no juízo final, com ressurreição de todos os mortos."

Clara tinha memória fabulosa e registrou em sua mente os ensinamentos de Pedro para usá-los, se necessário, na conversa que ela teria com Rachid. O assunto foi interrompido pela aeromoça, que trouxe o almoço para os passageiros.

Durante boa parte da viagem, Pedro estudou o plano que tentaria colocar em prática quando chegasse à Líbia. Ele estava calmo, pois conhecia e confiava nas pessoas que havia escolhido para o acompanharem naquela missão. No início de sua carreira na ONU ele havia morado em países africanos e asiáticos, de culturas bem diferentes da sua, a europeia. A cultura e a experiência que angariou ao longo dos anos deixaram-no um homem extremamente preparado e equilibrado. A sua maior preocupação era com a segurança de Clara, Noah, de origem alemã, e Abdelcarim, de origem marroquina.

O piloto anunciou a aproximação do aeroporto Leonardo da Vinci, quando já se aproximava da meia-noite, horário de Roma. A temperatura era de onze graus na capital italiana. O pouso foi tranquilo, sem sobressaltos.

Logo na saída do avião, um funcionário do aeroporto os aguardava para levá-los até o avião fretado que os transportaria a Trípoli. A viagem seguiria imediatamente. Ficariam em solo apenas o tempo suficiente para acomodar as suas bagagens e eles próprios no avião, um jatinho com capacidade para trinta passageiros.

Os poucos minutos em solo italiano deixaram Clara nostálgica, lembrando-se do tempo em que havia morado naquele país, ocasião em que conheceu Marco.

A nostalgia ficou para trás quando o piloto decolou. Da janela do avião, à medida que ele ganhava altitude, ela observava as luzes da cidade eterna, adormecida naquele início de madrugada fria.

A previsão de duração da viagem era de duas horas e quarenta e cinco minutos, tempo em que o vôo cortaria o centro-sul da Itália e o Mediterrâneo até alcançar Trípoli, que era banhada pelas águas azuis daquele mar.

Clara dormiu durante o voo, vencida pelo cansaço. Somente acordou quando o piloto começou o procedimento de descida da aeronave. Aí, ela sentiu um frio na barriga ao ver as luzes de Trípoli.

Quando o avião pousou na pista do aeroporto, um carro do Ministério das Relações Exteriores, escoltado por dois carros do exército, já aguardava a comitiva, que seguiria em um micro-ônibus para o hotel.

O aeroporto ficava em Bem Ghashir, trinta e quatro quilômetros ao sul da cidade. Tinha apenas uma ala e a sua fachada externa tinha arquitetura mourisca.

Adail, alto funcionário do Ministério das Relações Exteriores, veio recebê-los na pista demonstrando simpatia, apesar de estar rodeado por quatro homens fortemente armados.

– Imagino que os senhores estejam cansados. Vamos direto para o hotel. Ao meio-dia iremos almoçar no restaurante Fes, de comida típica marroquina, que fica no próprio hotel. Depois faremos a reunião. Sinto informá-los que o ilustre ministro das relações exteriores não participará da reunião, incumbindo-me de lhes passar todas as informações e de ficar à disposição de vocês.

Em seguida, saíram em direção ao Corintia Bab Africa Hotel, localizado no centro empresarial de Trípoli, com vista para o Mar Mediterrâneo.

As ruas da cidade estavam vazias e a presença militar era notada em cada canto.

Quando chegaram ao hotel, Clara ficou encantada com a suntuosidade da entrada e do *hall*. Ela sabia que a realidade que a esperava nas ruas do país seria completamente diferente. Na recepção, o funcionário falava com entusiasmo da sauna finlandesa, banho turco e *jacuzzi*. Ressaltava, ainda, os serviços de massagistas, pedicuras e manicuras.

Após o *check-in*, cada um foi encaminhado ao seu quarto. Atendendo a um pedido de Pedro, ficaram todos no quinto andar.

Os quartos eram amplos e luxuosos. Clara abriu a cortina e viu, à sua frente, o Mediterrâneo. Ela estava cansada, louca de vontade de cair na cama, mas precisava muito de um bom banho. Aproveitou a ducha quente para tomar um banho demorado. Vestiu o roupão do próprio hotel e saiu do banheiro. Os primeiros raios solares começavam a iluminar o Mediterrâneo, mostrando toda a beleza de seu azul mesclado ao dourado da luz solar.

Inspirada pela beleza daquela imagem, Clara lembrou-se de sua missão e pediu a Deus proteção para cumpri-la em segurança. Depois, passou uma mensagem para o marido e a mãe, avisando ter feito boa viagem. Em seguida, ela fechou a cortina, deixando o quarto escuro novamente, e deitou-se, não demorando a pegar no sono.

Ao meio-dia em ponto os membros, da comitiva desceram para o restaurante, onde encontraram Adail, que chamava mais a atenção pela baixa estatura do que pelo cargo que ocupava.

Pedro sentou-se ao lado dele e aproveitou para iniciar o assunto sobre a missão da ONU. Adail se prontificou a atender todas as suas exigências, incluindo o livre acesso a toda repartição pública, segurança total a todos os integrantes da ONU e cumprimento dos requerimentos feitos pela comitiva. Adail mostrou-se temerário apenas quanto ao cumprimento do objetivo de Clara, Noah e Abdelcarim. Ele fez questão de colocar a sua preocupação com a segurança deles.

– Nossa equipe não tem como chegar a Ras Lanuf, já que a cidade está nas mãos dos rebeldes. A cidade está tendo combates violentos entre as tropas do governo e os rebeldes. Por isso, lá não é um lugar seguro, mas vamos acompanhar o carro da ONU até onde for possível. Acredito que vocês não terão problemas com os rebeldes, mas não lhes posso garantir nada. Já providenciei para que todos os carros colocados à disposição de vocês tenham a inscrição UN nas laterais, na frente e atrás, para designar Nações Unidas. A identificação dos carros é uma garantia a mais para que não tenham qualquer tipo de constrangimento, seja por parte de tropas do governo, dos rebeldes ou da população civil.

– Bem pensado. Essa providência é fundamental para a nossa segurança – tornou Pedro.

– Não saiam hoje para Ras Lanuf, que fica a seiscentos e sessenta e cinco quilômetros de Trípoli. Será uma viagem longa, sobretudo porque terão de parar no caminho, tanto nos bloqueios feitos pelo governo quanto nos bloqueios feitos pelos rebeldes. A viagem à noite torna-se mais perigosa. Melhor que saiam amanhã, logo no início da manhã. Um veículo militar os acompanhará.

Clara ouvia atentamente a conversa e voltou a sentir um frio na barriga. Ela sabia dos riscos que corria, mesmo que governistas e oposicionistas respeitassem o trabalho da ONU, pois poderia ser alvejada por um dos disparos de um lado ou de outro.

Após o almoço, seguiram para o *business center* do próprio hotel, onde Adail faria uma exposição sobre a guerra civil e sobre as ações do governo para trazer a paz de volta ao país.

Como era de se esperar, Adail defendeu com unhas e dentes as decisões de Khadafi e culpou a Al Múntaqam pelas inúmeras mortes que estavam ocorrendo. Informou sobre toda a estrutura governamental que seria colocada à disposição da ONU e sobre as cidades que eles teriam livre acesso.

Quando a reunião terminou, por volta das três horas da tarde, foi a vez de Pedro reunir-se com seus subordinados para traçar os últimos detalhes da missão que começaria no dia seguinte.

Após, cada qual aproveitou o tempo livre para fazer o que quisesse. Todos decidiram aproveitar a estrutura magnífica do hotel. Alguns foram para a piscina interna, onde tinha a banheira de hidromassagem, enquanto outros aproveitaram os raios solares na piscina externa que ficava a poucos metros do mar. Um terceiro grupo aproveitou para tomar banho turco e fazer sauna. Clara foi a única que preferiu se isolar em seu quarto. Ela entrou na internet e conversou com o marido e a mãe. Mostrou o luxo do quarto e a linda vista sobre o mar. Em momento algum, demonstrou a preocupação e o medo que começavam a aumentar.

Capítulo 43

Às seis da manhã, Clara, Noah e Abdelcarim encontraram-se no *hall* do hotel, onde três militares já os esperavam. Abdelcarim, o único que falava a língua árabe, tomou a frente nas conversas com os líbios.

O carro colocado à disposição da ONU era uma *minivan* grande, com capacidade para transportar até sete pessoas.

Como a viagem seria longa, eles tomaram café rapidamente e colocaram as bagagens no porta-malas. Em seguida, saíram em direção a Ras Lanuf, escoltados pelos homens de Khadafi. A estrada era litorânea, entre o Mediterrâneo de um lado e o deserto do Saara do outro.

Logo a cinquenta quilômetros de Trípoli, nos arredores da cidade de Zawiyah, o carro dos militares que seguia à frente estacionou no acostamento e um dos soldados veio conversar com eles.

– Neste momento tropas do governo e rebeldes estão combatendo em Zawiyah. Nós vamos passar por fora da cidade. Não se distanciem, porque, se pegarem o caminho errado, poderão cair no fogo cruzado. Para terem uma ideia do tamanho da batalha que está acontecendo agora, o governo empenhou cinquenta tanques e cento e vinte caminhonetes levando homens, além de atacar com caças para tentar retomar o controle de Zawiyah.

O arsenal de guerra citado pelo militar deixou-os assustados e preocupados, temendo que civis pudessem ser feridos e mortos durante a batalha. Receosa de sua segurança, Clara advertiu Abdelcarim, que dirigia o veículo.

– Pelo amor de Deus, fique bem perto deles. Não faço a menor questão de nos perder e cair no meio do fogo cruzado.

Os veículos passaram por fora da cidade, mas Clara e seus amigos puderam ver colunas de fumaças e prédios destruídos.

Os rebeldes usavam baterias de foguetes antiaéreos, para tentar derrubar os aviões, e armamentos pesados para o combate em terra, mas lutavam em inferioridade de condições frente à força bélica de Khadafi, além de não terem organização e prática na guerra.

Os rebeldes concentravam-se na praça principal da cidade e usavam altos-falantes para convocar a população a aderir ao movimento.

A viagem seguiu por intermináveis retas no meio da paisagem desértica, onde sobressaíam poucas árvores. No caminho, eles cruzavam com pessoas caminhando com malas, enquanto outros iam sobre os camelos em direção ao deserto, para fugir da guerra.

A presença militar era notada durante todo o percurso. O frio da noite havia cedido a um calor intenso, fruto do sol forte do deserto. Por sorte, o carro tinha ar condicionado e não se esqueceram de trazer litros de água.

Misrata foi o último lugar em que passaram onde os rebeldes ainda não haviam avançado. Eles estavam tentando tomar Sirte, onde nasceu Khadafi, como passo fundamental para libertar Misrata. Todavia, o aparato de apoio a Khadafi na cidade onde nasceu era robusto e os rebeldes sabiam que teriam imensa dificuldade em conquistá-la. Lá, os rebeldes estavam travando luta sangrenta com os homens leais da *kataeb*, tropas leais a Khadafi.

O fogo cruzado em Sirte foi motivo para os militares que os acompanhavam decidirem tomar uma estrada alternativa, mais longa e segura, que passava pelo deserto do Saara, passando uns vinte quilômetros distantes de Sirte, quando, então, voltava para próximo do litoral.

A partir dali, o próximo passo seria chegar a Bin Jawad, pequena cidade, que tinha sua importância por ser sede de terminal petrolífero. Mais à frente, pararam para abastecer o carro. Quando desceram, sentiram o ar quente soprar-lhes a face.

– Isso daqui parece uma sauna – comentou Noah, o mais calado dos três.

Pouco depois, no meio do caminho entre Sirte e Bin Jawad, eles encontraram tropas do governo. Pararam o carro no acostamento, logo atrás do carro do exército, e ficaram observando a conversa entre os soldados que os acompanhavam e os que vinham em sentido contrário. Pouco depois, os soldados que foram designados para lhes dar proteção desceram do carro e caminharam em direção ao veículo deles, causando-lhes expectativa e ansiedade.

– Não temos como seguir daqui pra frente. Bin Jawad está a sessenta quilômetros de distância, mas neste exato momento está havendo uma batalha sangrenta entre as nossas tropas e os rebeldes. A estrada está bloqueada pelo exército. Temos que esperar o fim do confronto.

Clara, Noah e Abdelcarim se entreolharam. Aquela parada não estava nos planos deles, pois esperavam chegar ainda naquele dia a cidade de Ras Lanuf.

– Tudo bem, nós iremos aguardar – respondeu Abdelcarim.

– Não acham melhor retornar? Não sabemos quanto tempo durará essa batalha. Mesmo assim, quando terminar, nada garante que não recomeçará logo depois – ponderou o militar.

– Obrigado pela sua preocupação, mas nós iremos esperar e seguir para Ras Lanuf assim que possível – insistiu Abdelcarim.

Sob o sol escaldante do deserto, sem uma única sombra por perto, eles ficaram dentro do veículo aguardando o desenrolar dos fatos em Bin Jawad. Mesmo com os vidros abertos, permitindo a ventilação no interior do carro, o suor pingava-lhes do rosto.

Com o passar dos minutos e sem nenhuma novidade à vista, Noah começou a ficar impaciente e com medo de seguir viagem. Após tomar um gole de água, ele perguntou:

– Vocês não acham que seria melhor voltarmos? Quanto tempo mais nós ficaremos esperando? E quem nos garante que teremos segurança se seguirmos?

– Em hipótese alguma – respondeu Clara. – Fico aqui o tempo que for necessário, mas vou chegar a Ras Lanuf. Nós já sabíamos dos riscos que correríamos antes de partir. Se você não estava disposto a enfrentá-los, deveria ter falado para o Pedro lá na capital.

Obviamente, a resposta de Clara gerou mal-estar com Noah. Imediatamente, ele olhou para Abdelcarim, buscando apoio para o seu plano. O marroquino percebeu a intenção de Noah e logo tratou de frustrá-la.

– Temos uma missão importante a cumprir. Se conseguirmos resgatar a menina, o terrorista poderá passar informações valiosas ao governo dos Estados Unidos. Não sei se terei outra oportunidade de cumprir uma missão tão nobre quanto essa. Sinto muito, Noah, mas eu estou de acordo com a Clara.

O alemão torceu o nariz, mas decidiu não render aquele assunto.

Após quase cinco horas de espera, quando o sol já ameaçava se pôr no horizonte, um dos militares se aproximou com expressão de euforia.

– Vencemos o combate e colocamos os rebeldes para correr. A paz retomou aos moradores locais. Vamos levá-los adiante, mas será nosso ponto final a próxima cidade, pois a partir de lá as demais localidades estão dominadas pelos rebeldes.

Clara teve nojo do militar e pensou consigo mesma:

"Como pode se alegrar com a dor e o sofrimento alheios?"

Após uma hora a mais de viagem, eles chegaram às proximidades de Bin Jawad, sendo recebidos pelos homens da *kataeb*, forças leais a Khadafi, que bloqueavam a entrada da cidade. Os militares que os davam proteção abraçaram-se aos que haviam participado do combate.

Depois das saudações entre os homens do governo, eles seguiram até o centro comercial da pequena cidade. Clara sentiu náuseas ao ver manchas de sangue espalhadas pelo chão, além de várias edificações parcialmente destruídas.

Por todos os lados ouviam-se os gritos de dor de quem acabara de perder um ente amado ou teve parentes feridos no combate. As ambulâncias já haviam levado os mortos e feridos para o hospital de Benghasi, cidade berço da revolta. A comoção havia tomado conta da pequena cidade, mas os moradores não podiam expressar a revolta contra Khadafi, a quem consideravam o causador de todo aquele mal. Temiam sofrer represálias por parte dos homens das forças armadas.

Os militares voltaram a estacionar o veículo e desceram para conversar com eles, sendo observados pelos moradores e pelos homens do exército que participaram da batalha.

– Vocês têm certeza de que vão tentar seguir adiante? – perguntou um deles.

– Sim – respondeu Clara de forma enfática, temendo que o líbio insistisse em seu ponto de vista e amedrontasse ainda mais o já preocupado Noah.

– Então, aconselho-os a dormirem aqui esta noite. Os rebeldes tiveram uma derrota humilhante e não irão voltar, ao menos por ora. Por outro lado, estamos bombardeando Ras Lanuf por céu, terra e mar. É muito arriscado ir para lá agora. Conversem com os moradores, ofereçam dinheiro e peçam para passar a noite em alguma casa. Amanhã, antes de seguirem para Ras Lanuf, chequem como está a situação.

Noah apenas balançou a cabeça, demonstrando a sua contrariedade com a decisão dos colegas em seguir adiante.

– Ok. Muito obrigada.

Os militares despediram-se e entraram no veículo novamente.

Clara viu uma minimercearia aberta do outro lado da rua, uns vinte metros à frente.

– Estou com fome. Vamos entrar ali, comprar algo e aproveitar para conversar com alguém sobre o que aconteceu aqui. Tenho a impressão de que houve um banho de sangue.

Abdelcarim e Noah seguiram-na. Os passos deles eram observados por todos, militares e civis. Na minimercearia, eles aproveitaram para comprar água, pão, pasta de grão de bico e frutas secas em excesso, pois não sabiam o que iriam enfrentar pela frente. Assim, precisavam fazer estoque de comida e água. Sentaram-se nos banquinhos próximos ao balcão e começaram a comer. Um homem, aparentando ter cinquenta e poucos anos, aproximou-se e, sorrateiramente, deixou um pedaço de papel sobre o balcão e saiu. Clara pegou o papel e leu em voz baixa a mensagem escrita em inglês:

– Estarei do lado de fora, próximo a algum militar. Aproximem-se e ofereçam-me dinheiro para repousarem hoje na minha casa, para que eles não desconfiem de nada. Tenho muito a revelar.

Clara olhou para os seus colegas, procurando saber qual seria a reação deles.

– Vamos fazer uma horinha aqui para não chamar a atenção. Depois, procuramos esse homem – sugeriu Abdelcarim.

Noah ficou em silêncio. Achava arriscado procurar o referido homem, mas sabia que seria voto vencido.

Alguns minutos depois, eles saíram da minimercearia e viram o homem do bilhete do outro lado da rua. Assim que os viu, o homem aproximou-se de um militar e começou a conversar, parabenizando-o pela vitória sobre os rebeldes.

Os membros da ONU foram ao encontro dele e Abdelcarim usou o seu conhecimento da língua árabe para atrair a simpatia do militar.

– Senhores, com licença. Estamos procurando um lugar para repousar. Precisamos de dois quartos e um banheiro decente. Sabem onde podemos encontrá-lo?

Imediatamente, o homem respondeu, sem deixar oportunidade para que o militar palpitasse.

– Na minha casa, desde que me paguem bem. Tenho boas camas para lhes oferecer, com cobertores para se agasalharem do frio que faz durante a madrugada, e banho quente. Apenas ressalto a importância de que não abusem do uso da água durante o banho. Quanto em dinheiro vocês estão dispostos a me pagar por isso?

– Cinquenta dólares – tornou o marroquino.

Os olhos do militar chegaram a brilhar ao ouvir a oferta feita ao morador local. Viu ali a oportunidade de ganhar um dinheiro extra e não titubeou. Escancaradamente, sem se preocupar com o que eles pensariam, ele exigiu.

– Cinquenta dólares para ele e cinquenta para mim, para que eu não traga problemas para vocês. Prometo que não serão importunados por nenhum homem de Khadafi.

– Acho justo – tornou o civil, tentando ajudar o militar para não ter problemas com os outros soldados.

Abdelcarim abaixou a cabeça e deu um sorriso irônico, reprovando o comportamento do militar. Conformado, já que não tinha alternativa, ele sacou a carteira do bolso e tirou duas notas de cinquenta dólares, entregando uma a cada um.

Em seguida, despediram-se do militar e acompanharam o civil. Ao se distanciarem alguns metros, ele se apresentou.

– Meu nome é Said, sou professor de matemática. Moro a dois quarteirões daqui. Vamos deixar para conversar assim que chegarmos à minha casa. Aqui não é seguro.

Said tinha a pele queimada pelo sol inclemente do deserto e usava bigodes finos. Era baixo e magro. Os cabelos crespos já estavam bem grisalhos.

Em menos de dois minutos eles chegaram à casa de Said, que aparentava ser simples, apesar de ter dois pavimentos. Ele abriu a porta e gritou por Safia, sua esposa.

Ela desceu a escada e levou um susto quando viu os acompanhantes do marido.

– São funcionários da ONU, pode ficar tranquila. Irão dormir aqui hoje.

Safia saudou-os com timidez, preocupada que ficou em dar-lhes boa estadia. Nunca havia recebido visita tão importante. Clara percebeu a insegurança dela e tratou de acalmá-la

– Nós temos colchonetes, não precisa se preocupar em nos fornecer colchões. Iremos partir amanhã bem cedo. Apenas gostaríamos de poder tomar banho e usar a sala mesmo para estendermos os nossos colchonetes.

– Temos duas camas vagas. Apenas um de vocês precisará de colchonete. Dormirão nos quartos lá em cima – informou Said.

A casa era muito simples, mas era ampla. Havia uma copa, sala e cozinha no piso de baixo. No andar superior ficavam três quartos e o banheiro.

Said convidou-os para se sentarem nas cadeiras de madeira em volta da mesa de refeições. Safia foi para a cozinha preparar chá para os visitantes.

– Vocês têm filhos? – perguntou Abdelcarim

– Temos dois filhos, um de dezenove e outro de dezessete anos. Partiram hoje para Benghasi a fim de levar os feridos para o hospital. Amanhã retornarão trazendo armas. Vamos expulsar daqui esses homens da *kataeb* e retomar o controle da cidade.

– As pessoas que estão participando dessa revolução são muito novas, não é mesmo? – perguntou Clara.

– Há pessoas de todas as idades e classes sociais, desde médicos, engenheiros, professores e estudantes, a pedreiros, serralheiros e mecânicos. O nosso problema é que não temos o hábito de pegar em armamento pesado. Sequer sabemos usá-lo corretamente. Por outro lado, Khadafi está colocando todo o seu arsenal nesta guerra. Agora mesmo, temos informações de que ele está usando aviões, lanchas e tanques para bombardear Ras Lanuf. É fundamental que a Liga Árabe e a ONU aprovem a exclusão do espaço aéreo. Do contrário, será uma verdadeira carnificina. Eu vou lhes relatar o que aconteceu hoje para que vocês levem ao conhecimento do mundo.

Os olhos de Said quase saltavam para fora, tal era a sua ira contra Khadafi. A aparência física frágil em nada se assemelhava à voz firme e grossa que saía de sua garganta:

– Militares desertores do exército de Khadafi chegaram com tanques e armas para ajudar os rebeldes. Eles estacionaram em Wali al-Hamar, dez quilômetros a sudeste daqui. Deslocaram-se pelo deserto, movimentando-se em forma de pinça para cercar a cidade, mas foram recebidos com disparos de foguetes antiaéreos num ângulo de zero grau. Sabem o que isso significa? – perguntou, olhando pausadamente para cada um dos três. Estava quase espumando, tamanha era a sua raiva.

– Isso significa que os membros da *kataeb* miravam diretamente as pessoas. Para terem uma ideia, quando o alvo é algum avião, o certo é usar trinta graus para derrubá-lo. Zero grau é mirar na horizontal o alvo que está à sua frente.

"Os rebeldes usaram peças de artilharia e fuzis. Os soldados do governo responderam com tanques e foguetes antiaéreos. As cenas que ocorreram aqui foram horríveis. Inúmeras pessoas morreram. Havia pedaços de corpos, como braços, pernas e troncos em vários pontos da cidade. Eles limparam tudo para vocês não verem, pois foram informados que havia um carro da ONU a caminho".

– Os rebeldes lutam por condições de vida melhor? – perguntou Noah, enfim mostrando resignação em seguir adiante na tentativa de resgatar a filha do terrorista.

– Não. As nossas condições de vida são até boas. A nossa luta é por liberdade. São dezenas de anos sem o direito de nos expressar. Sabem o que é isso? Uma pessoa precisa não apenas de pão para viver. Sem o direito de expressão, o seu espírito fica acorrentado. Queremos romper com essa corrente que nos aprisiona.

"Além disso, Khadafi não consegue mais controlar as informações que chegam à população. Assim, ficamos sabendo que Muatassim, um dos seus filhos, exigiu um bilhão e duzentos milhões de dólares do presidente da empresa nacional de petróleo da Líbia. Depois, pagou um milhão de dólares à cantora Mariah Carey para cantar apenas quatro músicas, no *réveillon* de 2009 que ele passou em St. Barts, uma ilha caribenha. No ano seguinte, ele repetiu a sua festa de ano novo, contratando Beyoncé e Usher. Esses gastos multimilionários voltados para o prazer individual do filho de Khadafi causaram indignação nos líbios."

Safia trouxe o chá, que veio em boa hora, já que começava a ventar forte e a temperatura havia caído abruptamente, girando em torno de treze graus centígrados. Junto com o chá, ela trouxe um potinho com biscoitos.

Após tomar um gole de chá, Abdelcarim tirou um moderno celular do bolso e um cartão pessoal, entregando-os a Said.

– Tome. Quero que filme o que puder se houver nova batalha. Depois, use a internet para mandar as imagens para o meu *e-mail*. É fácil usar a função da filmadora, eu vou lhe ensinar.

Em seguida, Abdelcarim mostrou a Said e Safia como filmar no celular.

Após o chá, Abdelcarim saiu para buscar o carro que havia ficado na rua principal. Safia e Said acompanharam os demais aos quartos que ficavam no andar superior. O quarto menor ficou para Clara, enquanto os outros dois ficaram com o quarto maior.

Said voltou a fazer a recomendação que já havia feito aos três.

– Podem usar o banheiro. Peço-lhes apenas que não abusem do uso de água, pois poderemos ter o fornecimento interrompido a qualquer momento.

Clara foi a primeira a tomar banho. O banheiro era extremamente simples, mas asseado. Ela deixou a torneira aberta menos de cinco minutos, para não desagradar os anfitriões. Em seguida, entrou para o seu quarto e passou uma mensagem pelo celular para Pedro, Marco e sua mãe, avisando que estava tudo bem. Depois agradeceu a Deus por terem chegado até ali em perfeito estado de saúde.

Da janela de seu quarto, ela via o vento balançando violentamente os galhos das árvores. O zunido era assustador, sobretudo diante da carnificina que havia ocorrido ali algumas horas antes.

Clara levou a mão à altura da barriga e lembrou-se da última relação que havia tido com Marco. Ela continuava com a forte suspeita de que poderia ter engravidado naquela ocasião. Fechou os olhos e imaginou um bebê em seu útero, preparando-se para nascer em nove meses.

"Se eu estiver certa, o bebê que está no meu útero irá me proteger nesta jornada", pensou.

Durante o sono Clara sonhou com Vida e José, seus pais. Sonhou com a última vez em que estiveram juntos, no natal do ano anterior. Apesar da distância, sempre se falavam pela internet.

Capítulo 44

Após acordar, Clara recordou-se do sonho e ficou pensando nos pais. Lembrou-se também da irmã, grávida de sete meses, à espera do nascimento do segundo filho. Por fim, pensou em Marco. O amor que a cercava era um motivo a mais para ela agir com prudência e sabedoria assim que entrassem em Ras Lanuf, distante apenas quarenta e cinco quilômetros dali.

O frio parecia ainda mais intenso no meio da madrugada. Naquelas circunstâncias, o silêncio chegava a ser assustador, pois a qualquer momento poderia ser rompido pelo barulho dos bombardeios. Apesar da roupa aquecida, ela não dispensou o cobertor oferecido por Safia. Ficou rolando de um lado para o outro na cama até ouvir o barulho de três batidas na porta.

– Já são seis horas – disse Noah. – Arrume-se, porque sairemos em trinta minutos.

Clara já estava usando os trajes para a viagem. Havia dormido com eles. Calmamente, levantou-se, calçou o tênis e foi ao banheiro lavar o rosto, pentear os volumosos cabelos negros e escovar os dentes. Em seguida, desceu e sentou-se de braços cruzados no sofá velho que ficava na entrada da sala. Pouco depois, Noah e Abdelcarim também desceram, tendo Said e Safia ao lado deles.

Safia cumprimentou Clara e foi à cozinha buscar pão para os hóspedes. Ela mesma havia se levantado cedo para fazê-los.

– Comam, estão fresquinhos. Vocês não sabem o que vão enfrentar.

Cada um pegou um pedaço de pão e o comeu, sentados nas cadeiras da mesa da copa. Após, Clara fitou os anfitriões, grata pela acolhida, e despediu-se.

– Não sei como agradecer o carinho com que nos receberam. Cuidem-se. Se der, quando regressarmos para Trípoli, passaremos aqui para uma última despedida.

Said e Safia estavam lisonjeados por receberem em sua casa membros da comitiva da ONU que investigariam se Khadafi estava praticando crimes contra a humanidade. Timidamente, eles retribuíram o agradecimento.

– Estamos aqui à disposição para o que precisarem. Foi um prazer servi-los. Que Alá proteja a jornada de vocês e lhes mostre as atrocidades patrocinadas por Khadafi – desejou Said.

Abraços de carinho sincero e recíproco marcaram a despedida. Assim que partiram, Clara e seus colegas fizeram uma oração para pedir proteção divina naquele dia. Abdelcarim permanecia no comando da direção. Com receio do que poderia encontrar em Ras Lanuf, ele dirigiu em baixa velocidade, levando uma hora para fazer o percurso de quarenta e cinco quilômetros.

Assim que chegaram, constataram que estavam com sorte, pois não ouviram barulhos de disparos de armas. Todavia, ao redor viram vários carros destruídos e edifícios danificados, frutos do intenso bombardeio da noite anterior. As ruas estavam desertas. Algumas colunas de fumaça ainda podiam ser vistas ao longe.

Aproximando-se do complexo petroquímico, Abdelcarim viu pedaços de um corpo sobre a calçada e parou o carro para Noah filmar.

– Não olhe para isso, Clara! – sugeriu o marroquino.

Tarde demais. Ela já estava abrindo o vidro da porta para vomitar, não resistindo à cena semelhante às de filme de terror, só que mostrada na vida real.

A impressão que se tinha era a de que as pessoas estavam escondidas no interior de suas casas, horrorizadas com as barbáries praticadas pelos membros das tropas governistas.

Em poucos minutos, o GPS providenciado por Abdelcarim conduziu-os ao endereço desejado. Várias casas naquela rua haviam sido danificadas. Clara torcia para encontrar a residência de Rachid em perfeitas condições. Estava com o seu coração apertado, com receio de que pudessem ter chegado tarde demais.

Finalmente, uma voz feminina do GPS informou que haviam chegado. A casa estava do lado direito, em frente ao veículo.

Olharam e viram que a casa estava bem destruída. Imediatamente, desceram do carro, passaram pelos escombros e entraram. Logo perceberam que o estrago havia sido causado por uma bomba lançada de um avião.

Clara levou as mãos à cabeça, começando a se conformar de ter fracassado em sua missão. Sabia que dificilmente os moradores da casa conseguiriam escapar com vida dali.

As cenas de destruição eram impressionantes. Os três pisavam cuidadosamente sobre os escombros, procurando por corpos que pudessem se encontrar por baixo do concreto. Foi quando se assustaram ao ouvir os passos de alguém se aproximando.

– Vocês são da ONU? – perguntou uma jovem mulher, em inglês carregado de sotaque.

– Sim – antecipou-se Abdelcarim. – Estamos procurando por Rachid, Amina e Khadija. Você sabe se estavam aqui no momento em que a bomba caiu?

A moça começou a chorar, levando-os a crer que todos haviam morrido. Entre soluços, com as mãos cobrindo o rosto, ela respondeu:

– Rachid e Khadija foram levados para o hospital desacordados e muito feridos. Acredito que não tenham resistido aos ferimentos. Já tentei falar no hospital, mas não consegui obter notícias deles.

A informação dada pela mulher deixou Clara abalada. Ela fechou os olhos e apoiou-se na parede parcialmente destruída. Desta vez, começou a pensar que sua intuição havia falhado. Sentiu uma dor forte no peito, pois havia se familiarizado com Khadija desde o momento em que ouviu os policiais falando dela com Pedro Manoel, no prédio da ONU. Depois, ao ver a fotografia da pequena, sentiu essa familiaridade aumentar ainda mais.

Não bastasse o apego repentino, ela queria muito atender à exigência do terrorista, a fim de que ele falasse tudo o que sabia sobre a Al Múntaqam. Era mais um serviço que ela ansiava prestar à sociedade mundial.

Noah viu o desespero de Clara e prontificou-se a abraçá-la, tirando um lenço do bolso para entregá-lo em suas mãos. Em seguida, ele a confortou.

– Clara, fique com a consciência tranquila. Você fez o melhor que podia.

Ela seguiu chorando, sem forças para falar qualquer palavra.

– E Amina? O que aconteceu com ela? – perguntou o marroquino.

– Eu já disse, ela foi levada para o hospital – tornou a mulher.

– Não. Você falou que Rachid e Khadija foram levadas ao hospital – ponderou Abdelcarim.

A mulher diminuiu a intensidade do choro, limpou as lágrimas e respondeu:

– Desculpem-me. Eu estou muito abalada. Amina e Rachid foram levados para o hospital. Khadija estava na minha casa na hora do bombardeio, brincando com Soraia, minha filha. Ela quis voltar para a casa dela, mas eu fiquei temerosa de ser atingida e não a deixei vir. Foi a sorte.

Imediatamente, Clara tirou o lenço do rosto. Seus olhos ganharam vida. Novamente esperançosa, ela perguntou:

– Khadija está viva?

– Sim. Está na minha casa. Não sei o que será dessa menina se a mãe e o avô morrerem. Dizem que o pai é terrorista da Al Múntaqam e não tem paradeiro certo. Coitada! Tão pura e de coração tão generoso, não merecia ficar órfã tão nova!

Clara sentiu-se aliviada com a confirmação de que Khadija estava viva. Depois de ouvir que a pequena havia morrido, receber a informação de que havia sido enganosa a informação trouxe-lhe até mesmo alegria, ainda que pesasse por outro lado a preocupante notícia dos ferimentos sofridos por Amina e Rachid.

– Leve-nos até ela, precisamos vê-la – tornou Clara.

– Sim! Por favor, permitam-me apresentar-me. Meu nome é Esther.

Clara estendeu a mão para cumprimentá-la.

– Sou Clara. Estes são Abdelcarim e Noah. Estamos incumbidos pela ONU de levar Khadija para os Estados Unidos. Como você disse, o pai dela é terrorista da Al Múntaqam e foi preso durante atos preparatórios para implodir o prédio da ONU. Ele quer ver a filha e deseja que ela viva protegida nos Estados Unidos como condição para delatar segredos da Al Múntaqam.

Esther levantou as mãos para o alto.

– Alá seja louvado. Enviou três anjos para propiciarem uma vida digna à pobre órfã. Venham comigo.

Esther passou por entre os escombros e saiu da casa semidestruída, pedindo para eles se apressarem.

– Precisamos agir rapidamente. Temo que os homens de Khadafi reiniciem os ataques. Sigam-me.

Em passos largos ela atravessou a rua, caminhou em direção à esquina logo à frente e virou à direita em uma rua mais estreita. A sua casa era a segunda após a esquina. Ela abriu o portão de ferro e sinalizou para entrarem. Fechou-o, em seguida, e retomou os passos em direção ao interior da casa, seguindo por um beco estreito até o fundo do imóvel, onde virou à direita e entrou por uma porta antiga de madeira.

– Khadija, Khadija! – gritou. – Temos visitas, alguns amigos querem vê-la.

A menina saiu correndo de dentro do quarto, em companhia de Soraia, e parou na frente deles. Os olhos umedecidos e inchados denunciavam que estava chorando. Clara teve o ímpeto de abraçá-la, mas segurou-se, com receio de assustá-la.

– Vocês têm notícias da minha mãe e do meu avô? – perguntou Khadija, em árabe.

Abdelcarim deu dois passos à frente, abaixou-se para ficar no mesmo nível dela, segurou as mãos da menor e respondeu, também em árabe.

– Ainda não. Mas iremos ao hospital agora mesmo e retornaremos com notícias. Espero que sejam boas, mas quero que você fique preparada para o pior.

Khadija abaixou o rosto, balançando-o para frente e para trás, em resposta positiva ao pedido de Abdelcarim.

Em seguida, assustaram-se ao ouvirem os barulhos das bombas e disparos de fuzis e foguetes.

Esther começou a orar baixinho, em árabe. Finalizou em voz alta.

– Alá proteja o meu marido.

Abdelcarim entendeu a prece e perguntou:

– Seu marido está em combate?

– Sim. Ele é engenheiro e se aliou aos rebeldes.

Do interior da casa, eles ouviam o barulho dos caças voando e das bombas caindo, bem como da resposta dos rebeldes, que usavam baterias antiaéreas e armamentos pesados.

– Ontem, eles usaram tanques, lanchas e aviões para atacar os rebeldes. Não permitiram, inclusive, que ambulâncias entrassem na cidade. Hoje, usarão bombas e mísseis novamente. Acho que os rebeldes serão expulsos em questão de tempo. Espero apenas que o meu marido volte para casa.

Abdelcarim voltou-se para Khadija novamente. Esperando contar com a compreensão dela, explicou:

– Khadija, seria muito arriscado sairmos agora para buscar notícias da sua mãe. Vamos esperar o cessar fogo. Não há como ajudá-la neste momento. Caso esteja viva, ela está no local mais seguro da cidade e, além disso, certamente está recebendo os cuidados médicos de que precisa.

– Está bem – conformou-se a pequena.

Os barulhos do confronto permaneceram por toda manhã. Um homem gordo entrou correndo pela casa, assustando os membros da ONU.

– Podem ficar tranquilos, ele é nosso amigo.

Voltando-se para o homem, Esther perguntou:

– Rafiq, o que aconteceu? Tem notícias de Mustafá?

O vizinho estava esbaforido e precisou de tempo para ganhar fôlego e responder à pergunta dela.

– Há dezenas de tanques nas ruas. Estão atirando, inclusive, em civis. Há vários feridos, mas não temos como socorrê-los, pois os disparos estão muito intensos. Eles estão utilizando lanchas pelo Mediterrâneo e aviões para acertar as posições dos rebeldes, que responderam com um ataque de foguetes em direção ao mar. Parece-me que atingiram a refinaria Lybian Emirates Oil. Há algumas colunas de fumaça na cidade e também no complexo petroquímico. Fiquei sabendo que acertaram, inclusive, uma mesquita em uma área residencial, atingindo-a com dois foguetes. Um explosivo acertou, ainda, a tubulação que abastece a cidade com água. Certamente, teremos falta de água daqui pra frente.

"Não tenho notícias do seu marido, mas, se ele sobreviver ao dia de hoje, aconselho-a a convencê-lo em desistir da luta pela liberdade. Dizem que alguns jovens estão estarrecidos com as cenas de violência e decidiram abandonar a luta e voltar para o lar. Não podemos com o poderio de fogo de Khadafi".

Esther levou as mãos à cabeça em sinal de desespero pela falta de notícias do marido. Mustafá era engenheiro e recebia um bom salário, que lhe possibilitava dar uma vida digna à família. Se morresse em combate, Esther precisaria procurar emprego para sustentar a si e a pequena Soraia.

Com o decorrer das horas, a fome apertou e Esther esquentou o ensopado de carneiro que já estava pronto, servindo um pedaço em cada prato, colocando pão ao lado da carne.

– Comam. Infelizmente, hoje só poderei lhes oferecer esta refeição.

Por sorte, haviam trazido pão e frutas secas em fartura de Bin Jawad.

No fim da tarde, Esther conseguiu, finalmente, falar no hospital. A atendente pediu-lhe que esperasse na linha para buscar notícias de Amina e Rachid. A expectativa era grande em todos. Após alguns minutos de espera, a atendente retornou.

– Felizmente, ambos estão vivos. Apresentam feridas e escoriações por todo o corpo, mas não quebraram ossos e não tiveram o funcionamento de qualquer órgão comprometido.

A expressão de alívio de Esther refletiu em todos.

– Obrigada pela sua gentileza em me atender. Imagino que vocês estejam passando por momentos difíceis.

Esther desligou o telefone, tendo um sorriso discreto na face. Olhou para as visitas ilustres e gritou, entusiasticamente:

– Estão vivos!

Khadija correu para abraçar Esther.

– Alá salvou minha mãe e meu avô. Eu sabia que eles estavam vivos, eu sabia.

Aliviados com a notícia de que Amina e Rachid estavam vivos, decidiram dormir na casa de Esther e ir ao encontro deles no hospital apenas no dia seguinte, já que ainda ouviam o barulho dos bombardeios.

Abdelcarim correu até o carro e conduziu-o até a frente da casa de Esther. Noah o ajudou a descer com os colchonetes e malas. Estenderam os colchonetes na sala, onde dormiriam.

Esther separou um balde para enchê-lo de água, a fim de que todos pudessem se banhar. Ela mesma o encheria e o deixaria no banheiro, com a recomendação de que não abrissem o chuveiro. Preocupada com o desabastecimento provável, não queria desperdiçar água.

Abdelcarim e Noah novamente usaram de gentileza para permitir que Clara fosse a primeira a se banhar.

O balde de água era de tamanho médio. Primeiro, ela mergulhou os fartos cabelos negros no balde. Depois, ela molhou a esponja e a passou em seu corpo, molhando-o com cuidado para desperdiçar o mínimo de água. Em seguida, passou xampu nos cabelos e ensaboou o corpo. Voltou a mergulhar os cabelos no balde. Depois, com as mãos em forma de concha, em gestos repetidos, retirou a água de dentro do balde, jogando-a em seu corpo para tirar a espuma.

Todo aquele ritual por um simples banho fez com que ela sentisse saudade do conforto do banheiro de sua casa.

“Quando retornar à minha casa, vou valorizar mais o ato de tomar um banho”, pensou.

Um a um, todos se banharam. A notícia de que Amina e Rachid estavam vivos e o cessar fogo trouxeram ânimo novo a todos, que ainda se sentiram recompensados por ver a expressão de alegria na face de Khadija.

Os três deitaram-se nos colchonetes estendidos na sala. Mais uma vez, Clara lembrou-se de passar uma mensagem no celular para Pedro, Marco e Vida, sua mãe, avisando que estava tudo sob controle. Novamente, a noite trouxe frio. Vez ou outra ouviam o barulho das sirenes das ambulâncias, o que atrapalhava para que pegassem no sono. Por fim, vencidos pelo cansaço, adormeceram.

Capítulo 45

Clara foi a primeira a acordar. Ainda estava escuro, mas já começava a clarear. Os bombardeios ainda não haviam sido retomados. Então, ela decidiu chamar seus colegas.

Em menos de trinta minutos, todos já estavam prontos. Com o barulho que fizeram, Esther acordou e veio ao encontro deles.

– Enquanto vão ao hospital, irei à casa de Amina pegar o que sobrou para adiantar a partida de vocês.

Esther indicou o endereço do hospital. Abdelcarim escreveu-o no GPS e partiram. A essa altura, já havia amanhecido, mas o movimento de carros e pessoas nas ruas era pequeno. Parecia que os moradores receavam a retomada dos combates.

Rapidamente, chegaram ao hospital. A movimentação de pessoas e ambulâncias logo na entrada era grande. Estacionaram o carro, desceram e caminharam para o hospital. Assim que entraram, viram cenas tristes de pessoas com ferimentos graves deitadas em macas. As que estavam menos feridas ficavam estiradas ao chão.

Os três estavam usando o uniforme da ONU, pois a identificação da entidade lhes poderia ser útil para retirar Amina e Rachid do hospital.

Abdelcarim, o único dos três que falava árabe, viu um médico passando e o parou para pedir ajuda. Antes, mostrou sua carteira funcional e, depois, leu o nome do médico no crachá para chamá-lo pelo nome.

O médico estava com os olhos fundos e as pálpebras roxas, indicando que estava trabalhando em carga horária bem acima da recomendada naqueles dias. Apesar de visivelmente cansado, ele demonstrou boa vontade para conversar com Abdelcarim.

– Doutor Mahmud, somos funcionários da ONU. Viemos aqui com a missão de retirar dois feridos e levá-los para a capital do país.

– Eu vou ajudá-los. Se houver possibilidade eu vou liberá-los, até mesmo porque o número de feridos que está chegando é bem maior do que a capacidade de atendimento do hospital. Quais os nomes deles?

Abdelcarim retirou um papel do bolso com a qualificação completa de Amina e Rachid, entregando-o ao médico.

– Aguardem um momento.

O médico saiu, deixando-os em pé no corredor, onde havia algumas manchas de sangue.

– Não serviria para trabalhar em um ambiente desses – confidenciou Clara. – Não tenho estômago para isso, sobretudo em uma situação em que nitidamente o hospital não tem estrutura para atender a tantos feridos graves! Deus me livre! Ainda bem que há pessoas com vocação para esse serviço.

Mais um pouco e ouviram um estrondo ensurdecedor, bem próximo do local onde estavam. Chegaram a sentir o chão tremer. Alguns feridos que estavam sobre as macas caíram ao chão, tal foi o susto.

Naquele momento, os três funcionários da ONU tiveram a nítida percepção de que o hospital estava sendo bombardeado. Os funcionários e parentes das vítimas que se encontravam no hospital correram em direção à portaria principal para se inteirar do que havia ocorrido.

Logo, vieram os barulhos dos tanques passando por ali e dos disparos de foguetes e outras armas. Alguns pedestres correram para dentro do hospital.

– O que estamos fazendo aqui? – lamentou Noah. – Eu avisei para retornarmos, mas vocês não quiseram me ouvir.

Antes que Abdelcarim o retrucasse, viu o doutor Mahmud caminhando na direção deles, ao lado de uma enfermeira e dois feridos, os quais ele logo reconheceu como sendo Amina e Rachid.

Abdelcarim correu para auxiliar o médico e a enfermeira, sendo seguido por seus colegas.

– Estas são as pessoas que vocês procuram – disse Mahmud. – Podem levá-los, pois o quadro clínico não é grave. Estão apenas com escoriações e hematomas. Não podemos ficar aqui, vamos esvaziar o hospital e tentar levar os feridos para Benghazi. Espero que os homens da *kataeb* permitam-nos passar pelo bloqueio.

Enquanto Clara e Noah ampararam Rachid, Abdelcarim amparou Amina em seus braços e agradeceu ao médico, despedindo-se do mesmo com um aperto de mão.

– Boa sorte, doutor! Que Alá ilumine os seus caminhos.

– Obrigado! Desejo-lhes o mesmo.

O médico se retirou para seguir com o cumprimento de seu ofício e eles caminharam para a portaria do hospital. A poucos metros, o corpo de um homem morto estava deitado na calçada, sendo observado por algumas pessoas que se protegeram atrás dos carros. Uma poça de sangue formou-se ao seu redor. Clara voltou a sentir náuseas, mas, desta feita, conseguiu segurar o vômito. O carro deles estava a cerca de trinta metros dali.

– Precisamos arriscar, não podemos ficar aqui – advertiu Noah.

Abdelcarim pegou a chave do carro no bolso e a entregou para o colega.

– A partir de agora, você dirige. Vou amparar Amina.

Noah correu na frente, entrou no carro e o conduziu até a portaria do hospital. Clara ajudou Abdelcarim a colocar Amina e Rachid no banco de trás e sentou-se no banco da frente, ao lado de Noah. Este, por sua vez, pisou fundo no acelerador e arrancou o carro, saindo dali em alta velocidade.

Logo, Noah viu os tanques seguirem na avenida em direção ao mar Mediterrâneo, visando atingir a posição dos insurgentes, os quais estavam respondendo com artilharia aos ataques das lanchas de Khadafi.

Noah voltou a acelerar, cantando os pneus, para se livrar dos tanques. Foi quanto viu um carro estacionado explodir após ser atingido por algum disparo.

Clara, Abdelcarim, Amina e Rachid abaixaram-se para se protegerem dos disparos. Estavam no meio do fogo cruzado. Logo depois eles viram dois homens implorando por socorro. Estavam caídos ao chão, com as vestes sujas de sangue.

– Sinto muito, mas não posso parar – falou Noah consigo mesmo.

Os sinais de destruição eram vistos em todas as áreas. As marcas e buracos nas paredes dos prédios denunciavam o calor do combate. Quando o carro passou em frente da casa onde moravam, ao vê-la destruída com as paredes e teto jogados ao chão, Amina e Rachid puderam dimensionar o quão impressionante havia sido o milagre de terem escapado com vida dali. Mais incrível ainda, o fato de não terem sofrido lesões graves.

As lágrimas nos seus olhos eram fruto tanto do aperto no coração ao verem destruída a casa que lhes servira de moradia nos últimos anos, como da imensa gratidão a Deus por ter lhes poupado a vida.

Finalmente, chegaram à casa de Esther e desceram do carro com a ajuda dos membros da ONU. Amina, sobretudo, estava ansiosa para abraçar a filha. Khadija ouviu o barulho do motor do carro e correu para abraçar a mãe e o avô.

– Mamãe, mamãe!

Amina, amparada por Abdelcarim, abraçou a filha e apertou a face dela contra o seu peito.

– Cheguei a temer que nunca mais viesse a abraçá-la, meu amor!

As lágrimas de Khadija molhavam o vestido de Amina, enquanto as lágrimas desta caíam sobre os cabelos lisos da filha. Rachid, por sua vez, juntou as mãos, elevando-as e olhando para o céu, proferindo uma oração quase muda, agradecendo a Deus. Em seguida, abraçou a neta.

Enquanto a pequena Khadija não cansava de abraçar a mãe e o avô, em estado de êxtase, como se não estivesse acreditando que ambos estavam vivos, Esther dirigiu-se a Abdelcarim.

– Consegui localizar os documentos dos três, inclusive os passaportes, e os pertences e peças de roupas em melhor estado. Já separei tudo em duas sacolas. Acho melhor vocês não demorarem a partir, pois a tendência é a de que o combate fique mais intenso a partir de agora, como aconteceu ontem.

Abdelcarim voltou-se para Amina e Rachid, interrompendo os abraços de Amina, e os conduziu até o sofá, onde todos sentaram. Só então ele percebeu a beleza de Amina. Ela tinha olhos castanhos, amendoados, rosto fino, lábios carnudos e nariz perfeito, com o dorso definido, mais alto, e a ponta levemente saliente. Aparentava ter trinta anos. Encantado com a beleza dela, ele perdeu a concentração, momentaneamente.

– Diga logo a que viemos – pediu Clara, demonstrando certa impaciência.

Abdelcarim raspou a garganta, limpando o pigarro, e iniciou a sua explicação.

– Viemos aqui, em uma missão da ONU, para levar vocês três aos Estados Unidos. Omar, seu ex-marido, está preso e exige que as levemos à América para que fiquem livres dos perigos da guerra civil. Esta é a condição que ele exigiu para revelar os segredos da Al Múntaqam. Segundo a polícia de Nova Iorque, ele sabe de muita coisa e as suas informações poderão ser úteis para combater o terrorismo.

Amina ficou revoltada ao ouvir o nome de Omar, já que não queria ter qualquer tipo de envolvimento com ele, muito menos queria que sua filha tivesse. Indignada, ela ponderou:

– Mas eu não tenho mais nada a ver com ele e nem quero ter. Nosso casamento durou muito pouco tempo e eu não sinto falta alguma dele. Inclusive, já somos divorciados legalmente. Os meus princípios de vida são bem diferentes dos dele.

– Eu sei disso tudo – tornou o marroquino. – Ele apenas quer que tiremos a filha do meio da guerra aqui na Líbia. Não temos como levá-la se vocês não quiserem ir.

Rachid observava atentamente a fisionomia da filha. Assim como ela, ele também não queria ter qualquer tipo de contato com Omar, sobretudo porque o temia. Todavia, sabia que as suas vidas estariam em sérios riscos se permanecessem ali. Por isso, intercedeu para convencê-la a passar por cima dos ressentimentos em relação ao ex-marido e partir com a equipe da ONU.

– Por mais que você queira nunca mais rever o Omar, acho que não tem o direito de tirar da sua filha a oportunidade de sair deste inferno. Alá já poupou as nossas vidas. Foi um verdadeiro milagre não termos morrido depois que a nossa casa foi atingida pelo bombardeio. Foi Alá quem enviou estes jovens para nos resgatarem. A oportunidade de sairmos daqui e começarmos uma vida nova nos Estados Unidos é única. Em primeiro plano, você deve pensar na segurança da sua filha e deixar de lado o ressentimento em relação ao seu ex-marido.

Amina abaixou a cabeça e ficou olhando para os próprios pés, ambos com feridas que subiam até os joelhos. A expectativa pela sua resposta estava estampada na face de todos. Rachid tocou levemente com os dedos o ombro dela e prosseguiu:

– Pense, minha filha, em como você ficará se não aceitar ir para os Estados Unidos, e se acontecer uma tragédia aqui com a Khadija. Você viverá com o sentimento de culpa para o resto de sua vida. Mesmo que nossas vidas sejam poupadas, nós sequer temos casa para morar. Precisaremos viver de favores por um bom período. Seja racional.

Amina buscou o olhar de Esther, em busca de outra opinião. Carinhosamente, Esther aconselhou-a.

– Alá olhou para você, não desperdice esta oportunidade. O que a prende nesta cidade? Vocês três sequer nasceram neste país. Além disso, você não suporta os parentes egípcios. Voltar para o Egito? Não seria uma boa ideia. O que fariam lá? Lembre-se de que vocês irão para os Estados Unidos através da ONU. Se não se adaptarem, tenho certeza de que eles os trarão de volta assim que terminar o conflito. Pense em sua filha, no futuro que ela terá! Permanecer aqui pode significar a morte para vocês. Ouça o barulho dos bombardeios. É isso que você deseja?

Amina abaixou a cabeça novamente e pôs-se a refletir. Todos torciam pela resposta positiva dela, mas a torcida de Abdelcarim era maior. Jamais ele havia se sentido com tamanho desejo de ficar ao lado de uma mulher. Por isso, estava disposto a fazer o que estivesse ao seu alcance para convencê-la a seguir com eles, sabendo que seria uma tortura partir sem Amina. Foi quando Khadija interveio:

– Eu quero ir, mamãe. Eu estou com muito medo de morrermos aqui. Eu não suporto mais o barulho das bombas. Sempre acho que uma delas vai cair em mim.

Amina olhou para a filha. O olhar de Khadija externava todo medo que dominava o seu espírito. Havia uma súplica naquele olhar para abandonar a zona de conflito. O barulho de uma explosão, seguido de gritos de desespero, foi o bastante para ela decidir.

– Se o seu desejo é partir, então nós iremos. Mais do que tudo, eu quero a sua felicidade.

Khadija sorriu. Instantaneamente, o seu olhar transformou-se. A esperança que brotou do fundo da alma trouxe um brilho sereno em seu olhar.

Todos suspiraram fundo com a decisão de Amina. Intimamente, Abdelcarim fechou os olhos e agradeceu a Deus pela decisão dela.

– Não temos tempo a perder – salientou o marroquino.

Amina e Khadija deram um abraço longo e emocionado em Esther e Soraia.

– Soraia, um dia eu voltarei para buscá-la – prometeu Khadija. – Vou rezar para você e seus pais ficarem bem.

Soraia chorava tanto que sequer conseguiu pronunciar uma única palavra. Seu coração ficou esfacelado, ciente de que, talvez, jamais veria a melhor amiga novamente. O vazio em sua alma era tanto que o seu corpo tremia todo, sem que ela conseguisse controlar. Esther percebeu a dor da filha e a abraçou com força e firmeza, como se quisesse preencher aquele vazio.

Ao presenciar a dor da despedida, em situação tão dramática, Clara sentiu-se fraca e sentou-se com receio de desmaiar. De repente, ela teve uma crise compulsiva de choro. A sua vontade era levar Soraia consigo, mas sabia que não seria possível, ao menos naquele momento. Ela sentiu uma mão tocar o seu ombro. Era Noah.

– Sei que não é fácil, mas precisamos partir imediatamente.

Clara assentiu, limpou as lágrimas e levantou-se. A imagem de Khadafi veio à sua mente. Ele, o principal responsável pela dor da separação de duas crianças cuja amizade transcendia o entendimento distorcido de uma alma adulta, não poderia ficar impune a tantas atrocidades.

Em seguida, os membros da ONU abraçaram as duas anfitriãs. Em árabe, Abdelcarim agradeceu:

– Esther, obrigado por tudo que fez por nós. Espero que um dia possamos recompensá-la. Fique com o meu cartão. Aqui estão o meu telefone e o meu *e-mail*. Faça contato sempre que desejar. Tenha certeza de que Amina, Rachid e Khadija ficarão bem.

Esther enxugou as lágrimas com o braço. Estava sentida pela partida da melhor amiga, mas, ao mesmo tempo, feliz porque eles receberiam a proteção da ONU.

– Eu sei, eu sei. Tenham cuidado na estrada para a capital. Ouvi um comentário de que, ontem, os rebeldes voltaram a tomar o controle de algumas localidades, inclusive Bin Jawad. Houve um combate violentíssimo, com vários mortos.

Os três pensaram em Said e Safia, o casal que os havia hospedado.

– Por pouco não presenciamos esse combate. Por sorte, saímos de lá antes de o sol nascer – lembrou Clara.

Em seguida, sem perder tempo, começaram a colocar as malas no carro. Amina colocou as poucas roupas que restaram de seu pai, de sua filha e dela própria em uma mala velha cedida por Esther. Sequer houve tempo para Amina ajeitá-las na mala.

Abraços emocionados marcaram a despedida. A pequena Soraia soluçava sem parar. Khadija sentiu um aperto no coração por não poder levar consigo a melhor amiga. Já dentro do carro, com os olhos umedecidos de lágrimas, ela ficou olhando para Soraia, que se abraçava à cintura da mãe. Soraia sentiu que no olhar da melhor amiga havia a promessa de que um dia voltaria para buscá-la.

Os demais entraram no carro. Noah continuaria dirigindo, tendo Clara ao seu lado. Quando o carro partiu, Khadija virou-se para trás e acenou com a mão para Soraia, a qual tirou o braço da cintura da mãe e acenou para Khadija.

– Maldito Khadafi – disse Soraia, em voz baixa.

Seguindo conselho de Esther, saíram por um trecho mais tranquilo, até se depararem com um tanque bloqueando o acesso à rodovia. Noah parou o carro. Todos sentiram as batidas do coração ficar mais aceleradas. De trás do tanque surgiram dois militares, que caminharam na direção deles com as armas apontadas para o carro. A tensão dentro da *minivan* era tanta que mal podiam respirar.

Um militar veio pelo lado direito e outro pelo lado esquerdo do veículo. O que estava ao lado de Noah, perguntou, em árabe:

– Vocês são da ONU?

– Sim – respondeu Abdelcarim, sentado no banco de trás. – Viemos ao seu país a convite de Khadafi.

O militar abaixou a arma e olhou no interior do veículo. Em seguida, voltou a perguntar:

– O que as mulheres fazem no carro?

– A que está na frente é nossa colega de trabalho. Estas duas são egípcias. Nós iremos providenciar a retirada delas e deste senhor para o Egito. Ele é pai desta e avô da pequena.

– Os documentos de todos, por favor – solicitou o militar, com ares nada amigáveis.

Imediatamente, todos lhe entregaram os documentos. Ele se afastou dois metros para analisá-los. Todos permaneceram em silêncio, torcendo para que o combatente os liberasse.

Pouco depois, ele retornou, deu mais uma olhada no interior do carro, como se estivesse procurando outra pessoa, e devolveu os documentos após certificar-se de que não havia mais ninguém ali.

– Podem seguir, mas tomem cuidado com os rebeldes. Eles voltaram a tomar Bin Jawad.

– Obrigado – tornou Abdelcarim.

Os militares retornaram para o tanque e o moveram, desbloqueando a entrada da rodovia. Noah ligou o carro e passou lentamente por eles, em sinal de respeito, com receio de que mudassem de ideia.

O primeiro obstáculo havia sido superado. Sabiam que outros surgiriam nos seiscentos e sessenta e cinco quilômetros até Trípoli, mesmo porque passariam por algumas cidades em combate.

Nos quilômetros seguintes, eles cruzaram por veículos e tanques dos militares. Noah procurou não passar dos oitenta quilômetros por hora, com receio de que pudesse ser confundido com rebeldes. Ademais, o carro andando em velocidade baixa facilitava para os militares lerem as letras UN pregadas na lataria, o que configurava uma importante garantia para eles.

Chegando a Bin Jawad, o cenário havia mudado com a vitória dos rebeldes na batalha do dia anterior. Eles receberam o veículo da ONU na entrada da cidade com uma saraivada de tiros para o alto.

– Vamos checar se está tudo bem com Said e Safia – sugeriu Abdelcarim. – Aproveito para verificar se eles conseguiram filmar cenas da batalha de ontem no celular que lhes dei.

Noah apoiou os braços no volante do carro, tendo os olhos fixos à sua frente, enquanto dirigia lentamente, quase parando o veículo. Após curto silêncio, ele respondeu:

– Está bem, mas não podemos demorar mais do que dez minutos aqui. Não vamos correr o risco de ficarmos no meio do fogo cruzado, pois certamente os homens de Khadafi tentarão retomar o controle daqui.

Como a cidade era muito pequena, eles logo chegaram à casa que lhes abrigara duas noites antes. Said os viu aproximando pela janela do seu quarto e correu ao encontro deles. Trazia em sua mão o celular que Abdelcarim havia lhe dado.

– Alá tirou vocês daqui ontem cedo para não presenciarem as cenas de horror que aconteceram. Agradeçam a Alá!

Eles desceram do carro e ganharam um abraço emocionado de Said, que chorava compulsivamente.

Assim que se conteve, Said enxugou as lágrimas com a manga da camisa e iniciou o seu relato.

– Os soldados do governo usaram os moradores como escudos humanos no combate. Um deles executou, sumariamente, um menino de cinco anos, na porta de casa, para subir no telhado da casa dele, a fim de ter uma posição privilegiada sobre os rebeldes. Eles voltaram a disparar foguetes em ângulo zero grau e mataram alguns moradores. Mesmo assim, perderam a batalha e fugiram. Nunca imaginei que veria tanta dor em minha vida. É preciso dar um basta a essa carnificina. Façam alguma coisa, por favor!

Estendendo a mão com o celular em direção a Abdelcarim, Said completou:

– Consegui filmar cenas de horror no celular que você me deu, inclusive da execução sumária do menino. Leve-o e mostre ao mundo o que Khadafi está fazendo com o seu povo. Ele precisa ser punido. Por favor, ajude-nos!

Abdelcarim pegou o celular e apertou a mão de Said, cumprimentando-o.

– Parabéns pela sua bravura! Muito obrigado por tudo que fez por nós e por tudo que está fazendo pelo povo árabe. Khadafi vai ser derrotado, ainda que esse dia demore, porque Alá não está do lado dele. Alá não aprova a brutalidade. Precisamos partir. Nossos amigos nos esperam na capital. Deixe lembranças para Safia.

– Ela está dormindo, não está passando bem. As cenas de ontem mexeram muito com ela.

– E como estão os seus filhos? – tornou o marroquino.

– Eles participaram do combate, mas estão bem.

Após a despedida, os três retornaram ao carro, onde Amina, Rachid e Khadija os aguardavam, e partiram.

Nos quilômetros seguintes a rodovia estava calma. Mesmo em Sirte, terra natal de Khadafi, não havia sinais de combate. Em Misrata, mais ao oeste, já se aproximando de Trípoli, o clima era de relativa tranqüilidade.

No meio da tarde, o maior receio deles era o ambiente com o qual poderiam deparar Zawyia, pois o comando da situação havia mudado de controle diversas vezes nos últimos dias.

Noah queria chegar lá antes do anoitecer, pois a luz do dia era importante para conseguirem se livrar de algum perigo. Por isso, passou a andar em velocidade um pouco mais alta.

Durante o trajeto, pararam apenas uma vez para abastecer o carro. Clara aproveitou a parada para enviar uma mensagem para Pedro, Marco e sua mãe, avisando que já estava tudo bem.

Por volta das cinco e meia da tarde, passaram Zawiya. Para alívio deles, o ambiente também estava mais calmo.

Clara começou a sentir que estava bem perto de conseguir cumprir a missão a que se propusera.

Pouco depois, eles viram as luzes de Trípoli. Amina, Rachid e Khadija mantiveram-se em silêncio durante toda viagem. Apenas conversavam quando instados por Abdelcarim. Clara e Noah, sempre que queriam saber alguma coisa dos três, solicitavam ajuda ao intérprete marroquino.

Chegaram ao hotel às seis e meia da tarde. O céu já estava totalmente escuro. Assim que desceram do veículo, Amina, Rachid e Khadija ficaram boquiabertos diante da suntuosidade do hotel. Tanto luxo eles só haviam visto pela televisão.

Abdelcarim amparou Amina, ajudando-a a se locomover, já que ela tinha um hematoma grande na coxa.

No *hall* do hotel, eles encontraram os demais membros da delegação. Pedro Manoel veio em passos rápidos na direção deles, abraçando-os entusiasticamente. Clara não se conteve quando recebeu o abraço dele.

– Está vendo? Eu lhe disse que iria levar a menina para os Estados Unidos. Eu tinha certeza disso. Você precisa aprender a confiar mais em mim. Não é porque sou mulher que não tenho aptidão para realizar tarefas arriscadas.

– Parabéns pelo seu trabalho, mas nunca mais me peça para participar de algo semelhante. A minha resposta será não – avisou Pedro, aliviado por vê-la em segurança.

Depois, Pedro olhou carinhosamente para os egípcios, acolhendo-os com um doce sorriso, e perguntou:

– São a filha, o ex-sogro e a ex-mulher do terrorista?

– Sim.

Pedro estendeu a mão para cumprimentá-los. Percebendo que Rachid e Amina apresentavam ferimentos e que demonstravam o cansaço da viagem Pedro decidiu não tomar o tempo deles.

– Vocês devem estar cansados. Podem ir tomar banho e descansar enquanto eu providencio um quarto para eles. Às nove horas teremos reunião no *business center*. Adianto-lhes que teremos novidades. Por favor, não se atrasem.

Em seguida, Pedro fez sinal para Amina, Rachid e Khadija o acompanharem até a recepção, onde providenciou um quarto e pediu ao funcionário para acompanhá-los.

Clara, Abdelcarim e Noah, após cumprimentarem os demais colegas, subiram para os seus quartos. A felicidade pelo cumprimento da mais importante missão de suas vidas irradiava das faces deles. Estavam beirando o êxtase.

Clara, especialmente, estava muito orgulhosa de seu trabalho. Ela sabia que a conversa que tivera com Pedro Manoel pedindo para participar da missão havia sido fundamental para ele designar três membros da equipe para cumprir a missão de levar Khadija aos Estados Unidos. Não fosse a insistência dela, talvez ele não aceitasse colocar seus subordinados para se deslocarem de Trípoli a Ras Lanuf para cumprir tarefa tão arriscada. Ele poderia apenas interceder junto ao governo de Khadafi para trazer a menina de Ras Lanuf para Trípoli.

Clara extravasou a alegria no contato que fez com Marco através da internet.

– Amor, foi um sucesso a nossa missão. Conseguimos trazer a menina, o avô e a mãe dela para a capital. Estamos todos sãos e salvos. Eu lhe falei que iria conseguir. Você não imagina o quanto eu estou me sentindo bem por ter cumprido essa missão! Vou lhe contar os detalhes quando eu retornar para casa, mas posso lhe adiantar que senti Deus nos acompanhando e protegendo durante todo tempo. Foi uma experiência de vida única, difícil de descrever. A menina, o avô e a mãe dela são pessoas boníssimas. Tão imensa quanto a minha felicidade é a saudade que estou sentindo de você.

Depois de cinco dias de tensão, enfim Marco conseguiu relaxar. Ele acompanhou as notícias da guerra civil pela internet, em tempo real, através da equipe de jornalismo da rede britânica BBC. A cada notícia de confronto e de mortes, ele sentia uma angústia tremenda sufocar-lhe. Agora, era a hora de dar os parabéns à mulher amada.

– Você é uma pessoa iluminada, Clara. Por isso, as coisas dão tão certo em sua vida. Você sabe que tem um bom coração e segue o que ele lhe diz para fazer. Estou muito orgulhoso de você. Eu não quis que você fosse cumprir essa missão, fiquei sem entender o seu desejo de ir, mas acho que um dia poderei compreender o sentido disso tudo. Vai que essa menina seja um anjo que Deus enviou à Terra. Nunca se sabe, não é mesmo?

– É verdade. Amor, por favor, liga para a mamãe e dê notícias a ela. Agora, eu preciso tomar banho, porque teremos uma reunião daqui a pouco. Amo você!

Despediram-se e Clara foi se arrumar. No quarto perto do dela, Amina, Rachid e Khadija ficaram ainda mais deslumbrados com o luxo que os cercava. Sentaram-se no colchão e alisaram a colcha. Khadija ficou dando pulinhos no colchão, enquanto sorria para a mãe. Rachid sentou-se em uma cadeira ao lado de outra cama e ficou refletindo sobre os últimos acontecimentos em sua vida. Amina, por sua vez, caminhou para a janela e abriu a cortina. Olhou para baixo e viu a piscina em primeiro plano. Mais à frente, o restaurante. Em segundo plano, o Mediterrâneo a perder de vista.

Amina chamou a filha e lhe mostrou aquela vista deslumbrante. Depois, levou-a ao banheiro e apalpou a toalha felpuda. Khadija a imitou.

– É macia, mamãe!

– É sim, filha. Gostoso, não é?

Khadija assentiu com a cabeça.

Amina abaixou-se para ficar no mesmo nível da filha. Olhou-a com ternura e ponderou:

– Esta não é a nossa realidade. É bom não se acostumar.

– Eu sei. Mesmo assim quero usar esta toalha. Hoje, esta é a nossa realidade.

Amina sorriu, admirada da vivacidade demonstrada pela filha. Depois, propôs:

– Então, vamos tomar um banho gostoso na banheira, juntinhas. Que tal?

Khadija sorriu. Amina virou a torneira para liberar a água da banheira e logo queimou a mão. Olhou para o lado e viu outra torneira. Girou-a também e sentiu sair água fria. Logo, aprendeu a misturar água quente com fria, deixando-a na temperatura agradável.

Assim que a banheira ficou cheia, ela e a filha entraram. Rachid continuava sentado na cadeira. Estava lendo um livro que havia pegado numa das sacolas que trouxeram.

Amina ensaboou Khadija e depois se ensaboou, passando o sabão com cuidado nos hematomas e nas feridas.

Aquilo tudo lhe parecia um sonho, sobretudo porque depois de momentos de terror presa às ferragens e concreto da parede que desmoronaram sobre ela.

Enquanto a filha brincava com um pedaço de sabão, desmanchando-o na água, Amina recostou a cabeça na banheira, fechou os olhos e começou a pensar em Abdelcarim. Durante a viagem, sentiu-se protegida ao lado dele. Não bastasse, havia gostado do cheiro dele e o achado bonito e extremamente charmoso.

"Certamente tem namorada ou é casado. Mesmo que seja descompromissado, não se envolveria comigo", pensou.

Mesmo assim, fechou os olhos e visualizou a face de Abdelcarim. Estava gostando da sensação que estava sentindo. Aos vinte e oito anos de idade, ela nunca soubera o que era a paixão por um homem. O relacionamento com Omar havia se dado mais para atender ao pedido do pai, do que por amor ou sentimento parecido.

Amina divagava nesses pensamentos, quando ouviu a filha chamá-la:

– Mamãe, eu quero sair.

Amina abriu os olhos e voltou a sorrir para a filha. Depois, levantou-se, enxugou o corpo com a toalha felpuda e, em seguida, enxugou a filha e vestiram-se. Quando saíram, Amina viu o pai concentrado na leitura e perguntou:

– Que livro é esse que o senhor está lendo?

Rachid fechou o livro e mostrou-lhe a capa, onde estava escrito *La libro de la spiritoj*,[1] colocando-o sobre a mesa antes de responder:

– É o que sempre leio para vocês e que ganhei do Nassif Isaac,[2] quando morávamos no Egito. Por sorte, estava no meio das coisas que a Esther buscou lá na nossa casa.

– Esse livro parece ser realmente abençoado, para sobreviver à destruição de nossa casa... – observou Amina, admirada.

---

[1] Título em esperanto de *O livro dos espíritos*, de Allan Kardec.

[2] Natural do Egito, Nassif Isaac foi grande divulgador do esperanto e do espiritismo no mundo árabe. Publicou um manual em árabe para aprendizagem da língua internacional além de um dicionário esperanto-árabe. Dentre as obras em que divulga o espiritismo, publicou: *Impressões de viagem de um egípcio*, *As duas aspirações da humanidade – espiritismo e esperanto*, *Os imortais e os mortos*, *Os que já morreram e os que estão mortos* e *Espiritismo e religiões artificiais*.

–... e ter sido encontrado e guardado pela Esther na pressa da nossa fuga de Ras Lanuf... Isso é obra divina. Este livro, além dos profundos ensinamentos que tanto aprecio, me serve como recordação da amizade de Nassif, espírita convicto, apesar de ter nascido num país muçulmano. Eu estava lendo o capítulo que fala sobre as guerras. As respostas foram dadas pelos espíritos a Allan Kardec, através de pessoas chamadas médiuns ou intermediários. Esta obra já está publicada em árabe, mas, ao ler esta tradução, aproveito para praticar o esperanto, esse belo idioma que também aprendi com Nassif.

– Gostaria muito, após este período tão conturbado de nossas vidas, que voltássemos a fazer as reuniões familiares de todas as sextas-feiras pela manhã, quando o senhor traduzia para mim e para a Khadija um pequeno trecho desse livro e nos esclarecia de forma tão simples sobre as questões espirituais.

– Parece-me que isto já está escrito – respondeu Rachid, sorrindo.

Capítulo 46

Às nove horas em ponto, os membros da ONU encontraram-se no *business center* do hotel. Clara, Abdelcarim e Noah relataram o que lhes havia acontecido entre a manhã de terça-feira e a noite de quinta-feira, quando chegaram ao hotel. Em seguida, foi a vez de Pedro Manoel falar.

– Hoje, libertaram um correspondente francês, que trabalha no jornal *Le Parisien*. Três jornalistas da CNN também foram presos na segunda-feira, quando tentavam entrar em Zawiya para cobrir o confronto. Ficaram vinte e uma horas detidos. Foram ameaçados de morte e submetidos a torturas físicas e psicológicas. Membros do exército apontaram armas para eles e dispararam ao lado da cabeça deles, simulando execução, para amedrontá-los, enquanto seus colegas riam do desespero deles.

"Durante as vinte e uma horas em que permaneceram detidos, os jornalistas foram espancados e ouviram gritos de outros prisioneiros que estavam sendo torturados. Membros do exército acusaram-nos de serem espiões trabalhando para o serviço secreto britânico.

"Se isso está acontecendo com os jornalistas, não vamos pensar que agirão cordialmente conosco. Sinto que não temos segurança para continuarmos aqui. Infelizmente, não nos deram livre acesso, como nos foi prometido, o que comprometeu o nosso trabalho.

"Eles querem mascarar a crueldade e brutalidade com que estão agindo. Ontem, um grupo de jornalistas foi levado pelo governo a Janzour, cidade que dista noventa quilômetros a leste daqui, apenas para mostrar que a vida segue normal no país. Obviamente, eles estiveram antes lá e mascararam a realidade, coagindo a população a mostrar apoio a Khadafi quando chegassem com os jornalistas.

"Entretanto, hoje os insurgentes obtiveram uma importante vitória: a França foi o primeiro país importante a reconhecer o Conselho Nacional formado por eles como legítimo representante do povo. Por outro lado, o Comitê Internacional da Cruz Vermelha classificou a situação do país como uma guerra civil. Jackob Kellenberger, presidente da Cruz Vermelha, ressaltou que, de acordo com o direito internacional, ambulâncias, hospitais e civis não podem ser atacados. Tivemos a informação de que o hospital de Ras Lanuf foi esvaziado após um bombardeio, o que configura mais uma violação às normas do direito internacional."

Clara levantou a mão e interrompeu o chefe.

– Estávamos no hospital no momento do bombardeio e presenciamos quando foi dada a ordem para esvaziar o hospital e encaminhar os feridos para Benghasi, a trezentos e oitenta quilômetros de distância.

– O testemunho de vocês será muito importante para que Khadafi responda por seus atos – tornou Pedro.

– Ele está ficando isolado. Hoje, o Kremlin decidiu suspender as vendas de armas para ele. Por outro lado, a Liga Árabe aprovou uma zona de exclusão do espaço aéreo, já que o uso de aviões por Khadafi elevou muito o número de vítimas. A OTAN discutirá, ainda nesta semana, esta e outras opções militares para conter os bombardeios aéreos.

"Vamos torcer para que a mobilização da comunidade resolva o impasse. Mas vamos torcer de nossas casas. Ficamos aqui o tempo suficiente para concluirmos que não nos deixarão apurar crimes contra a humanidade. Não seremos mais realistas do que o rei. O material coletado é insuficiente para levá-lo a julgamento, mas mostra que tentamos o que estava ao nosso alcance."

Abdelcarim levantou-se e tirou o celular do bolso, mostrando-o a todos. Em seguida, voltou-se para Pedro.

– Aqui estão registradas as cenas e depoimentos que comprovam a prática de crimes contra a humanidade. Quando dormimos em Bin Jawad, antes de ontem, eu entreguei este celular para Said, nosso anfitrião, e o pedi para filmar o combate, se viesse a acontecer. Hoje pela manhã, quando vínhamos de Ras Lanuf, nós passamos na casa dele e ele me entregou o celular com imagens chocantes a que acabei de assistir em meu quarto.

"Aqui, estão registradas cenas em que os homens de Khadafi fazem os civis de escudos humanos para se protegerem dos insurgentes. Alguns civis foram atingidos nessa situação. Há outra cena, a mais terrível, em que um soldado executa um menor sumariamente, na porta de casa, para subir no telhado e ficar em posição privilegiada em relação ao adversário. Há, ainda, uma imagem que mostra homens do exército mirando foguetes em direção às pessoas, disparando-os. Há imagens de pedaços de corpos espalhados pelas ruas.

"Depois de filmar essas cenas, Said ainda se preocupou em gravar depoimentos de moradores locais, onde eles denunciam as piores espécies de violência que os senhores possam imaginar. Vou conectá-lo ao *notebook* para que os senhores vejam com os próprios olhos."

O breve pronunciamento de Abdelcarim deixou os colegas em polvorosa. Todos queriam ver as imagens por ele relatadas.

Ele conectou o celular ao computador e descarregou as imagens. À medida que viam as cenas de horror, alguns dos seus colegas levavam as mãos à boca, horrorizados com a brutalidade dos aliados de Khadafi. As cenas eram tão chocantes, que alguns se recusaram a prosseguir assistindo ao vídeo.

Na parte dos depoimentos, Abdelcarim traduzia do árabe para o inglês. A fisionomia de Pedro Manoel demonstrava o tanto que ele estava estarrecido. Quando as imagens chegaram ao fim, ele comentou:

– Em muitos anos de carreira e depois de ver cenas de barbaridades pelo mundo afora, confesso que jamais vi tamanha brutalidade. Parabéns, Abdelcarim, Clara e Noah! Com esse material, vocês darão ao povo deste país a oportunidade de levar Khadafi às barras do tribunal. Tenho certeza de que essas imagens serão suficientes para que Luis Moreno-Ocampo, procurador-chefe do Tribunal Penal Internacional, o denuncie aos juízes daquele tribunal. Ele irá ao Conselho de Segurança da ONU em breve. Faço questão de reunirme com ele na ocasião.

Abdelcarim ficou lisonjeado ante o elogio vindo de Pedro Manoel. Se, de fato, Khadafi viesse a ser julgado e preso pelo Tribunal Penal Internacional, sediado em Haia, seria o mais importante serviço que ele havia prestado aos seus irmãos de fé islâmica.

Ele se levantou e dirigiu a palavra aos colegas.

– Gostaria de dividir o mérito desta ação com Clara e Noah. Eles foram fenomenais, de uma bravura estupenda. Eu não teria conseguido essas imagens se não contasse com a ajuda deles. Aliás, todos hão de convir que Clara foi a grande incentivadora desta missão. Se não fossem o entusiasmo e a paixão que ela tem pelo trabalho nós não iríamos cumprir esta missão. Seria mais fácil desistirmos no primeiro dos inúmeros obstáculos que enfrentamos.

Clara levantou-se, também lisonjeada com os elogios do marroquino.

– Colegas, eu gostaria de lembrar outra pessoa fundamental no desenrolar desta história. Quem descobriu o plano dos terroristas, revelando-o à polícia, foi João. Se não fosse ele, o plano não teria sido descoberto e o terrorista não estaria preso. Consequentemente, não teríamos vindo aqui buscar Khadija e não teríamos obtido estas imagens que poderão levar Khadafi para trás das grades. Sinto-me orgulhosa, pois eu e João somos conterrâneos, ele frequenta os mesmos lugares que frequentei e nossas famílias moram no mesmo bairro.

Pedro Manoel interveio.

– Permitam-me um aparte. Clara está coberta de razão quando afirma que João deu causa a esta missão ao desvendar o plano dos terroristas, mas há outra pessoa que deve ser lembrada. As revoluções civis que estão assolando o solo dos países da África e do Oriente Médio ficaram conhecidas como Primavera Árabe. Um jovem tunisiano foi o causador direto da Primavera Árabe, pois foi ele quem acendeu o pavio do imenso explosivo que virou esta região. Vocês sabem quem é Mohamed Bouazizi?

Todos responderam negativamente com a cabeça.

– Ele não tem qualquer ligação com João, mas são os responsáveis por termos conseguido estas imagens. No dia 17 de dezembro do ano de 2010, Mohamed Bouazizi, um homem de vinte e seis anos de idade, com formação superior, foi abordado por policiais enquanto vendia produtos agrícolas na rua de uma pequena cidade da Tunísia. A sua mercadoria foi apreendida e ele foi impedido de prestar queixa. Desesperado, ele colocou fogo no próprio corpo e morreu alguns dias depois. Esse ato de desespero desencadeou os protestos que culminaram com a renúncia do presidente Zine Al-Abidine Ben Ali. Esses protestos extrapolaram as fronteiras tunisianas e seguiram para o Egito, onde ocasionaram a renúncia de Mubarak. Em seguida, chegaram à Líbia e a outros países, tanto na África quanto no Oriente Médio, todos sob o domínio de longas ditaduras. Não fosse a Primavera Árabe, não estaríamos aqui, pois não haveria crimes contra a humanidade a serem apurados e, por sua vez, o terrorista não pediria para resgatarmos a sua filha, já que ela estaria segura sem a revolução civil.

"Agora, por questão de segurança, vamos enviar as imagens de Bin Jawad para o *e-mail* do nosso secretário-geral e para os nossos *e-mails*".

Assim o fizeram. Após, dirigiram-se ao restaurante. Abdelcarim separou-se deles e foi ao quarto de Amina, Rachid e Khadija convidá-los para jantar. Ele tocou a campainha e ficou esperando alguns segundos.

Ao ouvir o som da campainha, Amina encheu-se de esperança de que pudesse ser Abdelcarim. Ao abrir a porta e vê-lo, ela lhe sorriu docemente.

– Vim convidá-la, assim como seu pai e sua filha, para jantarem comigo. Devem estar com fome.

Amina hesitou em aceitar o convite, pois sentia-se tímida diante do charme e poder sedutor do marroquino. Olhou para Khadija, a qual retribuiu com um sorriso.

– Será que a minha companhia é tão ruim assim? – tornou Abdelcarim.

– Não, de forma alguma. Fico envergonhada porque não o conheço direito.

Rachid ouvia a conversa de dentro do banheiro. Ele caminhou em direção à porta do quarto e se intrometeu na conversa.

– Esse moço é boa pessoa. Pode jantar com ele e leve a Khadija. Eu estou cansado e vou pedir algo para comer aqui no quarto mesmo.

Amina olhou com ternura para Abdelcarim. Era difícil imaginar que um homem bonito como aquele à sua frente não tivesse compromisso com outra mulher.

– Está bem. Eu vou jantar com você.

Virando-se para Khadija, ela falou sobre o convite.

– Abdelcarim está nos convidando para jantar. O que você acha?

Khadija levantou-se da cama, entusiasmada, e correu em direção aos dois.

– Eu estou com fome. Obrigada pelo convite, Abdelcarim.

Em seguida, despediram-se de Rachid, saíram do quarto e caminharam em direção ao elevador. Desceram até o restaurante italiano, que ficava suspenso sobre o Mediterrâneo, ao ar livre.

As mesas estavam cuidadosamente arrumadas, com toalhas e guardanapos impecavelmente brancos. Cada mesa era coberta por uma tenda branca e tinha um lindo buquê de flores no centro. Abdelcarim puxou a cadeira para Amina se sentar, enquanto o garçom puxou a outra cadeira para Khadija.

Admirada com a beleza daquele cenário, em total contraste com a realidade vivida nos últimos dias, Khadija comentou:

– Que lugar maravilhoso, mamãe! Parece que a guerra não chegou aqui. Que bom estarmos distantes dos bombardeios!

Abdelcarim, encantado com a doçura da pequena, prometeu:

– Amanhã você estará bem mais distante desta guerra. Irá para um lugar seguro, longe dos barulhos dos bombardeios.

Khadija sorriu e disse:

– Eu gosto de você. Obrigado por ter trazido a gente para cá.

Abdelcarim retribuiu o agradecimento com um sorriso acolhedor.

Em seguida, Khadija abaixou a cabeça, demonstrando desolamento e lamentou:

– Pena que a Soraya não esteja aqui.

Amina abraçou a filha e deu-lhe um beijo na face. Com os olhos umedecidos, ela consolou-a.

– A sua amiga vai ficar bem, minha querida. Prometo-lhe que esta separação forçada será momentânea. Assim que possível, nós voltaremos para passear na casa de Esther. Quem sabe conseguimos convencê-las a irem morar nos Estados Unidos?

Khadija sorriu. Era o sorriso da esperança de reencontrar a melhor amiga algum dia. Em seu íntimo, aquela criança vivia o conflito de partir para um lugar bom e seguro para se viver, deixando para trás, no meio do fogo cruzado, a melhor amiga, com a qual trocava confidências.

A conversa foi interrompida pela aproximação do garçom, que trouxe o cardápio.

Cada um pediu um tipo diferente de prato: Khadija pediu espaguete, Amina, nhoque e Abdelcarim, risoto.

Enquanto aguardavam a comida, Amina e Abdelcarim conversavam sobre as suas vidas e planos.

A comida chegou e eles continuaram conversando amigavelmente, como se fossem conhecidos de longa data.

Depois do jantar, pelo adiantado da hora, decidiram subir para o apartamento. Abdelcarim assinou a conta, que seria paga pela ONU. Levantaram-se e caminharam até o elevador.

O marroquino as acompanhou até o quarto. Despediu-se de ambas com um sorriso na face e foi para o seu aposento. Lá, deitado na cama, perdeu o sono. A imagem de Amina não lhe saía da cabeça. Cada vez mais, estava encantado com a beleza e feminilidade dela.

Ele sabia que ela, a filha e o pai seriam encaminhados a um abrigo quando chegassem a Nova Iorque. Pouco a pouco, começou a pensar na possibilidade de convidá-los para ficarem uns dias na casa de Nadir, sua irmã, antes de encontrarem um lugar definitivo para ficar. Afinal, Nadir era solteira, morava sozinha e o apartamento dela era razoavelmente amplo, com três quartos. Com esse pensamento em mente, ele se conectou à internet e passou um *e-mail* para Nadir, relatando o seu plano. Depois, o sono veio e ele adormeceu.

CAPÍTULO 47

Às oito e meia da manhã, Pedro Manoel telefonou para cada apartamento e comunicou que partiriam para Roma no final da tarde.

Clara passou o dia na internet, conversando com Marco e seus pais, além de colocar os *e-mails* em dia. Abdelcarim comprou roupas para Amina, Khadija e Rachid viajarem. Aproveitou para comprar roupa de banho para todos, a fim de que pudessem usufruir das piscinas e da sauna do hotel. Alguns integrantes da comitiva passearam pelo centro de Trípoli, enquanto outros preferiram fazer compras.

Às quatro horas da tarde, todos estavam reunidos no saguão do hotel, à espera da condução que os levaria ao aeroporto. Nadir ainda não havia respondido ao *e-mail* de Abdelcarim, deixando-o ansioso, sem saber se poderia contar com a irmã para executar o seu plano.

Novamente, eles foram assessorados por Adail, o funcionário do Ministério das Relações Exteriores que os havia recebido na chegada a Trípoli.

Amina e Khadija estavam na expectativa de andar de avião pela primeira vez. Adail chamou a todos para entrarem no micro-ônibus. Foi quando Abdelcarim decidiu consultar mais uma vez o seu *e-mail* no computador do hotel. Ao ver que a irmã havia respondido à sua indagação, sentiu o coração pulsar mais forte. Batidas que ficaram ainda mais aceleradas depois que ele leu a mensagem: Nadir permitiu que ele convidasse os egípcios para permanecerem uma temporada na casa dela. Absorvido pelos pensamentos que borbulhavam em sua mente, Abdelcarim levou um susto com a aproximação de Pedro Manoel.

– Vamos embora, meu caro. Estão todos dentro do micro-ônibus à sua espera.

O marroquino levantou-se atabalhoado da cadeira.

– Desculpe-me, acabei me envolvendo com um *e-mail* da minha irmã.

Pouco depois, partiram em direção ao aeroporto. Adail fez questão de sentar-se ao lado de Pedro e logo puxou conversa.

– Viram alguma irregularidade?

Pedro acenou negativamente com a cabeça.

– Nada que comprometa o seu chefe – respondeu de forma intencionalmente dúbia.

Adail sorriu, sem graça, pois percebeu a insatisfação de Pedro com a pergunta.

Quando chegaram, o avião fretado já os aguardava na pista. Sequer precisaram passar pelos procedimentos rotineiros de viagem. O micro-ônibus deixou-os ao lado do avião.

Adail despediu-se de todos, um por um, e retornou para o micro-ônibus. Alguns minutos depois, o avião partiu em direção à Itália. Amina olhou pela janela e viu o Mediterrâneo, com o seu azul característico, ganhar tonalidades de dourado com o pôr do sol.

O voo até Roma seguiu sem turbulências. Khadija estava achando o máximo a viagem de avião. Ao seu lado, Amina pensava no futuro incerto que as aguardava, quando Abdelcarim se aproximou e convidou-a junto com Rachid para sentarem mais ao fundo da aeronave. Amina comunicou tal fato para a filha e, acompanhada de Rachid, seguiram Abdelcarim até a última fileira de cadeiras. Assim que se sentaram, ele foi direto ao assunto.

– A princípio, vocês serão encaminhados a um abrigo quando chegarem a Nova Iorque. Não sei se é um bom lugar para ficarem, sobretudo porque são mulçumanos e podem sofrer preconceitos. Eu tenho uma irmã, Nadir, que mora sozinha em um apartamento confortável. Passei um *e-mail* para ela relatando a situação de vocês. Nadir ficou sensibilizada, tendo em vista todas as dificuldades por que vocês já passaram e, ciente de novas dificuldades que poderão surgir se forem para um abrigo, ela colocou o apartamento à disposição para vocês ficarem até que encontrem um lugar bom para morar.

Amina e Rachid se entreolharam, surpresos com o convite do marroquino. Sabiam que não existia lugar melhor para ficarem em Nova Iorque. Amina abaixou a cabeça, pois sabia que a decisão cabia ao seu pai. Em seu íntimo, tudo o que ela queria era que seu pai aceitasse aquele convite. Rachid refletiu por um instante, levantou a cabeça, encarando Abdelcarim, e respondeu:

– Já lhe sou muito grato por tudo que você tem feito por nós. Agradeço-lhe mais esta demonstração de carinho e amizade, sobretudo porque você mal nos conhece. Tenho certeza de que será melhor para nós ficarmos na casa da sua irmã do que em um abrigo. Certamente, a sua irmã será tão carinhosa conosco quanto você está sendo. Todavia, sinto-me desconfortável para aceitar o convite, pois sequer conhecemos a sua irmã. Fico com receio de que possamos trazer transtorno à rotina dela. Nós não queremos dar trabalho para você ou para ela.

Amina ficou frustrada com o posicionamento do pai. Antes que Abdelcarim se pronunciasse, ela interveio:

– Papai, eu concordo plenamente com o senhor, mas acho que devemos pensar em Khadija em primeiro lugar. A mudança de país já será um choque para ela. Talvez, ela sinta menos se ficarmos alguns dias na casa da irmã de Abdelcarim. Ela não ofereceria a casa para ficarmos se não se sentisse à vontade para tanto.

Quando Rachid abriu a boca para falar, foi interrompido por Abdelcarim.

– Além desse fato levantado por Amina, devemos levar em consideração que temos a mesma fé e vocês terão um pouco de dificuldade para se adaptarem a um país cristão. Gostaria de ajudá-los. Ficarei honrado e feliz se vocês aceitarem o meu convite. Tenho certeza de que a minha irmã terá os mesmos sentimentos. Isto eu lhes digo de coração.

Rachid ficou olhando fixamente para ele e sentiu que estava sendo honesto. Após, comentou:

– Você tem sido um verdadeiro anjo em nossas vidas. Nós aceitaremos o seu convite. Não sei como poderei retribuir a tanta gentileza.

Os olhos de Abdelcarim brilharam com a aceitação do convite por parte de Rachid. Agora ele tinha certeza de que poderia estreitar o relacionamento com Amina.

– Não se preocupe em retribuir nada. Alá me enviou o socorro sempre que precisei. Eu preciso retribuir um pouco do muito que já recebi nesta vida.

Logo após, Khadija aproximou-se e eles mudaram de assunto. Em seguida, voltaram para a parte da frente da aeronave. Desta feita, Rachid sentou-se ao lado de Clara e puxou conversa.

– Você é brasileira, não é mesmo?

– Sim. O senhor conhece o Brasil?

– Não, mas tive um grande amigo, de nome Nassif Isaac, que tinha muitas ligações com o Brasil. Ele divulgou no Egito uma corrente do cristianismo com belos ensinamentos: o espiritismo. Ele recebia livros espíritas que lhes eram enviados por um brasileiro, salvo engano, o nome era Ismael Gomes Braga, e divulgava a doutrina no Egito. Nassif me dizia que o espiritismo era muito difundido no Brasil.

– Realmente, não há, no Brasil – interferiu Clara –, quem já não tenha ouvido falar do espiritismo. Mas o senhor não vê conflitos nos ensinamentos espíritas com o islamismo?

– O próprio Allan Kardec, o codificador do espiritismo, já afirmava, em uma pequena obra que escreveu, de título *O espiritismo em sua expressão mais simples*, que se poderia ser muçulmano e acreditar nas manifestações dos espíritos, e conseqüentemente ser espírita.

– Se não há conflito da doutrina espírita em aceitá-lo com sua origem islâmica – Clara prosseguiu curiosa –, acredito que seu amigo deva ter tido dificuldades com o radicalismo dos muçulmanos para que pudesse professar uma crença de origem ocidental.

– De forma alguma. Poucas religiões no mundo são tão tolerantes com as demais religiões quanto o islamismo. Um grande exemplo disto foi a Espanha sob o domínio muçulmano, na Idade Média, que permitia o convívio pacífico de muçulmanos, judeus e cristãos, enquanto, no restante da Europa, os não-cristãos eram tenazmente perseguidos sob o beneplácito e até incentivo da Igreja Católica.

"Além disso, há uma infinidade de correntes no islamismo, algumas com ensinamentos muito próximos aos difundidos pelo espiritismo. Por exemplo, a doutrina espírita tem por princípio a evolução do espírito através das diversas encarnações, desde as formas mais primitivas até alcançar a angelitude. Os espíritos disseram a Kardec que 'o espírito evolui do átomo ao arcanjo'. Léon Denis, um dos mais importantes filósofos espíritas, de maneira poética, diz que 'na planta, a inteligência dormita; no animal, sonha; só no homem acorda e se torna consciente' e para evoluir precisará se ajustar às leis de Deus."

– Não me venha dizer que há muçulmanos que acreditam em reencarnação... – sorriu Clara, incrédula.

– Não vou dar como exemplo qualquer muçulmano. Entre os mais importantes pensadores do Islã, existiu um considerado por muitos como o maior homem santo do islamismo abaixo de Maomé: chamava-se Rumi e viveu na Pérsia, no século XIII. Disse ele que, ao vir ao mundo dos seres criados, o espírito encontrava uma escada diante de si, de modo que ele teria de por ela subir, inicialmente como inanimado; depois, tornando-se planta; mais tarde, se transmudando em animal; por fim, chegando a homem, iria adquirir conhecimento, inteligência e fé. Depois se tornaria anjo, quando este mundo não lhe serviria mais; daí iria para os céus. Mesmo no estado de angelitude, o espírito continuaria progredindo, de modo que aquela única gota, ao final, teria se transformado em um oceano.

– Que lindo, senhor Rachid! Com tanta semelhança de pensamento, não seria esse Léon Denis a reencarnação do Rumi? – brincou Clara.

– Quem poderá dizer? Não é impossível.

"Mas veja este fato que me deixou agradavelmente surpreso: quando a Esther reuniu nossos pertences, na pressa da partida e em meio à destruição de nossa casa, o único livro que ela trouxe foi justamente este – disse, pegando em sua sacola o exemplar de *La libro de la spiritoj* e apresentando-o à Clara.

– E que livro é este? – perguntou Clara, ao segurar o volume.

– Isto foi um presente do Nassif para mim, veja a dedicatória, e é a tradução para o esperanto da obra mais importante de Allan Kardec: *O livro dos espíritos*.

A simpatia e a simplicidade de Rachid haviam conquistado Clara. Levantando-se, ela lhe disse, sorridente:

– Espere um instante que sei de alguém que vai adorar conversar sobre este assunto contigo.

Em pouco tempo, Clara retornava, acompanhada de Pedro Manoel, e refazia as apresentações:

– Apresento-lhe um esperantista. Veja que coincidência!

– Um coidealista. Que feliz acontecimento! E como a Clara descobriu que o senhor fala o esperanto?

– Eu estava lhe mostrando o único livro que consegui salvar do bombardeio de minha casa, esta obra de Allan Kardec – respondeu Rachid, apresentando-lhe o volume.

– O senhor sabe que, sob meus protestos, a ONU, há alguns anos, não aceitou a proposta de tornar o esperanto uma das línguas de trabalho de nossa organização. O idioma da fraternidade universal nos seria muito útil, não só pela identidade de propostas com a ONU, como pela economia que faríamos com intérpretes e traduções simultâneas, se tivéssemos um idioma preciso e neutro como o esperanto. Um dia esta ideia ainda irá vingar. Hoje, infelizmente, a ONU, que deveria ser neutra, dá preferência a apenas cinco idiomas, o inglês, o francês, o espanhol, o russo e o chinês, em detrimento de algumas centenas de outros idiomas dos países que representamos.

"Mas gostaria que o senhor me dissesse de que trata esse livro?" – perguntou, simpático, Pedro Manoel.

– *O livro dos espíritos* é a obra basilar da doutrina espírita e fonte de orientação para todos os instantes de nossa vida – respondeu Rachid, empolgado. – Ontem mesmo, eu estava lendo um trecho muito atual para a realidade que vivemos.

– E que assunto atual é esse tratado por uma obra centenária?

– Falava da guerra como instrumento do progresso...

Rachid tinha um olhar distante, como se estivesse no meio do fogo cruzado ainda. Com esse olhar, ele prosseguiu:

– Muitas vezes a guerra é necessária para fazer a humanidade progredir mais depressa. O ser humano cria força e coragem diante da dor para mudar o que já não comporta mais no mundo. Os flagelos, não raramente, tiram o ser humano da cômoda inércia de não lutar por um mundo melhor. A sociedade se une e a dor de um passa a ser a dor de todos. Essa união gera a força suficiente para fazer as mudanças necessárias. Assim, mudanças que levariam séculos são feitas em alguns anos.

Pedro Manoel refletiu sobre as palavras de Rachid e ponderou:

– Mas Deus não poderia usar de outros meios para fazer a sociedade progredir?

Rachid tinha a resposta na ponta da língua.

– Diariamente, em todos os cantos do planeta, Deus utiliza de outros métodos para ajudar na evolução da sociedade. Basta olhar o avanço da ciência e da tecnologia. Atualmente, nós temos acesso a uma gama de descobertas, em todos os níveis, que eram inimagináveis há vinte ou trinta anos atrás. Essas descobertas foram vitais para a evolução da sociedade. Contudo, em determinados lugares do planeta, a evolução foi pouquíssima perto do potencial das sociedades desses lugares. Aí, como último recurso, ocorrem os flagelos.

– Pena que em uma guerra os justos pagam pelos pecadores – lamentou Pedro, impressionado com a sobriedade de Rachid diante dos tristes acontecimentos ocorridos recentemente em sua vida.

– Mesmo os justos tiram muitas lições em uma guerra. Ainda que morram, levam essas lições consigo para a vida espiritual. Lições que lhes serão úteis no prosseguimento da jornada.

Após breve período de silêncio, Rachid prosseguiu:

– Independente disso, Khadafi e todos aqueles que cometeram e continuam cometendo atrocidades nessa guerra irão ser responsabilizados por seus atos. A justiça de Deus é perfeita.

Clara, que ouvia hipnotizada as palavras sábias de Rachid, lembrou-se das pessoas mortas e dos pedaços de corpos espalhados no chão que havia visto naqueles dias.

– Da minha parte, não quero voltar a ver as cenas de morte e de destruição em uma guerra, como as que eu vi. O senhor e toda a sua família tiveram muita sorte de não serem atingidos com gravidade, sobretudo levando-se em consideração a destruição da casa de vocês.

Rachid concordou com a observação e acrescentou:

– Segundo *O livro dos espíritos*, em uma guerra, espíritos superiores agem na mente das vítimas e algozes, evitando, assim, que algumas pessoas saiam feridas. Acho que foi este o meu caso e o da Amina. Provavelmente, alguns espíritos nos intuíram a permanecer em um canto da casa que seria menos atingido. Da mesma forma, não permitiram que a pequena Khadija retornasse para casa, poupando-a de ferimentos que poderiam levá-la à morte, sobretudo porque é muito pequenina para suportar grandes lesões.

Após novo período de silêncio, Rachid prosseguiu:

– A sociedade está em constante progresso. Pessoas como Khadafi e outros ditadores, que têm a maldade e o egoísmo muito acentuados em seus espíritos, onde a natureza selvagem predomina sobre a espiritual, irão desaparecer do planeta à medida que a sociedade evoluir. Por isso, a tendência é a diminuição das guerras até o seu desaparecimento total, quando os homens compreenderem a justiça de Deus e praticarem a sua lei. Aí, todos os povos serão irmãos. O planeta está caminhando para isso, basta você ver o intercâmbio existente entre nações diferentes, seja na área comercial, empresarial, educacional e mesmo na área religiosa.

Clara, para concluir o pensamento de Rachid, deu sequência ao diálogo.

– A minha opinião é a de que, se existirem outras vidas, Khadafi e todos os ditadores que agem à sua semelhança precisarão de várias para expurgar os seus pecados. A dor que eu vi, causada a toda uma nação, não pode ser reparada por quem a causou apenas nesta vida. Ao menos na minha concepção do que seja a justiça de Deus.

Rachid e Pedro Manoel sorriram e balançaram a cabeça, concordando com as ponderações de Clara. Foi quando o piloto anunciou que iniciaria o procedimento de descida para Roma.

A aterrissagem foi o único momento do voo em que Amina e Khadija tiveram medo, ficando aliviadas quando o avião parou na pista.

Na capital italiana, permaneceram no aeroporto por pouco tempo e embarcaram no voo que os levaria a Nova Iorque às onze horas da noite. Como não conseguiram passagem na classe executiva, voaram todos na econômica.

Amina, Rachid e Khadija ficaram impressionados com o tamanho do Boeing. Era muita novidade em tão pouco tempo.

Antes que as aeromoças servissem o jantar, Abdelcarim aproximou-se de Pedro para relatar as suas intenções em relação aos egípcios.

– Convidei Rachid, Amina e Khadija para se hospedarem na casa de Nadir, minha irmã, até que se estabilizem em Nova Iorque. Vou ajudá-los a conseguir emprego, pois sei muito bem o quanto o preconceito aos mulçumanos dificulta as coisas.

Pedro percebeu a real intenção de Abdelcarim, mas não via nada de errado na atitude dele. Fez apenas uma ressalva.

– Você sabe que eles têm o passaporte válido, mas não têm o visto para entrar nos Estados Unidos. Liguei para o chefe do departamento de polícia de Nova Iorque e ele os aguardará junto ao pessoal da imigração para fazê-los entrar no país. Prometeu-me que tomaria todas as medidas necessárias em relação a documentos para evitar que a burocracia os aborreça. Na verdade, ele tem interesse em levá-los ao encontro do terrorista o mais rápido possível, a fim de colher as revelações dele. Se eles estiverem dispostos, parece-me que ele vai levá-los do aeroporto diretamente para o presídio. É bom você checar isso.

Abdelcarim assentiu com a cabeça. Depois, perguntou:

– Você já decidiu o que colocará no relatório?

– Sim. Vou trabalhar durante o final de semana, pois faço questão de encontrar-me com o secretário-geral na segunda-feira. Vou lhe entregar o relatório e pedir o seu empenho para interceder junto ao Conselho de Segurança para aprovar uma resolução que estabeleça uma zona de exclusão aérea na área do conflito e autorize ataques internacionais por mar, terra e ar contra o exército de Khadafi. Do contrário, ele reduzirá a pó os seus opositores. Ainda estou muitíssimo impressionado com a filmagem que você nos mostrou.

Abdelcarim voltou para a sua cadeira, já que as aeromoças começaram a servir o jantar. Khadija jantou sem tirar os olhos da tela da pequena televisão que ficava na parte de trás da poltrona à sua frente. Abdelcarim sintonizou um canal infantil para ela. Ela mal piscava os olhos. As imagens coloridas eram bem mais agradáveis do que a sombria imagem das fumaças surgindo depois dos bombardeios perto de sua casa.

Após o jantar, as luzes foram apagadas e Khadija dormiu estirada na poltrona, com a cabeça apoiada no colo de Amina.

Clara, por sua vez, custou a pegar no sono. Estava ansiosa para se entregar nos braços do marido. Sabia que ele estava cheio de orgulho dela. Com a intuição de que estava grávida, imaginou que o provável bebê em seu útero pudesse estar compartilhando do mesmo orgulho de Marco.

Quando o avião aproximou-se de Nova Iorque, Abdelcarim mostrou aos egípcios o sol vindo do oriente de um lado da aeronave e, do outro lado, a cidade começando a clarear.

Khadija esticou o pescoço para ver os prédios pela pequena janela. Minutos depois, a aeronave pousou em segurança no JFK.

CAPÍTULO 48

Abdelcarim, Clara e Noah acompanharam Pedro Manoel, Amina, Rachid e Khadija. Queriam estar com eles até o último momento. Abdelcarim deixou um cartão com Rachid contendo os números de seus telefones e o endereço de sua irmã, receoso de que os policiais de Nova Iorque não permitissem que eles fossem para a casa de Nadir quando saíssem do aeroporto.

Já na imigração, Peter veio representar o chefe do Departamento de Polícia. Trazia em mãos os documentos que liberavam Amina, Rachid e Khadija a entrar no país. Assim que Peter viu Pedro Manoel, seguiu em sua direção.

– Parabéns pelo sucesso da missão! Muito obrigado pelo seu empenho. Imagino as dificuldades que o seu pessoal passou para trazer os egípcios.

– Eles foram heróis, Peter. Você não faz ideia da situação que encontramos. É muito pior do que você possa imaginar. De qualquer forma, foi um prazer poder ajudar.

Apontando o indicador para o marroquino, Pedro prosseguiu.

– O Abdelcarim acabou tendo um envolvimento maior com Rachid, Amina e Khadija, já que ele fez parte da equipe que os resgatou, além de ser mulçumano, assim como eles. Ele deseja hospedá-los na casa de sua irmã e já conta com a aquiescência deles. Há algum problema para o senhor?

– De forma alguma. Acredito que todos devem estar muito cansados. Vou precisar do endereço da irmã de Abdelcarim, pois, na segunda-feira, levarei Khadija ao presídio para Omar poder ver e conversar com a filha. Tenho urgência em que ele delate tudo o que sabe.

Abdelcarim transmitiu para Amina e Rachid a conversa com Peter. Ela não gostou da ideia de levar sua filha ao presídio na segunda-feira. Decidida, ela foi taxativa.

– Eu não quero ter contato com Omar. Também não quero que a minha filha o fique visitando, mesmo porque não tem nenhum afeto com o pai. Mas, se precisamos ir lá, acho melhor irmos agora. Não quero ficar pensando que precisarei vê-lo no início da próxima semana. Apenas gostaria que Abdelcarim nos acompanhasse.

– Mas vocês estão cansadas – ponderou Abdelcarim.

– É melhor assim. Vamos agora para o Omar ver a filha. Quero tirar essa preocupação da cabeça.

– Por mim, tudo bem. Vamos lá, agora – disse o policial.

Abdelcarim, Amina, Rachid e Khadija despediram-se de Pedro, Clara e Noah. Este deu um abraço forte em seu colega de trabalho e confidenciou:

– Você e Clara proporcionaram momentos lindos em minha vida. Confesso que estava receoso de cumprir essa missão. Por vezes, pensei em desistir, só não o fazendo porque sabia que vocês não aceitariam voltar para trás. Tudo valeu a pena. Este foi o melhor trabalho que já fiz em minha vida. Muito obrigado por tudo!

Abdelcarim voltou a abraçá-lo. Emocionado, ficou sem palavras para dizer ao amigo.

Peter chamou-os para segui-lo. Com o mínimo de burocracia, passaram pela alfândega e seguiram o policial até o seu carro.

Já na saída do aeroporto, os egípcios olhavam admirados para o complexo de viadutos. O dia estava ensolarado, mas o frio era intenso. Pelo retrovisor, Peter viu que Khadija procurava se aquecer abraçando-se à mãe. Logo à frente, ele viu uma cafeteria e virou à direita. De dentro do carro ele comandou os pedidos de cinco cafés grandes, com caramelo e chantili no topo.

– O café irá ajudá-los a aquecer o corpo. Imagino que não estejam acostumados com este frio – comentou Peter.

O marroquino explicou para eles o motivo da parada. Em seguida, o funcionário da cafeteria trouxe os imensos copos descartáveis, com uma tampa furada por cima, por onde tomariam a bebida.

Abdelcarim tomou um gole, mostrando para eles que não precisariam tirar a tampa para tomar o café.

Eles experimentaram, tomando um pequeno gole para sentir o sabor.

– É muito bom – comentaram simultaneamente Amina e Rachid.

– Delicioso – completou Khadija.

Após retomarem a estrada, levaram mais alguns minutos e chegaram ao presídio. Amina teve uma sensação ruim. Achou o lugar sombrio.

Entraram e foram direto à ala onde ficava a sala de interrogatório. Pararam em um recinto grande, semelhante a uma sala de espera. Peter pediu que sentassem no sofá enquanto ele iria providenciar a vinda de Omar. Em seguida, saiu.

Abdelcarim segurou a mão de Khadija e perguntou:

– Está nervosa?

De cabeça baixa, ela respondeu:

– Um pouco. Não gosto deste lugar e não gosto do meu pai. Não sei o quê estou fazendo aqui.

– Seu pai apenas quer vê-la, minha filha. Não vamos demorar aqui.

A pequena olhou para a mãe com olhar esperto e ponderou:

– Mas ele nunca se preocupou com a gente! Nunca se importou se estávamos precisando de ajuda! Por que agora ele quer me ver? Mudou de ideia depois que foi preso?

– Seja paciente. Isso não levará mais do que alguns minutos – aconselhou Rachid.

Abdelcarim preferiu não entrar na conversa familiar entre os três. Ele estava ansioso para levá-los logo para a casa de Nadir.

Alguns minutos depois, Peter retornou e chamou Amina e Khadija para acompanhá-lo. Quando se levantaram, Abdelcarim disse baixinho:

– Boa sorte!

No trajeto até a sala de interrogatório, Amina puxou levemente a filha pelo braço e pediu:

– Não demonstre rancor com o seu pai. Por pior que ele seja, estamos aqui porque ele pediu à polícia que nos livrasse do conflito na Líbia. Ele se preocupou com as nossas vidas. Poderíamos estar mortas agora, se continuássemos em Ras Lanuf. Pense nisso.

Khadija manteve o silêncio. Seu coraçãozinho batia acelerado e a sua mente estava confusa. Ela sabia que o seu pai já havia tirado a vida de várias pessoas. Mas a mãe não deixava de ter razão em suas ponderações.

Peter abriu a porta da sala de interrogatório e sinalizou para as duas entrarem. Khadija vacilou, não conseguindo sair do lugar. Percebendo a indecisão da filha, Amina segurou a mão dela e levou-a em direção a Omar. Este, algemado com as mãos para trás, levantou a cabeça assim que elas se aproximaram e deu um sorriso tímido. Khadija abaixou a cabeça e recostou-se na mãe.

Omar estava algemado, com as mãos para trás. Sentiu enorme vontade em abraçar a filha, como jamais sentira em sua vida. Olhou para Peter e pensou em pedi-lo para tirar as algemas. Desistiu ao imaginar que Khadija poderia se recusar a abraçá-lo, o que lhe causaria imensa dor. Resignou-se por saber que ela estava a salvo dos infortúnios de uma guerra. Então, iniciou o diálogo.

– Você está linda, Khadija! Como cresceu!

Ainda de cabeça baixa, ela respondeu baixinho:

– Obrigada!

Omar quis muito que ela falasse a palavra "papai" depois de "obrigada", mas Khadija calou-se para a sua frustração. Por uma fração de segundos, ele imaginou a dor dos pais que haviam perdido os filhos nos atentados terroristas de que ele havia participado. Ouvir a voz meiga da filha deixou Omar comovido.

– Pedi para a polícia tirar vocês da Líbia, como condição para eu delatar o que sei da Al Múntaqam, porque seria a última chance que eu teria na vida de fazer algo por vocês. Infelizmente, não tenho como apagar os erros do passado em relação a vocês.

Pela primeira vez, desde que o conhecera, Amina teve a sensação de que Omar estava sendo sincero e teve pena dele.

– Espero que se adaptem, apesar das dificuldades que terão em conviver com outra cultura. Aqui, Khadija terá mais oportunidades de ter um futuro melhor.

Amina, quieta até então, resolveu se manifestar.

– Obrigada pelo que fez por nós. A nossa casa foi destruída. Por sorte Khadija não estava lá. Apenas eu e papai ficamos feridos. Ele também veio conosco, está em uma sala lá fora. Sequer teríamos onde morar.

Amina e Omar se encararam por um instante. Depois, ela prosseguiu:

– Quero que saiba que eu realmente lhe sou grata por ter se preocupado conosco e por ter agido para nos proteger.

Omar tinha lágrimas nos olhos, as quais rolaram em sua face quando ele sorriu ao ouvir as palavras de Amina. Até Khadija ficou condoída com aquela cena. Então, ela animou-se a lhe proferir algumas poucas palavras, mas que refletiam o desejo do seu coração.

– Papai, ajude a polícia a acabar com o terrorismo.

O som da palavra "papai" vindo da boca de sua filha fez vibrar o seu coração. Omar voltou a sorrir e as lágrimas tornaram a cair. Como as mãos estavam algemadas para trás, ele abaixou a cabeça e limpou as lágrimas no próprio uniforme da penitenciária. Com a vista menos embaçada, ele encarou a filha e prometeu:

– Eu vou fazer isso por você.

As simples presenças da filha e da ex-mulher eram como bálsamo, que servia para curar as feridas espirituais de Omar. Era como se ele visse uma luz no fim do túnel e ganhasse energia para viver.

O longo silêncio que se seguiu era um indicativo de que não tinham muito mais a conversar. Percebendo isso, Peter intercedeu.

– Omar, nós cumprimos a nossa promessa. Elas estão cansadas, pois enfrentaram quase um dia de viagem até aqui. Caso elas queiram, nós permitiremos que retornem para visitá-lo.

O terrorista assentiu, movendo a cabeça. Peter abriu a porta e sinalizou para as duas se retirarem. Amina e Khadija trocaram olhares com Omar mais uma vez. Ele voltou a lhes sorrir, ainda que timidamente. O seu olhar para elas trazia um pedido de clemência pelos erros cometidos, o que as levou a sentirem pena dele mais uma vez. Em seguida, saíram, sendo acompanhadas por Peter.

Quando viram Rachid e Abdelcarim novamente, já demonstravam estar mais aliviadas. Eles evitaram tocar no assunto do reencontro delas com Omar. Dali, eles seguiram Peter até o carro. O policial escreveu o endereço de Nadir no GPS e partiu.

Peter estava ansioso para retornar ao presídio e retomar o interrogatório de Omar.

Pouco depois, chegaram ao apartamento de Nadir, cujos quartos já estavam arrumados para receber os hóspedes. Dez anos mais velha do que Abdelcarim, Nadir havia ajudado os pais a cuidarem dele quando criança. Depois de ter ficado viúva, não tendo conseguido engravidar, decidiu que não casaria novamente. Raramente recusava um pedido de Abdelcarim, tamanha a sua paixão pelo irmão. Como os pais continuavam morando em Casablanca, no Marrocos, Nadir ainda se sentia responsável pelo bem-estar do irmão.

Amina, Rachid e Khadija ficaram até desconcertados diante da alegria demonstrada por Nadir em recebê-los. Ela teve, inclusive, o cuidado de comprar bichinhos de pelúcia e bonecas, deixando-os sobre a cama reservada para Khadija.

Nesse momento, Clara era recebida em sua casa por Marco.

– Que saudades! Eu quase morri de preocupação, mal conseguia dormir. Que bom que você está aqui!

Clara estava com a fisionomia abatida pelo cansaço da viagem, mas os seus olhos brilhavam de alegria pelo cumprimento da missão e pelo reencontro com o homem amado.

– Eu lhe disse que voltaria e que tudo iria dar certo. Foi o trabalho mais gratificante da minha vida. Preciso de um banho. Depois, irei lhe contar os detalhes de tudo que vivi nesses dias. O que vi e ouvi foi o suficiente para fazer uma reflexão sobre a minha vida. Acho que amadureci bastante. Aliás, todos que participamos dessa operação amadurecemos muito com tudo que vimos.

O olhar de Marco traduzia admiração e encantamento. Em sua vida, ele não havia conhecido ninguém com a coragem e a determinação de Clara. Esse fato dava a ele a convicção de que ela tinha uma proteção espiritual fortíssima. Independente da missão, ela sempre agia na certeza de que tudo daria certo.

– Esses seis dias de sua ausência do nosso lar pareceram uma eternidade. Acho que não consigo mais viver sem você ao meu lado. Se você ousar participar de outra missão semelhante a esta, tenha certeza de que eu farei a minha mala e irei junto.

Clara emocionou-se e abraçou o marido com força.

Simultaneamente, no Brasil, João retornava do hospital, onde havia ido para retirar os pontos da cirurgia.

Durante toda aquela semana, ele se dedicou arduamente aos estudos para a prova da ONU. O namoro com Ana estava mais firme do que nunca, mas ele continuava com receio da reação dela caso ele passasse no concurso. Ela sequer sabia que ele estava se preparando para outro concurso. Teria Ana disposição para morar no Burundi? E se ela não fosse? Nessa hipótese, ele se veria em uma encruzilhada, mas precisaria escolher entre a vida afetiva e a profissional. Naquele momento, a sua tendência era optar pela vida profissional, mas ele queria evitar esse tipo de preocupação antes da hora.

Capítulo 49

O esforço de Pedro Manoel durante o final de semana, para elaborar o relatório sobre a situação da Líbia, foi recompensado na quinta-feira seguinte, dia 17 de março de 2011, com a Resolução n. 1973, do Conselho de Segurança da ONU, permitindo a intervenção militar na Líbia.

Assim que recebeu a notícia, Pedro ligou eufórico para Clara:

– O Conselho de Segurança aprovou a resolução permitindo a intervenção na Líbia. A qualquer momento, aviões franceses entrarão em ação. A resolução, proposta por Grã-Bretanha, França e Líbano, foi aprovada com dez votos a favor e nenhum contra. Apenas cinco países se abstiveram de votar. Infelizmente, o seu país foi um deles.

A notícia deixou Clara dividida. Se, por um lado, estava orgulhosa do trabalho realizado, já que ela havia insistido com Pedro Manoel para cumprir a missão de buscar Khadija e, durante a busca, conseguiram apreender o material que ajudou a formar o convencimento do Conselho de Segurança da ONU para aprovar a resolução, por outro lado, a guerra representava o fracasso do diálogo. Com relação ao voto de seu país, não havia surpresa. Clara conhecia a tradição não-intervencionista da diplomacia brasileira, que se refletiu na abstenção do voto, o que já era esperado.

– Pedro, depois de ver tanta dor e sofrimento de pessoas simples e boas de coração, esta notícia devolve a esperança a essas pessoas de que os dias de dor estão chegando ao fim.

– Eu sei. Vou ligar para Abdelcarim e Noah para dar a notícia.

Quando Abdelcarim recebeu a notícia de Pedro, deu um pulo de alegria. Ele desligou o telefone e correu para a casa de Nadir, que ficava a quatro quarteirões de distância. Lá chegando, encontrou a irmã e os egípcios na sala, conversando. A sua euforia demonstrava que ele era portador de uma excelente notícia. Todos ficaram curiosos por saber o que havia ocorrido.

– Que alegria é essa? – perguntou Nadir.

Ele sentou-se no sofá, olhou nos olhos de Amina, depois fitou Rachid, sorriu para Khadija, suspirou para puxar o ar e relatou a novidade.

– O Conselho de Segurança da ONU levou em consideração o material que apreendemos em Bin Jawad e aprovou uma resolução para autorizar o uso militar contra as tropas de Khadafi. Aviões franceses poderão iniciar o ataque a qualquer momento.

Os olhares dos egípcios demonstravam perplexidade. Depois de tanto sofrimento era até difícil de acreditar em uma notícia tão boa como aquela que acabavam de ouvir.

– Nós conseguimos! – festejou Abdelcarim, levantando-se para abraçá-los.

Todos se levantaram e se abraçaram, rindo e chorando de alegria. Rachid chegou a dançar para extravasar a alegria. A imagem de Soraia veio à mente de Khadija. Enfim, havia uma esperança de tirar Khadafi do poder e colocar um fim à guerra civil. Assim, aumentariam as chances delas se reencontrarem novamente. Amina, por sua vez, ficou ainda mais encantada por Abdelcarim, pois sabia que o serviço dele havia sido essencial para a decisão do Conselho de Segurança da ONU.

– Se não fossem o seu talento e o seu esforço, essa resolução não sairia. Você, Clara e Noah merecem ser condecorados pela população que sofre nas mãos de Khadafi.

Os elogios de Amina deixaram Abdelcarim extremamente envaidecido e gratificado, com a certeza de que tudo havia valido a pena, conforme Noah lhe falara.

Enquanto isso, no outro lado do Oceano Atlântico, Khadafi reuniu o primeiro escalão dos integrantes de seu governo para decidir as ações que iria tomar.

No dia seguinte, a imprensa mundial noticiou: “Khadafi anuncia fim de ação militar contra oposicionistas”.

Novamente, a notícia foi comemorada pelos egípcios, por Nadir e por Abdelcarim. À frente do *notebook*, Abdelcarim passeava pelas notícias sobre o conflito da Líbia:

– Veja: o ministro do exterior da Líbia, Moussa Koussa, anunciou que o governo foi obrigado a adotar a medida de cessar fogo depois da aprovação, pelo Conselho de Segurança da ONU, da criação de uma zona de exclusão aérea no país.

Rachid fez cara de desconfiado. Incrédulo, ele comentou:

– Não confio na palavra de Khadafi. Ele pode ter anunciado a medida de cessar fogo para agradar a comunidade internacional e ganhar tempo para preparar a defesa em caso de sofrer um ataque.

Abdelcarim abaixou a imagem na tela do computador e viu uma foto de manifestantes oposicionistas comemorando em Ras Lanuf. Um deles, de bigodes e barba cerrada, segurava uma metralhadora, empunhando-a acima da cabeça. Amina, esticando o pescoço para ficar mais próxima da tela do computador, exclamou:

– Este é o Mustafá, marido da Esther. Ele está vivo! Fiquei com receio de que ele morresse em combate, deixando-a sozinha para criar Soraia, a amiguinha de Khadija.

Ao mesmo tempo, Pedro Manoel via a notícia na televisão e lembrou-se de João, um dos pilares para que fosse feita a resolução da ONU que deu causa ao cessar fogo.

Pedro sentiu saudades dele e decidiu telefonar.

Ao ouvir a voz de Pedro Manoel, João sentiu um impulso de alegria.

– Você tem acompanhado o noticiário da revolução civil na África?

– Não. Ultimamente, estou dedicando o meu tempo integralmente para me preparar para o concurso da ONU.

A notícia deixou Pedro animado. Em missões futuras ele gostaria de contar com o apoio de João.

– Estivemos na Líbia semana passada para apurar crimes contra a humanidade. Aproveitamos para atender a um pedido da polícia, no sentido de que trouxéssemos a filha do terrorista para os Estados Unidos. Era a condição dele para entregar segredos da Al Múntaqam.

"A Clara e mais dois colegas foram ao interior do país buscar a menina e gravaram imagens que comprovaram a prática de crimes contra a humanidade. O Conselho de Segurança da ONU levou em consideração a prova que fizemos e expediu uma resolução autorizando o uso de força militar para conter os crimes de Khadafi. Sem saída, ele suspendeu as ações militares.

"Não fosse você ter descoberto o plano dos terroristas, auxiliando a polícia para prendê-los, não teríamos coletado o material que ajudou a ONU a aprovar essa resolução e centenas de pessoas continuariam morrendo diariamente na guerra civil.

"Estava pensando nisso e cheguei à conclusão de que, quando temos um comportamento nobre, que agrada aos olhos de Deus, Ele, em Sua infinita sabedoria, expande as consequências do nosso ato por todos os cantos, em uma espécie de efeito dominó.

"Estou lhe telefonando para lhe mostrar como a sua conduta aqui em Nova Iorque continua refletindo de forma positiva no mundo todo. Você tem a cara da ONU. Continue estudando e venha se juntar a nós."

As palavras de Pedro deixaram João emocionado. Ele não imaginava que a descoberta do plano terrorista em Nova Iorque pudesse causar um efeito direto na vida de milhares de pessoas na Líbia.

– Eu fico muito envaidecido com os seus dizeres. Você não imagina a força que está me dando para estudar cada vez mais e passar no concurso.

– Quando será a prova?

– Daqui a duas semanas.

– Boa sorte!

Após desligar o telefone, João decidiu fazer uma pausa nos estudos e entrar na internet para estudar a situação na Líbia. Em quase todas as reportagens que leu, ele viu menção à atuação da ONU. Intuído por Orlando, o seu mentor, ele anotou no caderno a Resolução n. 1973, do Conselho de Segurança, que autorizava o uso militar na Líbia. Leu as críticas da representante do Brasil à referida resolução e as críticas dos comentaristas ao posicionamento brasileiro, rebatendo os argumentos para o Brasil abster-se de aprovar a resolução.

Novamente intuído por Orlando, decidiu que estudaria, a partir dali, tudo relacionado à Primavera Árabe. Anotaria a atuação da ONU nos conflitos que estavam varrendo o mundo árabe, já que era um tema atualíssimo e diretamente ligado à área de direitos humanos.

Capítulo 50

Conforme a intuição de Rachid e Amina, as tropas de Khadafi não cumpriram o prometido cessar fogo anunciado pelo líder líbio. Como resposta, no sábado, dia 19.03.2011, uma coalizão de cinco países – Estados Unidos, França, Grã-Bretanha, Canadá e Itália – iniciou a operação Alvorada da Odisséia, lançando uma ofensiva com ataques aéreos e marítimos cujos principais alvos eram as defesas aéreas das cidades de Trípoli e Misrata.

O objetivo do ataque à Líbia era impedir que as forças de Khadafi continuassem a atacar Benghazi, reduto dos rebeldes, os quais estavam ficando cada vez mais encurralados.

Naquele primeiro dia de ofensiva, navios de guerra e submarinos lançaram cento e doze mísseis de cruzeiro contra os sistemas antimísseis líbios, acertando cerca de vinte alvos. No dia seguinte, os bombardeios continuaram sobre Trípoli. Os ataques aéreos destruíram um prédio situado dentro do palácio de Bab el Azizia, onde Khadafi costumava ficar.

Os rebeldes denunciaram que Khadafi estava usando pessoas para servirem como escudos humanos.

Nos dias seguintes, a OTAN assumiu o comando da operação Alvorada da Odisséia. Com os bombardeios da coalizão enfraquecendo o poderio bélico de Khadafi, os rebeldes começaram a retomar algumas cidades que haviam sido reconquistadas pela kataeb, mas não conseguiam chegar a Trípoli. No oeste do país, a única cidade que dominaram foi Misrata, onde as forças leais a Khadafi passaram a atacar de forma brutal, fazendo um número de vítimas altíssimo, dentre as quais muitos civis. O líder rebelde Mustafa Adbul Jalil, percebendo a superioridade bélica do grupo de Khadafi propôs um cessar fogo, mas a proposta foi recusada pelo ditador.

A ineficiência dos rebeldes em chegar a Trípoli gerou um impasse entre a OTAN e os principais países que participavam da coalizão: Estados Unidos, França e Grã-Bretanha e Itália. Enquanto os países estavam tendentes a ceder armamento para os rebeldes, a fim de que eles conseguissem vencer a guerra contra as forças de Kadaf, a OTAN manifestou-se contrariamente a esta medida, com receio de que pudesse acarretar aumento acentuado no número de vítimas civis.

Todavia, o isolamento de Khadafi começou a ficar mais latente quando Moussa Koussa, ex-chefe dos serviços secretos líbios, que estava ocupando o cargo de ministro das relações exteriores, desembarcou em Londres, confirmando que não trabalharia mais para o regime do ditador. No dia seguinte, Ali Abdelssalam Treki, ex-ministro dos Negócios Estrangeiros e ex-presidente da Assembléia Geral da ONU, indicado para ser o novo embaixador da Líbia na ONU, também confirmou a sua deserção.

Ao mesmo tempo em que procuravam se adaptar à nova cultura, os egípcios, incluindo a pequena Khadija, acompanhavam atentamente o desenrolar dos fatos na zona de conflito.

Nadir trabalhava como secretária de um alto executivo e dedicava todo o seu tempo livre para auxiliar os hóspedes na ambientação. A simplicidade e bom astral deles deixaram o lar bem mais alegre.

Abdelcarim, de outro lado, estava cada vez mais encantado com Amina. O convívio naqueles dias foi o suficiente para desenvolver laços de amizade e respeito com Rachid e Khadija.

Rachid já havia suspeitado das intenções de Abdelcarim em relação à sua filha, bem como sabia que Amina estava apaixonada por ele. Em seu íntimo, Rachid torcia para que eles iniciassem um namoro. Acreditava que Amina seria muito feliz ao lado do marroquino.

Rachid pensava em uma hipotética união de sua filha com Abdelcarim, vindo a perder o sono, quando, no início da madrugada, ouviu uma notícia que o deixou em estado de êxtase: dois dos filhos do ditador líbio Muammar Khadafi tentaram articular uma transição para uma democracia constitucional que incluiria a saída do pai do poder. A transição seria conduzida por um dos filhos de Khadafi, Saif al-Islam Khadafi. Os rebeldes, contudo, recusaram a proposta.

O simples fato de ter ocorrido a proposta por parte de Khadafi, recusada pelos rebeldes, já era indicativo de que ele não resistiria aos ataques dos insurgentes por muito tempo.

Imediatamente, ele acordou a filha e a neta para lhes relatar o acontecimento. A comemoração deles acabou acordando Nadir, a qual se uniu aos festejos.

Quando Abdelcarim soube da notícia, no início da manhã, dirigiu-se para a casa da irmã. Lá chegando, fez questão de compartilhar a sua alegria com a de todos naquela casa. Estavam todos em estado de êxtase.

Contagiado por aquele clima de euforia, o marroquino convidou Rachid para irem à floricultura que ficava a dois quarteirões dali. Iria comprar flores, o símbolo da primavera, para homenagear o movimento que ficou conhecido mundialmente como Primavera Árabe.

O colorido e o perfume das flores tinham tudo a ver com os sentimentos que desabrochavam de seus espíritos. Mais ainda: tinha tudo a ver com o imenso amor que Abdelcarim estava nutrindo por Amina.

Quando Rachid admirava um lindo buquê colorido de flores diversas, Abdelcarim aproximou-se, pegou-o levemente pelo braço, encarou-o, criou coragem e confidenciou:

– Estou completamente apaixonado por Amina. Quero estar ao lado dela para o resto da minha vida. Prometo-lhe que farei o que estiver ao meu alcance para fazê-la feliz. Se o meu coração não estiver me traindo, sinto que ela também gosta de mim. Peço-lhe sua permissão para contar a ela sobre os meus sentimentos.

Os olhos de Rachid encheram-se de lágrimas e ele deu um ligeiro sorriso. Sentiu um nó na garganta. Abdelcarim era o genro que todo pai desejaria como esposo para a filha. A alegria que estava sentindo naquele momento era inversamente proporcional à tristeza que havia se abatido sobre o seu espírito quando Omar lhe disse de suas intenções com Amina. Com os olhos marejados, ele continuou encarando Abdelcarim e respondeu:

– Você tem não apenas a minha permissão, mas a minha torcida para que você se entenda bem com Amina.

Abdelcarim suspirou, aliviado com o apoio de Rachid. Sorriu e o abraçou. Em seguida, escolheram as flores. Estava um lindo dia de sol e a temperatura girava em torno de dezesseis graus. Retornaram para a casa de Nadir, acelerando os passos. A mente do marroquino borbulhava, em busca de encontrar a melhor forma para abordar Amina. Após muito refletir, decidiu que a convidaria para jantar.

Pouco depois, estavam de volta ao apartamento de Nadir. Esta colocou as flores em um lindo vaso que ficava na mesa de centro. Em seguida, partiu para o trabalho. Rachid aproveitou a ocasião e chamou a neta para ajudá-lo a preparar o lanche matinal, a fim de deixar Abdelcarim a sós com Amina.

Nesse momento, a coragem parece ter escapado das mãos do marroquino. Ele ficou com receio de que ela recusasse o seu convite.

"O mais difícil eu já fiz", pensou.

Foi quando ele decidiu vencer o medo e propôs:

– Eu gostaria de comemorar este fato em um jantar com você amanhã à noite. Preferiria que fosse hoje, mas tenho uma reunião na ONU que deverá terminar tarde.

Amina sentiu a face ficar corada. O desejo dela era aceitar o convite, mas precisava conversar com o seu pai primeiro.

– Só nós dois?

– Sim.

– Não sei se devo – tornou ela. – Preciso pedir autorização para o meu pai. Não quero desapontá-lo.

Antes que ela prosseguisse, o marroquino a interrompeu.

– Eu já conversei com o seu pai. Ele me deu autorização para convidá-la.

Amina ficou surpresa com a informação. Não esperava que Abdelcarim tivesse o cuidado de primeiro conversar com o pai dela antes de convidá-la para um jantar. Tal fato aumentou ainda mais a admiração dela por ele.

– Então, eu aceito.

Ambos sorriram, timidamente. Sabiam o que se passava no coração de um e de outro.

Não muito longe dali, Clara tinha um fato ainda mais feliz para celebrar: tinha a confirmação de que estava grávida.

Ela sabia que Marco tinha o hábito de abrir a geladeira para tomar suco quando chegava. Então, grampeou o exame em um imã e fixou-o na geladeira. Quando o marido chegou, ela o beijou e ficou quieta, esperando para ver qual seria a reação dele.

Quando se aproximou da geladeira, ela sentiu um frio no coração, ansiosa por ver a reação do marido.

Ele parou na frente do papel por uns segundos. De repente, virou-se para ela, entre risos e choro, e a abraçou fortemente.

– Nós vamos ter um bebê, nós vamos ter um bebê – repetia Marco, chorando como uma criança.

– Eu lhe avisei que havia engravidado naquele sábado antes da viagem. O médico disse que aquela é a data provável da concepção.

Clara estava ansiosa para dar a notícia aos seus pais e telefonou para o Brasil. José e Vida compartilharam da mesma alegria da filha e prometeram visitá-la nos próximos dias.

Capítulo 51

Enquanto Marco e Clara curtiam a gravidez, o avião levando João pousava no aeroporto Santos Dumont, no Rio de Janeiro, às sete horas da manhã.

Após descer da aeronave, ele pegou um táxi na porta do aeroporto. Como a prova seria às nove horas da manhã, ele teria tempo para rever um grande amigo que havia se mudado para o Rio de Janeiro.

João e Tuca se tratavam carinhosamente por "compadre". Aquela era a oportunidade de João visitar o amigo e conhecer a padaria que ele havia montado no bairro de Copacabana, depois que se mudou da capital mineira.

Ao entrar no táxi, João cumprimentou o taxista e falou o endereço que iria.

– Por gentileza, siga para a rua Raimundo Correa, número nove, em Copacabana.

João queria fazer surpresa para o amigo e não avisou da visita, mesmo porque sabia que o compadre sempre ia ao seu estabelecimento comercial naquele horário.

Quando o táxi estacionou em frente à padaria, João viu o compadre atrás do balcão, ajudando os funcionários a venderem os produtos, tal era o movimento, o que o deixou muito feliz, pois sabia que o compadre, assim como a esposa, eram trabalhadores, bons comerciantes e tinham um coração enorme, sempre ajudando ao próximo.

João desceu do táxi, entrou na padaria e ficou impressionado com a beleza e o ambiente descontraído. Olhou nas prateleiras e viu que o compadre continuava vendendo produtos de primeira linha.

Tuca estava atendendo uma senhora de mais idade, dispensando carinho e atenção para ela, e não percebeu o amigo se aproximar. João esperou ele terminar o atendimento e se aproximou para saudá-lo.

– E aí, compadre, tudo bem?

Tuca sorriu e seus olhos ficaram umedecidos com a presença do amigo. Ele deu a volta no balcão e abraçou fortemente João.

– Que alegria, compadre! Você veio trazer energia positiva para o meu comércio. Até que enfim veio me visitar!

– Compadre, eu é que vim pegar um pouco do seu astral para me ajudar a fazer uma prova daqui a pouco.

– Prova de quê, compadre?

– Prova da ONU. Se eu passar vou morar lá no Burundi.

– Burun o quê, compadre? Onde fica isso? – perguntou Tuca, em tom de brincadeira.

– Burundi. É um pequeno país que fica na África.

Tuca já havia tomado café, mas a presença do amigo era motivo para se sentar para mais uma xícara de cafezinho.

– Vem tomar um café comigo. É muita honra a sua presença aqui! Eu falava pra todo mundo que era amigo do cara que salvou Nova Iorque. Eu adoro aquela cidade e fiquei emocionado ao ver você na televisão, dando entrevista para canais do mundo todo. Muito bacana o que você fez, compadre!

Sentaram-se na única mesa que estava vaga e João tomou um café reforçado, matando saudades do tempo em que comia as mesmas delícias na padaria que o compadre mantinha em um *shopping* de Belo Horizonte.

Quando deu a hora de partir, João e Tuca se abraçaram carinhosamente novamente.

– Boa sorte na prova. Se você passar, prometo que lhe faço uma visita. Vou levar massa de pão de queijo para você matar a saudade de Minas Gerais.

João pegou outro táxi e partiu, com a certeza de que aquele encontro, pela força da amizade, lhe ajudaria na prova.

Mais onze candidatos haviam se inscrito para fazer a prova no Rio de Janeiro. No total, João não sabia quantos candidatos ao redor do mundo estavam interessados naquele cargo.

Ao abrir a prova e ler as questões, ele começou a desconfiar que a vaga disputada poderia ser sua. Tudo o que ele havia estudado envolvendo os conflitos árabes estava ali, o que o deixou confiante. De igual forma, não teve dificuldades nas provas de inglês e francês. Para completar, ele tinha ciência de que o seu currículo na área de direitos humanos era excelente.

Após a prova, João dirigiu-se ao consulado dos Estados Unidos para renovar o visto de entrada naquele país.

Quando o funcionário o chamou para a entrevista e o reconheceu como o salvador de um atentado terrorista em Nova Iorque, sequer fez uma pergunta. Apenas lhe agradeceu por evitar novo atentado e comunicou que o visto havia sido concedido.

Saindo do consulado, João almoçou em um restaurante ali por perto e retornou para o aeroporto.

Cumprida a missão de fazer a prova da ONU, ele decidiu que voltaria as suas atenções novamente para os estudos do Ministério Público até que recebesse o resultado do concurso.

Na viagem de volta para Minas, João começou a pensar na irmã. O namoro com Fábio estava se firmando e ela aparentava uma felicidade que João não via há muito tempo. Os seus pais adotaram a mesma postura dele: respeitavam a decisão dela, mas não queriam convívio com Fábio.

João imaginou o quanto a postura da família poderia estar frustrando a irmã. O quanto ela gostaria de poder conviver, no mesmo espaço, com o namorado, os pais e o irmão. Pensou, ainda, que, mais à frente, ele e seus pais corriam o risco de a irmã tomar uma postura de distanciamento, o que seria ruim para todos. Por fim, refletiu que, se ele mudasse a sua postura em relação ao namoro de Diva, seus pais poderiam segui-lo e fazer o mesmo. Lembrou-se das palavras de Pedro Manoel: "quando temos um comportamento nobre, que agrada aos olhos de Deus, Ele, em Sua infinita sabedoria, expande as consequências do nosso ato por todos os cantos, em uma espécie de efeito dominó".

Com esses pensamentos em mente, assim que o avião pousou na pista do aeroporto de Confins, por volta das seis e meia da tarde, ele telefonou para Ana.

– Estou incomodado pelo comportamento que tenho tido em relação ao namoro da Diva. Logo agora que vínhamos sendo tão amigos não é bom que eu mantenha uma postura distante dela. Estou pensando em ligar para ela e combinar de sairmos nós quatro: eu, você, ela e o Fábio.

Ele deu um tempo para ver a reação da namorada. Ante o silêncio dela, ele completou:

– Mas, para isso, eu preciso ter a sua aceitação. Não é justo que eu force você a conviver com ele depois do que aconteceu entre vocês.

Novo silêncio. Desta feita, ela se posicionou.

– João, se eu for olhar a minha vontade, eu não conviveria mais com ele. Mas eu gosto muito da sua irmã e amo você. Por vocês, eu aceito que você marque esse encontro.

– Obrigado, amor! Vamos fazer isso pela Diva. Independente das sujeiras que ele fez, o importante é que nós estamos juntos e felizes. Tenho medo de que a minha postura e a dos meus pais atrapalhem o relacionamento dela. Às vezes, esta é uma grande oportunidade para ela ser feliz. Nunca se sabe, afinal, Deus escreve certo por linhas tortas. Eu vou telefonar para ela e propor uma saída hoje ainda. Assim que obtiver resposta, eu lhe aviso.

Despediram-se e João telefonou para a irmã.

– Diva, eu vou procurar ser franco e direto. Amo você e por esse amor eu quero tentar conviver com o Fábio. Acho que posso influenciar o papai e a mamãe a reverem os seus conceitos. Se vocês aceitarem, eu estou disposto a marcar um encontro hoje. Conversei com a Ana e ela topou, apesar de toda resistência que tem a ele.

O namoro com Fábio estava avançando, em termos de carinho, amizade e paixão. Por isso, ela recebeu com muita alegria a proposta do irmão.

– Sério? Você está disposto a fazer isso por mim?

O entusiasmo na pergunta da irmã deu a João a certeza de que ele estava tomando a atitude correta.

– Você já fez tanto por mim! Esta é a minha oportunidade de retribuir.

– Puxa! Eu não sei como lhe agradecer. Eu vou telefonar para ele e lhe comunico o que ficou decidido.

Diva desligou e discou o número do celular de Fábio.

– O João acabou de me telefonar e disse que gostaria de mudar o comportamento em relação a você. Ele está disposto a marcar um encontro para tentar uma aproximação. Se você topar, pode ser hoje mesmo.

Fábio ficou surpreso. Não esperava uma aproximação de nenhum dos familiares de Diva. Isso o incomodava, mas como ele estava cada vez mais envolvido com ela, estava disposto a passar por cima dessa dificuldade.

– Claro que eu aceito! Enfim, eu terei a oportunidade de lhe pedir desculpas pessoalmente.

A resposta do namorado trouxe para Diva a sensação de que as coisas estavam se encaixando em sua vida, em seu tempo e modo. Ela desligou o telefone e retornou a chamada para João, que, por sua vez, retornou para Ana.

Marcaram o encontro, às nove horas, em um restaurante especializado em frutos do mar e peixes.

Foi o tempo certo para João chegar à sua casa, tomar banho e se aprontar para pegar a namorada.

Quando chegaram ao restaurante, Diva e Fábio já os aguardavam. Este, assim que viu o casal chegando, fez questão de se levantar para recebê-los.

A atitude respeitosa de Fábio ajudou a quebrar a tensão que envolvia todos os presentes.

Fábio estendeu a mão para cumprimentar João, enquanto Diva recebia Ana de braços abertos. Depois, Ana cumprimentou Fábio com um aperto de mão.

O toldo que cercava o restaurante estava levantado, permitindo que a brisa fresca chegasse às mesas. Por outro lado, o ambiente mais escuro era propício tanto para encontros amorosos como para encontros mais reservados.

Ana sentou-se de frente para Diva, deixando que João ficasse de frente para Fábio.

Diva, a única da mesa que não tinha restrição a nenhum dos outros, procurou puxar assunto que envolvesse todos os presentes, para que o clima pudesse ficar menos informal. Pouco a pouco, João e Fábio passaram a conversar entre eles, enquanto Diva e Ana conversavam assuntos de interesse apenas feminino.

Quando um dos assuntos entre os homens terminou, sem que nenhum dos dois iniciasse novo assunto, Fábio sentiu que aquele era o momento de pedir desculpas. Encarou o irmão de sua namorada e soltou o que tinha para falar.

– João, eu quero lhe agradecer por nos convidar para este encontro. Imagino que não seja fácil para você estar aqui, como também não é pra mim. Mas eu reconheço que eu sou o único culpado por este clima ruim. Fui muito injusto com você e lhe causei um prejuízo irreparável. Infelizmente, o meu erro com você não tem conserto. A única coisa que eu posso fazer é lhe pedir desculpas.

"Sei que o meu pedido de desculpas não muda nada em sua vida. Eu não sei onde eu estava com a cabeça quando decidi prejudicar você para atingir o seu pai, por considerar que ele havia deixado impune o assassino de um primo que eu amava como se fosse um irmão que eu não tenho."

Sentindo que a emoção começava a se aflorar, Fábio tomou um gole de água e ficou de cabeça baixa por alguns segundos. Depois, ainda de cabeça baixa, completou:

– Eu tenho vergonha do que fiz. Digo isso não porque estou namorando a sua irmã e tenho interesse em conseguir o seu apoio para o nosso namoro. Digo isso porque fui muito baixo com você.

Ana e Diva mantinham uma conversa paralela, mas com os ouvidos atentos ao que Fábio dizia.

– Se algum dia eu tiver a chance de me redimir, por favor, conte comigo. Eu vou me sentir menos mal se isso acontecer.

João sentiu sinceridade nas palavras de Fábio. Sabia que não seria fácil perdoá-lo, mas o primeiro passo, de lado a lado, havia sido dado.

– Infelizmente, eu não posso lhe dizer hoje que está tudo bem e que isso faz parte do passado. Mas eu posso lhe garantir que eu estou disposto a tentar lhe perdoar. Não sei se vou conseguir, mas eu ficarei muito frustrado comigo mesmo se eu fracassar.

Foi a vez de João tomar um gole de água antes de prosseguir:

– Depois de ser reprovado no concurso, eu fiz amizade com uma senhora que me falou da existência de outras vidas. Hoje, eu acredito já ter vivido vidas passadas. Acredito, também, que posso ter cometido erros graves nessas vidas, não me lembrando dos mesmos para não atrapalhar o cumprimento da minha missão nesta vida. Mesmo nesta vida eu já cometi muitos erros, alguns graves, e sei que cometerei vários outros. Pensando assim, concluo que todos nós temos o dever de tentar perdoar o nosso próximo, já que os nossos erros em vidas passadas e nesta vida podem ter sido bem piores do que os erros que os outros cometeram conosco. Não me sinto melhor do que você para não perdoá-lo. Aliás, a minha dificuldade em perdoá-lo somente mostra o quanto eu preciso me tornar melhor como ser humano.

João deu um tempo e concluiu:

– Por isso, eu vou fazer o que estiver ao meu alcance para perdoá-lo. Para isso, a minha intenção é que possamos estreitar relacionamento a partir de hoje.

Emocionado e visando demonstrar sua aquiescência com o que João acabara de falar, Fábio estendeu a mão para João. Este, por sua vez, não vacilou em apertar a mão do antigo desafeto.

Ana leu nos olhos de Diva a alegria que aquele gesto trouxe para ela. Isso a deixou feliz.

Após o aperto de mãos, os quatro voltaram a participar da mesma conversa, que se tornou mais descontraída.

Pouco depois, o garçom trouxe o cardápio e eles fizeram o pedido. Ana e João optaram pelo prato de massa com camarão, enquanto Diva optou pelo peixe grelhado com legumes e Fábio preferiu risoto com frutos do mar.

A demora no atendimento do pedido foi recompensada pelo sabor da comida, que deixou a todos satisfeitos.

A despedida foi menos formal, o que possibilitou uma tímida troca de sorrisos entre João e Fábio.

Ana, por sua vez, eliminou um pouco da forte resistência que tinha em rever o ex-namorado. Aqueles minutos que passaram juntos no restaurante foram suficientes para ela começar a acreditar que Fábio poderia ter mudado a sua postura.

No caminho para a casa de Ana, enquanto dirigia, João tocou no assunto.

– Estou com a sensação de que valeu a pena. Sinto-me mais leve. Ser amigo do Fábio pode até ser difícil, mas não impossível. Depende única e exclusivamente de mim. Ele está aberto. Sei que tenho mágoa dele, mas este é o primeiro passo para eu conseguir perdoá-lo. Com certeza não será fácil, mas eu vou trabalhar o perdão a ele diariamente em minha vida, até conseguir perdoá-lo.

Ana virou-se, acariciou a nuca dele, passando sua mão por baixo dos cabelos negros, olhou-o com extrema admiração e comentou:

– Você precisava ter visto o brilho no olhar da Diva quando o Fábio estendeu a mão e você o cumprimentou! Só a alegria dela já valeu o seu esforço de ter marcado esse encontro. Eu também vou tentar perdoar o Fábio, sobretudo porque tenho um carinho muito especial por sua irmã. Sou muito grata a ela por não ter demonstrado qualquer resistência à volta do nosso namoro.

Ana fez uma pausa e ficou refletindo sobre a atitude do namorado em promover o encontro com Fábio. Em seguida, ela comentou:

– Você é uma pessoa muito especial mesmo e eu sou uma moça de muita sorte por receber o seu amor.

O carinho aconchegante, os elogios sinceros da mulher amada, a sensação de ter conseguido levar alegria à irmã, a sua atitude de ter coragem para iniciar um processo de perdão, tudo isso deixou João em estado de graça.

Após deixar a namorada, ele foi para sua casa e ficou observando as luzes da cidade pela janela de seu quarto. Esse era um hábito que ele cultivava, pois achava a vista muito bonita. Entretanto, se tudo desse certo, em breve ele não teria mais aquele belo cenário em seu cotidiano. Certamente, não teria nem mesmo o conforto daquele lar. Apesar disso, em seu íntimo, começou a sentir crescer o desejo de ir morar em Burundi. Olhando as estrelas, ele pressentiu que o seu caminho estava ligado à ONU.

Em pé, debruçado sobre a janela, sentindo o ar fresco soprar-lhe o rosto, João elevou seus pensamentos a Deus e O agradeceu pelo plano perfeito que Ele havia preparado para sua vida, mesmo João não sabendo que plano era esse. Depois, ele deitou-se e levou um bom tempo para pegar no sono.

Capítulo 52

No dia seguinte, no horário marcado, Abdelcarim passou na casa da irmã e buscou Amina para o jantar. Nadir havia comprado um lindo vestido para ela, pois sabia o tanto que aquele encontro era representativo para o irmão e para Amina.

Assim que se despediram dos demais e ficaram a sós na calçada à espera do táxi, Abdelcarim se rendeu aos encantos da egípcia.

– Às vezes, sinto que fico desconcertado diante da sua presença. Nunca me senti assim diante de nenhuma outra garota. Sempre tive desenvoltura para me aproximar de uma menina que chamasse a minha atenção, mas com você é diferente. Quero que saiba disso porque é a primeira vez que iremos ficar sozinhos e eu estou com receio de me faltar inspiração e você me achar um cara chato.

Amina deu um doce sorriso, surpresa com a revelação de Abdelcarim, o que a deixou mais à vontade, pois ela também estava com receio de que ele não a achasse uma boa companhia.

– Eu não percebi que você fica desconcertado na minha presença. Ao contrário, você sempre demonstra ser uma pessoa segura e autoconfiante. Eu é que devo ficar encabulada por estarmos nós dois sozinhos.

Ela olhou ao redor, levantou os braços apontando para os prédios iluminados e prosseguiu:

– Tudo isso é muita novidade para mim. É um mundo muito distante da minha realidade até poucos dias atrás. Por outro lado, eu nunca tive a oportunidade de conviver mais proximamente com um homem tão culto e fino como você. Por isso, fico até menos tensa em ouvir suas palavras. Assim, nós empatamos: ambos estamos um pouco inseguros.

O olhar de Amina exercia uma atração incomum sobre o marroquino, como se tivesse o poder de hipnotizá-lo. Ele sequer percebeu a aproximação do táxi, sendo necessário o motorista dar uma leve buzinada.

Abdelcarim abriu a porta para ela entrar. Em seguida ele entrou e ditou o endereço do restaurante italiano Il Cantinori para o taxista.

Como o trânsito não estava pesado, em poucos minutos eles chegaram ao restaurante e foram encaminhados à mesa pelo recepcionista, impecavelmente vestido. O ambiente rústico, o chão de terracota, as paredes brancas, os lindos arranjos de flores, tudo isso deixou Amina encantada.

– Jamais entrei em um lugar tão bonito. Confesso que fico com um pouco de medo de não me portar à altura deste lugar.

– Besteira! Você é uma moça fina, não precisa temer este ambiente. Sinta-se à vontade. Escolhi aqui porque gosto da comida e do ambiente. Perfeito quando se está bem acompanhado.

Amina e Abdelcarim ficaram por um tempo se encarando, tendo uma vela sobre a mesa a iluminar suas faces, já que o ambiente tinha pouca luminosidade. Ao lado da vela havia um pequeno vaso com flores. Ele segurou a mão dela e a acariciou, sem desviar o olhar dos olhos dela. Amina sentiu o seu coração gelar.

–Você é o encontro que eu sonhei por toda a minha vida – prosseguiu o marroquino. – Preciso ser franco e direto. Desde que nos conhecemos, eu não penso em outra coisa e sei que você sabe disso.

Amina ficou tão tensa que as suas mãos começaram a suar frio, deixando-a ainda mais sem graça, já que Abdelcarim segurava a mão direita dela. Ela retirou a sua mão delicadamente da mão dele e pegou o guardanapo para enxugá-la.

– Desculpe-me. Depois de tudo por que passei na vida perdi a esperança de algum dia ser feliz ao lado de um homem que amasse. Encontrar um homem como você, na minha mente, só em conto de fadas. Eu jamais recebi elogios tão bonitos. Eu jamais senti por alguém o que sinto por você. Parece que estou sonhando.

O garçom aproximou-se, trazendo consigo os cardápios. Após fazerem os pedidos, Abdelcarim retomou o diálogo.

– O seu pai desejou-me boa sorte quando lhe disse sobre as minhas intenções. Quero casar-me com você o mais rápido possível. Prometo-lhe que serei um bom padrasto para Khadija.

– Todos os dias ela agradece a Alá por ter enviado você ao nosso encontro. Ela é encantada com você.

Após breve silêncio, Abdelcarim voltou à carga.

– Eu disse que quero me casar com você. Não precisa me dar a resposta agora.

– Eu não preciso de tempo. Eu aceito o seu pedido.

Radiante de alegria, Abdelcarim tomou-a em seus braços e depois a beijou. Um beijo tímido, até porque a formalidade do ambiente não permitia nada mais, além disso. Percebendo o desconforto dela, ele se desculpou.

– Não deveria tê-la beijado aqui. Perdoe-me por tê-la deixado sem graça.

– Tudo bem, não se preocupe.

O jantar foi servido e atendeu às expectativas de ambos. A comida estava com apresentação impecável e muito saborosa.

Já dentro do táxi, no retorno para casa, Amina pensava na bendita reviravolta ocorrida em sua vida. Foi quando expressou um pensamento que surpreendeu o marroquino.

– Odeio Khadafi e torço para que ele apodreça atrás das grades. Mas, reconheço que o nosso encontro só se tornou possível por conta das atrocidades praticas por ele. Do contrário, Omar não pediria ajuda ao governo americano para trazer a filha aos Estados Unidos e os nossos caminhos não se cruzariam. É incrível como a sabedoria de Alá extrai amor, beleza e compaixão diante de um quadro de maldade e sofrimento.

Já em casa, ambos dormiram pensando no futuro que os aguardava. Abdelcarim iria promover as mudanças necessárias em seu apartamento para acolher Amina, Rachid e Khadija. Estava disposto a começar as alterações a serem feitas o mais rápido possível, mesmo ciente de que Nadir iria sentir falta da nova rotina que havia se instalado em seu lar com a chegada dos egípcios.

Capítulo 53

Alguns dias após o encontro com Fábio, João teve a grata surpresa de ouvir sua mãe falando que ela e seu pai iriam sair para jantar com Diva e Fábio.

Os pais, após ficarem sabendo do encontro de João com o antigo desafeto, decidiram mudar de postura em relação ao namoro da filha e iniciaram um processo de aproximação com Fábio.

No campo profissional, todavia, aumentava a angústia de João, pois, além de não ter saído o resultado do concurso da ONU, começou a correr o boato de que não haveria concurso do Ministério Público naquele ano, devido a dificuldades orçamentárias.

Estudar sem perspectiva de data para fazer uma prova era uma verdadeira tormenta para os que dedicavam a vida estudando para concurso público. Não era diferente com ele. O ânimo para abrir um livro e aprender a matéria, pouco a pouco, foi se esmorecendo.

Ana percebeu o abatimento do namorado e o convidou para ir ao cinema assistir ao filme *Meia-noite em Paris*, do diretor Woody Allen. Tratava-se de uma comédia romântica. Seria bom para ele dar umas risadas.

Já no interior do cinema, com um imenso saco de pipoca no colo, que ele dividia com ela, antes de iniciar a sessão, o seu celular tocou. Pelo identificador de chamada, ele viu que era Rita. Não se falavam há um bom tempo e ele ficou feliz quando viu que era ela.

– Você não vai me falar a novidade? – perguntou Rita.

João estranhou a pergunta, pois não sabia de qualquer novidade em sua vida ou nas vidas das pessoas próximas a ele.

– Eu não tenho novidades. Está tudo como dantes no quartel de Abrantes.

Rita deu uma risada gostosa. Encheu o peito e disse:

– Pois eu tenho novidades!

Imaginando que se tratava de assunto ligado a Pedro Manoel, ele perguntou:

– Não me diga que você e Pedro marcaram casamento! Vocês mal se conheceram. Isso é que é paixão, hein!

– Não, não, não. A novidade que tenho não é em relação à minha vida.

João começou a sentir o coração bater mais forte durante o curto silêncio que se seguiu, já desconfiando do real motivo para o telefonema de Rita. Pouco depois, veio a confirmação da sua suspeita na voz emocionada dela.

– Parabéns, primo! Você passou no concurso! – gritou Rita, entusiasticamente.

João havia acabado de olhar na internet antes de sair para o cinema e não havia visto nada sobre o resultado do concurso. Ele pensou que poderia haver um engano da prima.

– Mas ainda não saiu o resultado – ponderou.

Ana ouvia a conversa atentamente e ficou de orelha em pé quando o ouviu dizer que não havia saído o resultado. Imediatamente, desconfiou que ele estivesse escondendo algo.

– Vai sair amanhã, no site da ONU. Mas o Pedro já checou e confirmou que você passou. Você foi o melhor entre quase trezentos candidatos! Sabe o que é isso? Você é demais! Que vontade que estou de dar um abraço em você!

Lágrimas brotaram nos olhos de João. Enfim, depois de tanto esforço, ele havia alcançado o resultado desejado: passar em um concurso de altíssimo nível técnico. Emocionado, ele ficou em silêncio por um tempo, tentando criar forças para dar sequência ao diálogo. Depois, prosseguiu:

– Esta é a melhor notícia que eu recebi na minha vida. Melhor ainda porque veio através de uma pessoa querida como você. Nossa! Acho que vou explodir de tanta alegria.

Ana deu um leve beliscão no braço dele e gesticulou com os braços, pedindo informação do que ele estava falando. João espalmou a mão para ela, pedindo calma.

– Eu estou com a Ana do meu lado. Nós iríamos assistir a uma sessão no cinema, mas, depois desta notícia, vou levá-la a algum lugar para explicar tudo. Muito obrigado pela notícia. Agradeça ao Pedro por mim. Beijos.

Quando João desligou o telefone, Ana, com cara de poucos amigos, imediatamente lhe pediu satisfação.

– João, o que está acontecendo? Que notícia é essa que eu não estou sabendo de nada?

Ana sentiu-se, de certa forma, traída e os seus olhos lacrimejaram. Ela logo desconfiou que ele poderia ter passado em um concurso para o qual havia lhe omitido a inscrição.

João beijou-a carinhosamente à boca. Após, deu um abraço forte nela, sem que fosse correspondido, já que Ana estava com a pulga atrás da orelha. Depois, respondeu:

– Amor! Vamos sair daqui. Eu irei lhe explicar tudo.

Ele levantou-se e a puxou pela mão. De tão eufórico que estava, acabou esquecendo o saco de pipoca na cadeira. Próximo ao cinema havia uma cafeteria. Decidiu sentar ali, já que, à medida que os segundos passavam, Ana ficava mais ansiosa

No trajeto entre o cinema e a cafeteria, um turbilhão de pensamentos deixou-a muito confusa, chegando a imaginar que já não fazia parte dos planos de vida do namorado.

Quando se sentaram, ele logo pediu dois cafés com raspas de chocolate. Assim que a garçonete se afastou, ele suspirou fundo e encarou Ana. Assim como ela, João também estava ansioso, pois não sabia qual seria a reação dela ao saber que ele iria trabalhar na África. Ele pegou a mão da namorada, apoiada sobre a mesa, e começou a acariciá-la. Aí, criou coragem para contar a verdade.

– Antes de tudo, eu quero saber se você me ama de verdade, assim como eu a amo.

Nesse ponto, as lágrimas já corriam pela face de Ana. Ela apenas sinalizou com a cabeça, respondendo que o amava.

– Você iria morar comigo em qualquer canto do planeta?

Novamente, ela sinalizou que sim, agora com a certeza de que ele havia passado em um concurso para assumir um cargo fora de Belo Horizonte.

O olhar de João brilhava diante da notícia da conquista. Pausadamente, ele iniciou a sua explicação para a amada.

– Depois de todas as dificuldades que passei nos concursos em que fui reprovado, criando expectativas nas pessoas que eu mais amava, decidi fazer um concurso sem falar para ninguém. Não queria que ninguém ficasse frustrado por minha causa.

"Lá em Nova Iorque, a Clara e o Pedro, chefe dela, incentivaram-me a fazer um concurso para a área de direitos humanos da ONU".

Pela primeira vez Ana esboçou um sorriso, mas a emoção era muito forte e as lágrimas apagaram o sorriso.

– Eu fiz a inscrição e fui ao Rio de Janeiro fazer a prova. Propositadamente, agendei a entrevista da renovação do meu visto para o mesmo dia da prova da ONU. Eu sabia que havia feito boa prova, mas sabia que vários candidatos ao redor do mundo tentariam o mesmo cargo. Agora, a Rita me telefonou para avisar que o Pedro Manoel já conferiu e viu que eu passei no concurso, superando quase trezentos candidatos. O resultado sairá no site da ONU amanhã.

A desconfiança inicial e a sensação de traição deram lugar a uma grande alegria no coração de Ana. Ela não sabia se ria ou se chorava. As lágrimas continuavam a cair, mas já não apagavam o sorriso apaixonado que ela dava para o namorado. Ele, vendo a alegria dela, também não segurou as lágrimas. Movidos pela paixão, beijaram-se. Um beijo com o gosto doce das salgadas lágrimas de alegria.

– Parabéns! Parabéns! Eu amo você! – dizia ela, abraçada a ele.

Ele sentiu que era o momento de falar em qual país iria trabalhar. Aí, afastou-se um pouco, encarou-a e perguntou:

– Você me ama o suficiente para se casar comigo e ir morar na África?

Instantaneamente, a expressão de alegria cedeu a outra de surpresa.

– África?

– Sim. África.

– Em qual país?

– Burundi. É um pequeno país que fica na parte leste da África, entre a região central e o sul.

A resposta deixou Ana chocada em um primeiro momento. Jamais em sua vida havia passado pela sua mente morar na África, quanto mais em um país desconhecido, situado em uma das regiões mais pobres daquele sofrido continente.

João ficou ansioso, aguardando pela resposta. Após alguns segundos, sem esconder um ar de preocupação, ela respondeu:

– Encontrar um grande amor é mais difícil do que encontrar a paz e a felicidade em um lugar distante, desconhecido, com poucos recursos materiais e com cultura totalmente diferente da nossa. Eu encontrei o meu grande amor e por ele eu corro o mundo. É óbvio que eu largo tudo para me casar com você e ir para onde o destino nos chamar. O nosso amor é prioridade máxima em minha vida.

O agradecimento de João veio através de um beijo apaixonado, de certo modo inadequado para uma cafeteria. Mas aquele era um momento em que a emoção falava bem mais forte do que a razão.

Após o longo beijo, João lembrou-se de que os seus pais e a sua irmã também não sabiam de nada. Imediatamente, ligou para todos e marcou uma reunião em sua casa, avisando que Ana iria com ele.

Diva estava trabalhando na loja e resistiu a ir ao encontro, alegando compromissos profissionais, mas acabou cedendo ante a insistência do irmão.

Enquanto João estava a caminho, Aristides e Iolanda confabulavam.

– Tenho a sensação de que ele pediu a reunião para avisar que eu serei avó. Se for isso mesmo, acho que ele terá dificuldade em continuar estudando para concurso. Vai se sentir pressionado para voltar a trabalhar a fim de ganhar dinheiro para o sustento do filho.

Aristides pensou que a esposa poderia estar certa em sua preocupação, mas levantou outra hipótese para o pedido de reunião.

– Não vamos nos preocupar antes da hora. Às vezes, ele irá nos comunicar apenas a decisão de noivar-se com Ana. Contudo, se anunciar que um bebê está a caminho, não nos resta alternativa que não seja apoiá-los no que precisarem.

João e Ana chegaram juntos com Diva. Esta, ainda dentro do elevador, percebeu que eles haviam chorado e deu uma olhadinha indiscreta para a barriga de Ana, sorrindo para ambos.

– Não é nada disso que você está pensando – antecipou-se Ana.

– Então por que vocês marcaram esta reunião?

– Aguarde. Você ficará tão chocada quanto eu. Mas tenho certeza de que também terá a mesma felicidade que eu estou sentindo agora.

A resposta de Ana deixou Diva ainda mais curiosa. Nas conjunturas de vida de João, que notícia poderia ser ao mesmo tempo chocante e boa?

Assim que entraram no apartamento, Iolanda e Aristides já os aguardavam na poltrona da sala. Os olhos bem abertos denunciavam o ar de preocupação deles. Após os cumprimentos, João sentou-se ao lado da namorada e cuidou de acabar com a curiosidade geral.

– Talvez vocês estejam com a mesma desconfiança que a Diva estava, mas vou logo adiantando que a Ana não está grávida.

Aristides e Iolanda suspiraram aliviados. Queriam muito ter outros netos, além de Mateus, mas desde que as vidas de João e Diva estivessem estruturadas afetiva e financeiramente.

– Então, vocês irão nos comunicar que ficarão noivos – tentou adivinhar Iolanda.

– Mais do que isso. Nós estamos comunicando que iremos nos casar o mais rápido possível, sem festa. Teremos apenas a cerimônia no cartório do registro civil.

Os pais e a irmã ficaram boquiabertos, pensando que estava havendo uma precipitação de ambos.

– Não seria importante você passar no concurso primeiro? Acho temerário contar só com o salário da Ana – ponderou Aristides.

– Eu já passei – redarguiu João.

– Como assim? – perguntou Iolanda, espantada com a resposta e com a mesma sensação de traição tida por Ana.

– Eu fiz um concurso para a área de direitos humanos da ONU e não contei sequer para a Ana. Não queria trazer expectativa e frustração para as pessoas que mais amava. Hoje, a Rita me ligou falando que o Pedro Manoel checou tudo e que eu havia passado no concurso. O resultado sairá amanhã.

A expressão de espanto dos pais e da irmã deu lugar a outra de contentamento. Aristides foi o primeiro a se levantar para abraçar o filho. Foi seguido por Iolanda e Diva. Após os cumprimentos emocionados, João completou a informação:

– Eu irei morar, a princípio, no Burundi, um pequeno país da África. Depois de um tempo posso tentar a transferência para outro lugar. A Clara, por exemplo, já trabalhou na África e leste da Europa. Hoje ela trabalha na sede da ONU, em Nova Iorque.

A reação dos seus pais foi muito melhor do que ele esperava. Aristides foi o primeiro a encorajá-lo.

– Meu filho, a distância entre o Burundi e o Brasil hoje é quase a mesma entre São Francisco, no norte de Minas, e Belo Horizonte quando eu tomei posse no concurso, há vinte e dois anos atrás. O mundo está ficando muito pequeno, uma verdadeira aldeia global.

Iolanda estava feliz, também, porque Ana aceitou se casar com João. Ela fez questão de fazer a sua observação.

– Nada melhor do que ir bem acompanhado para um local estranho. Ela será a sua força nos momentos de dificuldades. Começando a vida em um local com menos recursos materiais, a tendência é que as coisas vão melhorando nas vidas de vocês com o passar do tempo. Aproveitem para absorver uma cultura diferente. Quando eu fui morar no interior com o Aristides, aprendi muito com as pessoas mais humildes. Sentia-me fortalecida ao ver a resignação e força de vontade com que elas encaravam as situações mais adversas. Elas sempre tentavam minorar uma situação ruim, mas nunca com desespero ou revolta. Imagino que você terá um quadro parecido no Burundi.

A preocupação de Diva era com a reação de Mateus quando soubesse que o tio iria morar em outro país.

– O meu pedido é para que você não se esqueça de telefonar para o seu afilhado. O Mateus sentirá muita falta sua. Só não vou para casa buscá-lo porque ele já está dormindo.

João lembrou-se das brincadeiras alegres com o sobrinho e viu a ficha começar a cair. Sentiu um aperto no coração ao imaginar que teria um oceano separando ele dos familiares. Por algum tempo, teria que usar o recurso da tecnologia para matar as saudades. Teria na internet sua principal aliada.

Menos mal que a paz havia voltado a reinar em sua casa depois de um bom tempo. Seu pai enfrentava o processo na Corregedoria de Justiça sem desesperar-se e havia mudado a postura profissional, demonstrando ânimo redobrado no trabalho. Sua mãe e Diva, enfim, relacionavam-se com respeito e amizade. Diva havia largado o vício do álcool e passou a dedicar-se de corpo e alma ao filho. O namoro dela com Fábio, apesar de não ser do gosto de João, nitidamente trazia alegria para ela e isso era motivo de contentamento para ele também.

Enfim, pouco a pouco, as coisas foram se ajeitando da melhor forma possível.

Para comemorar a notícia da aprovação do filho no concurso, Aristides telefonou para o serviço de entrega do melhor restaurante japonês da cidade e encomendou vários pratos.

Diva pensou em perguntar a João se poderia chamar Fábio para participar das comemorações, mas concluiu que aquele era um momento muito especial para João e que apenas as pessoas que ele mais amava deveriam estar presentes.

"Com a bênção de Deus, um dia o Fábio estará entre as pessoas que o João ama", pensou ela.

Quando a comida chegou, João fez questão de convidar Ireni, a secretária doméstica, para participar da comemoração. Ele e ela tinham um forte carinho um pelo outro, fruto dos anos de um convívio respeitoso, amigável e solidário, que gerava, inclusive, ciúme nos demais membros da família.

Quando todos foram embora, João ajoelhou-se, como fazia na sua infância, e orou a Deus, agradecendo a Sua intercessão para direcioná-lo pelo melhor caminho que poderia existir para ele. João lembrou-se das vezes em que sua vontade não foi atendida por Deus, agradecendo-O por isso também.

Por fim, ele lembrou-se de Iracema, a amiga que ele sentiria muitas saudades. Com nitidez, veio à sua mente o primeiro encontro com ela, no interior do Minas Tênis Clube. Após, os encontros subsequentes na casa dela, onde ele aprendeu tantas lições bonitas. Com a imagem de Iracema em sua mente, ele adormeceu.

Capítulo 54

João deveria se apresentar em Nova Iorque para fazer um curso de quinze dias antes de embarcar para o Burundi, no dia 16 de maio de 2011, uma segunda-feira. Por sorte, ele e Ana contaram com a desistência de um casal para conseguir marcar o casamento no dia 13 de maio. Ana ficou emocionada com a data e comentou:

– É indício de que estamos sendo abençoados. É o dia de Nossa Senhora de Fátima. Quando tivermos uma oportunidade, faço questão de irmos a Portugal agradecer a proteção da Mãe de Cristo no local em que ela apareceu cinco vezes para três crianças.

Os pais dela eram professores universitários da faculdade de economia e estavam fazendo pós-graduação em Londres. A notícia inesperada do casamento repentino da filha foi de grande alegria para ambos. Todavia, como não haveria festa para celebrar o matrimônio, bem como pelo fato de que o curso estava lhes exigindo muita dedicação e a situação financeira estava apertada, eles decidiram não vir a Belo Horizonte para assistirem ao casamento. Decidiram que seria mais útil para a filha guardar o dinheiro para visitá-la na África, assim que estivessem em uma fase mais tranquila do curso.

Como não houve programação de festa, Ana e João puderam resolver suas pendências com tranquilidade, sobretudo ela, em função do serviço que tinha a fazer no escritório de advocacia.

O clima de alegria pelo casamento foi manchado por uma triste notícia acontecida do outro lado do mundo. Ana sentiu terrível mal-estar ao ver a notícia na internet. Imediatamente, ela telefonou para João, pois receava que ele pudesse ficar muito abalado quando soubesse dos fatos acontecidos no Afeganistão.

– João, você já viu o que ocorreu no escritório da ONU na cidade afegã de Mazar-i-Sharif?

– Não – respondeu ele, entre preocupado e surpreso.

– Estou lhe telefonando porque vi a notícia agora. Acho que não é motivo para você desanimar do cargo que escolheu, mas acho que deve servir como lição para que você seja precavido nas suas funções lá no Burundi.

Demonstrando impaciência, ele perguntou:

– O que ocorreu? Eu estou ficando preocupado. Por favor, diga logo.

– Um grupo de afegãos, inconformados com a queima do *Alcorão* por um pastor americano da Flórida, atacou o escritório da ONU naquela cidade, matando sete funcionários da organização, sendo que dois deles foram decapitados.

Um longo silêncio seguiu-se ao triste fato relatado por Ana. Após, João manifestou-se:

– É incrível como o fanatismo deixa cegas as pessoas. Inacreditável como o ser humano mata outro por conta de religião. Não existe justificativa para esses brutais assassinatos. Por outro lado, o ato do pastor de queimar o *Alcorão* foi de uma ignorância sem limite, pois o próprio Cristo nos conclamou a amar o próximo como a nós mesmos. O próximo referido por Jesus não é apenas a pessoa da nossa família ou da mesma fé religiosa. O próximo pode ser cristão, budista, judeu, mulçumano, hinduísta, de qualquer outra religião ou mesmo sem religião. A atitude desse pastor foi tão desrespeitosa que pode ser considerada um ato de desamor ao próximo. Até quando a intolerância religiosa prevalecerá? Será que ele quer reiniciar o triste episódio das Cruzadas? Esse pastor, ao menos perante Deus, será considerado um dos responsáveis por esses assassinatos. O que ele fez foi uma total falta de respeito ao direito de liberdade religiosa.

Mais um pouco e ele concluiu:

– Mas não é esse fato que irá me desanimar. Hoje, eu sei que tenho uma missão a cumprir na ONU e vou cumpri-la. É tudo que eu quero na minha vida profissional.

Ana sentiu-se aliviada com a postura do namorado e fez questão de mostrar a sua solidariedade ao posicionamento dele.

– Eu estarei ao seu lado para o que der e vier. Todas as profissões possuem riscos inerentes à própria atividade. Acho que é possível minimizar os riscos quando agimos com respeito ao nosso próximo, ainda que a nossa ação cause dano a ele.

No dia trinta de abril de 2011, um fato relevante mexeu com os ânimos dos rebeldes na Líbia, dando-lhes esperanças de que poderiam vencer a guerra contra Khadafi: naquele dia, os caças da OTAN bombardearam impiedosamente o complexo presidencial Bab al-Aziziya, símbolo do poder de Khadafi, onde ele morava com seus familiares, em Trípoli. Como saldo do ataque, foram mortos Saif al-Arab, filho mais novo de Khadafi, então com trinta anos de idade, a filha de Saif e dois sobrinhos.

Saif estava morando em Munique, na Alemanha, desde 2006. Em 2008, a polícia alemã confiscou sua Ferrari por emitir mais barulho do que o permitido. Além disso, a polícia alemã o investigou por supostamente transportar armas em um carro diplomático entre Paris e Munique.

Saif havia viajado para Trípoli em fevereiro de 2011, após a explosão da onda de protestos contra o governo de seu pai.

Nos dias seguintes, João dedicou-se a estudar sobre os principais problemas sociais ocorridos no Burundi. Em *e-mails* trocados com Clara, ela lhe passou orientações de proteção à própria integridade física, o que trouxe maior tranquilidade para ele.

Uma declaração de Barack Obama, após o atentado ao escritório da ONU no Afeganistão, deu a João a convicção de que ele estava certo em sua repulsa ao ato do pastor da Flórida. O presidente americano foi enfático ao comentar o assunto:

"A profanação de qualquer livro sagrado, incluindo o *Alcorão*, é um ato de extrema intolerância e fanatismo."

O fato de o casamento acontecer em uma sexta-feira treze não foi tido como mal presságio, muito pelo contrário, a curiosa data foi motivo de brincadeiras.

Iracema e Fábio foram os únicos convidados que não faziam parte da família. Depois da cerimônia, estava marcado um almoço na casa do próprio João. Ele pediu à sua mãe para fazer uma bacalhoada, prato que adorava. Além disso, seria uma singela homenagem ao amigo português, Pedro Manoel.

O voo para os Estados Unidos estava marcado para o mesmo dia do casamento, à noite. Decidiram aceitar o convite de Rita e ficar na casa dela durante o período de estada em Nova Iorque.

No dia do casamento, assim que acordou, Ana conscientizou-se de que aquele era o dia mais importante de sua vida. O casamento não teria a festa com a qual ela havia sonhado, muito menos uma viagem de lua de mel, já que João se dedicaria ao curso integralmente durante a estada em Nova Iorque, mas teria algo muito mais importante: o homem amado ao seu lado. O homem que ela amava tanto quanto era amada.

Ela lembrou-se de algumas amigas suas que se casaram sem amar o parceiro. Fizeram festas deslumbrantes, tiveram viagens de lua de mel para lugares paradisíacos, moraram em apartamentos luxuosos, mas foram extremamente infelizes, visto que a união afetiva não tinha a essência do amor, já que o casamento era fruto de interesse financeiro ou do receio de ficarem solteiras.

Na vida profissional de Ana, o caso mais dramático foi entrar com uma ação de separação judicial em favor de Lídia, uma linda amiga que apanhava sistematicamente do marido, um homem muito rico, mas cuja origem do dinheiro era ilícita. A ilusão de ter uma vida luxuosa havia dado lugar à frustração por levar uma vida solitária, com exceção dos poucos momentos que passavam juntos, ocasião em que o marido a agredia. Lídia não sabia se a maior dor era a da solidão ou a da violência física praticada contra ela.

Lembrando-se de Lídia, que chegou ainda a sofrer ameaças de morte do ex-marido depois de obter a separação, Ana reforçou a sua convicção de que havia valido a pena superar todas as dificuldades para ficar com João. Ao lado dele, tudo era especial. Ela sabia que morar em Burundi seria uma aventura especial, uma oportunidade de crescimento interior, haja vista o convívio com pessoas que passavam por duras provas em suas vidas.

Ana havia decidido que cuidaria dos afazeres domésticos e se dedicaria a alguma causa humanitária no tempo livre.

Na manhã do casamento, o tempo estava nublado e a temperatura agradável. Como o cartório do registro civil ficava bem perto da casa de João, Ana pegou um táxi para lá. Ele a recebeu vestindo um lindo terno bege claro, com camisa branca por baixo, gravata azul e sapatos novos, na cor marrom.

– Você é o príncipe com o qual eu sonhei em me casar desde que entrei no ventre da minha mãe.

– E você é a minha mulher, amante, amiga e companheira com a qual eu terei o imenso prazer de dividir a mesma cama todas as noites.

Ela usava um vestido branco que realçava ainda mais o belo sorriso de felicidade. Ficaram alguns minutos na sala, conversando com Aristides, Iolanda e Diva, e depois desceram para buscar Iracema, que iria de carona com eles no mesmo táxi.

Todos estavam bem tranquilos e não havia clima de emoção entre eles, talvez pelo ambiente de indiferença no cartório, onde os funcionários estavam acostumados àquela rotina.

Ambos responderam com naturalidade às perguntas do celebrante. Da mesma forma, apuseram suas assinaturas para confirmar o ato de livre vontade.

A presença de Fábio, sem incomodá-los e sem incomodar a si próprio, era a maior prova de que o romance entre ele e Ana fazia parte do passado.

Assistindo à cerimônia, sem que ninguém percebesse, estavam os espíritos de Bruno e Vinícius, o guia espiritual de Iracema que havia encaminhado Bruno para a colônia espiritual onde ele vinha se tratando.

Bruno estava surpreendendo os trabalhadores espirituais, dedicando-se com extremo afinco no aprendizado das leis de Deus. Desde a sua chegada, ele havia conseguido valorosos avanços e já havia curado algumas chagas que impregnavam o seu perispírito.

Tamanho esforço lhe foi recompensado com a autorização para fazer uma visita aos entes queridos. Ele escolheu o dia do casamento entre João e Ana. Primeiro, ele passou na residência da mãe e ficou aliviado por vê-la mais em paz, com resignação pela morte dele.

Já, no cartório, Bruno foi o único a sentir uma emoção mais forte de alegria ao ver que os seus atos de vingança não haviam conseguido atrapalhar o casamento dos dois. Felicidade que ele viu redobrada por constatar que Fábio, o primo querido, enfim estava em paz.

Em seu íntimo, sem falar para ninguém no plano espiritual, Bruno começava a alimentar a esperança de que Fábio e Diva pudessem se casar. Caso o seu desejo se concretizasse, ele poderia tentar planejar a sua reencarnação como filho deles.

Depois do casamento, todos se dirigiram para a casa de João. Iracema era a mais assediada. Todos queriam usufruir da sabedoria dela. Com paciência e carinho, ela atendia a todos, respondendo às perguntas que lhe eram formuladas sem se queixar das dores no peito. A alegria pelo casamento e sucesso de João no concurso da ONU encobria a dor física que lhe afligia.

Iracema aproveitou quando surgiu o assunto da Operação Alvorada da Odisseia, na Líbia, e relatou uma curiosidade que dizia respeito à família de sua melhor amiga.

– A cultura é importante, mas a sabedoria é mais valorosa. Eu tive uma amiga, a falecida Maria do Nascimento Leal, que foi a mulher mais admirável e sábia que conheci, apesar de não possuir cultura acadêmica e ter suportado inúmeros sofrimentos.

"Ela perdeu a mãe aos cinco anos de idade. Seu pai casou-se novamente e a madrasta a tratava muito mal, assim como aos irmãos, inclusive um que tinha paralisia cerebral. Em consequência, esse irmão morreu logo depois. Maria casou-se com um homem que havia lutado na Primeira Guerra Mundial, mas ficou casada pouco tempo, pois ele voltou com tuberculose da guerra e morreu, deixando-a com uma filha pequena para criar em um pequeno vilarejo no norte de Portugal. Ela sustentou a si e à filha fazendo crochês nas casas de famílias. Depois, embarcou para o Brasil em 1922 e casou-se novamente com o português que veio com ela de Portugal. Eles moravam de favor nas casas de seus empregadores no distrito de Alvorada, aqui em Minas, e tiveram muitas dificuldades para criar as sete filhas que tiveram, além da filha do primeiro casamento de Maria. Precisavam trabalhar mais de quatorze horas por dia, sem descanso semanal. Com extremo esforço, eles conseguiram montar uma mercearia, mas o marido era uma pessoa tão boa que não servia para ser dono de comércio. Então, ela é que tomava conta de tudo, do lar e do comércio, isso sem saber ler e escrever. A Maria sempre quis estudar, mas não tinha tempo. Somente quando a Angelina, a filha caçula, se formou e casou, é que a Maria entrou para a escola e aprendeu a ler e a escrever, realizando o sonho dela quando já contava com mais de sessenta anos.

"Apesar de todas essas dificuldades e de outras que não vou relatar, Maria encarava a vida com alegria e confiança, nunca se deixando abater. Uma curiosidade na família da Maria é que ela tinha um primo muito inteligente e culto, o Victor Nunes Leal. Ele foi Ministro da Casa Civil do presidente Juscelino entre 1956 e 1959. Depois, o JK o nomeou ministro do Supremo Tribunal Federal, cargo que ele ocupou entre 1960 e 1969, sendo afastado pelo Ato Institucional número 6.

"O Victor é que sugeriu o nome de Palácio da Alvorada para o palácio do governo, em Brasília. Juscelino gostou do nome e o adotou. Na verdade, o Victor nasceu no distrito de Alvorada, município de Carangola, em Minas Gerais. Era o mesmo lugar onde Maria morava com o esposo e as filhas.

"Antes de virar distrito, Alvorada era um povoado denominado Maranhão. O Nascimento Leal, pai do Victor, foi o pioneiro de lá. Em sua luta política para transformar o povoado em distrito, o Nascimento fez um discurso inflamado e teve um lampejo, dizendo uma frase de efeito: 'nesta terra faremos o alvorecer de um novo tempo'.

"O povo achou aquela frase bonita e decidiram que o novo distrito chamaria Alvorada. Quando JK construiu Brasília, o Victor Nunes Leal comentou esse fato com ele e sugeriu que fosse colocado o nome de Alvorada no palácio do governo, o que foi imediatamente aceito por Juscelino. Quando foi indagado sobre o porquê do nome Alvorada, o presidente plagiou Nascimento, pai do Vítor Nunes Leal, e respondeu: 'Que é Brasília, senão a alvorada de um novo dia para o Brasil?'"

Fábio aproveitou este momento, em que todos ouviam Iracema, para conversar com João, que estava mais distante, escolhendo um DVD para colocar no aparelho.

– Você está partindo e nós não voltamos a nos falar a sós. Eu gostaria de saber como está o seu coração em relação a mim.

João colocou o DVD, sentou-se no sofá, coçou o cabelo e olhou para Fábio, encarando-o por alguns segundos. Depois, respondeu:

– Eu estou com o coração mais leve. Hoje, o que me importa é que você seja uma boa pessoa para a minha irmã. Se você agir assim, não tenho dúvida de que seremos amigos e as desavenças do passado serão esquecidas. Para mim não importa que vocês fiquem juntos ou não. Apenas quero que você seja um cara legal para ela no tempo em que estiverem juntos.

Os olhos de Fábio brilhavam pela lágrima que ele insistia em não deixar rolar. A sua resposta veio com a sinceridade do sentimento que lhe aflorou.

– Eu fico muito feliz pelo seu sucesso, mas confesso-lhe que estou um pouco frustrado pela sua partida, pois não terei a oportunidade de lhe mostrar que não sou mais a pessoa cruel e vingativa que lhe prejudicou.

João colocou a mão sobre o ombro de Fábio, em um gesto de solidariedade.

– Não se preocupe, eu confio na minha irmã e vou acreditar no que ela me disser ao seu respeito.

Em seguida, João e Fábio se abraçaram sob os olhares atentos e felizes de Diva e Ana, que desviaram a atenção da conversa de Iracema para eles assim que os viram juntos.

Pouco depois, o almoço foi servido. Após, Iracema alegou cansaço e pediu licença para se retirar. Antes de sair, contudo, teve uma última conversa com João.

– Meu querido, se não for inoportuno da minha parte, gostaria que você escrevesse em um papel o endereço que ficará em Nova Iorque. Gostaria de poder lhe escrever uma carta.

– Claro! Eu ficarei no apartamento da Rita durante quinze dias. Depois, irei para o Burundi e lhe aviso assim que conseguir um lugar para morar lá. Um momento, porque eu vou pegar uma caneta para escrever o endereço da Rita.

João pegou um papel e uma caneta, anotando o endereço da prima, entregando-o para Iracema. Em seguida, abraçou-a emocionadamente.

– Muito obrigado por tudo! Você é minha amigona do peito. Jamais vou esquecer o tanto que você me ajudou e ensinou. Eu vou dar notícias e faço questão de encontrá-la quando vier ao Brasil.

Apesar do pouco tempo de convívio, a amizade entre eles fortaleceu-se de forma a construir laços que os deixariam unidos afetivamente, independente do espaço físico que os separasse. Antes de partir, Iracema deixou uma lição de casa para João.

– Assim que tiver um tempinho, gostaria que você estudasse a vida de Moisés, caso você ainda não saiba dos detalhes que cercaram a existência dele.

João olhou com desconfiança para Iracema.

– Tudo bem, mas você pode me adiantar o motivo desse pedido?

Ela segurou a mão dele, sorriu e respondeu:

– Ainda não. Oportunamente você saberá. Apenas confie em mim.

João franziu a testa, frustrado com a resposta da amiga. Mas sabia que ela tinha os seus motivos para não aprofundar no assunto.

Um abraço afetuoso, longo e apertado selou a despedida dos dois. Pela primeira vez, João viu Iracema emocionada. Ela tirou um lenço branco do bolso do vestido e enxugou as lágrimas antes de virar-se para pegar o elevador.

João aproveitou que as demais pessoas continuavam conversando à mesa, enquanto tomavam o café que Ireni havia acabado de passar, para pegar o *notebook* e fazer uma pesquisa sobre a vida de Moisés.

Descobriu que José do Egito havia conseguido que os faraós respeitassem o povo hebreu. Todavia, após a morte de José e dos faraós do seu tempo, um novo faraó, Tutmose I, assumiu o poder e passou a perseguir os hebreus, com medo de que eles se voltassem contra os egípcios, tendo em vista o crescimento da população hebreia. Nesse período, o faraó publicou um decreto determinando que todo filho homem que nascesse dos hebreus deveria ser morto.

Antes do decreto do faraó, Joquebede casou-se com Anrão, seu sobrinho, e tiveram os filhos Miriam e Arão. Veio o decreto e eles tiveram Moisés, aproximadamente no ano de 1562 antes de Cristo. Quando o pequeno Moisés completou três meses de vida, Joquebede percebeu que não poderia escondê-lo por mais tempo, pois ele chorava alto. Então, obedecendo ao decreto do faraó, colocou Moisés no rio Nilo, mas dentro de um cesto de papiro, tornado impermeável com betume e piche, deixando-o às margens do rio.

A princesa Hatshepsut foi ao rio banhar-se e viu o cesto, pedindo a uma de suas empregadas para pegá-lo. Ao ver o bebê chorando, teve dó dele e decidiu salvar-lhe a vida. Então, Miriam, irmã de Moisés, que a tudo acompanhava, aproximou-se e se ofereceu para conseguir uma israelita para amamentar o bebê. Ante a resposta positiva de Hatshepsut, Miriam foi atrás da própria mãe. A princesa, sem saber que Joquebede era a mãe de Moisés, ofereceu um salário para ela criá-lo, devendo lhe entregar a criança quando estivesse mais forte.

Assim, Moisés foi criado por Joquebede no início de sua infância, sendo adotado pela princesa Hatshepsut quando já menino.

João achou interessante a história da princesa que foi contra a ordem do próprio pai, adotando um hebreu, e pesquisou a vida dela.

Descobriu que, após a morte de Tutmose I, assumiu o poder Tutmose II, que era meio irmão da Hatshepsut, com a qual se casou. Ele morreu jovem e ordenou Tutmose III, filho de uma concubina e, portanto, enteado de Hatshepsut, como seu sucessor. Tutmose III casou-se com sua meia irmã, filha de Hatshepsut e Tutmose II.

Durante os primeiros vinte anos do reinado de muitas conquistas de Tutmose III, quem havia ditado as regras era Hatshepsut, a mãe adotiva de Moisés, uma das rainhas mais poderosas do Egito, concentrando mais poderes do que Cleópatra.

A pesquisa de João foi interrompida por Diva, Mateus e Fábio, que vieram se despedir.

Novo abraço em Fábio reforçou os laços de familiaridade e carinho que começavam a uni-los.

Quando abraçou Diva, João ficou tão emocionado que não conseguiu se pronunciar. Lembrou-se do apoio que ela lhe deu para voltar o namoro com Ana.

Ainda emocionado, ele pegou Mateus no colo e o beijou demoradamente na face. Depois, o pequeno lhe fez um pedido:

– Padrinho, promete que me leva para conhecer a sua casa nova?

– Prometo – foi tudo o que ele conseguiu falar. A garganta já estava sufocada, tentando segurar o choro.

Assim que eles saíram, João entrou no banheiro e chorou copiosamente. Queria chorar a saudade que sentiria das pessoas queridas de uma vez só.

No meio da tarde, Iolanda e Aristides já estavam prontos para levá-los ao aeroporto.

Antes de sair para o aeroporto, João ouviu uma notícia na televisão que o deixou ainda mais feliz, como se fosse um prenúncio de que tudo iria dar certo para ele e Ana: devido a evidências diretas de crimes contra a humanidade cometidos pelas tropas do governo contra os rebeldes e civis líbios, nas áreas de insurreição e combate, o argentino Luis Moreno Ocampo, Procurador-chefe do Tribunal

Penal Internacional, sediado em Haia, solicitou mandato internacional de captura e prisão contra o líder líbio, por crimes contra a humanidade.

Ao ouvir tal notícia, automaticamente João lembrou-se de Pedro Manoel e Clara, imaginando o tanto que eles deveriam estar se sentindo recompensados pelo trabalho árduo e corajoso que desempenharam na Líbia.

No trajeto para o aeroporto de Confins, João e Ana olhavam pela janela, despedindo-se da cidade que os havia acolhido por tantos anos. Ambos partiam com o mesmo pensamento: "um dia voltaremos".

Mas sabiam que esse dia iria demorar a chegar. Teriam uma longa jornada pela frente.

Já no aeroporto, a despedida foi marcada por lágrimas de parte a parte.

– Boa sorte! Conte conosco para o que precisar – repetia o seu pai.

– Cuide dessa moça como se fosse uma princesa – aconselhava Iolanda.

Os pais ainda esperaram o avião decolar, observando-o sumir pelas nuvens. Somente depois é que partiram.

João e Ana estavam ansiosos com o fato de que iriam morar em um país totalmente estranho, do qual pouca coisa eles conheciam. Nesse ponto, as duas semanas em Nova Iorque seriam úteis, a fim de que eles preparassem o espírito para o desafio que viria.

Os voos de Belo Horizonte para São Paulo e de lá para Nova Iorque foram tranquilos, com pouca turbulência. Maior apreensão apenas na chegada ao aeroporto JFK, tendo em vista que caía um temporal que tampava a visão por completo.

O caos causado pela chuva deixou o trânsito lentíssimo. Por sorte, Rita não trabalhava fora aos sábados. Assim, ela pôde esperá-los em seu apartamento, recebendo-os com a sua marca registrada: o sorriso cativante.

Ela havia comprado um lindo buquê de diversas tulipas coloridas, que chegavam à cidade de Nova Iorque diariamente da Holanda, e o havia deixado sobre o colchão estendido no chão da sala, onde eles dormiriam naqueles dias.

– Estas flores são pelo casamento de vocês. Refletem o meu desejo de que sejam muito felizes.

Ana ficou encantada diante da beleza do buquê. Pegou-o e cheirou. Depois ficou observando as cores. As mais vivas e alegres estavam representadas ali: azul, amarelo, vermelho, laranja, roxo e branco.

– São gestos como este seu que me dão a certeza de que eu e o João estamos no caminho certo. Além de todo amor que sentimos um pelo outro, recebemos um imenso carinho das pessoas que nos cercam. Gostaria de poder guardar as flores em um jarro com água.

– Claro!

Rita foi à cozinha e retornou com um jarro com água pela metade, entregando-o a Ana. Esta, por sua vez, colocou-o sobre a mesa de centro, afastada para o canto da sala a fim de que fosse estendido o colchão em seu lugar.

João as ficou observando e comentou:

– Estas flores refletem a alegria que emana de nossos espíritos por tudo que temos vivido. Jamais ganhei flores tão lindas, mas jamais tive conquistas tão saborosas como o casamento com a Ana e a aprovação no concurso da ONU.

Capítulo 55

Uma notícia triste abalou a alegria que reinava na casa de Nadir pelo anunciado casamento entre Amina e Abdelcarim: Mustafá, o marido de Esther, havia morrido durante a revolução civil. Ferido pelas tropas de Khadafi em um violento combate, ele foi levado para o hospital, onde ficou internado por dez dias. Entretanto, a falta de recursos materiais no hospital inviabilizou a recuperação do mesmo.

A notícia veio quando Amina telefonou para Esther a fim de dar a notícia de seu casamento com o marroquino.

A mais abatida com a notícia, Khadija perdeu todo o entusiasmo com a nova vida que se desenhava à sua frente. Os seus pensamentos estavam voltados para a dor de Soraia, a amiga de todas as horas. Ela imaginava a dor que a amiguinha estava passando com a perda do pai e não conseguia mais sorrir. Era impossível para ela sentir-se bem, mesmo diante de tantas bênçãos recebidas ultimamente, sabendo que a melhor amiga estava sofrendo.

Abdelcarim decidiu levá-la à Toys R' Us, a maior loja de brinquedos de Nova Iorque, situada no coração da Times Square, mas decidiu fazer surpresa. Apenas diria que iriam sair para passear, sem mencionar a ida à loja.

"O passeio irá melhorar o ânimo dela", pensou.

No final da tarde, ele passou na casa da irmã e buscou Amina e Khadija.

– Hoje vocês verão as luzes da Times Square, um dos lugares mais bonitos da cidade.

Khadija forçou um sorriso, reconhecendo o esforço do marroquino para lhe propiciar um momento de descontração.

Dirigiram-se para lá de metrô. Quando saíram da estação e se depararam com os gigantescos painéis luminosos, com propagandas coloridas e divertidas, ambas ficaram de queixo caído, encantadas diante daquele quadro.

– Jamais imaginei que algum dia tivesse a oportunidade de ver algo tão bonito! – exclamou Amina, com o olhar atônito direcionado para os painéis.

Como o movimento de pessoas era intenso e uma delas esbarrou sem querer em Khadija, esta pediu à sua mãe para colocá-la no colo, a fim de apreciar melhor toda aquela beleza.

No colo de sua mãe, com o vento soprando os seus cabelos, os olhos da pequena brilharam e, desta feita, o sorriso veio com espontaneidade.

Abdelcarim apenas observava a reação das duas. Estava feliz por poder propiciar aquele momento a elas.

– Isso é tão diferente do que estava sendo a nossa realidade na Líbia! Não é lindo, filha?

– É sim, mamãe. É maravilhoso! Parece que estamos em outro mundo.

O marroquino interrompeu a conversa entre as duas.

– Venham, vou levá-las a um lugar muito legal aqui do lado.

Os três deram as mãos para não se perderem, pois era intenso o vaivém das pessoas trafegando pela Times Square.

Atravessaram a rua, caminharam mais alguns metros e Abdelcarim puxou-as em direção à imensa loja de brinquedos, que ficavam distribuídos em quatro andares. No meio da loja, uma linda roda-gigante ajudava a entreter a garotada.

A expressão de Khadija diante daqueles brinquedos ficaria para sempre na memória de Abdelcarim. Ela ficou estática no meio da loja, sem saber para onde olhava. De repente, por alguns segundos, ela simplesmente perdeu o fôlego.

Abdelcarim tirou quinhentos dólares do bolso e o entregou a Khadija.

– Este dinheiro é para você comprar o que quiser aqui na loja. Eu e sua mãe iremos lhe ajudar a escolher os brinquedos.

Amina viu as notas de cem dólares e percebeu que era muito dinheiro.

– Não precisa disso tudo. Ela não está acostumada com tanta fartura. Deixe-a escolher apenas dois brinquedos.

– Nada disso – tornou o marroquino. – Faço questão que ela possa ter mais brinquedos. Eu quero propiciar isso a ela.

Amina decidiu não insistir e aceitou a oferta de Abdelcarim.

Em duas horas que ficaram ali, com a ajuda dos adultos, Khadija escolheu dezoito brinquedos e ainda lhe sobraram sete dólares.

Foi preciso colocar os brinquedos em três sacolas gigantescas. Ao sair da loja, Abdelcarim fez sinal para o motorista de táxi e colocou os brinquedos no porta-malas.

Chegando à casa de Nadir, Khadija desembrulhou as sacolas, abriu três brinquedos e começou a brincar, enquanto os adultos lanchavam e conversavam sobre os preparativos para o casamento. Decidiram que fariam apenas um almoço para os amigos mais próximos.

A conversa seguia descontraída, quando ouviram Khadija chorando baixinho. Todos se levantaram da mesa e caminharam até a menor para apurar o que estava se passando.

– Por que você está chorando? Posso lhe ajudar? – perguntou Nadir, enquanto se abaixava para ficar mais próxima de Khadija.

– Desculpe-me, não deveria estar chorando.

– Pode falar o que está lhe afligindo – insistiu Nadir.

Khadija limpou as lágrimas e de cabeça baixa explicou o motivo da sua dor.

– Estou triste porque tenho tantos brinquedos, e eles são tão maravilhosos, mas eu não tenho uma amiguinha para brincar. Gostaria que alguma outra criança pudesse estar aqui e desfrutar dos brinquedos comigo. Eles são muito legais para serem usados por apenas uma criança. A minha melhor amiga está muito distante daqui. Ela está muito triste porque o pai dela morreu. Onde ela mora, jamais terá a oportunidade de ter um brinquedo parecido com qualquer um desses que ganhei. Talvez, se eu mandar um desses brinquedos para lá, ela possa ficar um pouco feliz. Os correios chegam lá.

Todos sentiram o coração partir com a sensibilidade demonstrada por Khadija.

Tocada por um espírito de luz, Nadir acariciou os cabelos de Khadija e a abraçou com extremo carinho.

– Eu vou lhe ajudar. Vamos pensar em uma saída – prometeu.

Em seguida, Nadir chamou os adultos para uma reunião no sofá da sala e relatou o seu plano.

– O meu coração está apertado porque vocês irão morar na casa de Abdelcarim. Estava gostando tanto desta rotina!

Os olhares de todos estavam em Nadir. Abdelcarim conhecia a irmã o suficiente para saber qual era o plano dela.

– O que vocês acham de tentarmos trazer a amiguinha da Khadija, junto com a mãe, para os Estados Unidos? Elas podem ficar em minha casa até conseguirem algum lugar para morar.

– Perfeito – respondeu o irmão, enquanto Rachid e Amina tentavam assimilar as palavras de Nadir, pois jamais imaginavam encontrar alguém com tamanho desprendimento e bondade.

– Tenho um amigo que trabalha na Cruz Vermelha Internacional e foi escalado para ajudar a socorrer as vítimas da guerra na Líbia. Ele viajou para lá na semana passada. Vou enviar um *e-mail* para ele e sondar da possibilidade de nos ajudar nesta empreitada. Acho que conseguiremos o apoio da Cruz Vermelha, já que a minha atuação na Líbia me rendeu forte prestígio. Os gastos com a transferência das duas ficam por minha conta..

Abismado com mais aquela reviravolta, Rachid confessou:

– Jamais conseguirei retribuir o que vocês estão fazendo pela minha família. Não sei como agradecer. O que posso dizer é que vocês estarão sempre em minhas orações e estarei à disposição para o que precisarem. Tenham certeza de que Esther e Soraia são dignas dessa caridade que vocês estão planejando.

Com a preocupação de não criar expectativas em Khadija, sem a certeza de que conseguiriam cumprir o plano, decidiram não comentar nada com ela.

Capítulo 56

Cada dia que passava em Nova Iorque aumentava a ansiedade de João e Ana, visto aproximar-se o dia do embarque para o Burundi.

Como contrapeso, contavam com a influência de Pedro Manoel, em caso de João precisar de apoio político para algum projeto. Após a bem sucedida operação na Líbia, o nome de Pedro era tido como certo na sucessão do secretário-geral da ONU.

Percebendo a ansiedade deles, Clara aproveitou que estava recebendo a visita de seus pais e organizou um jantar em homenagem a eles em sua própria casa.

No horário marcado, às oito da noite, lá estavam Rita, João e Ana. Pedro Manoel iria buscá-los, mas um imprevisto no trabalho fez com que se atrasasse. Logo, Ana, João e Rita se entrosaram com Vida e José, pais de Clara, os quais estavam radiantes de alegria com a vinda de mais um neto. Pouco depois, Abdelcarim, Amina, Khadija e Noah chegaram.

João e Ana logo se encantaram com a pequena Khadija. De certa forma, João sentiu-se responsável por ela ter sido retirada da guerra civil, o que o deixou gratificado.

Em determinado momento, Vida e José se aproximaram de João e puxaram conversa.

– Temos um amigo escritor que se interessou pela estória do seu sequestro, a descoberta do plano de atentado terrorista e a consequente ida da Clara e amigos para a Líbia com a missão de resgatar a filha do terrorista. Ele fez uma pesquisa sobre esse movimento conhecido por Primavera Árabe e chegou à conclusão de que se trata de um sopro do Espírito Santo sobre a África e o Oriente Médio.

Segundo ele, essas reviravoltas ocorrem com raridade, quando a sociedade amadurece e não aceita mais o mundo como está. Ele citou como exemplo o século VI antes de Cristo, quando Confúcio, na China, Buda, na Índia, Zarastruta, na Pérsia, e os profetas do Antigo Testamento mexeram com o planeta, trazendo espiritualidade e novos conceitos que eram contrários aos conceitos existentes. Analogamente, no final da Idade Média, a Europa passou pela Renascença e pela Reforma. Esse escritor, nosso amigo, acha que estamos diante de um movimento desses no mundo árabe. Ele gostaria de entrevistar você e a Clara para que pudessem servir de inspiração para o novo romance que ele pretende escrever. A Clara já topou. O que você acha? – perguntou Vida.

João foi pego de surpresa e ficou em dúvida. Ana ajudou-o a decidir.

– Amor, o livro só será inspirado nos acontecimentos que aconteceram com você e o grupo da Clara que esteve na Líbia. Não há mal algum em você relatar os fatos para o escritor.

João suspirou fundo, indeciso, e perguntou para Vida.

– Quem é o seu amigo?

– Ele não é escritor famoso. É um funcionário público que gosta de escrever romances no tempo livre. Todos o conhecem por Guca. Ele chegará aqui em Nova Iorque com a Tucha, esposa dele, depois de amanhã. Já até marquei horário para ele se encontrar com a Clara.

João pensou mais um pouco e respondeu:

– Guca e Tucha? Legal! Gostei dos apelidos. Está bem, nós vamos marcar um horário para conversar com ele.

A conversa foi interrompida por Pedro Manoel, que acabara de chegar. Após cumprimentar a todos, ele se dirigiu a João.

– Você teria dois minutos?

João achou estranha a pergunta, mas não tinha como se negar a um pedido de Pedro. Levantou-se e seguiu Pedro até um canto da sala, onde ele iniciou o assunto, em tom baixo para não chamar a atenção dos outros.

– Nós temos um funcionário que está passando por um momento muito difícil, o Robert, pois a mulher o trocou por outro homem. Ele está com depressão e o psiquiatra o sugeriu a mudar-se de cidade para esquecer a ex-mulher. Hoje, ele me procurou para uma conversa. Eu estava com ele agora, por isso me atrasei. Ele está completamente arrasado e me pediu para arrumar um lugar para ele trabalhar bem distante daqui, a fim de recomeçar a vida.

"Eu disse que havia uma vaga no Burundi e que conhecia o rapaz que assumiria o serviço lá. O Robert já trabalhou na África, em Uganda, e disse que foi um período muito feliz da vida dele. Pediu-me para verificar se você aceitaria uma permuta: ficar aqui no lugar dele e ele ir para o Burundi no seu lugar".

João sorriu, achando que Pedro estivesse de brincadeira com ele.

– Fala sério, Pedro! O cara quer trocar Nova Iorque pelo Burundi? Isso é trote, não é?

Foi a vez de Pedro sorrir.

– Parece loucura, não é? Eu entendo o Robert. O conceito de felicidade é muito individual e podemos encontrá-la onde menos esperamos. Nova Iorque é uma cidade maravilhosa, com muitas possibilidades de lazer e diversão, mas, se isso garantisse felicidade, não teríamos tantas pessoas infelizes aqui. A felicidade é um estado de espírito. É algo interno, que depende apenas de nós, independente da nossa condição de vida. No lugar dele, talvez eu fizesse o mesmo. Ele gostava muito da ex-mulher e ficou muito decepcionado com a traição, algo de que ele jamais suspeitava.

– Tudo bem! Mas morar em Nova Iorque ajuda a ser feliz. Isso, você há de convir – ponderou João.

– Dê-me a resposta até amanhã – pediu Pedro, antes de sair ao encontro de Rita.

João procurou Ana e relatou a conversa com Pedro.

– Você jura? Ele está falando sério? – perguntou Ana, incrédula diante da possibilidade de fixarem residência em Nova Iorque.

– Eu também achei que fosse trote, mas a notícia é quente. O que você me diz?

Ana estava radiante de alegria. Não precisou de muito tempo para responder.

– Amor, eu estava muito disposta a ir para a África. Tenho certeza de que seríamos felizes lá, mas eu sou louca por Nova Iorque. Esta é uma oportunidade única em nossas vidas. Se não gostarmos, com certeza teremos outras oportunidades de morarmos na África ou em outro lugar. É lógico que eu quero ficar aqui!

Pedro acompanhava a conversa dos dois de longe, mas viu a alegria de Ana e deduziu qual seria a resposta.

– Eu já vou falar com o Pedro que a nossa resposta é sim.

A notícia deixou Rita mais feliz ainda. João seria o seu primeiro parente a morar em Nova Iorque, já que os irmãos preferiram ficar em Boston.

Pensando nos desígnios de Deus para as suas vidas, João e Ana custaram a dormir.

Capítulo 57

No dia seguinte, Khadija divertia-se com os brinquedos comprados dias antes, quando a campainha tocou. Nadir aproximou-se e pediu para ela abrir a porta da sala. Imediatamente, a pequena levantou-se para atender ao pedido de Nadir.

Khadija caminhou até a porta e girou a chave. Em seguida, puxou a porta pela maçaneta. Ao ver Esther e Soraia à sua frente, a pequena ficou estática, num primeiro momento, sem entender o que estava acontecendo, sem mesmo saber se aquilo era sonho ou realidade.

Diante da inércia da amiguinha, Soraia deu dois passos e a abraçou. As lágrimas rolaram pela face de Khadija. O seu coração estava disparado. Ela começou a soluçar e só aí retribuiu o abraço a Soraia.

Naturalmente, o reencontro das duas emocionou os adultos. Ao perceber que Khadija ainda não estava entendendo o que se passava, Nadir limpou as lágrimas e explicou:

– Esther e Soraia irão morar aqui, quando vocês se mudarem para a casa de Abdelcarim. Até lá, elas irão morar por um mês em um apartamento aqui ao lado que nós alugamos. Alá quis que vocês ficassem juntas novamente e nós cuidamos de cumprir a vontade d'Ele.

Khadija e Soraia choravam e tinham a respiração ofegante. Nadir aproveitou para se apresentar e dar as boas-vindas a Esther. Khadija levou Soraia para ver os seus brinquedos, enquanto Esther relatava o seu drama para Nadir, Rachid, Amina e Abdelcarim.

– Mustafá foi um guerreiro. Ele jamais desistiria de lutar para tirar Khadafi do poder. Eu tentei persuadi-lo a largar as armas, alertei-o dos riscos que estava correndo, ponderei em como ficaríamos eu e Soraia caso ele viesse a morrer em combate, mas a gana dele em libertar a Líbia da opressão de Khadafi era mais forte do que os meus argumentos. Todas as vezes em que eu tocava nesse assunto, ele rebatia afirmando que estava lutando por uma Líbia melhor para o futuro de Soraia e que não viveria em paz se desistisse da luta e a guerra fosse vencida por Khadafi. Além de mim, Jamal, o meu sogro, fez de tudo para Mustafá abandonar a guerra.

Os olhos de Esther brilhavam ao falar sobre o finado marido. Ela sentiu a emoção aflorar, precisou respirar fundo para segurar o choro e prosseguir com sua narrativa.

– Acho que foi a primeira vez que Mustafá não atendeu a um pedido de seu pai. Na última vez em que conversaram, Jamal saiu lá de casa chorando, ante a teimosia do filho em aceitar os seus conselhos. Fiquei com a sensação de que Jamal foi embora com a convicção de que não voltaria a ver o filho com vida.

Antes de completar a frase, Esther caiu em um choro incontido, sendo consolada por Amina, que lhe entregou um guardanapo de papel para limpar as lágrimas. Assim que se refez, Esther encarou Amina por alguns instantes e prosseguiu:

– Amina, você conhece Jamal e sabe que ele seria incapaz de fazer mal a uma formiguinha.

Amina apenas balançou a cabeça, concordando com a afirmação de Esther.

Rachid, que era muito amigo de Jamal, interveio pela primeira vez na conversa.

– Jamal era muito ligado a Mustafá. Imagino que a morte do filho tenha sido um golpe muito duro de absorver. Gostaria de poder estar ao lado dele para apoiá-lo.

Após breve silêncio, Rachid prosseguiu:

– Como foi a reação de Jamal diante desta tragédia particular?

Com a voz baixa e o olhar distante, Esther respondeu:

– Depois da morte do filho, ele se transformou. A paz e a serenidade que o olhar dele transmitia deram lugar ao ódio e ao desejo de vingança. Ele, que nunca teve arma, decidiu se juntar aos rebeldes e lutar contra as tropas de Khadafi. Ficou uma semana treinando em tempo integral o manuseio das armas em um campo destinado ao treinamento dos rebeldes. Lá, ele treinou a invasão a prédios dominados pelo inimigo, enfrentou obstáculos em chamas, rastejou em chão batido sob arames farpados, pulou em poços de água carregando armamento e enfrentou outras dificuldades que faziam parte do treinamento.

Despediu-se de mim e de Soraia, prometendo que lutaria até a morte para conseguir capturar Khadafi. Não deixaria a morte de Mustafá ficar impune.

Esther tomou um gole de água e completou:

– Ele ficou obcecado por derrubar Khadafi do poder e estava disposto a matar quantas pessoas da tropa do ditador fossem necessárias para alcançar o seu fim.

Amina, que até então mantinha-se calada, apenas segurando a mão de Esther para confortá-la, comentou:

– Jamal não tem espírito de guerra. É muito provável que ele seja morto no primeiro combate de que participar.

Esther voltou a fitar Amina. Dessa feita, foi ela quem segurou na mão da amiga, antes de ponderar:

– O Jamal que você conheceu não pode mais morrer, pois ele já está morto. O homem que eu vi partindo para a batalha com ódio no olhar não é o meu sogro. É outro homem. Ele pode até morrer em batalha, mas ele também irá matar. Eu vi nos olhos dele que ele não irá vacilar na hora de disparar uma arma contra o inimigo.

Novamente, lembrando-se da personalidade pacífica do amigo, Rachid ponderou:

– Lembro-me das inúmeras vezes em que nos sentávamos para conversar sobre as lições do Alcorão. Jamal sempre demonstrava muito conhecimento e muita devoção a Alá. Lembro-me, ainda, das vezes em que tive a oportunidade de estudar as questões de *O livro dos espíritos* com ele. Jamal sempre externou admiração pelas lições contidas nesse livro. Temente a Alá, como sei que ele é, acredito que terá postura íntegra nos combates. Poderá até matar alguém, numa situação de guerra, mas não o fará desnecessariamente, muito menos usará de crueldade com o inimigo.

Após breve pausa, onde formulou novo raciocínio, ele prosseguiu:

– Torço para que Jamal aja assim para que o acerto de contas dele com Alá não seja muito penoso, como será o de Khadafi. Não gostaria de estar na pele do tirano quando chegar a sua vez. Como Kadafi está promovendo a guerra para satisfazer sua ambição, dando causa a milhares de mortes, certamente ele precisará de muito tempo para corrigir todos os seus erros. Certamente, precisará de várias vidas para esse resgate.

Percebendo que a conversa da guerra na Líbia e da morte de Mustafá estavam deixando Esther, de certa forma, exaltada, reacendendo nela o ódio por Khadafi e por seus aliados, Rachid mudou de assunto.

– A misericórdia de Alá recaiu sobre todos nós, quando Ele nos encaminhou ao encontro de Abdelcarim e Nadir. Nós estamos salvos e temos um futuro pela frente, sobretudo Soraia e Khadija. Vamos nos concentrar nisso. Tenhamos fé de que Alá soprará a Sua justiça sobre toda a Líbia, de norte a sul, de leste a oeste. A justiça pertence a Ele. Que seja feita a vontade de Alá!

Automaticamente, todos repetiram, ao mesmo tempo:

– Que seja feita a vontade de Alá!

Em seguida, lancharam. Durante a refeição, evitaram tocar no assunto da guerra novamente. Nadir se incumbiu de explicar a Esther o que a esperava a partir dali. Falou de si própria, da história de sua família no Marrocos, do apartamento alugado em que ela moraria com Soraia, das atrações e oportunidades de trabalho em Nova Iorque, dos costumes americanos e do preconceito por parte da população contra os adeptos da fé islâmica.

Esther ouviu atentamente as explicações da anfitriã. Ao final, fez apenas uma pergunta:

– Por quanto tempo vou morar nesse apartamento que vocês alugaram?

– Até o casamento de Abdelcarim com Amina – respondeu Nadir. – Eles queriam marcar o casamento para o mês de julho, mas as obras no apartamento dele irão até setembro, pelo menos. Por garantia, marcaram o casamento para o final de outubro. Quando Amina, Rachid e Khadija se mudarem para o apartamento de Abdelcarim, voces virão morar comigo.

– Eu lhe agradeço imensamente por tudo que está fazendo por mim e minha filha, mas não quero incomodá-la. Peço-lhe ajuda para que eu possa arrumar um emprego e pagar o aluguel de um apartamento.

Nadir sorriu, levantou a mão para interromper Esther e falou carinhosamente:

– Não se preocupe, você e sua filha ficarão em minha casa o tempo que precisarem. Será uma alegria para mim. Espero que possam gostar da estada aqui. Tenho condições de recebê-las com conforto e, o mais importante, com muito carinho.

Esther apenas esboçou um leve sorriso, sem palavras para agradecer o apoio dado por uma pessoa estranha. Depois de perder o marido e vivenciar a tragédia da guerra, o carinho que estava recebendo era a demonstração de que a providência de Alá havia recaído sobre ela.

CAPÍTULO 58

As semanas seguintes se passaram sem que chegasse ao fim a guerra na Líbia, trazendo angústia para todos.

Naquele período, João iniciou o seu trabalho na ONU, enquanto Ana se inscrevia em um curso de culinária com duração de seis meses. Aos poucos, iam se adaptando à cidade de Nova Iorque. O mesmo ocorria com Rachid, Amina, Khadija, Esther e Soraia.

Nadir ajudou Esther a conseguir dois apartamentos para fazer faxina, uma vez por semana, ali na vizinhança.

Khadija e Soraia foram matriculadas em uma escola para muçulmanos e estavam ansiosas pelo início das aulas.

Amina, por sua vez, cuidava dos preparativos do casamento e ajudava a fiscalizar a reforma no apartamento de Abdelcarim, sendo auxiliada pelo seu pai, o qual se sentia útil sempre que lhe era pedido para ir à loja de material de construção pegar alguma encomenda.

Na Líbia, contudo, a situação agravava-se a cada dia. Ao contrário da Tunísia, em que o presidente Zine al-Abidine Ben Ali deixou o poder vinte e oito dias após o início das manifestações populares contra o seu governo, e do Egito, onde Mubarak não suportou a dezoito dias de protestos, na Líbia o conflito adentrava no quinto mês, sem perspectiva de solução. Milhares de pessoas refugiavam-se na Tunísia e no Egito para escapar da situação calamitosa que se instaurou no país, com o desabastecimento de combustível, alimentos, escassez de fornecimento de água, que atingiu inclusive as garrafas de água vendidas nos supermercados, constantes interrupções no fornecimento de energia elétrica, falta de remédios, de profissionais na área da saúde e de hospitais para atender os milhares de feridos. Em Trípoli, o hospital Abu Salim, o principal hospital traumatológico da Líbia, parou de funcionar devido à falta de funcionários, deixando dezenas de pacientes sem atendimento.

No dia vinte e sete de junho de 2011, o Tribunal Penal Internacional acatou o requerimento de Luis Moreno Ocampo e expediu mandados de captura em desfavor de Khadafi, seu filho Saif al-Islam e o chefe da polícia secreta militar, Abdullah al-Senussi, acusados de crimes contra a humanidade.

Os juízes daquele tribunal levaram em consideração para expedir o mandado de captura contra Khadafi as provas colhidas por Abdelcarim, em Ras Lanuf, as quais serviram como alicerce para os requerimentos de Ocampo.

Já contra Saif al-Islam, pesavam acusações de assassinatos e detenções arbitrárias a manifestantes. Entre os presos estava o escritor e comentarista Jamal al-Hajji, detido no dia primeiro de fevereiro do mesmo ano de 2011.

Desde a sua chegada aos Estados Unidos, Esther não havia conseguido fazer qualquer contato com Jamal, suspeitando de que o seu sogro já pudesse estar morto, afinal, ele lhe prometeu que faria contato para dar notícias e buscar notícias, sobretudo de Soraia, a neta querida.

Ledo engano de Esther. Jamal estava vivo e a chama da vingança continuava a arder em seu peito, cada vez mais forte. Frequentemente, ele sonhava com o filho Mustafá. Em seus sonhos, Mustafá estava vivo e ainda permanecia nos combates para derrubar Khadafi. Jamal, invariavelmente, acordava assustado após os sonhos, no meio da madrugada, e chorava ao dar conta de que o filho estava morto.

Nesses momentos, invariavelmente, ele recebia apoio de Melchior, o seu guia espiritual, o qual lhe transmitia fluidos de resignação e perdão, procurando acalmar e aclarar o seu espírito, a fim de desestimulá-lo aos atos de vingança, de forma que ele pudesse ter comportamento nobre nos combates, inclusive para fiscalizar os companheiros revolucionários, impedindo o derramamento gratuito de sangue e atos de crueldade.

A tarefa de Melchior era das mais árduas, já que a fé de Jamal havia enfraquecido bastante após a morte do filho e a revolta em seu coração havia aberto brecha para a aproximação de obsessores que maquinavam tormentos terríveis a Khadafi e seus seguidores.

Naquelas semanas de combate, ele não hesitou em usar as armas que estavam ao seu alcance. Impulsionado pela sua fé, ele sentiu remorso ao matar os primeiros aliados de Khadafi. Pensou nos pais daquelas vítimas, no tanto que sofreriam com as mortes dos filhos. Entretanto, com o decorrer dos dias e dos combates, por mais que Melchior se esforçasse para impor a sua linha de raciocínio, Jamal foi perdendo a sensibilidade, pouco a pouco, envolvido que estava no ambiente fratricida. De repente, matar um aliado de Khadafi passou a ser uma tarefa mecânica para Jamal, não desestabilizando mais suas emoções.

A sua frieza e determinação logo foram observadas pelos comandantes do Conselho Nacional de Transição, conhecido pela sigla CNT. Isso fez com que Jamal passasse a desfrutar de prestígio no alto escalão dos rebeldes.

O mês de agosto chegou e o vento noturno soprando a face de Jamal trouxe-lhe a convicção de que a vitória estava próxima. Pela primeira vez, ele sonhou com Mustafá morto. No sonho, o filho lhe assegurou que Khadafi não resistiria por muito tempo se os rebeldes continuassem se empenhando nas batalhas. Mustafá pareceu-lhe sereno no sonho e advertiu o pai a usar não mais do que a força necessária para tirar Khadafi do poder, devendo o próprio Jamal reprimir a violência gratuita e os atos de vingança por parte dos seus colegas revolucionários.

Mustafá não carregava expressão de dor ou sofrimento, mas fez questão de ressaltar a importância de derrubar Khadafi para libertar o povo líbio.

O pressentimento de Jamal ganhou corpo, quando Samir, importante membro do CNT, o chamou para uma conversa em particular, quando estavam em Zawyah.

– Amanhã, pela madrugada, partiremos para Trípoli. A capital está cercada, não podemos perder mais tempo. Dezenas de pessoas estão morrendo a cada dia, precisamos capturar Khadafi e seus filhos, pondo um fim a esta guerra e ao derramamento de sangue.

Jamal sorriu, fato raríssimo após a morte de Mustafá. A confiança de Samir deixou-o certo de que estava bem próximo de alcançar o seu objetivo.

– Não vejo a hora de entrar em Bab al-Aziziya – confidenciou Jamal, com o ódio saltando dos seus olhos. – Quero eu mesmo ter o prazer de capturar Khadafi e entregá-lo às nossas autoridades.

Samir percebeu o ódio que Jamal tinha de Kadafi, semelhante ao sentimento de muitos que ali estavam. Intuído por um espírito superior, ele advertiu o seu soldado.

– Lembre-se de que a nossa luta é para tirar Khadafi do poder e libertar o povo líbio da opressão que ele impôs a todos nós. Se conseguirmos capturá-lo, precisamos mantê-lo vivo, a fim de que ele responda pelos seus atos perante o Tribunal Penal Internacional. Não temos o direito de fazer justiça com as próprias mãos, da mesma forma que não temos o direito de perseguir os defensores de Khadafi. Do contrário, o nosso comportamento será tão reprovável quanto o deles e a violência se estenderá por muito tempo. Consequentemente, acabaremos por alimentar o ódio e a vingança nos corações daqueles que perseguirmos e não alcançaremos êxito em nossa missão de trazer justiça social e paz ao nosso povo.

Samir fez uma pausa e encarou Jamal, carregando a fisionomia tensa. Depois, concluiu:

– Estamos sendo apoiados por muitos jovens idealistas, apoio que se mostra fundamental para a nossa vitória. Todavia, a força e a paixão, que são características marcantes aos jovens, podem comprometer o nosso trabalho se eles não frearem os ímpetos de vingança. Nós, os mais experientes, temos a obrigação de orientá-los para minimizar as consequências da guerra.

Jamal sinalizou com um movimento de cabeça, demonstrando que estava de acordo com as ponderações de Samir.

A notícia de que tentariam tomar Trípoli deixou Jamal tão excitado que ele mal conseguiu dormir. Os insurgentes atacariam pelo sul, leste e oeste, com a finalidade de sufocar as tropas do governo.

No dia vinte e um de agosto, saíram cedo de Zawyah e encontraram as outras tropas do CNT a poucos quilômetros da capital. Novamente, os comandantes repetiram a estratégia que usariam para não dar espaço a erros primários.

Dezenas de veículos, entre caminhonetes carregadas de armamento e tanques de guerra, rumaram para Trípoli, sendo recebidos nos arredores da capital por disparos de canhões, mísseis e artilharia pesada das tropas leais ao regime.

O calor do combate deixava mortos e feridos a todo instante. Mesmo após a morte, alguns combatentes continuavam a guerrear, mantendo a animosidade com os inimigos, acreditando que ainda estavam vivos. Estavam com as mentes atordoadas e confusas, fato que não lhes permitia enxergar e aceitar a nova realidade da vida espiritual.

Outros espíritos, ao contrário, cientes do desencarne, afastavam-se das cenas dos combates, refugiando-se, ou na dor da revolta, ou no auxílio espiritual que lhes era enviado.

Com o decorrer das horas, os rebeldes começaram a levar vantagem e conseguiram avançar em direção à capital, enchendo de esperança os corações dos combatentes. Foi quando Samir aproximou-se de Jamal, ofegante e, ao mesmo tempo, em estado de êxtase, tal era a sua alegria.

– O que aconteceu? – perguntou Jamal, na expectativa de receber uma boa notícia.

Samir respirou fundo, encheu os pulmões de ar e respondeu:

– Venha comigo, eu vou lhe mostrar para que você veja com os seus próprios olhos.

Samir puxou Jamal pelo braço e seguiram em direção a um amontoado de combatentes. Alguns disparavam as suas metralhadoras para o alto, em sinal de comemoração.

Jamal era inteligente o suficiente para imaginar que, no meio do círculo feito pelos combatentes, deveria ter alguém ligado ao regime de Khadafi, morto ou vivo. Samir pediu licença e empurrou alguns de seus subordinados, abrindo caminho para ele e Jamal passarem. Mais alguns passos e Jamal viu um corpo estirado no chão, todo ensanguentado, já sem vida. Assim que viu o homem morto, Jamal, sob o domínio malévolo de uma legião de obsessores de Khadafi, sentiu o seu coração bater mais acelerado. Uma alegria imensa brotou de seu âmago com aquela cena horripilante.

– Alá seja louvado! Alá está ao nosso favor! – bradou ele.

Repetindo os gestos de alguns combatentes, Jamal empunhou sua metralhadora e fez diversos disparos para o alto.

– Khadafi, você sentirá a mesma dor que eu senti – gritou Jamal. Matamos Khamis! Matamos o seu filho! Iremos matar os outros e deixaremos você para o fim. Você presenciará a morte de todos os seus filhos, só depois morrerá – gritava ele, já com a voz cortada pelo choro, fruto da lembrança da morte de Mustafá.

Samir olhou surpreso para Jamal, pois imaginava que ele tivesse concordado com as suas ponderações sobre não fazer justiça com as próprias mãos e sobre evitar o derramamento gratuito de sangue, que se dava apenas para satisfazer o desejo de vingança.

Irritado, Samir empurrou Jamal e esbravejou, apontando o indicador para todos os que o rodeavam:

– A morte de Khamis pode ser celebrada apenas por representar um passo a mais em nosso objetivo de derrubar Khadafi e porque foi fruto do combate e não um ato de execução. Qualquer de vocês que vier a praticar ato de execução, matando desnecessariamente um inimigo ou infligindo-lhe sofrimento, será punido e afastado do combate.

"Só estamos aqui porque o objetivo que nos move é justo. Desvios de conduta não serão tolerados, porque fogem ao nosso fim. Jamal está cego de ódio e equivoca-se quando nos conclama a matarmos Khadafi e seus filhos. Poderemos até matá-los, desde que caiam em combate. Nesse caso, a morte é inevitável. Contudo, se conseguirmos capturá-los, vamos entregá-los a quem tem legitimidade para fazer justiça: o Tribunal Penal Internacional."

Ato contínuo, Samir lançou um olhar desafiador para Jamal e saiu.

O corpo estirado ao solo era de Khamis, o quarto filho mais velho de Khadafi, nascido em Trípoli, em 1978.

Khamis tinha formação militar, havia estudado no Instituto de Empresa de Madrid e dirigido um unidade das forças especiais, a Brigada 32. Estava participando como chefe militar na repressão das manifestações contra o regime.

O espírito de Khamis, ao lado de seu corpo, via a comemoração de seus inimigos, mas acreditava que estavam enganados quanto à sua morte, o que lhe poderia ser útil para conseguir empreender uma fuga, pois não o vigiariam.

Ele se imaginava apenas ferido, o que lhe daria condições de fugir e buscar auxílio médico assim que os inimigos se distraíssem ou se envolvessem em novas batalhas.

A morte de Khamis revigorou o ânimo dos membros do CNT. Eles conseguiram avançar e tomar o controle de importantes bairros.

Colunas de fumaça eram vistas por todos os cantos. Inúmeros prédios sofreram danos irreparáveis.

As palavras duras de Samir deixaram Jamal envergonhado. Após refletir por alguns instantes, ele concluiu agira de maneira equivocada e que o seu comportamento de alimentar a violência e o ódio nos corações das pessoas que estavam ao seu redor ia contra tudo o que ele havia aprendido sobre as leis de Alá.

Pela primeira vez, Jamal teve medo de morrer, medo que se tornou mais forte com a convicção de que deveria dar explicação de seus atos para o Criador.

De repente, algumas indagações assombraram a mente de Jamal: na hipótese de morrer, como seria o encontro dele com Alá? Como explicar para Alá o ódio que ele nutria por Khadafi e por todos que o apoiavam? Como explicar a mudança brusca de seu comportamento após a morte de Mustafá? E a perda da fé? Como explicar a sua omissão diante da crueldade exercida por alguns de seus colegas, os quais impuseram dor exacerbada aos inimigos? Como estaria Alá reagindo à sua participação naquela guerra? Seria perdoado ou castigado?

Sem que Jamal percebesse, todas essas indagações lhe eram transmitidas por Melchior, aproveitando um raro momento de abertura a tudo aquilo que Jamal havia aprendido no islamismo.

Por outro lado, entricheirado fisicamente em Bab al-Aziziya e entricheirado espiritualmente pela legião de obsessores, Khadafi convocava a população da capital a resistir, referindo-se aos insurgentes como ratos.

Entre os obsessores de Khadafi, havia um cuja liderança fora imposta aos demais pela inteligência malévola e pela crueldade desmedida com que agia. Esse obsessor sabia da fortuna de Kadafi no exterior, bem como sabia que, se ele fugisse, poderia viver com extremo luxo e regalia, ficando impune aos crimes praticados.

Para evitar que isso acontecesses, o obsessor, que conhecia bem o perfil da personalidade de Khadafi e sabia quais eram os seus pontos fracos, instigava-o a resistir à tentativa de derrubá-lo do poder e lhe sugeria lançar mão das violências mais repugnantes.

O obsessor tinha três objetivos claros com essa interferência na mente de Khadafi: o primeiro deles era que ele lutasse até a morte, evitando a fuga. O segundo era complicar ainda mais a situação espiritual do ditador, a fim de que fosse maior o seu sofrimento após a morte. O terceiro era alimentar o ódio da população e dos revolucionários contra Khadafi, a fim de que não tivessem piedade na hora de impor a ele uma morte extremamente humilhante.

Do quartel-general, a elite da tropa khadafista tentava por todos os meios afastar os membros do CNT.

Bab al-Aziziya era, ao mesmo tempo, quartel-general, residência pessoal e escritório de Khadafi, sendo visto como o maior símbolo de seu poder. O local era cercado por sensores e alarmes, com câmeras operadas por controle remoto que traziam as imagens de seus acessos. Os vídeos eram exibidos em televisores em uma sala de segurança.

A residência de Khadafi e seu escritório funcionavam dentro de um *bunker* desenhado por engenheiros alemães para resistir aos mais diversos e potentes tipos de ataques. Safia, a mulher de Khadafi, e sua família viviam ali, em um prédio de dois andares, onde os cômodos eram decorados de forma extravagantemente luxuosa. Era ali, ainda, que Khadafi costumava receber líderes em uma tenda no estilo beduíno perto de duas quadras de tênis, aproximadamente a cento e oitenta e dois metros da casa da família.

Conforme David Blundy e Andrew Lycett, autores do livro *Khadafi e a revolução líbia*, Bab al-Aziziya "era um lugar agradável, com a segurança de uma prisão e as facilidades de um *country club*".

A aproximação dos oposicionistas alarmou Khadafi para preparar uma rota de fuga de seu complexo. Ele ainda acreditava que poderia expulsar os rebeldes de Trípoli, pois confiava no poderio bélico que estava à disposição de seus homens, bem como contava com o apoio maçiço dos moradores da capital. Em sua mente, ele era um líder querido pela esmagadora maioria da população, a qual não o deixaria na mão na hora que ele mais precisasse.

Assim, Khadafi estava disposto a resistir de seu quartel-general até o último instante. Se as suas previsões falhassem, ele já tinha um plano alternativo: transferiria o seu quartel-general para Sirte, sua cidade natal, local para onde havia destinado inúmeros recursos durante os anos de seu reinado. Lá, a gratidão dos moradores faria de cada qual um guerreiro valente ao seu favor, raciocinava ele.

O ambiente dentro de Bab al-Aziziya era tenso. Durante o ataque da OTAN, no mês de março, um míssil havia atingido o prédio da administração, derrubando metade da estrutura de três andares. Outros ataques da OTAN deixaram o complexo ainda mais danificado.

Khadafi estava na sala de segurança, quando um de seus comandados aproximou-se com a expressão pálida. Com a experiência de sessenta e nove anos de idade, dos quais quarenta e dois anos no poder, Khadafi pressentiu que ele trazia uma notícia desalentadora.

– O que aconteceu? – perguntou o líder, com ares sombrios, já temendo o que estava por ouvir.

Ismail sentia-se sem coragem para dar a notícia, temendo pela reação de seu chefe. Por alguns segundos se entreolharam. Ismail sentia medo do olhar de Khadafi. Aqueles segundos lhe pareceram uma eternidade. Ele precisava falar. Buscou forças e respondeu:

– Khamis.

Ao ouvir o nome do filho, automaticamente os olhos de Khadafi ficaram esbugalhados e seu queixo caiu. Sentiu forte dor no peito, que quase o impossibilita de perguntar ao seu subordinado.

– O que aconteceu com o meu filho?

Ismail abaixou a cabeça e respondeu com a voz fraca, quase inaudível:

– Khamis foi morto pelos inimigos.

Khadafi fechou os olhos e levou a mão direita ao peito, na altura do coração, como se quisesse retirar a dor que sentiu naquele momento. Instantaneamente, começou a chorar.

– Não! Outro filho morto, não! Malditos ratos, vocês irão me pagar – prometeu ele, entre soluços.

Khamis era o segundo filho que Khadafi perdia na guerra. Antes, no dia trinta de abril do mesmo ano, Saif al-Arab, o quinto filho mais velho de Khadafi, foi morto ali mesmo, no interior de Bal al-Aziziya, durante um bombardeio da OTAN.

Saif al-Arab havia nascido em 1982, em Trípoli. Estava morando em Munique desde 2006. Em 2008, a polícia alemã confiscou a sua Ferrari por emitir mais barulho do que o permitido. Além disso, a justiça alemã o investigou por supostamente transportar armas em um carro diplomático entre Paris e Munique.

Saif al-Arab havia viajado para Trípoli em fevereiro de 2011, após a explosão de protestos rebeldes contra o regime de seu pai.

Por ocasião da morte de Saif, além dele, morreram uma filha e dois sobrinhos. Portanto, com a morte de Khamis, já chegava a cinco o número de mortos entre os parentes de Khadafi: dois filhos e três netos.

Durante alguns minutos, Khadafi ficou chorando a morte de Khamis. Ismail permaneceu de pé, estático, aguardando ordens do chefe. Sentiu um arrepio quando viu Khadafi levantar-se de sua cadeira, trazendo em sua cintura uma pistola automática, toda de ouro.

Khadafi limpou as lágrimas, virou-se de costas para Ismail e perguntou:

– Qual é a nossa situação nos combates?

Ismail suspirou fundo e respondeu, sem esconder a verdade.

– Estamos perdendo terreno. Pouco a pouco os rebeldes estão avançando pela cidade e tomando o controle de alguns bairros. A população está amedrontada e, por isso, as ruas estão vazias de civis. Não estamos contando com o apoio que esperávamos. Há, inclusive, suspeitas de que moradores da cidade estão distribuindo alimentos aos combatentes rebeldes.

Khadafi sentiu que precisaria tomar uma decisão urgente sobre ficar ali ou partir para Sirte.

– Reúna a minha família – ordenou a Ismail. – Quero todos aqui em trinta minutos.

– Sim, senhor!

Aliviado por distanciar-se momentaneamente do líder, Ismail saiu em direção à casa onde estavam a esposa e os filhos de Khadafi.

Entre os filhos do ditador não havia consenso sobre qual rumo tomar. Eles sabiam que estava chegando o momento de tomar uma decisão. Por isso, quando Ismail comunicou-lhes da reunião pedida pelo pai, não se surpreenderam. Imaginavam o assunto a ser tratado, mas não sabiam ainda da morte de Khamis.

Alguns minutos depois, todos já estavam na sala de segurança. Khadafi os esperava sentado na cabeceira. Os olhos inchados denunciavam que havia chorado. Safia, a esposa, foi a primeira a temer que pudesse ter uma notícia pior do que a do avanço dos rebeldes sobre a capital. O seu coração de mãe estava apertado, com medo de que outro filho pudesse estar morto ou ferido naquele instante.

Quando todos se sentaram, Ismail saiu, deixando-os a sós. Khadafi encarou um por um, não com o olhar altivo, ameaçador. O seu olhar era de amor pela esposa e pelos filhos e tinha embutido um pedido de perdão. Perdão por não ter conseguido controlar a rebelião, expondo-os ao medo e à dor.

Com a família, o líder líbio em nada lembrava o tirano destemido, que controlava a tudo e a todos com mãos de ferro, eliminando todos os que se atrevessem a ir contra as suas ordens.

Com a família, Khadafi era um homem extremamente carinhoso, atencioso e amável. Adorava reunir a esposa, os filhos e os netos, com os quais brincava feito uma criança.

O silêncio dele naqueles segundos era o prenúncio de que algo muito grave havia acontecido. Ele sentia-se sem coragem para falar da morte de Khamis, mas precisava reunir suas forças para comunicar o triste fato e ouvir de cada um as suas pretensões dali em diante. Foi o que ele fez.

– Perdemos Khamis. Os inimigos o mataram.

Safia sentiu a pressão abaixar e teve a sensação de que desmaiaria. Sentada ao seu lado, Aisha, a única filha do casal, cuja gravidez avançava para o nono mês, amparou a mãe, abraçando-a. Desse jeito, choraram a morte de Khamis. Não poderia ser outra a reação dos demais filhos de Khadafi. Ele próprio voltou a chorar ao ver a dor de seus entes queridos pelo fato ocorrido.

Quando conseguiu se refazer um pouco, Safia dirigiu a palavra ao marido.

– Esta guerra já nos levou Khamis, Saif e três netos. Se continuarmos guerreando, todos morreremos. Por favor, poupe as nossas vidas. Vamos fugir. Hugo Chávez nos ofereceu asilo. Vamos para a Venezuela.

Influenciado pelo líder dos obsessores, o qual acompanhava todos os seus passos e pensamentos, Khadafi apenas balançou a cabeça, discordando da esposa, para, em seguida, ponderar:

– Chávez sabe dos bilhões de dólares que temos no exterior. Você já imaginou o preço que teríamos a pagar pela proteção dele?

Safia insistiu.

– Qual é o nosso patrimônio no exterior?

Ela sabia que o marido havia enviado remessas de dólares para fora da Líbia, mas não sabia o valor exato das cifras

– Duzentos bilhões de dólares.

Safia ficou boquiaberta. Aquele dinheiro certamente deixaria Khadafi o homem mais rico do mundo, se fosse contabilizado pela revista *Forbes*.

– Se você não quiser ir para a Venezuela, escolha outro lugar. Com esse dinheiro podemos viver escondidos em qualquer canto do mundo – insistiu a esposa.

Khadafi fitou cada um dos presentes e respondeu:

– Não vou deixar o meu povo nas mãos desses ratos. Eles são vingativos e irão impor dor e sofrimento a todos os que me apoiam. Ficarei para libertar a Líbia, ou para morrer – finalizou, voltando a passar os olhos nas expressões de cada um.

Em seguida, voltou-se para Mohammed e perguntou:

– Você fica comigo ou prefere fugir? Sinta-se à vontade, meu filho. Você escolhe o seu caminho, eu respeitarei a sua decisão. Siga o seu coração.

Mohammed era o filho mais velho do ditador. Nasceu em Sirte, em 1970. É o único filho da primeira esposa de Khadafi. Analista em informática, ele dirigia a empresa estatal dos correios e de telecomunicações e possuía duas empresas de telefonia celular. Também era presidente do Comitê Olímpico Líbio. Comandante supremo das forças armadas, ele era responsável por ordenar a repressão às manifestações.

Após refletir por breve momento sobre a pergunta do pai, Mohammed respondeu:

– Perdi as esperanças de ganhar esta guerra. Não temos condições de lutar contra as forças da OTAN. Sempre que levarmos vantagem sobre os rebeldes, a OTAN aumentará os ataques contra os nossos homens. Será uma vergonha para eles se não conseguirem tirar-nos do poder. Por isso, eles usarão a força que precisar para alcançar o objetivo. Se insistirmos, iremos morrer ou ser capturados. Eu vou fugir. Irei me abrigar na Argélia.

Khadafi recebeu com naturalidade a posição assumida pelo seu primogênito. Em momento algum demonstrou contrariedade, deixando os demais à vontade para seguir o mesmo caminho escolhido por Mohammed.

Voltando-se para Saif al-Islam, Khadafi perguntou:

– E você, filho? Sabe qual caminho tomar?

Saif al Islam era considerado o herdeiro de Khadafi. Estudou arquitetura e economia na capital da Líbia, em Viena e, também, em

Londres. Em 1999, criou a Fundação Khadafi para o Desenvolvimento. Fez doutorado pela renomada London School of Economics, fundação para a qual doou um milhão, setecentos e setenta mil euros. A instituição o estava investigando por plágio em sua tese final. Saif não titubeou ao dar a resposta.

– Ficarei com o senhor para libertar a Líbia, meu pai. Irei até o fim.

Voltando-se para Aisha, Khadafi fez algumas observações, antes de perguntar:

– Sinto muito não poder presenciar o nascimento do meu neto e não poder lhe amparar com a minha presença ao seu lado. Todavia, você terá dinheiro suficiente para viver dignamente fora da Líbia enquanto não derrotamos o inimigo. O que acha de abrigar-se na Argélia com Mohammed e sua mãe até vencermos a guerra?

Aisha nasceu em Trípoli, no ano de 1978. Durante a sua juventude, foi admiradora do Exército Republicano Irlandês, conhecido pela sigla IRA. Advogada e professora de direito, em julho de 2004, ficou mundialmente conhecida por ajudar a patrocinar a defesa de Saddam Hussein. Atuou, ainda, como defensora do jornalista iraquiano que jogou um sapato no ex-presidente americano George W. Bush durante uma entrevista coletiva no ano de 2008. Casada, desde 2006, com um primo de seu pai, em julho de 2009 foi nomeada embaixadora da boa vontade das Nações Unidas para a Líbia, nomeação que foi retirada em fevereiro de 2011.

Com os olhos inchados pela notícia da morte de Khamis, Aisha respondeu:

– Obrigado por tudo que o senhor fez pela nossa família. Não se sinta culpado por não poder estar ao meu lado quando do nascimento do meu filho. Sempre carregarei a minha gratidão ao senhor em meu coração. Acho que a Argélia será um lugar seguro para eu ganhar o meu filho.

As palavras da filha deixaram Khadafi emocionado, pois sentiu sinceridade nela.

Ao lado de Aisha estava Mutassim. Foi para ele que Khadafi perguntou:

– E você, meu filho?

Mutassim nasceu em Trípoli, em 1976. Era médico e tinha formação militar; era chefe do Conselho de Segurança Nacional. Nos anos noventa esteve exilado no Egito e, ao retornar à Líbia, brigou com seu irmão Mohammed, que durante sua ausência havia tomado o controle do setor de refrigerantes no país. Em 2006, Mutassim chegou a utilizar tropas para bloquear o plantio cola, na Líbia, planta utilizada na produção de refrigerante.

Antes de responder à pergunta do pai, Mutassim buscou o olhar de Saif al-Islam, buscando inspiração para a resposta, que não tardou.

– Ficarei com o senhor e com Saif para libertar a Líbia. Do contrário, os estrangeiros irão roubar as nossas riquezas, assim como faziam antes de o senhor liderar a revolução, em 1969.

Khadafi permanecia com a feição inerte, demonstrando a sua imparcialidade em relação à escolha de cada filho.

– E você, Hannibal?

Hannibal nascem em Trípoli, em 1976. Assim como Mutassim, Hannibal tinha formação militar e ficou conhecido por protagonizar incidentes violentos na Europa. Em setembro de 2004, foi detido conduzindo em alta velocidade pela avenida Champs-Elysées, em Paris, onde passou vários sinais de trânsito no vermelho. Em julho de 2008, foi detido em Genebra por bater em dois funcionários do hotel em que estava hospedado com a mulher, na época grávida de nove meses, a qual estava na Suíça para dar à luz. Depois de passar duas noites na prisão e pagar uma fiança de quase trezentos mil euros, retornou à Líbia. Em dezembro de 2009, protagonizou uma nova agressão, desta vez contra a sua esposa, num hotel de Londres.

No dia quatro de março de 2011, a imprensa suiça revelou que o governo daquele país havia pago um milhão e cem mil euros em 2010 para Hannibal conseguir a libertação de um empresário suíço mantido como refém na Líbia.

Após refletir por alguns segundos, Hannibal respondeu:

– Irei para a Argélia com a minha mãe, Mohammed e Aisha.

Por fim, Khadafi fitou Saadi e fez a mesma pergunta.

– Já decidiu o caminho a tomar?

Saadi nasceu no dia vinte e cinco de maio de 1973, em Trípoli. Comandante das Forças Especiais, Saadi sonhava em se transformar em uma estrela do futebol, chegando a vestir camisas de times italianos, como Perugia, Udinese e Sampdoria, tendo disputado dois jogos durante três campeonatos italianos. Em um desses jogos, enfrentou uma punição por *doping*. Posteriormente, fundou uma produtora de filmes.

– Irei me refugiar, mas não na Argélia. Tenho bons contatos em Níger. É para lá que eu vou.

Ciente do posicionamento de todos os filhos, Khadafi finalizou a reunião.

– Estejam preparados, pois a qualquer momento podemos precisar fugir. Amanhã será o dia chave. Se não conseguirmos deter o avanço dos rebeldes, fugiremos, cada qual para o lugar escolhido. Meus homens darão guarida a todos que desejarem sair do país. Eu, Said e Mutassim iremos para Sirte, mas antes vamos ficar escondidos por alguns dias aqui em Trípoli. Depois, daremos apoio ao nosso pessoal que está lutando em Shaba e Bani Walid. Só após iremos para Sirte.

Em seguida, todos se levantaram e saíram da sala de segurança. Imediatamente, começaram a juntar os pertences que julgavam imprescindíveis para a fuga.

Khadafi reuniu o alto escalão de suas tropas para traçar as rotas das fugas: a dele, Mutassim e Saif, que o acompanhariam, e as dos demais para a Argélia e Níger. Decidiu que concentraria a maior parte de seu poderia bélico nas rotas das fugas, para abrir caminho na hipótese de sofrerem tentativa de obstrução por parte dos rebeldes.

Quando a noite caiu, ainda era possível ouvir os barulhos dos mísseis sendo disparados. Khadafi decidiu passear solitariamente pelo interior de Bab al-Aziziya. Ali, relembrou os momentos mais importantes dos seus quarenta e dois anos no poder, incluindo encontros com políticos e empresários entre os mais influentes do mundo. Lembrou-se, ainda, dos bons momentos vividos ao lado dos familiares. Por outro lado, sentiu o coração ficar angustiado quando as imagens dos filhos e netos mortos vieram-lhe à mente.

Refletindo sobre a sua trajetória no poder, Khadafi chegou à conclusão de que faria tudo novamente da forma como foi feita, caso pudesse voltar atrás. Decididamente, não estava arrependido de seus atos.

CAPÍTULO 59

No segundo dia de combate em Trípoli os rebeldes continuaram levando vantagem sobre os membros da Kataeb. Khadafi acompanhava a tudo. Antes do meio-dia foi alertado por um de seus assessores mais próximos de que não conseguiriam resistir por muito tempo.

– Os revolucionários estão se aproximando perigosamente de Bab al-Aziziya. Está na hora de fugir. Temo que o senhor e sua família não consigam escapar se esperarem mais tempo.

Khadafi puxou o ar, que a essa altura tinha cheiro de pólvora, respirou fundo e balançou a cabeça, concordando com o seu interlocutor.

– Chame os meus familiares e prepare a fuga.

Em seguida, Khadafi saiu andando lentamente em direção ao comboio que os escoltaria. Foram passos difíceis, contrariados, até os veículos. As suas pernas, impulsionadas por seu coração, teimavam em não caminhar, mas o seu cérebro ordenava que elas se movessem. Colunas de fumaça subindo em direção ao céu começavam a ser vistas bem próximas de seu complexo.

Os óculos escuros para proteger a vista do sol inclemente escondiam as lágrimas que corriam pela sua face. Ele sabia que havia forte probabilidade de nunca mais ver a esposa, filhos e netos que seguiriam para a Argélia e Níger, bem como sabia que as chances de vida suas e de seus filhos que o seguiriam seriam menores fora de Bab al-Aziziya.

Ele abraçou carinhosamente a esposa e filhos que fugiriam do país. Emocionado, usou poucas palavras para lhes desejar boa sorte.

Em seguida, entrou no carro. Seus filhos Saif al-Islam e Mutassim, que o acompanhariam, entraram em carros diferentes. Assim, se um dos veículos fosse atingido, ainda restariam dois membros da família nos outros veículos para tentar reverter a vantagem dos rebeldes. Se Khadafi morresse e os dois sobrevivessem, já estava acertado que Saif governaria o país.

Sob o sol do meio-dia, o comboio formado por dezenas de veículos de guerra, carregando toneladas de armamento, além da família Khadafi, partiu do quartel-general. Outra parte da tropa permaneceu nas proximidades de Bab al-Aziziya para defender o complexo do ataque rebelde e, ao mesmo tempo, ajudar a despistar a fuga do comandante. Por sorte desses aliados de Khadafi, a noite chegou quando eles já não tinham mais condições de oferecer resistência. A falta de iluminação fez com que os rebeldes suspendessem parcialmente os bombardeios.

Parte dos aliados de Khadafi aproveitou o meio cessar-fogo e fugiu. Outra parte permaneceu em Bab al-Aziziya para saquear os bens que a família Khadafi havia deixado para trás. Ali, entre outras coisas, encontraram jóias valiosíssimas, quadros de valores inestimáveis e dinheiro, tanto dólar quanto euro. Os bens mais pesados e difíceis de serem transportados ficaram para trás.

Assim, na noite do dia vinte e dois de agosto de 2011, Bab al-Aziziya ficou sem uma única alma viva. O cenário de destruição e o silêncio eram assustadores.

Quando o sol raiou, voltaram os bombardeios. Em pouco tempo os rebeldes perceberam que os aliados de Khadafi não estavam respondendo aos seus ataques e avançaram lentamente em direção a Bab al-Aziziya, temerosos de que o ditador pudesse estar armando alguma cilada.

Jamal sentiu o corpo arrepiar ao se aproximar do quartel-general do homem que ele intencionava capturar. Ele estava a duzentos metros do complexo quando veio a ordem para invadi-lo.

Inúmeros soldados do CNT, incluindo Jamal, correram em direção à muralha que cercava Bab al-Aziziya, receosos de que os soldados de Khadafi aparecessem sobre os muros e os matassem.

Como não houve qualquer movimentação vinda da parte interna do complexo, alguns deles começaram a escalar os muros para espiar o interior do quartel-general. Jamal estava ao lado de um deles e perguntou, assim que seu colega alcançou o topo do muro.

– Como está a situação aí?

– Não vejo ninguém. Está tudo vazio.

– Preste bem atenção. Pode ser uma cilada – gritou um dos soldados.

Outros homens que escalaram o muro reforçaram a assertiva do primeiro soldado.

– Está vazio. Vamos invadir. Se aparecerem soldados em nossa frente, nós atiraremos.

Rapidamente, o número de membros do CNT aumentou ao redor do quartel-general de Khadafi. De repente, começou a invasão, precedida de muitos disparos para o alto.

Jamal ficou impressionado com a suntuosidade do interior de Bab al-Aziziya, apesar de parcialmente destruído. O que mais lhe impressionou foi um sofá, todo folheado a ouro, que era em formato de sereia em uma ponta e tinha o desenho do rosto de Aisha, a filha de Khadafi, na outra ponta.

Ele admirava o sofá quando viu um dos revolucionários passar por ele com um cordão de ouro gigantesco no pescoço, pesando em torno de quatro quilos.

Alguns revolucionários não resistiram ao êxtase daquele momento e pularam na piscina da casa de Aisha, enquanto outros destruíam o monumento conhecido mundialmente em que uma mão esmaga um avião de guerra americano.

Havia, ainda, uma estátua do ditador, cuja cabeça foi arrancada e jogada ao solo repetidas vezes pelos rebeldes.

A única frustração foi a de não encontrar Khadafi e seus familiares ali, mas já previam que não os encontrariam quando adentraram no complexo.

Jamal sorriu ao imaginar a alegria de Esther e Soraia quando soubessem que a ditadura de Khadafi havia chegado ao fim. Com a rapidez da informação dada pelos meios de comunicação, certamente a notícia chegaria em questão de minutos a todos os cantos do planeta.

Aquele momento era aguardado pela esmagadora maioria da população líbia há muitos anos. Jamal sabia que ele e seus companheiros estavam fazendo história. O dia vinte e três de agosto seria lembrado para sempre na Líbia e nos países de origem árabe. Enfim, caía a ditadura mais longa da África e, talvez, uma das mais sanguinárias.

Jamal sentou-se em uma cadeira e ficou imaginando a importância daquela conquista. Certamente, a queda de Khadafi inspiraria os revolucionários da Síria e do Iêmem.

Naquele momento, Jamal fez uma oração a Alá, agradecendo pela derrubada de Khadafi e, ao mesmo tempo, pedindo que Alá abençoasse o espírito de Tarek al-Tayyib Muhammad ibn Bouazizi, o tunisiano que se autoimolou, em protesto contra a opressão policial e do regime político de seu país.

A oração de Jamal fez com que ele se lembrasse das longas conversas com Rachid e, consequentemente, das lições do Alcorão e de *O livro dos espíritos*.

Ao seu lado, Melchior, o seu mentor, percebeu que a oração rendeu a Jamal nova abertura às suas sugestões. Então, buscou fortalecer a fé de Jamal e resgatar a sua crença religiosa.

Tocado por essas vibrações, Jamal dirigiu-se ao Criador e fez nova oração:

– Meu Senhor, sei o que é correto, mas sinto dificuldades em fazer o que deve ser feito. Sinto-me fraco para resistir ao ódio que está instalado em meu coração. Eu Lhe suplico: ajude-me a empregar os esforços que estiverem ao meu alcance para vencer o mal que há em mim. Ajude-me a ser um guerreiro justo. Ajude-me a não praticar a maldade contra os meus inimigos, inclusive contra Khadafi e seus filhos, caso eu tenha a oportunidade de ficar frente a frente com eles. Ajude-me a vencer a má inclinação. Ajude-me!

O pedido sincero de Jamal atraiu a ajuda de outros bons espíritos, os quais estavam ali, agindo sobre as mentes dos combatentes, para minimizar os efeitos nocivos da guerra.

Conforme previsto por Jamal, rapidamente a notícia se espalhou por todos os cantos do planeta. Mas, junto com ela, espalhou-se um comunicado de Khadafi, avisando que a saída de seu quartel general havia sido um movimento tático após o bombardeio da OTAN, mas que a guerra continuaria e, por isso, ele conclamava a população a resistir aos ratos rebeldes.

O comunicado de Khadafi lembrou a Jamal e seus companheiros que a guerra ainda não estava vencida. A guerra só terminaria com a morte ou captura do ditador e seus filhos.

De qualquer forma, um dos combatentes hasteou a bandeira vermelha, verde e preta da nova Líbia ali mesmo no complexo de Bab al-Aziziya, para simbolizar a queda da ditadura.

Em Nova Iorque, a notícia da queda de Khadafi foi festejada entusiasticamente por Rachid, Amina, Khadija, Esther e Soraia. Igual sentimento dominou os corações de todos os membros da ONU que estiveram na Líbia e colheram as provas de crimes contra a humanidade que ajudaram a ONU a emitir a Resolução nº. 1973, que autorizava a OTAN a entrar em cena para proteger a população líbia.

João foi outro que se sentiu recompensado, ciente de que o seu ato de bravura nos subterrâneos de Nova Iorque, mostrando à polícia o túnel feito pelos terroristas, tinha ligação direta com a queda de Khadafi. Afinal, a prisão do líder dos terroristas levou a ONU à Ras Lanuf, para resgatar a sua filha. Durante o resgate os membros da ONU conseguiram as provas de crimes contra a humanidade praticados por Khadafi, que, por sua vez, deram causa à Resolução nº. 1973. Sem essa resolução, Khadafi jamais cairia.

CAPÍTULO 60

Conforme previsto, a caça a Khadafi e seus filhos prosseguiu nos dias seguintes.

Safia, esposa do ditador, Aisha, Mohammed e Hannibal, seus filhos, encontraram dificuldades para deixar o país em direção à Argélia, já que as rodovias estavam vigiadas pelos oposicionistas. Para agravar a situação, tornando-a ainda mais dramática, Aisha passou a sentir contrações, denunciando que o seu bebê iria nascer em breve. Eles sabiam que o nascimento do filho de Aisha em solo líbio tornaria tudo mais difícil, pois ela não teria acesso a qualquer hospital ou clínica para ganhar o neném, o que poderia comprometer a sua vida e a do filho.

Diante desse quadro, não lhes restava outra alternativa que não a de arriscar a fuga, que poderia resultar em suas prisões ou morte.

No dia vinte e nove de agosto, decidiram executar o plano de fuga. Aisha sentia fortes dores e não resistiria a mais um dia. O nascimento do bebê poderia se dar a qualquer momento.

Ainda madrugada daquele dia, rumaram em direção à divisa com a Argélia, escoltados por cinco veículos descaracterizados.

No caminho, cruzaram com caminhonetes apinhadas de mísseis e armamentos de membros do CNT. Prepararam-se para o pior, pois, se os mandassem parar, começaria forte tiroteio.

Safia segurou firmemente a mão de Aisha. Ambas tinham as mãos molhadas de suor, tal era a tensão daquele momento.

Mohammed e Hannibal, por sua vez, seguraram as metralhadoras, deixando-as preparadas para o ataque.

Por sorte, não foram parados pelos soldados rebeldes e conseguiram cruzar a fronteira. Entretanto, a tensão daquele momento acabou por precipitar o final da gestação de Aisha e ela entrou em trabalho de parto.

O motorista acelerou para alcançar a primeira cidade ainda a tempo de levá-la a um hospital. Minutos depois, Aisha estava entrando em uma clínica, onde recebeu o devido atendimento. Logo após, o seu filho nasceu, trazendo esperança e alegria para a sua vida. Lamentou apenas que o seu pai não estivesse ao seu lado para ver o neto.

Três dias após o nascimento do filho de Aisha, mais precisamente no dia primeiro de setembro, os líderes interinos do CNT reuniram-se com dirigentes mundiais numa conferência em Paris para discutir o futuro da Líbia. Aquele dia marcava o quadragésimo-segundo aniversário da chegada de Khadafi ao poder e ele aproveitou para conclamar novamente a população para o apoiar e resistir aos rebeldes.

Uma semana após, enquanto aliados de Khadafi e rebeldes continuavam os sangrentos combates, Mahmoud Jibril, o primeiro-ministro interino, chegou a Trípoli em sua primeira visita desde que a cidade foi tomada.

Três dias depois, a Líbia voltou a produzir petróleo, o seu principal produto. Outra notícia chamou a atenção da população: o governo do Níger emitiu um comunicado confirmando que Saad, filho de Khadafi, estava no país.

Jamal continuava combatendo ao lado dos membros do CNT e não pôde se juntar à população líbia no dia quinze de setembro para festejar a visita de Nicolas Sarkozy, presidente da França, e do primeiro-ministro britânico, David Cameron, que foram recebidos como heróis no país.

No dia seguinte, o Conselho de Segurança da ONU decidiu aliviar as sanções contra a Líbia, incluindo as que visavam a companhia nacional de petróleo e o banco central. A Assembléia Geral reconheceu o embaixador escolhido pelo CNT como único representante na ONU, dando legitimidade ao governo interino.

No dia vinte e um de setembro, Jamal estava combatendo em Shaba, um oásis no deserto líbio. A sangrenta luta acabou resultando em vitória parcial dos membros do CNT, que conseguiram dominar quase a totalidade da cidade.

Após concluírem a conquista de Shaba, restavam-lhes mais duas cidade a tomar: Bani Walid , bastião da tribo Warfalla, uma das mais importantes da Líbia, e Sirte, terra natal do coronel deposto. A luta nesta última prometia ser longa e cruenta.

Era de lá que Khadafi e seus filhos comandavam a resistência. Conforme previsto, no início de outubro, os membro do CNT expulsaram os aliados de Khadafi da cidade de Shaba. Assim, puderam concentrar os ataques nas cidades de Bani Walid, cento e setenta quilômetros a sudeste de Trípoli, e Sirte, que ficava entre a capital e Benghazi, o berço da revolução.

Com derramamento de suor e sangue, pouco a pouco, os aliados do CNT conseguiram encurralar as tropas leais a Khadafi no bairro número dois de Sirte. Em face da intensidade dos bombardeios, a população de Sirte foi obrigada a abandonar a cidade. Poucos prédios não haviam sido atingidos pelo fogo cruzado. A estrutura de alguns edifícios estava totalmente comprometida.

No estado em que se encontrava a cidade, seria mais fácil reconstrui-la em outro lugar, deixando-a intocada após a guerra, para servir de museu e para que as gerações futuras nunca se esquecessem da dor imposta aos moradores locais, a fim de evitar que tais fatos acontecessem novamente naquele país.

Igualmente, os combatentes do CNT avançavam sobre Bani Walid.

Até então o paradeiro de Khadafi era uma incógnita para eles. A maioria acreditava que o antigo líder já havia deixado o país, mas havia aqueles que acreditavam que ele poderia estar escondido no deserto, encurralado em Sirte ou em Bani Walid.

Na manhã do dia dezesseis de outubro, um domingo ensolarado, aconteceu um fato decisivo para a história da Líbia: os combatentes do CNT atacaram impiedosamente Bani Walid com uma saraivada de foguetes e mísseis. O ataque teve início a partir do sudoeste e prosseguiu até a tarde, quando conseguiram entrar na cidade. Mas ainda havia homens ligados a Khadafi. Estavam fortemente armados e escondidos, fato que lhes possibilitou fazer três baixas entre os revolucionários, aumentando para dezessete o número de mortos naquele dia entre os inimigos de Khadafi. A tomada total de Bani Walid ocorreu apenas no dia seguinte.

Jamal foi um dos que combateram ali. Um morador da cidade confirmou para ele que Khadafi ficou escondido em Trípoli até o dia vinte e seis de agosto, três dias após a tomada de Bab al-Aziziya pelos rebeldes. Ao sair de Trípoli, ainda segundo o interlocutor de Jamal, Khadafi teria ido para Shaba, passado alguns dias lá e, em seguida, teria dirigido-se para Bani Walid. Após sair dali, o paradeiro do ex-líder era incerto. Como restava apenas o bairro número dois de Sirte para ser tomado, Jamal imaginou que Khadafi e seus filhos eram inteligentes o suficiente para não arriscar fazer parte do último grupo a cair.

Ledo engano. Khadafi, Mutassim e Saif al-Islam estavam no último grupo de resistência aos revolucionários, exatamente no bairro número dois de Sirte. Com eles havia em torno de trezentos e cinquenta combatentes, boa parte mercenários que Khadafi contratara fora da Líbia.

A situação, que já era caótica, ficou insustentável depois que os caças da OTAN fizeram ataques pesados sobre os prédios daquele bairro, visando forçar a fuga da resistência. Para piorar, veio a notícia da derrota em Bani Walid.

Ao tomar conhecimento de que havia perdido a batalha em Bani Walid, Khadafi reuniu Mutassim, Saif e Aboubakr Younès, ministro da defesa do regime deposto, em uma sala de um dos apartamentos distribuídos em prédios de quatro andares que ele e seu grupo ocupavam.

Quase todos os prédios haviam sido parcialmente destruídos pelos ataques feitos tanto pela OTAN quanto pelo CNT. Alguns ameaçavam desabar a qualquer momento.

Antes de começar a reunião, Mutassim e Saif perceberam, pela fisionomia do pai, que ele havia jogado a toalha, ou seja, havia desistido de prosseguir na luta. Khadafi trazia o semblante muito abatido, como os filhos jamais haviam visto.

Mutassim havia deixado os cabelos e a barba crescerem demasiadamente, com a finalidade de dificultar o seu reconhecimento no caso de precisar empreender fuga do país. De igual forma, Said, que tinha cabelos apenas nas laterais da cabeça, havia deixado os poucos cabelos e a barba crescerem.

Quando todos se sentaram, Khadafi expôs os seus planos.

– Perdemos a guerra quando perdemos as batalhas de Shaba e Bani Walid. Nossos homens foram mortos ou fugiram. Eles virão com força total para cima de nós, ou seja, concentrarão todo o seu poderio bélico sobre o bairro número dois. Ainda que os enfrentemos, em breve ficaremos sem comida e água potável.

Ele fez uma pausa e observou o olhar de cada um dos três, oportunidade em que constatou que o seu posicionamento seria seguido por eles. Após, prosseguiu:

– Não nos resta outra alternativa que não seja a fuga. Lutamos até o último momento, conforme lhes assegurei, mas agora precisamos ir para outro país. Fora da Líbia, com os recursos que temos, podemos sonhar em montar um exército e retomar o país. Podemos, inclusive, montar uma organização e iniciar os atentados contra quem estiver no poder na Líbia.

Mutassim interrompeu o pai:

– O dinheiro nos abre um leque de possibilidades, inclusive a de não nos envolvermos mais em guerras. Podemos viver uma vida confortável na clandestinidade.

Khadafi balançou a cabeça, reprovando o posicionamento do filho.

– Não conseguiria viver na clandestinidade sem lutar pelos meus ideais. O combate corre nas minhas veias.

Mutassim observou o pai e concluiu que não adiantaria convencê-lo do contrário. Decidiu perguntar sobre o plano de fuga.

– Quando o senhor pensa em fugir?

Khadafi olhou para Aboubakr Younès, um olhar que pedia a opinião de seu ministro da defesa.

– Vamos conversar com o grupo, comunicar-lhes o plano de fuga e checar as suas reações. Precisamos do apoio da maioria, pois a fuga será muito arriscada. Certamente, os inimigos irão abrir fogo contra nós.

Após breve pausa, Younès completou:

– Teremos muitas perdas, mas concordo com Khadafi: não temos outra alternativa.

O líder dos obsessores de Khadafi deu uma risada debochada e exclamou para os demais obsessores ouvirem:

– Agora é tarde demais. Como diz o provérbio do deserto: “o chacal engoliu a foice; ouviremos seus uivos, depois, para expeli-la”.

Os demais obsessores riram do comentário, sedentos por verem a morte de Khadafi, o que lhes permitiria capturá-lo para a tão almejada vingança.

Estando todos de acordo com a fuga, levantaram-se e foram comunicar o fato aos demais. A idéia foi bem recebida pela maior parte dos combatentes. Acertaram que colocariam o plano em prática na madrugada do dia vinte de outubro, ou seja, em menos de quarenta e oito horas. Até lá, ofereceriam forte resistência aos membros do CNT e tentariam fazer com que recuassem, assim como haviam conseguido fazer dias antes.

De fato, a batalha seguiu sangrenta nos dias dezoito e dezenove de outubro. Entre os homens que lutavam a favor de Khadafi estava Hedruin, mercenário da Mauritânia. Ele fazia parte da minoria que achava suicida o plano de fuga. Ele estava decepcionado com Khadafi, pois, quando aceitou lutar a favor dele, foi-lhe afiançado que o líder deposto havia contratado mais de mil mercenários, o que não se confirmou.

Em seu íntimo, algo lhe dizia que não conseguiria escapar com vida. Com medo, Hedruin aproveitou o cair da noite para tentar escapar do bairro número dois e se render aos revolucionários.

O clima estava fresco. Vez ou outra o silêncio era cortado pelo barulho de rajadas de metralhadora. Com a energia elétrica cortada, a escuridão era amenizada pelo brilho das estrelas e por algumas lanternas.

Hedruin sentia o coração pulsar forte. Ele sabia que, se algum aliado de Khadafi o visse tentar escapar, certamente dispararia sua arma contra ele.

O medo, aliado ao mau cheiro de cadáveres que se estendiam sobre as ruas, trouxe náuseas a Hedruin. O bairro número dois havia sido severamente castigado nos últimos dias, estando em ruínas, devido às chuvas de foguetes, tiros e mísseis.

Hedruin pegou sua metralhadora e saiu do apartamento que ficava no terceiro andar. Desceu as escadas e encontrou com outro mercenário.

– Onde você está indo? – perguntou o mercenário.

Hedruin pensou em disparar a sua arma contra ele, com medo de que suspeitasse de seu plano. Todavia, iria chamar a atenção dos outros combatentes. Raciocinou brevemente e respondeu:

– Irei fazer uma ronda. Temo que façam um ataque maciço contra nós, inviabilizando a fuga.

O revolucionário encarou Hedruin, como se estivesse duvidando de suas palavras. Em seguida, virou-se e continuou subindo as escadas, para alívio de Hedruin.

Ele queria voltar para Nouakchott, capital do seu país, e ouvir as músicas de Daby Torè, seu artista predileto.

Hedruin saiu do prédio e viu alguns companheiros de vigília sobre os veículos de guerra, enquanto outros caminhavam pelas ruas empunhando armas semelhantes à metralhadora que ele portava.

Ele passou a andar normalmente, como se estivesse fazendo a vigília. Assim que virou uma esquina, viu que a rua estava deserta, não havendo qualquer soldado de prontidão. O mauritano calçava uma sandália de couro, em péssimo estado de conservação. Quando ele começou a correr, o couro arrebentou, deixando-o de pés descalços. Quisera Hedruin que correr descalço fosse o seu maior problema. A escuridão da rua impossibilitou que ele visse um khadafista. Este ouviu o barulho da corrida do mauritano e, mesmo sem saber do que se tratava, já que a mesma escuridão dificultava a sua visão, disparou na direção do fugitivo. Hedruin sentiu o zunido da bala ao lado de sua cabeça e se jogou ao chão. Em seguida, virou-se e disparou na direção de onde veio o barulho do tiro. Ouviu um gemido de dor, seguido de gritos de pânico. Para sua sorte, acertou o khadafista na região abdominal.

Hedruin levantou-se e continuou correndo, com a respiração ofegante, sem olhar para trás, apesar de ouvir que algumas pessoas corriam em direção ao ferido para socorrê-lo.

Mais um pouco e Hedruin viu as tropas do CNT que cercavam o bairro número dois. Ele escondeu-se atrás das paredes de um prédio e começou a gritar:

– Sou mercenário. Quero me entregar. Se vocês me derem garantias de vida eu lhes digo onde Khadafi e seus filhos estão.

Já eram onze horas da noite. Jamal estava ali, quase dormindo, e levou um susto com a gritaria do mauritano.

Adel, um dos comandantes das tropas do CNT, começou a dialogar com Hedruin.

– Saia de onde está e caminhe em nossa direção com as mãos para o alto e sem camisa. Eu lhe garanto a integridade de sua vida se nos contar o esconderijo de Khadafi.

– Por favor, não atirem! Eu vou sair.

Hedruin tirou a camisa, deixou a metralhadora sobre a calçada, levantou as mãos, colocando-as atrás da cabeça, e saiu de trás da parede que lhe servia de proteção, caminhando em direção às tropas do CNT.

O medo de ser alvejado por um tiro fez com que começasse a chorar copiosamente. Sentiu as pernas ficarem bambas e desejou que sua mãe o amparasse naquele momento. A cada passo que dava aumentava as saudades de sua genitora, do carinho que ela lhe dispensara durante toda a vida e da tristeza que se abateu sobre o seu coração de mãe quando o filho optou por se tornar mercenário.

Hedruin lembrou-se dos dias em que sua mãe o levava à mesquita central de Nouakchott e rezou:

– Alá, proteja a minha vida! Perdoe-me!

A distância entre ele e os revolucionários encurtou-se rapidamente. De repente, quando estava a menos de dez metros dos veículos do CNT, Adel saiu por detrás de uma caminhonete e o tranquilizou:

– Não iremos matá-lo. Fique tranquilo.

Hedruin parou e ficou assim até que Adel ordenasse que ele se aproximasse. Quando ficaram frente a frente, Adel o encarou buscando chegar à conclusão se poderia confiar nele. Em seguida, puxou uma cadeira para Hedruin sentar-se e sentou-se ao lado do mauritano, enquanto os combatentes, incluindo Jamal, formaram um círculo em torno deles.

– Uma garrafa de água para o rapaz – ordenou Adel.

Jamal foi quem atendeu ao pedido do comandante, entregando uma garrafa de água mineral para Hedruin. Este deu um bom gole antes de entregar o plano de Khadafi.

– Khadafi, Mutassim, Saif e Younès estão escondidos ali – confessou, apontando o indicador para o bairro número dois.

Imediatamente, houve um burburinho entre os combatentes. Jamal ficou de queixo caído, pois jurava que Khadafi já havia fugido. Adel, por sua vez, em que pese acreditar na veracidade da informação, advertiu o mauritano:

– Não tente nos enganar. Se tomarmos alguma medida baseado em suas informações e se estas informações forem falsas, saiba que você terá a morte mais cruel que possa imaginar.

– Eu estou falando a verdade – tornou Hedruin.

Após um momento de silêncio, Adel ordenou:

– Continue o seu relato.

Hedruin voltou a tomar um gole de água e prosseguiu:

– Irão tentar escapar daqui a poucas horas, logo após a oração que antecede a alvorada.

Os combatentes se olharam, assustados, tendo início novo burburinho. Adel precisou interceder para que fizessem silêncio.

– Quantas pessoas e quantos veículos estão lá dentro?

– Em torno de trezentas e cinquenta pessoas e oitenta veículos – respondeu o mauritano. – Fugirão em alta velocidade, disparando suas armas em todas direções. Tentarão furar o bloqueio à força.

Sem entender o que havia levado Hedruin ali, Adel perguntou-lhe:

– O que o levou a se arriscar para vir aqui e delatar o plano deles?

– Quando fui contratado na Mauritânia, imaginei que o poderio bélico de Khadafi fosse maior do que o que me foi apresentado. Por outro lado, esperava encontrar homens mais experientes, mas alguns dos que estão lá participam pela primeira vez de uma batalha. Não há qualquer chance para eles. A tentativa de fuga será suicida. Quis preservar a minha vida, quero voltar para a Mauritânia. Este é o meu motivo para estar aqui.

Adel balançou a cabeça, demonstrando compreender as razões de Hedruin. Em seguida, como não tinha tempo a perder, finalizou o diálogo:

– Você ficará nosso prisioneiro até encerrarmos os combates. Se estiver falando a verdade pouparemos a sua vida e providenciaremos o seu retorno ao seu país. Contudo, se estiver mentindo e se concluirmos que as suas mentiras tinham por objetivo facilitar as coisas para os khadafistas, você sabe qual será a sua punição.

Hedruin abaixou a cabeça, demonstrando ter compreendido as palavras de Adel. Em seguida, um dos combatentes o algemou e o levou para a prisão.

Adel comunicou-se, via rádio, com o comando central do CNT, expondo o diálogo que acabara de ter com o mauritano. Reuniu os outros líderes do movimento que estavam presentes em Sirte e traçaram a estratégia de comum acordo com os que estavam em Benghazi.

No decorrer da madrugada, outros combatentes chegaram em veículos apinhados de armas.

À medida que os minutos passavam, aumentava a ansiedade de Jamal. O tempo estava claro, com nuvens esparsas. Ele olhou para o céu e ficou observando as estrelas. Lembrou-se das conversas com Rachid, sobretudo do assunto que conversaram no último encontro, antes de Rachid fugir apressadamente de Ras Lanuf em direção aos Estados Unidos.

Naquela ocasião, Rachid estava comentando sobre as consequências para Khadafi dos seus próprios atos. Então, abriu *O livro dos espíritos* e leu para Jamal um trecho que falava sobre o orgulho, de onde se concluía que o orgulhoso seria castigado em seu orgulho, mediante a humilhação de uma existência subalterna. O que fosse cruel com os outros seria humilhado pela crueldade que sofreria, enquanto o tirano sofreria pela escravidão que lhe pesaria.

Se, por um lado, a lembrança das conversas com Rachid ajudavam-no a deixar a justiça de Alá se encarregar de Khadafi, por outro lado, os obsessores que se faziam presentes no conflito tentavam convencer os rebeldes, incluindo-se Jamal, a patrocinarem atos de barbárie e fazerem justiça com as próprias mãos.

Por vezes, Jamal inclinava-se a ficar do lado da influência benigna de Melchior e outros espíritos que tentavam levar humanidade para os campos de batalha. Contudo, havia momentos em que Jamal mostrava-se inclinado a aceitar as sugestões dos obsessores.

Em seu íntimo, ele sabia que brevemente deveria optar por um dos lados, pois a batalha final estava a caminho.

Sentindo a angústia crescer em seu peito, ele enfiou a mão no bolso e retirou um retrato de Soraia, a neta querida. Ficou observando o sorriso de Soraia na foto e imaginando como estaria sendo as vidas dela e de Esther em Nova Iorque. Estariam se adaptando? Estariam com saudades dele? Continuavam sofrendo com a morte de Mustafá?

Estas e outras dúvidas ele tiraria logo após vencer a última batalha. Assim que matassem os khadafistas, libertando totalmente a Líbia, Jamal telefonaria para Esther para contar e ouvir as novidades.

Com o aproximar do amanhecer, os combatentes do CNT ficaram em alerta máximo. No fundo, todos acreditavam na versão de Hedruin e sabiam que a qualquer momento os veículos de guerra de Khadafi romperiam pelas ruas de Sirte em direção ao deserto. Os bloqueios foram posicionados em pontos estratégicos. Os olhos de todos miravam as entradas do bairro número dois. Aquele confronto era esperado por muitos dos que estavam ali há vários anos.

Quando o sol surgiu no horizonte, a tensão tomou conta de todos. O grau de concentração sobre o que vinha do bairro número dois era tamanho que qualquer barulhinho era facilmente perceptível.

Jamal e alguns dos combatentes tiveram a sensação de que o coração sairia pela boca quando ouviram os barulhos dos motores dos carros que estavam entricheirados a alguns metros de distância. Era perceptível que os carros estavam em alta velocidade, apesar de ainda não terem aparecido.

De repente, os combatentes do CNT viram os veículos da turma de Khadafi correndo em várias direções. Em seguida, teve início o combate. Os barulhos dos disparos das armas de fogo deixavam-nos surdos. Por todo lado havia fumaça e cheiro de pólvora. Uma cena que pode ser descrita como uma verdadeira carnificina. Dos dois lados tombavam mortos e feridos a todo instante.

O grupo de Khadafi conseguiu passar pelos primeiros bloqueios, mas se viu encurralado mais à frente. O tiroteio prosseguiu por mais de uma hora. À medida que contabilizava as baixas em sua equipe, Adel começou a temer que Khadafi pudesse escapar. Ele sabia que não poderia perder aquela chance. Talvez, se não pegassem o tirano ali, jamais o veriam novamente. Ele pensava em uma saída, quando Jamal se aproximou e disse:

– Acione a OTAN.

Adel redarguiu:

– A OTAN não poderá atacá-los. A Resolução da ONU permite apenas que eles usem da força necessária para evitar que Khadafi nos liquide usando a força aérea. Como o combate é em terra e a população civil não está envolvida, a OTAN não pode fazer nada.

A posição de Adel deixou Jamal irritado. Como o barulho dos disparos era muito alto, ele se aproximou do ouvido de Adel e gritou, como se estivesse dando uma ordem ao seu superior hierárquico.

– Esqueça as regras. Khadafi nunca obedeceu as regras para lidar com o seu povo. Ele sempre passou por cima de tudo e de todos para alcançar os seus objetivos. Acione a OTAN, ou você corre o risco de se arrepender para o resto de sua vida por ter deixado Khadafi escapar.

Adel suspirou fundo, passou a mão no rosto, limpando o suor, e pôs-se a refletir. Mais alguns segundos e ele respondeu:

– Você tem razão. Danem-se as regras.

Jamal sorriu, triunfante por ter conseguido convencer Adel a tomar uma providência que poderia ser decisiva no embate.

Imediatamente, via rádio, Adel acionou a OTAN.

O confronto prosseguiu e os khadafistas conseguiram vencer outro bloqueio. Estava difícil mantê-los ali. A qualquer momento poderiam escapar para o deserto. Jamal, revezava a sua atenção entre o combate, efetuando disparos de mísses em direção ao inimigo, e a observar o céu, buscando encontrar os caças da OTAN.

De repente, no meio do barulho feito pelas armas, ele ouviu um barulho diferente. Era o som do motor de um drone, avião americano não tripulado, comandado por pilotos que estavam em Las Vegas, o qual descarregou mísseis no comboio onde estava Khadafi. Após, foi a vez de um caça francês atacar o grupo de Khadafi. Ali, teve início a missão aérea que levou o número 26.089.

Os míseis caíam sobre os veículos, matando instantaneamente os seus ocupantes, cujos corpos se misturavam às ferragens dos carros, formando uma massa horripilante.

Diante desse fato, não restou alternativa aos aliados de Khadafi. Tiveram que abandonar os seus veículos e iniciar a fuga à pé, formando-se grupos que buscavam direções diversas, dispersando-se. Saif al-Islam havia se separado de seu pai e de seu irmão.

Os combatentes do CNT explodiram em comemoração quando viram aquela cena e saíram no encalço dos inimigos, que se tornaram alvos mais fáceis.

Manhã ensolarada na Líbia, do dia vinte de outubro de 2011. O relógio se aproximava de oito e meia, quando o grupo onde estava Khadafi, Mutassim e Younès procurou se refugiar em uma tubulação de esgoto. Por alguns minutos trocaram tiros com os revolucionários. Khadafi portava uma pistola de ouro. Os ataques dos caças da OTAN deixaram-no ferido nas duas pernas. Estava completamente acuado, mas não se deu conta da gravidade da situação, já que aparentava estar aéreo, ou mesmo dopado. Talvez acreditasse que aquelas cenas eram irreais e que estivesse apenas tendo um pesadelo.

Quando Younès, seu antigo ministro da defesa, tombou morto ao seu lado, atingido por uma saraivada de tiros de metralhadora, ele gritou de pânico, como se sentisse a realidade invadir a sua alma. Tarde demais para qualquer reação. Dali, da tubulação de esgoto, viu os revolucionários se aproximarem, logo ele que se referia aos mesmos como ratos. A cada passo que davam em sua direção, ele dava um grito de pânico, que só não eram mais horrendos porque ele não via os seus obsessores, que acompanhavam os revolucionários, instigando-os a matá-lo.

Centenas e centenas de obsessores que não viam a hora de colocar as mãos em Khadafi e se deleitavam ante o seu desespero.

Alguns soldados de Khadafi, ao verem a aproximação dos combatentes do CNT, abandonaram-no, saindo em desabalada carreira. Noventa e cinco deles morreram nas imediações da tubulação. Um dos que conseguiram sobreviver levantou-se e gritou:

– Não atirem! Khadafi está aqui. Khadafi está aqui.

Khadafi gritava algo incompreensível. Quando o seu delator se aproximou dos seus inimigos e apontou para ele, Khadafi percebeu o sorriso sarcástico na face dos revolucionários e segurou firme a sua pistola de ouro, lembrando-se de Hitler, e pensou em suicídio. Em seguida, recuou. Ele confiava em seu poder de argumentação. Não bastasse, poderia tentar subornar alguém, evitando, assim, a morte ou a prisão.

A esta altura, Khadafi estava muito ferido nas pernas. Chorava muito quando os revolucionários o puxaram da tubulação de esgoto. De repente, um tiro acertou o seu braço. Cada revolucionário trazia um sorriso diabólico na face. Cada um queria espancar Khadafi até a morte. E assim começaram as agressões, desferindo-lhe tapas na cabeça e chutes pelo seu corpo.

– Por favor, não façam isso – implorava Khadafi. – As leis de Alá não permitem esse comportamento. Alá proíbe isso. Não atirem, não atirem.

– E você sabe quais são as leis de Alá? – redarguiu um de seus algozes.

Junto dos insurgentes estava Jamal. Ele queria desferir um tapa em Khadafi. Empurrou alguns de seus colegas para bater em seu desafeto. Olhou no olho de Khadafi e não teve dó: chutou-o.

– Isso é pelo Mustafá, meu filho!

Os insurgentes disputavam para agredir Khadafi como se ele fosse um troféu para eles. Os obsessores riam de prazer por cada tapa, cada chute que era desferido contra o corpo de Khadafi.

A poucos passos dali, outro grupo se voltava contra Mutassim, mas não o agrediam como faziam com Khadafi. Este, bastante ferido, foi colocado no capô de uma picape. Em seguida, voltaram com ele para o chão e continuaram a agredi-lo, puxando os seus longos cabelos cacheados, dando-lhe chutes e tapas. Atordoado, Khadafi limpava o sangue de seu rosto. De repente, ele sentiu o cano de um revólver ser encostado na sua cabeça. Ele olhou para a pessoa que portava o revólver e implorou:

– Por favor, não atire! O que eu lhe fiz?

Jamal era a pessoa que estava com a arma contra a cabeça de Khadafi. Possesso de ira, vibrando na mesma sintonia que os obsessores de Khadafi, Jamal não sentia as vibrações de paz emitidas por Melchior.

Por alguns pouquíssimos segundos, ele e Khadafi cruzaram o olhar. Havia um pedido de clemência no olhar do tirano que o deixava irreconhecível, em nada lembrando o homem destemido que espalhava pânico e horror pelas areias do deserto.

Bastava um leve movimento do dedo indicador de Jamal para a arma disparar e ferir mortalmente o homem que era considerado por muitos como o responsável pela morte de milhares de pessoas naquela guerra.

As pessoas ao redor, naqueles míseros segundos, assistiam ansiosamente ao desenrolar dos fatos. Alguns torciam para que Jamal efetuasse o disparo, enquanto outros esperavam que ele não concretizasse o homicídio.

De igual forma, no plano espiritual, os obsessores de Khadafi emitiam vibrações para ele efetuar o disparo, mas Melchior e a legião de bons espíritos que ali estavam tentavam, a todo custo, neutralizar as vibrações malignas dos obsessores.

O resultado final seria decidido pelo livre arbítrio de Jamal. Indeciso, mas prestes a acionar o gatilho, ele lembrou-se de uma leitura feita por Rachid em certo dia:

"As paixões são como um corcel, que só tem utilidade quando governado e que se torna perigoso desde que passe a governar."

Diante da lembrança dessa frase, Jamal suspirou fundo, ainda com os olhos fixos no olhar de Khadafi, e abaixou a arma. Em seguida, deu dois passos para trás e foi surpreendido com o barulho de dois estampidos.

Ao ver que os disparos acertaram Khadafi, um na têmpora e outro na região abdominal, Jamal sentiu náuseas.

Perto dele, o autor dos disparos saiu correndo, enquanto empunhava a arma usada no crime para o alto.

Alguns revolucionários comemoravam, enquanto outros mostravam-se perplexos diante daquele ato brutal de execução.

Os obsessores de Khadafi, percebendo que os laços que prendiam o seu espírito ao corpo físico estavam se desfazendo, caminhando rapidamente para a morte física daquele corpo ensanguentado, disputavam para ver quem iria colocar as mãos no antigo ditador.

Durante aqueles minutos de agonia, Khadafi passou a sentir a energia e o ambiente que o esperavam assim que desencarnasse. Então, passou a não se incomodar mais com as agressões verbais e físicas que sofria. Havia um motivo muito maior para se preocupar: os inimigos que o aguardavam no plano espiritual estavam sedentos de vingança e, como não conseguiriam matar o seu espírito para pôr fim a toda espécie de sofrimento, o seu calvário seria muito mais longo e doloroso do que ele poderia imaginar enquanto vivo.

Adel ainda conseguiu afastar os agressores e, com a ajuda de alguns companheiros, levou Khadafi para a ambulância. Tarde demais. Ele morreu com os olhos arregalados, assustado com o horror que o aguardava.

Alguns minutos depois, as imagens das agressões e morte de Khadafi começaram a correr o mundo, deixando estarrecidos todos os que assistiram àquela selvageria. Imediatamente, líderes mundiais e ONG's ligadas à defesa de direitos humanos cobraram explicações dos membros do CNT para o que as imagens denunciavam ser um ato de execução.

Não longe dali, Mutassim era levado para um quarto pelos seus captores. O filho de Khadafi usava barba e tinha os cabelos longos. Vestia uma camiseta branca, bastante ensanguentada, e uma calça, igualmente com manchas de sangue.

Mutassim pediu água e cigarro, no que foi atendido pelos seus inimigos. Em seguida, sentou-se em um colchão estendido sobre o chão do quarto e começou a assoar o nariz ensanguentado, repetindo o gesto algumas vezes. Depois, acendeu o cigarro, deu uns tragos e tomou um gole de água.

Um soldado aproximou-se, com ares nada amigáveis, e lhe falou:

– Beba água e levante sua cabeça. Os dias de luxo estão para trás.

Outros soldados estavam no quarto. Então, o mesmo soldado que havia se dirigido a Mutassim virou-se para a câmera e disse:

– Alá é supremo e graças a Alá este é Mutassim.

Irritado, sem se dar conta da situação de extrema gravidade em que se encontrava, demonstrando arrogância como se seu pai ainda estivesse no poder, Mutassim provocou o soldado.

– Eu não converso com adolescentes. Qual é mesmo o seu nome?

O soldado encarou Mutassim, deu um riso sarcástico e respondeu:

– Você verá em breve, seu cachorro!

O soldado virou-se e deu três passos em direção à porta, dando a entender que sairia da sala. Todavia, como estava quase que hipnotizado pelos obsessores, ele parou. Ficou assim por breves segundos. Levou a mão à cintura, retirou a arma, virou-se novamente para Mutassim e, sem dizer uma única palavra, desferiu um disparo certeiro, na parte superior de seu peito, pouco abaixo do pescoço, matando-o.

Os membros do CNT, apoiados pela esmagadora maioria da população líbia, cumpriam assim, de forma muito questionável, a promessa de libertar o país das mãos de Khadafi, em que pesem não terem capturado, até aquele momento, Saif al-Islam, o filho de Khadafi que era tido como seu natural sucessor.

Ao se inteirar das mortes do pai e do irmão, a única saída para Saif era fugir do país, assim como fizeram sua mãe e demais irmãos.

CAPÍTULO 61

As imagens de selvageria que correram o mundo não mostraram o momento em que o assassino efetuou os disparos contra o corpo do antigo ditador.

Jamal teve vontade de ligar para Esther e lhe contar toda a verdade, incluindo a oportunidade que teve de matar Khadafi, só não o fazendo pela lembrança das conversas com Rachid. Pela primeira vez em muitos dias, Jamal deixou que o sentimento da saudade da neta e da nora fosse maior do que o sentimento da vingança por Khadafi.

De fato, a morte do ditador trouxe alívio para Esther, Soraia, Rachid, Amina e Khadija, mas, decorridos sete meses da mudança para Nova Iorque, não tinham a menor intenção de retornar à Líbia com o final da guerra. Auxiliados pela amizade e carinho de Abdelcarim e de Nadir, a adaptação à vida nos Estados Unidos estava sendo mais fácil do que poderiam supor.

Khadija e Soraia haviam iniciado, em setembro, o ano escolar em uma escola voltada para a população muçulmana e estavam se dando bem com as novas coleguinhas. Amina e Abdelcarim estavam nos últimos preparativos para o casamento, que se daria dentro de uma semana. Rachid passou a fazer pequenos reparos nas casas de amigos de Nadir e Abdelcarim, o que lhe garantia uma renda. Esther aumentou para cinco o número de faxinas na semana, o que a permitia ajudar nas despesas realizadas na casa de Nadir. Naquele ritmo, ela calculava que poderia alugar uma apartamento para morar com a filha no prazo de seis meses.

Por outro lado, a comitiva da ONU que havia ido para a Líbia, capitaneada por Pedro Manoel, ficou feliz com a queda de Khadafi, mas censurou a violência desnecessária e descabida feita pelos captores do ex-ditador. Violência essa que ficou mais patente quando integrantes da ONG Human Rights Watch encontraram, no hotel Mahaari, em Sirte, cinquenta e três corpos de pessoas ligadas a Khadafi, com características de execução, já que alguns tinham as mãos atadas para trás.

A gravidez de Clara transcorria sem maiores percalços e avançava para o oitavo mês. Ela e Marco estavam felizes com a vinda de uma menininha e decoraram o quarto com muito capricho para a chegada dela.

Por sua vez, João e Ana estavam em lua de mel com a cidade e a nova vida. Aos poucos, João mostrava o seu talento e ganhava a admiração e respeito de todos os que o cercavam na ONU, especialmente de Pedro Manoel, cujo namoro com Rita ficava cada vez mais firme.

Ana havia se matriculado em um curso de culinária e estava estagiando em um renomado restaurante de Manhattan. Enfim, estava tendo prazer no trabalho, o que não ocorria no escritório de advocacia.

Rita, de tanto ouvir João falar sobre a evolução de Ana nas aulas de culinária, convidou-a para fazer um jantar na sua casa. Era uma sexta feira e estavam presentes Pedro Manoel, Ana, João e a própria Rita.

Como não poderia deixar de ser, o tema central da conversa foi a queda de Khadafi. A comida foi muito elogiada por todos, deixando Ana envaidecida e otimista com relação à nova carreira que desejava abraçar.

Ao final, como já estava muito tarde e não conseguiram táxi para voltar ao apartamento que haviam alugado, decidiram aceitar o convite de Rita e dormir no colchão que ela estenderia na sala, relembrando os dias em que haviam acabado de chegar a Nova Iorque.

Acordaram cedo e decidiram aproveitar a manhã ensolarada para passear.

Primeiro, iriam à Union Square, onde iriam comprar um presente para o bebê de Clara. Depois, passeariam pelo Soho. Ao saírem do apartamento de Rita, viram uma carta embaixo da porta.

João a pegou para entregar a Rita, mas viu que estava endereçada para ele. Ao ver o nome de Iracema como remetente, sentiu o coração vibrar de alegria.

– Olha! A Iracema já escreveu a primeira carta.

– Vamos, João! Deixe para lê-la no metrô – disse Ana, apressando-o para sair.

João colocou a carta no bolso da bermuda e saiu atrás da esposa. Às nove horas da manhã, a rua já estava bem movimentada e a estação estava cheia. De igual forma, o metrô. Não conseguiram lugar para assentar.

Quando chegaram à Union Square, ficaram admirados com os belos produtos da feira em torno da praça. Havia frutas, flores, cereais, peixes e outros produtos alimentícios. Entraram na Baby R'US, imensa loja de produtos infantis, e compraram um lindo móbile para o bebê de Clara. Depois, saíram e João chamou Ana para sentar-se em um banco da praça, a fim de ler a carta de Iracema. Assim o fizeram. Ele abriu o envelope e começou a leitura:

"Querido João, estou lhe escrevendo sentada na cadeira em volta da mesa no quintal, que serviu de apoio aos nossos encontros. Apesar do pouco tempo de sua partida, já estou com saudades. Tenho muito a lhe falar, mas temo que eu não tenha a oportunidade de lhe encontrar novamente. É que amanhã eu farei uma cirurgia cardíaca de risco considerável para uma pessoa da minha idade. Confesso-lhe que estou com receio de morrer. Sou muito grata ao bom Pai por me conceder tantos anos de vida. Já são oitenta e oito só nesta reencarnação. Mas se me for dada a oportunidade de escolher, gostaria de ficar encarnada por mais alguns anos. Só que isso não depende de mim.

"Como eu lhe disse, tenho receio de que eu desencarne durante ou após a cirurgia e não tenha a oportunidade de conversar novamente com você. Por isso, estou escrevendo esta carta. Antes de sair para o hospital, vou deixar a carta com o Assis, o porteiro do prédio, recomendando-o encaminhá-la a você se eu morrer. Do contrário, eu mesmo pego a carta com ele quando retornar para casa."

João parou de ler e olhou para Ana. O primeiro raciocínio que lhe veio foi sobre a morte de Iracema, mas não queria acreditar nesta possibilidade. Percebendo a sua aflição, Ana abraçou-o e tentou consolá-lo.

– Calma! Termine de ler a carta. Às vezes, ocorreu tudo bem na cirurgia.

João, com a vista embaçada, retornou à leitura:

"É isso aí meu querido! Se você estiver lendo estas linhas, certamente eu estarei na paz de Deus no plano espiritual, mas não quero descansar por muito tempo. O meu objetivo é me tornar uma serva do Senhor assim que desencarnar."

João engasgou com o choro e não conseguiu prosseguir. Abraçou-se à esposa e chorou como criança. Ana apenas afagava os cabelos dele, imaginando a dor que ele estava sentindo. Ela o conhecia o suficiente para saber que Iracema havia sido a pessoa que mais o influenciara na vida, em que pese o pouco contato.

Cuidadosamente, assim que ele se refez, ela retirou a carta da mão dele e continuou a leitura.

"Por isso, o assunto que eu gostaria de ter com você daqui a um tempo, terei que antecipá-lo nesta carta.

"Lembra-se da entidade que estava presente em um dos nossos encontros? Lembra-se de que ela havia comentado sobre a sua participação na guerra que ficou conhecida como Guerra dos Três Reis, ocorrida no ano de 1578, no Marrocos? Lembra-se de que Portugal sofreu a sua maior derrota militar naquela guerra?

"Eu tive a confirmação, através do Vinícius, o meu guia espiritual, de que você realmente participou daquela guerra, mas não diretamente.

"Você era um jesuíta fanático que queria liquidar com os mulçumanos. Dom Sebastião era muito jovem e você era o principal conselheiro religioso dele. Nessa condição, você teve participação decisiva para influenciá-lo a ir para a guerra onde ele e milhares de pessoas perderam a vida, enquanto outros milhares sofreram lesões graves.

"Em encarnações seguintes, você já se redimiu de vários de seus erros. Agora, todavia, você terá uma oportunidade de ouro, visto que está no seu caminho ocupar uma posição que lhe permitirá ter ações decisivas para estabelecer a paz na Terra. Apesar de guerra e Terra serem palavras que soam parecidas, uma não tem nada a ver com a outra.

"O primeiro passo nesse caminho para lutar pela paz você já deu: foi o seu reencontro com dom Sebastião, reencarnado como Pedro Manoel, o próximo secretário-geral da ONU."

Ana fez uma pausa e olhou para João, sem saber se acreditava nas palavras escritas por Iracema.

– Vamos, prossiga – pediu João.

"A sua vez de ocupar o cargo máximo daquela instituição também chegará. Antes, entretanto, você deverá assessorar o Pedro Manoel para que ele imprima ações que levem alívio e justiça aos nossos irmãos mulçumanos, como forma de resgatar a dor que vocês causaram aos mesmos. Isso está no caminho de vocês. Tenha a mais absoluta certeza de que vocês estão preparados para cumprirem a missão que Deus lhes confiou".

"Nesse seu caminho, você conhecerá duas egípcias. Você estudou sobre a vida de Moisés, conforme lhe pedi? Se estudou, deve ter visto que ele foi colocado em um cesto nas águas do rio Nilo pela mãe, já que havia um decreto do faraó para que fossem mortos todos os filhos do povo hebreu que nascessem naquele período. Por sorte, Moisés foi salvo pela filha do faraó, a qual o criou a partir de certa idade.

"Voltemos às egípcias que aparecerão em seu caminho. Elas estão encarnadas como mãe e filha e representam as reencarnações da mãe de Moisés e da filha do faraó. Nesta vida, a mãe de Moisés veio como mãe da filha do faraó. A pequena egípcia que você conhecerá foi uma das mais importantes rainhas do Egito antigo. Agora, ela terá a missão de ser uma importante líder, capaz de minimizar os atritos entre as duas correntes do islamismo, xiitas e sunitas, e entre mulçumanos e judeus. Como será criada em país cristão, terá forte simpatia pelo cristianismo e saberá conduzir a aproximação entre mulçumanos e cristãos, diminuindo os preconceitos que existem de lado a lado.

"Cabe a você dar assistência a essa pequena, ajudando a protegê-la e ensinando-a o que aprender sobre as leis de Deus.

"Eu não lhe falaria tudo isso se não tivesse chegado ao fim a minha reencarnação na Terra. O véu do esquecimento que existe entre reencarnações é necessário para que tenhamos paz o suficiente para cumprirmos as nossas missões e para que possamos perdoar os nossos malfeitores nas vidas passadas, muitas vezes vindos nesta reencarnação como nossos pais, filhos ou companheiros. Todavia, sinto que você está preparado para saber estas verdades e que estes fatos que citei lhe serão úteis para a sua vida.

"Saiba que, no plano espiritual, os espíritos das trevas estão se unindo na tentativa de levar os mais importantes líderes mundiais a promoverem uma guerra que causará destruição inimaginável no planeta. É como se fosse uma última e desesperada tentativa deles de evitarem que a Terra entre em novo estágio, deixando de ser um planeta de provas e expiações, pois, do contrário, não reencarnarão mais aqui. Está na hora das pessoas de bem se unirem em oração e ação para defender a paz na Terra.

"Não chore por mim. Eu estou bem. Conhecer você foi uma das maiores alegrias que eu tive nesta vida. Um dia nos reencontraremos novamente. Assim acontece com todas as pessoas que se ligam pelo amor. Boa sorte, meu querido! Um beijo muito carinhoso no seu coração."

Após a leitura, Ana e João ficaram em silêncio. Ele lembrou-se do primeiro dia que viu Iracema, no Minas Tênis Clube, quando ela veio consolá-lo ao vê-lo chorando. Lembrou-se ainda das conversas amigáveis no quintal da casa dela.

Ana sabia que ele estava pensando nela e não quis interrompê-lo, em respeito ao carinho que ele nutria pela amiga e conselheira.

Após alguns instantes, ele comentou:

– Quando ela mencionou as egípcias que aparecerão no meu caminho, certamente estava se referindo a Amina e Khadija, a mãe e a filha que conhecemos na casa da Clara. Segundo Iracema, Amina é a reencarnação de Joquebede, mãe de Moisés, e Khadija é a reencarnação da princesa que salvou Moisés, livrando-o do decreto de morte do faraó, que era pai dela. Pelo que pude ver na internet, o nome dela era Hatshepsut. Foi uma das mulheres mais influentes da história do Egito.

Após breve reflexão, João prosseguiu:

– Acho que eu e Khadija temos algo em comum: ambos fomos resgatados quando enfrentávamos uma situação de perigo. Eu fui resgatado pelos policiais quando me encontrava no subterrâneo desta cidade e ela foi resgatada pela equipe da ONU, em uma cidade que passava por uma violenta guerra civil.

"A misericórdia de Deus enviou um resgate para nos salvar. Agora, chegou a minha vez e a do Pedro Manoel de fazermos o nosso resgate: o resgate dos erros que cometemos em vidas passadas. Sinto que o Pedro começará um trabalho mais atencioso com a população mulçumana. Eu devo dar sequência a esse trabalho e ao mesmo tempo preparar Khadija para cumprir a missão dela.

"Como pode uma menina tão linda e meiga ter como pai um terrorista?"

Ana o interrompeu para responder à indagação dele.

– O lírio, uma das mais belas flores, surge do meio da lama. Assim também acontece nos seios das famílias. Espíritos de muita luz podem ser criados por espíritos atrasados. A madrasta de Chico Xavier, por exemplo, o maltratava física e psicologicamente.

"Apesar de não ter ocorrido qualquer comentário da Iracema a esse respeito, acho que o terrorista pai da Khadija pode ter sido o faraó pai da princesa que salvou Moisés. É bastante lógica a explicação de que Khadija conseguirá aproximar os povos. Afinal, na época dos faraós, ela foi contra o pai para salvar a vida de um bebê que não pertencia ao povo dela. Enquanto os egípcios odiavam os hebreus, ela, sendo princesa egípcia, salvou a vida de um hebreu."

Após novo período de silêncio, em que João meditava sobre as ponderações da esposa, ele retomou o diálogo.

– Fico imaginando os espíritos de luz que são Amina e Khadija. Afinal, há três mil quinhentos e setenta anos atrás, aproximadamente, Deus as incumbiu de zelarem por Moisés, um dos espíritos mais iluminados citados na *Bíblia*.

De repente, a imagem de Iracema sorrindo surgiu na mente de João. Ele puxou o ar, respirou fundo, olhou para o céu azul de Manhattan ali no meio da Union Square, e sorriu, confiante de que ela havia partido para ficar ao lado dele durante a importante jornada que se iniciava em sua vida.

FIM